A Study on
School Based
Approach to
Curriculum
Evaluation

スクール・ベースト・アプローチによる
カリキュラム評価の研究

有本昌弘 著

aiming at Quality Assurance
and International Cooperation
in an age of Leapfrogging in East Asia

学文社

本書を人生の師に捧ぐ

Under Grants-in-Aid for Scientific Research 2006 (Publication of Scientific Research Results) from the Japan Society for the Promotion of Science (JSPS)

はじめに

本刊行物は，2005年度大阪大学大学院人間科学研究科に提出された博士学位論文である。著者の本研究テーマとの出会いは，1980年代大阪大学の水越敏行研究室で精力的に取り組んでいたものである。日本の教育実践研究を実証的に進める一方で，他国の教育政策を学び自国のそれに資するというものであった。具体的には， OECD-CERI (1979). *School-Based Curriculum Development* や Eggleston J (ed). (1980). *School-based curriculum development in Britain* や梶田叡一先生から提供を受けた， OECD/CERI. (1982). *Strategies for School Improvement* 等をもとに手探りの連続で文字通り「七転八倒」であった。しかし，著者の胸中には，この25年間，国内では，余りにも遅いと感じられる動きと，余りにも早いと感じられる動きが交錯している思いがあるが，ただ著者は着実かつ堅実なスタイルを地道に歩んできたことだけは事実であるといいきれる。そして，渾身の力をふり絞ってここまで辿りつくことができた。

本書は，第１部「スクール・ベースト・アプローチによるカリキュラム開発と日本の対応」，第２部「カリキュラム評価とアセスメントに関する課題」から構成されている。取り上げる内容は，次のとおりである。序章で本研究の前提となる議論を述べた後，第１部（第１章および第２章）では，「スクール・ベースト・アプローチ」を，ヨーロッパ特に英国を中心に動向をレヴューし，それに対応する日本の歩みを追う。第２部（第３章と第４章）では，日本のスクール・ベースト・カリキュラム評価のチェックリストを作成し，さらに学校外部からのアセスメント（学力調査）によるカリキュラム評価について検討する。終章では，学校内部の自己評価と，カリキュラム開発を含む「質保証」について展望する。その際，知識経済化の進む東アジアの視点から日本と欧米とを検討し，日本が先頭にたつ従来のアジアの教育開発における「雁行型のＪモデル」ではなく，各国が先頭に立ちうる「カエル跳びモデル」の時代における

「国際教育協力」のあり方を提示した。

刊行の目的は，25年間の学術研究の成果を公表し，今日世界的に主流となっている「スクール・ベースト」「カリキュラム評価」の概念を明らかにし，日本の国際教育協力と今後の初等中等教育で切り札となりうる質保証（quality assurance）の展開における道標を提示することである。OECDが1970年代から提唱してきたスクール·ベースト·アプローチであるが，日本では，「学校ぐるみ」という誤解された形で受け入れられてしまったこと，欧米起源の概念であり，日本には馴染みが薄いことから，他のアジア諸国に比べ，概念に対する十分な理解が行き渡っていないという現状がある。こうした現状を踏まえ，本書の刊行の意義は，スクール・ベーストの概念を正しく紹介しなおすことで，カリキュラム評価を中心に，アカウンタビリティの考えを行政・国内世論の両方面へ喚起し，浸透を促し，国際交流にも役立つという点にある。

本書では，「スクール・ベースト」「カリキュラム評価」，学校や教員の質保証等，海外における最新の教育の動向を読み解くために必要不可欠な用語の定義・概念を紹介し，その歴史的な流れと，背景にある概念との関連から解説する。具体的には，現場での需要に応えるべくスクール・ベーストの教育体制をとり，PISAで好成績をあげているフィンランドを例に，その動向を紹介し，「参加型学習」「学習する組織」など改革の動向をレビューすることで，近年，“DAE（ダイナミックアジア経済地域）”の１つとしてOECD加盟国の間で注目されている香港などと合わせ，スクール・ベーストの教育の実情を紹介している。さらに，「教師」「管理職」「学校評議員」「児童生徒」「保護者」が同じ土俵の上で学校を論じるためのツールになりうるチェックリストは，特に現場の教師が，授業を客観的に振り返り，よりよい学習指導案を考えていくのに役立つものである。

この時期に刊行する意義は，以下のとおりである。平成18年度予算から全国悉皆学力調査と学校評価による義務教育の質保証がはじまることを踏まえ，喫緊の課題である学力水準の維持向上，「質保証」について留意すべき点があげられている。出発当初より，欧米諸国が主導，日本が先導してきた教育工学であるが，カリキュラムの分野では，ここ数年のアジアにおいては中国の活躍がめざましく，日本も早急に議論可能な土壌を築いておかねばならない。18年度から各県で本格的に始まる人事考課について，本書は，それに対応できる今日的に妥当な具体性および一般性のある「指標」「チェック項目」を提供しているため，チェックリストは子どもや地域の実態に合わせ，学校段階で，また教科にあわせて修正・適用することが可能である。すでに定着している目標準拠評価については問い直しの時期にあたり，学校段階の接続や連携·学校再編成の流れに先立って妥当性に関する質の保証の需要に応える。以上のような点で，刊行される意義は大きい。

本書の学術的価値は，単に既存のものを構成し直し集成するものではなく，学際分野を開拓したという点で独創的先駆的と自負している。本書は，内向きであった日本の初等中等教育を海外に発信し，世界の教育研究者，特に西欧への新たな提言を試みる土台となるものである。そこから OECD 加盟国各国との接近を図り，今後，対等に議論を深め，研究を推進させていく上での礎となる。EU では，この分野の動きを金融機関が支援するなど関心が高い。今後，歴史教科書問題でゆれている現状に対して，日本は中国・韓国と欧米に対して共通のメッセージを送ることにより，協調を図ることができ，さらには北東アジア全体の安定・発展に寄与しうる。東アジア域内で日本をリローカライズする意味で，国際的な戦略として意義がある。さらに，域内にとどまらず，東南アジアやアフリカなど開発途上国に日本のモデルを示すことで，知識基盤社会において，日本がリーダーシップを発揮することができると考えられる。以上のような点で，学術の国際交流に重要な役割を果たすものである。

過去25年間の歩みをつないでみると，国内で帰納的に探索を積み重ね（第2章），海外（第1章，第3章）との往復作業を何度繰り返したことだろうか。拡散思考の連続であり，ある時は事例が断片的であり全体に位置づけることが困難であったり，本来比較できないものを比較していたり，試行錯誤の連続であった。五里霧中でも，国内と海外とを比較しつつ，エッセンスを取り出し，収束思考を積み重ねた。それは，海外の学会への参加あるいは発表であったり(堀尾輝久先生，佐藤学先生などと韓国で，金子元久先生，ウィリアム・カミングス先生と台湾でご一緒した)，論文に投稿する，あるいは国際協力でレクチャーを行う，などであった。こうして，自ら行ってきたことを相対化し，独自性を明確化することに努めてきた。その意味で本書は，これまでの研究成果の結実，結晶そのものである。

質保証，スクール・ベースト・カリキュラム等の研究が，教員採用試験に出題されるほど浸透している台湾や中国などに，日本は遅れをとっている現状である。遅れている上に，日本では，本書のような，海外レビューを踏まえた博士論文のような学術的なものは商業ベースにのりにくい。しかも，残念なことに，コストがかかる分，かなりの部分を削らざるを得なかった。その意味で，ページ数の関係で端折った部分は，英文に直すなどして，逆に海外に発信を行っていきたいと考える。

2006年11月

有本昌弘

目　次

図表一覧

序　章

1　時代の要請としての教育開発に向けての発信と日本の独自性と本論文の構成

本研究は，「スクール・ベースト・アプローチ」による「カリキュラム評価」についての研究である。スクール・ベースト・アプローチは，欧米起源の概念であり，国内では馴染みが薄く，理解が行き渡っていない。しかし，この概念は，わが国の国際教育協力と今後の国内外における初等中等教育の質保証（quality assurance）をめざす上で，切り札となると考えられる。

著者は，1997年から毎夏，南アフリカやガーナから来日した教育関係者に現職教育（後に教育実習を含む）とその評価や教員評価，それに理数科教育での授業評価などに関して，セミナーをもってきた[1)]。その中で，著者は，国際教育到達度評価学会（IEA）の国際数学・理科教育動向調査（TIMSS：Trends in International Mathematics and Science Study）など国際比較のデータをふまえつつ，特に日本では普段の授業が児童生徒の全員参加で問題解決的に進められている，その実際の映像と対応する指導案，それに著者独自の授業改善（教材開発含む）と学校診断のデータを示すことが最も参加者の興味を引くという手応えを感じてきた。また，アフリカの新聞記者から日本の初等教育について取材を受けたことがある[2)]。記者からは，日本の初等教育は特に優れているといわれているが，何が決め手なのか，教員の給与はいくらなのか，またすでに日本と提携がなされている他のアフリカ諸国のように相互協力が可能か，などの質問を受けた。

また，1999年2月～3月にかけて，ベトナムの義務教育（小学校5ヵ年）におけるカリキュラムや教科書作成実務者への技術支援のため，海外調査に赴きアドバイスする経験をもった。さらに，数は少ないながらも中南米からの教員研修留学生の研修を受けもつチューターとしての役割も経験した。

このような経験は，アフリカとアジア，中南米の違いにもかかわらず，「海外に向けての発信」という点で，重なる面が多々あった。何よりも，共通している点は，著者が，OECD（経済協力開発機構）[3]の，特に教育関連の出版物に1980年代より親しんできたことを話した際の彼等の反応であった。推測するに，彼等は共通して，「OECD加盟国の一員である日本は『何がどういう点で』他国と異なるのか」，そこを聞きたかったのであると思う。その際，痛感したことは，日本の教育の独自性である。

とりわけ，OECDの出版物の中でも，「スクール・ベースト・カリキュラム開発（School Based Curriculum Development：通称SBCD）」の提案は，この「スクール・ベースト・アプローチ」という概念が中心になっている。SBCDは，1974年に東京で開かれた「カリキュラム開発に関するセミナー」によって，国内で知られるようになった。このセミナーでは，M.スキルベックらによって，カリキュラムを「授業・学習の計画や教授細目（シラバス），その他の教育内容について述べられた意図（指導要領のようなものをいうのであろう）を指すばかりでなく，この意図や計画が実践に移されてゆく方法までも指す」と定義された。また，このセミナーでは，カリキュラム開発における「教育工学的接近」が提案され，何よりも，目標が，授業成果の特定と分析，それを達成するための教材や教授学習過程にきわめて有益であるとされた。ただ，当時は，目標に準拠した評価か目標にとらわれない評価かなど，「工学的接近」「羅生門的接近」の2つが提起され，行動目標の考え方も強かったことは否めない（図表序-1）。それゆえ，スクール・ベースト・アプローチが本来もつ，学校への外部サポートの重要性と，副次的効果への言及もなされた。すなわち，スクール・ベースト・アプローチによるカリキュラムは，地方教育委員会，学校，教

図表序-1　教育工学的接近と羅生門的接近（OECD 1974）

—一般的手続—

工学的接近（technological approach）	羅生門的接近（rashomon approach）
一般的目標 ↓ 「行動的目標」 ↓ 教材 ↓ 教授・学習プロセス ↓ 行動的目標に照らした評価	一般的目標 ↓ 創造的教授・学習活動 ↓ 記述 ↓ 一般的目標に照らした判断評価

—評価と研究—

工学的接近（technological approach）	羅生門的接近（rashomon approach）
目標に準拠した評価 (goal-reference evaluation) 一般的な評価枠組み (general schema) 心理測定的テスト (psychometic tests) 標本抽出法 (sampling method)	目標にとらわれない評価 (goal-free evaluation) さまざまな視点 (various perspectives) 常識的記述 (common sense description) 事例法 (case method)

—目標，教材，教授・学習プロセス—

	工学的接近（technological approach）	羅生門的接近（rashomon approach）
目標	「行動的目標を」 「特殊的であれ」	「非行動的目標を」 「一般的であれ」 教授学習過程の中で教材の価値を発見せよ
教材	教材のプールからサンプルし，計画的に配置せよ	「出会い」と教師による教科内容の専門的な扱い
教授学習プロセス	既定のコースをたどる	即興を重視する

室での指導形態や学習集団というさまざまなレベルを含むと解釈された。ところが，日本の当時の状況からか，セミナーでは，外部アセスメント（学力調査）については，それほど取り扱われなかった。しかも，英国では，「アセス

メントは，学校の内と外において」という伝統が1930年代以来の伝統であったことには言及されていなかった。その後，SBCD の定義は，アングロサクソン諸国を中心に，10以上に及ぶ。そもそも，SBCD の定義は，国のコンテクストに大きく依存するため，本研究におけるスクール・ベースト・アプローチとは，「学校に焦点をあてた（school focused)」および「学校中心の（school centered)」等の，学校に関わる多様な用語を含む，包括的な名称として，用いている。他国に向けて教育の「何を」「どう」発信していくかについて考察を加えることは，総合的・学際的な研究にならざるを得ない。それは，日本の地形や気候，資源，経済，歴史などを背景にもつものでもある。

このように，国内的に学校改革やカリキュラム・教員の変革が緊急を要し，課題が山積しているこの時代においてこそ，そのような発信の構えをもつことは，日本の教育政策と教育実践を外から相対化してみることにつながると考える。

本研究は，第１部「スクール・ベースト・アプローチによるカリキュラム開発と日本の対応」，第２部「カリキュラム評価とアセスメントに関する課題」から構成されている。取り上げる内容は，次のとおりである。序章で本研究の前提となる議論を述べた後，第１部（第１章および第２章）では，「スクール・ベースト・アプローチ」を，ヨーロッパ特に英国を中心に動向をレヴューし，それに対応する日本の歩みを追う。第２部（第３章と第４章）では，日本のスクール・ベースト・カリキュラム評価のチェックリストを作成し，さらに学校外部からのアセスメント（学力調査）によるカリキュラム評価について検討する。終章では，学校内部の自己評価と，カリキュラム開発を含む「質保証」について展望する。

第１章では，OECD 加盟国の中でも特に英国での展開を論じる。まず，SBCD とその後の「学校効果と学校改善」についての動向を探る。そこからキー概念として「リソース（resources)」（援助，供給あるいは支援の源を含む，利用できる手段や財）を抽出し，そのリソースの体系的な確認，開発，組織化あるいはマネージメントの重要性を検討する。次に，1990年代以降の東アジアにおけるSBCDの急展開とナレッジマネージメントおよび東アジアで顕著である「ソーシャル・キャピタル」(地域社会での目に見えない信頼や規範）についてもふれる。さらに，こうしたスクール・ベースト・アプローチは，ユネスコ等を通じて国際教育協力に生かされていることを述べる。

第2章では，日本国内での展開を歴史的経緯を含めて論じる。日本における具体的な教育実践とその抽象化および改善のためのチェックリスト作成という教育工学的アプローチにより，カリキュラム評価の枠組みの形成を試みる。この枠組みの試行を通じてSBCDに必要な学校の状況分析，ナレッジマネージメントの適用例，さらに外部組織によるサポート等を示す。

第3章では，学校外部からの，カリキュラム評価のツールの作成である。まず，評価技法をスクール・ベースト・アプローチによるカリキュラム評価に焦点化して教育工学的観点からレビューする。次いで，スクール・ベースト・アプローチを反映すべく，単元レベルであったR.ステイクの評価ツールの学校全体への応用を図り，授業に先立つ要件と授業とを予期しない関係（contingency）として位置づけ，そこから副次的効果もみるようにした。さらに，このツールの妥当性を，英国の当時のチェックリストとして検討した。そして，最後にこの評価ツールを，日本でのフィールドに適用し，また，ベトナムでの教科書・カリキュラム作成支援の際に使用した。

第4章では，外部からのアセスメント（学力調査）をカリキュラム評価に役立て，カリキュラム改善につなぐ重要性を論じる。まず，米国・英国の学習のアセスメントとカリキュラム開発の動向を探る。次いで，日本において1980年代に試みられた2時点での学力調査の向上率（付加価値率）から，アセスメントを利用したカリキュラム評価を考察する。

終章では，まず国際比較のための評価基準である「ベンチマーク」による質保証に関して，OECDのアングロサクソン諸国，北欧諸国および香港の動向を検討する。今日の国際教育協力において，OECDや世界銀行によって，「効果的学校（effective school)」,「質保証（quality assurance)」が，ソフト面の案件を構築・識別していく有力な手段として提示され，かつてSBCDを提唱していたスキルベックですら，プロジェクトに関わっていることに触れる。最後に，こうした現状を総括して新しいアジアにおけるモデルを提示する。

2　本研究でのスクール・ベースト・アプローチの重要性

本論文のテーマであるスクール・ベースト・アプローチによる評価は，今後の教育の質を高めていく上で鍵を握っている。

第1点目は，近年，学校権限の拡大により，自分たちが望む教育を自分たちの手で作り上げていこうという動きが生まれている。企業人や保護者・住民たちが授業や行事に参加することで，着実に成果をあげている学校がある。いわゆる「民間人校長」を迎えることで，社会のニーズを的確に把握した学校づくりを進めている学校もある。子どもたちや地域の実情をみつめ，創意工夫をしている教師たちがいる。それぞれの学校が抱える課題に応じた内側からの改革が急激に進められている。こうした外圧ともいえる動きを受けて，カリキュラムづくりを通じて学校を変えていくのに，外部組織との相互作用が必要なため,「スクール・ベースト」評価,「教師とリソースの間」の外部診断は，必要不可欠である。

第2点目は，このアプローチは，自らの責任において率先して決断する指導力や創意工夫が求められるという点で，国際教育協力におけるスクール・ベースト・イニシアティブなどと共鳴している[4)]。つまり，従来の国際教育協力において問題とされた，貧困削減への教育のもたらす経済効果の分析といったマクロなものからの脱却が図られているのである。とすれば，このスクール・ベースト・アプローチを，開発途上国の教育協力に向けて強く押し出すことは，今がまさに，時宜に適ったチャンスである。

1980年代前半より，著者は，スクール・ベースト・アプローチに関するOECDの動向について日本からみて吟味や批判的検討を行わねばならないという問題意識を抱き続けていた。例えば,「教師仲間の理解の深め方は異なるのではないか。日本の場合のそれは言動や理屈によらず精神力・度胸や経験で処理するハラ芸的（Matsumoto 1988）であろう。日本企業でみられるTQM（Total Quality Management）などは,教育経営に通じるものがあるのではないか」[5]といったような漠然としたものであった。

欧米では,90年代に入って,効果的学校（Effective Schools）や学校効果研究（School Effectiveness Research）といった学術的な研究成果を,海外の開発途上国向けに生かそうとする動きが出てきている（Jansen 1995, Scheerens 1999, Fertig 2000)。世界銀行でも,プロジェクトの効果に寄与するものとして「効果的学校」をとりあげているのである[6]。

この「効果的学校」でいう効果と学習のアセスメントとが強く結び付き,今日,米国・英国・オーストラリアなどの国では,新自由主義（New Liberalism）が台頭し,きわめて政策と密接に関わっている。学校効果（school effectivenss）と公正さ（equity）の旗印の下,そのスタンダードとスクール・ベーストということが,二極化して,時にぶつかりながらも,スクール・ベーストとしていく土壌が,確実に教育システムに組み込まれている。しかし,スクール・ベーストとしていくことの良さが,ともすればスタンダードの陰に隠れ,見えにくくなっている。その結果,効果,とりわけ卓越性というよりも公正さという概念がことのほか強調されがちである。

その結果は,学校効果をニュー・マネジャリズムとして捉える研究者もいる。このニュー・マネジャリズムとは,1980年代から生まれた新しい市場機構を利用した顧客満足（customer satisfaction）の経営管理重視思想を指している。極端な場合,一面的であるが,論文のタイトルに日本を掲げ,「ニュー・マネジャリズム,質と教育の日本化（New managerialism, quality and the Japanization of Education)」（Morley et al 2000）と,キャッチフレーズのように掲げる場合すらあるのである。

ここで留意したい点は,学校効果を,欧米とは一線を画して,欧米とは違うアジアからみようという動きもみられることである（Cheng 1999; Cheng et al 1996）。以上のことと関連して，OECDからの2003年の報告で明らかになったことが1つある。それは，「学力達成に及ぼす社会的背景の影響力は，日本や韓国の場合それほど極端ではない（moderate impact of social background on performance）」という点である[7]。これは，学校の教育効果を論ずる土俵が，初めて欧米と日本は異なる点もはっきりしてきたことを意味する。そこで，公正さというより卓越性の観点から東アジアの中で日本をリローカライズするという第3の重要な点が浮上する。

3　東アジアにおける急展開と国際教育協力の前提にあるＪモデルの妥当性の再検討

図表序-2にみるものは，かつて，W. カミングスによって示されたＪモデル（Cummings 1993）であるが，それは日本から東アジアに向けられたものであった[8]。それは，国際教育協力の分野で引用されている（内海 2001）。ところが，第1章でみるように，欧米の影響を受けて香港や台湾，中国に，SBCDをはじめ「スクール・ベースト」の考え方が，かつてない勢いで波及している。東アジアの様子は，1990年代後半以降，際立って変化し，1980年代とはかなり違う変貌をみせている。

わが国のこの面での状況は，どうだろうか。スクール・ベーストの用語については，世論はともかく，学会ですらあまり取り上げられないのが現状である。日本教育工学会の課題研究で一度取り上げられただけである。しかし，この学校効果の方向を進めていく場合，日本のアプローチは非常に心もとない。なぜなら，日本においてはようやく少人数指導など財政面での政策立案のために効果研究の必要性にまさしく直面し，これから研究を開始しようとしているところだからである。日本の場合，意図的な政策というより文化に支えられた面が大きい。文化に支えられていることは，海外に発信していく場合，困難に直面すると考えられる。すなわち，文化に支えられた実践は実践で優れたものであ

図表序-2　東アジア開発のフロック（一団・群れ）としての
雁行型のＪモデル（Cummings 1997）

りうるのだが，それをリードする，授業と学校をつなぐ研究が少ないことを意味している。

Ｊモデルは，検討し見直すべき大きな対象となりうるとしてもおかしくない。発表されてから10年経つというのに，Ｊモデルがそれほど取り上げられてこなかったのはなぜであろうか。本来なら，Ｊモデル批判をかわしつつそれに対してあらゆる面から擁護しつつ国際教育協力を進めようとするのが筋であろう。しかし過去はともかく，現状では，Ｊモデルすら取り上げられることはきわめて少ないのではないだろうか。一言でいうと，東アジアにおいて，日本が先頭にたつ従来の工業経済下での「雁行型のＪモデル」から，知識経済化では，各国が先頭に立ちうる「カエル跳び型」の様相を呈しているのである。

そこで，知識経済下の進む東アジアの視点から日本と欧米とを検討し，日本が先頭にたつ従来のアジアの教育開発における「雁行型のＪモデル」ではなく，各国が先頭に立ちうる「カエル跳びモデル」の時代における「国際教育協力」

のあり方はどうあるべきかを前提とした。

4　本研究での問題

ところが，この「スクール・ベースト・アプローチ」を，国際教育協力をめざして考察する時，日本では次のような連鎖的な問題が次々と生ずる。

(1)　まず，1960年代より学習とカリキュラムが切れているという問題がある。80年代当時は，佐藤三郎によって「カリキュラム開発でいう開発という言葉に対してはにわかには賛成しない」(佐藤 1979) といわれていた。SBCD に次いで，学校改善という用語も OECD から持ち込まれた。その後の日本での学校改善の展開では，学校レベルだけ，学校組織や運営に視点がいき，指導法や学習，さらにはカリキュラムと切れていた。

(2)　次に，そのため1980年代より，SBCD の理解不足から，その役割が期待されるわりには，可能性が軽視された。責任母体の主体性の不明確さを引きずったまま，中央集権から脱却できなかった問題がある。80年代には，「スクール・ベースト」を「学校ぐるみ」と訳すこともあった。また，佐藤学は，SBCD を紹介しながらも，アカウンタビリティ，RED（検討・評価・開発）にふれず，RDD（研究・開発・普及）と教育の工学的アプローチを批判し，「実践・批評・開発」とした（佐藤 1987, 1993)。安彦は，この分野の重要性から，独自に SBCDE (School based curriculum development & evaluation) とするなどしていた（安彦 1990, 2002) がそれ以上の言及はしていない。これに加えて，教員養成大学と学校の設置母体が，近年大学は独立法人化されたものの，国と都道府県・市区町村というように異なることも大きい。

(3)　さらにその上，日本では，実践の技術やノウハウの中に優れたものがあるにもかかわらず，個人に蓄積され伝承されにくい問題がある。海外からは「日本の教育研究では，指導方略，カリキュラム，学校の構造におけるバリエーションの，どのようなものが，児童生徒の学習に影響を及ぼすかについての実証的研究があまりにも少ない」(Hawley & Hawley 1997) といわれている。

当時より暗黙のうちに感じていたのは，日本では，実践研究と政策立案との乖離，それを克服する要請に研究者は応えられない点，なぜなら日本の教育学が海外からの輸入や紹介，あるいは狭い過去の歴史研究などに留まり，現実の今日的課題を通じて，海外と対等に対話していくような研究が少ない点である。このような状態では，実践的な研究は，なかなか教育政策とつながっていかない。

(4) その結果，カリキュラムを学習のアセスメントにより改善する上で，地方教育委員会，教室などさまざまなレベル，特に学校レベルでのフィードバック・ループに参考となる文献が，今日でも稀である。日本では，欧米の代案となる「特色あるカリキュラムによる，よりよい学校」について評価の手法・技法が不在という問題が現れる。しかも，これは，欧米流の開発援助のアプローチに即したものでなければ，議論の土俵に乗りにくいという問題点とも関わっている。

こうして，以上の問題を解決するために，欧米と同じ土俵の上に乗るために，大きな切り札となるカードとなったのが，OECD で提案された SBCD の概念をはじめ，スクール・ベースト・アプローチの動向に，日本の歴史的経緯を追いつつ理解し，コンテクストを重ね合わせ，この問題に取り組み，評価道具の作成とデータ収集により，具体的道具としてチェックリストによる評価手法を開発することであった。そこで，SBCD のモデルとともに，OECD による学校改善の概念地図（1982）のような形で提案されてきたものを，日本の中で読み替える努力を著者はしてきた。

先行研究も少なく，特に，日本では，幸か不幸か，「学校の『効果』や『質』」というものを国内では世論が大々的に取り上げてはいない[9)]。特色ある，魅力ある，開かれた，個性的な学校を作るのが先であり，それを診断評価するところまではいかない。まずは，先に，日本のプロセス志向の風土にあった，国産の使える道具を作り出すことが求められる。それは，中央と学校のバランスをとりつつ，アカウンタビリティに基づく，しかも授業を貫く，学校自己点検・評価道具である。特に，カリキュラムを以前より，より広く捉えつつ，しかも効果もみていく，すなわち，SBCDの活動を行いながら，プロセスとともにその成果もみていく「スクール・ベースト・アプローチ」による評価の方策である。

そこで，上記の問題を次のように，逆のベクトルでたどることにした。

まず，① 欧米流の開発援助のアプローチに即したものとして，海外のOECD加盟国における議論の土俵に乗りながら，日本の「特色あるカリキュラムによる，よりよい学校」について評価の手法・技法の開発を視野に入れる。

次に，② 日本の実践の技術やノウハウの中に優れたものを掘り起こしながら，指導方略，カリキュラム，学校の構造におけるバリエーションという，教授・学習プロセスに先立つ要因を実証的に取り上げる。

さらに，③ 評価とアセスメントに関して，スクール・ベースト・アプローチの政策と実践に資する深い理解と期待される役割，可能性，責任母体の主体性を追求する。

最終的に，④ お互い切れていた学習とカリキュラムをつなぐ，というものである。

5　本研究の目的と研究設問（リサーチ・クエスチョン）および用語の解説

本研究では，国際教育協力には，スクール・ベースト・アプローチが重要ではないかとの考えから，「スクール・ベースト」「カリキュラム」「評価」といういずれも欧米の概念を日本のものとして，咀嚼し直しつつ論じ，チェックリストの開発と適応を行うことにより，さらに学習や学校の質を高めるべく，明確に比較できる基準による質保証をめざしつつ，その道筋を示すことを目的とする。

ここで，リサーチ・クエスチョンとして，以下の点をあげたい。

Q　日本からの発信としてのＪモデルは，SBCDの考え方で，しかも効果もみていくにはどういう枠組みなら有効であるのだろうか。

そのために，

Q 1．OECD の「スクール・ベースト」の動向はどうであるのか。

Q 2．これに対して，わが国のこの 4 半世紀以上にわたる歩みは果たしてどうであるのだろうか。

Q 3．特に，1970年代から90年代，そしてニューミレニアムに入った今日に至るまで年を追うごとに，スクール・ベースト（カリキュラム）評価に関して何が深まったのか。開発途上国に向けてどのようなメッセージを送り，道を切り開いていけるのであろうか。

Q 4．OECD の動きとどう呼応でき，その一員として，何が異なり，日本の学校教育のどのようなことを海外に発信でき，また国内に対しては提起できるであろうか。

それぞれが，第 1 章，第 2 章，第 3 章，第 4 章に対応していく。

最後に，本研究では，繰り返し用いられる以下の専門用語はすべて欧米の概念であるため，理解が進まず，深い理解が困難であった。簡単に解説しておくことにしたい。

⑴ **スクール・ベースト　school-based**　スクール・ベーストの概念は，各国でもつ意味はまちまちであるが，脱中央集権化（Decentralization）と大きく関わる。それは，機能や権力の脱集中（The dispersion or distribution of functions and powers from a central authority to a local, community, or individual office unit authority）と定義されている。日本では，当初「学校に基礎を置く」と訳されたが，一般的な受け止め方は，内輪で取り仕切る意味で，「ぐるみの」という用語であった。しかし，30年以上経過した現在，スクールは日本語として通用するため，「スクール・ベースト」としてもよいのではないか，と考えられる。理由は，以下のように用いられるコンテクストで，【連結詞-based の日本語訳】は変化するからである。1）情報基盤などインフラストラクチュアに通じる【学校を基盤とした［とする］［学校基盤型］】という用語，

2）アセスメントデータなどに基づくに通じる【学校に基づく】用語，3）学習指導要領など中央シラバスに対して【学校ベースの】という用語，4）拠点事業（中央主導予算による都道府県経由の学力向上のモデル事業）や定点，観察の拠点あるいはコミュニティベースの（地域社会に拠点を置く）組織［団体］，市民団体，地域市民［密着型・に根ざした］組織，地域機関［組織］，略してCBOに通じる【学校を拠点とする】という用語，5）イノベーション（研究開発の普及，採用モデルに抗して）に通じる【学校中心の［となる］】という用語，その他，6）生物工学を基礎に踏まえた作物生産分野における応用に通じる【学校を基礎に踏まえた】という用語，7）証拠などに依拠した（妥当な数値自体を根拠とした）総合的に判断した結果に通じる【学校を根拠とした】という用語等々の言い回しとその可能性があるからである。本来は，学校の外部と内部というように相補完的関係，相互拮抗作用・対抗する力や作用があるという文脈において成立する用語であり，学校への外圧を契機に普及しうる概念であろう。スクール・ベースト・インターベンション（是正措置）という用語もある。

⑵ **アカウンタビリティ accountability** 説明責任と訳されるが，「落とし前をつける義務」に近く，日本語になりにくい。もともとは会計学の用語で，会計責任として，財務会計運営の基本原則の１つを指していた。近年，情報公開や規制緩和，市民参加といった動きの中で，行政や企業の透明性が強く求められるようになってきた。地方分権を推進するにあたっても，より身近な政府としての自治体の方がアカウンタビリティを発揮できるとする考え方が主張された。一般的には市町村の計画と予算と決算を総合して行政水準の評価を加えて住民に報告することである。アカウンタビリティでは，雇用者・雇用主への厳密かつ本来の狭義の意味での，行政に対する政策的なアカウンタビリティ（contractual/political accountability）があるが，それ以外に，保護者に対する道徳的なアカウンタビリティ（moral accountability/answerbility），それに同僚に対する専門職的なアカウンタビリティ（professional accountability/responsibility）がある（Elliott 1979）。

(3)　**カリキュラム評価　curriculum evaluation**　カリキュラムのことを，日本では教育課程ともいう。カリキュラムということばは，もともと競走路という意味をもつラテン語から発展したもので，学習の経路ということができる。教育課程とは，「学校の指導のもとに，実際に児童・生徒がもつところの教育的な諸経験，または諸活動の全体である」と，学習者中心の立場にたって定義することもできる。しかし教育には，目標，内容，および方法などの要素が不可欠であり，次のように定義するのが一般的である。「教育課程とは，目標と内容を，児童・生徒の発達に応じて，学校および地域の実態を生かして，授業時数との関連において組織し，教材を選択し，学習活動と評価方法を編成して，何のために，何を，いつ，どこで，いかにして教授し，学習するかを，総合的に，体系的に示した学校の教育計画である」。特に，評価の対象をカリキュラムとする場合，評価（evaluation）は，以下のように捉えられる。「カリキュラムを計画し，デザインし，遂行・実施するプロセスを含むカリキュラムに関する証拠を集め，それについての判断をなすこと。」

(4)　**チェックリスト　checklist**　評価の実践においては，主要な道具としてチェックリストが用いられるが，チェックリストの意義は，スクリバン（1991）によれば，次のとおりである。長所の基準または指標として，評価の内部においては，遂行の徹底として，評価の外部においては，医療診断やエンジントラブルの解決に用いられる。チェックリストは，重複せずに測定できる用語で，すべての重要かつ適切な価値の次元を決める。重要さによってその重みづけを表示するかもしれない［構成要素（components）は直接改善できるかもしれないため，しばしば形成的評価は要素の確認を必要とすることにも関連するかもしれない］。改善に導く診断をしばしば求めるため，構成要素を評価することは時に形成的評価に役立つアプローチである。構成要素の結合の仕方を評価することは困難であるため，構成要素だけを評価することは，よい方に見がちである。チェックリストは，あらゆる種の活動の質を決めるのに，かなり用途の広い道具である。観察や一連の測定努力を導いたりするのに用いられる。決定的な要因を見逃す可能性を減らす，信頼性の低さとなる共通の原因を切り取る，ある要因の人工的な過度の重視を低減する，重複を避けるという利点がある。チェックポイントは，明確な意味をもつ見出しや項目（headings）のもとでグルーピングされ，チェックポイントのラベルは重要である。特に高度に相互作用をもつ次元の場合，チェックリストは，適切な組み合わせの手続きに結び付けられるべきである。望ましい得点がつく場合，必要な最低限の基準をあらわす場合，評価における非妥当性を避けるためにチェックされなければならない。総じて，チェックリストは，「強さのアセスメント」とでもいわれ，利用できるものは何か？購入したり維持したりして使い尽されるものではなく，使われることが可能であったものである，なぜなら，評価は，学校研究プログラムがその潜在可能性に辿り着いたかどうかを求めるべきであるからである。

⑸**アセスメント**　assessment　パフォーマンスの情報を収集し，記述または定量化するプロセス。児童生徒や教師の学習および達成を測ること。「診断」「評価」という行為そのものを正しく行うために，今，起きていることをありのままに見ること。

・生徒の学習の潜在可能性および達成状況に関して判断・決定し最終判断を下すプロセス，

・生徒の授業ニーズを確かなものにするべく，教室カリキュラムに関する生徒の達成の直接的かつ頻繁な測定，主に授業の意思決定のために使用，

・特別支援教育に利用（振り分けや選別のための試験や検査であるスクリーニング，クラス分けであるプレイスメント，それにモニタリング，

である。評価方法にはさまざまなタイプがあり，具体的にはアチーブメントテスト，最小限熟達テスト，発達的選別テスト，適性テスト，観察的方法，遂行タスク，客観性のある評定法などがある。

⑹　**学校の教育効果または効果的学校研究**　school effectiveness or effec-

tive school research　学校の教育効果（school effectiveness）については，学校が教育目標を成し遂げ，運営上，教育上もしくはサービス上の効用を果たすことの成功する度合いで測られる。効果的学校の研究（effective school research）については，模範となる典型的な効果的学校を確認し，そのプログラムとスタッフの基礎となる特徴を研究したり，非効果的な学校の特徴を修正する技術を模索することに焦点をおいた教育研究として定義される。近年では，OECD 加盟国国内の政策に適用するのみならず，UNESCO，世界銀行，さらには英国では国際開発庁において90年代前半よりペーパーがでている（Pennycuick, 1993）。

⑺　**質保証　Quality Assurance**　質保証とは，開発インターベンションの長所，価値あるいは所与のスタンダードの整合性をアセスメントおよび改善することに関わる活動を含むものである。注：質を保証するための業務には，審査，RBM（結果重視マネジメント），実施中の吟味検討，評価などが含まれる。質の保証は，ポートフォリオの質およびその開発効果についてアセスメントすることにも関連するものである（OECD 2002）。これに対して，（質保証のための）パフォーマンスや成果の質を確立するために用いられる調査や調整などの技術をクオリティー・コントロール（Quality Control）という。スクリバンによると（Scriven 1991），質保証と質のコントロール（Quality Assurance, Quality Control）は次のように説明されている。「質保証とは，評価的モニタリング法のひとつである。もともとは製造業や工業技術の領域から出てきたものだが，今ではソフトウェアや人間対象のサービス，デリバリーの領域にも使われるようになった。この種の評価は大体内部用かつ形式的である。評価は，その製品のプロジェクトマネージャーなどへのフィードバックをするために，製造責任があるスタッフや彼らの上司，または特別に組まれたチームなどによって行われる。しかし，この種の形成は，基本的に早期警告を発する総括的なものと考えられるべきだ。なぜなら，消費者に製品が届いたときに製品を保証できたとしたら，それは消費者の視点から高い満足度が得られると想定されるか

らだ。製造業での，製品の質のコントロールは，プログラムの監視，プロジェクトが目標に到達しているかいないかをチェックする目標達成重視の評価と酷似している。それは「欠陥ゼロ」の品質コントロール，などと呼ばれ，実際の間違いは消費者と関連した部分にあるにもかかわらず，いまだ技術者か化学者によって定義された欠陥がなくなることのみを指し示す，技術至上主義に基づいたものである。

質のコントロールはそれ以上のものを含むということが非常に重要である。それは「干渉されることのない」フィールドテスティングと高度の結果分析とを結合したものである。このようなアプローチによってのみ，われわれが探求する質のコントロールを行うプロセスにおける疵が，すべての重要な問題領域に及ぶか否かがわかる。質のマネジメントの第一人者と呼ばれる人たちの１人であるジョン・オークランドの「Total Quality Management (Butterworth-Heinemann, 1989) を読むと，それらのポイントについてまったく言及していないことがわかる。この本は，統計的なプロセスのコントロールと品質中心の経営プロセスに重点をおいて書かれているが，外部のフィールドからの評価なしに価値のあるものはない」という議論を展開している。

(8) **TQM またはクオリティー・サークル　Total Quality Management/Quality Circles**　顧客満足を通して長期的な成功をめざす経営アプローチ（W. Edwards Deming と Joseph M. Juran による概念に基づいている)。TQM は継続的にプロセスや生産性，サービスを改善するためにすべての組織メンバーを含む。これに対して，クオリティー・サークル（Quality Circles）は，仕事に関する問題を確認，分析し解決するために構成された組織内の個人的ボランティアグループ。質の改善と生産性をめざしている。日本の産業界では，大戦敗戦の原因を「米軍の物量作戦」と捉えた戦後，デミングらを招聘し，統計的手法に基づく品質管理に取り組み，後の日本型（総合的・全社的）品質管理（TQC）へと発展した。その特徴は，現場の品質管理サークル（the quality circle）を中心とした「全員参加型」の活動にある。QC サークルとは，現場の監督者と作業担当者が品質管理について意識を高め，具体的な活動のアイデアを出し合う小集団のことである。最大の課題は，TQC は企業内の活動に軸足を置いているため，顧客志向でない，“改善”は得意だがブレークスルーを生み出しにくいことなどである。そこで米国では TQC に変わる新しい概念として，TQM（total quality management）が提唱された。米国型 TQM にはトップダウン型，顧客満足度の導入などの特徴があり，日本型 TQC と異なる面があるが，海外では日本型 TQC を含めて“TQM”と紹介されることも多く，1996年には日科技連も TQC という用語を TQM へ変更している。保健医療サービスの分野では，母子保健分野を主とした JICA によるニカラグアのグラナダ県でのプロジェクトの例がある[10)]。

【注】

1）1997年に，日本で初めて，開発途上国に対する教育分野での国際協力について実践的な観点から研究・開発を行い，加えて大学を中心とした国内外のネットワークを形成し，その拠点的機能を果たすことを目的として教育開発国際協力センターが広島大学に設立された。1990年にタイ国のジョムティエンでユネスコ，ユニセフ，国連開発計画（UNDP）および世界銀行の共催で「万人のための教育（Education for All）」が開催されたことが，国際教育協力の契機として大きい。

2）セネガルから日本記者クラブの招きで来日し，最優先事項として教育についての取材を要請され，フランス語の通訳付きで訪問を受けた（2002年10月15日）。その首都ダカールでは，2000年4月「万人のための教育（EFA：Education for All)」に関する「世界教育フォーラム」が行われた。

3）現在 OECD には，30ヵ国が加盟している。1961年設立の原加盟国（オーストリア，ベルギー，カナダ，デンマーク，フランス，ドイツ，ギリシャ，アイスランド，アイルランド，イタリア，ルクセンブルグ，オランダ，ノルウェー，ポルトガル，スペイン，スウェーデン，スイス，トルコ，英国，米国)，その後の加盟国（日本（1964年4月28日）フィンランド，オーストラリア，ニュージーランド，メキシコ，チェコ，ハンガリー，ポーランド，韓国（1996年12月12日），スロバキア）がある。OECD での統計の取り方については，7主要 OECD 諸国（英国，米国，日本，イタリア，フランス，ドイツ，カナダ)，ユーロ圏についで，ダイナミック･アジア経済地域（DAE：dynamic Asian economy）が入ってきている。その他は，アフリカ中東，他のアジア，ラテン，中・東欧という分け方をしている。「米国，英国，カナダ，オーストラリア，ニュージーランド」などを「アングロサクソン諸国」あるいは「英語母国語圏（English speaking countries)」として位置づけている。

4）例として，school-based AIDS-prevention program などがある。

5）日本的経営が絶賛された1980年代の初頭には，トヨタなど企業の特徴を学校に生かそうとする論文が多く出された（Ouchi 1982, Crapo 1982, Aquila 1983a, O'Hanlon 1983, Miller et al 1984 など)。セオリー Z では，日本的経営の三種の神器といわれた Lifetime Employment（終身雇用)，Seniority System（年功序列)，Company Union（企業内組合）が企業の生産性をあげた大きな要因である指摘している。しかし，実際のところ日本的経営モデルは，1970年代まで，経営という合理性からは程遠い封建的モデルといわれていた。Ouchi（1982）の中で，日本的経営を Type O Organization とモデル化し，アメリカ組織風土への移転を探った。Rhodes（1990）によると，エドワード・デミング（W. Edwards Deming）の信念と戦略を，日本では30年以上前に企業組織変革の勢いをつけるために取り入れた点，アメリカでは，学校の組織にも質の高い結果が求められている点を論じている（Schmoker et al 1993)。

6）〈http://www1.worldbank.org/education/est/〉［2005年 6 月 3 日検索］

7）OECD 教育局指標分析からのアンドレア・シュライヒャー氏による，文部科学省での報告である。

8）雁行型とは，日本を先頭に，やや遅れて NIES（新興工業経済地域)，さらに遅れて ASEAN（東南アジア諸国連合)，その後に中国などが続くというアジアの産業構造の形容であった。

9）志水（2003）の「力のある学校（empowering schools)」，鍋島（2004）の「効果的学校」などがある。ようやく端緒についたばかりの効果的学校は，教育社会学サイドから社会的背景の学校への影響力を重視し，証拠として児童生徒への成果を加えているが，一断面で取り上げ一次元的ではないかという批判がみられる。これに対して，著者は，スクール・ベースト・カリキュラム評価に焦点をあてている。この点で，問題関心とアプローチ，切り口が異なる。

10）GTZ（ドイツ技術協力公社）は質文化の創造をめざしている。質サークルを導入するための丁寧な教材やガイドを作成し，優秀なファシリテーターが全国の保健施設に赴いて導入研修を実施し，コツコツと実績を積み上げてきた。GTZ の質プログラムの理論背景が EFQM（European Foundation for Quality Management）にあり，その由来は戦後日本の製造業で発展した TQM（Total Quality Management）だったという。QC サークルや英語にもなった「kaizen（改善)」の考え方がはいっている。このように，保健医療分野で質保証に体系的合理的なアプローチをいち早くとりいれたのは欧米諸国であった。日本の医療界では，質保証について意識の高い個人やグループの試行錯誤に任せている時代が長かった。しかし，近年では日本でも医療界におけるTQM導入の動きが活発になっているだけでなく，EPQI（Evidence-based Participatory Quality Improvement）プログラムとして途上国の保健医療の質向上に寄与しているという。〈http://project.jica.go.jp/nicaragua/2485018E0/japanese/news/news.html〉[2005年12月11日検索]

論文の構成概要

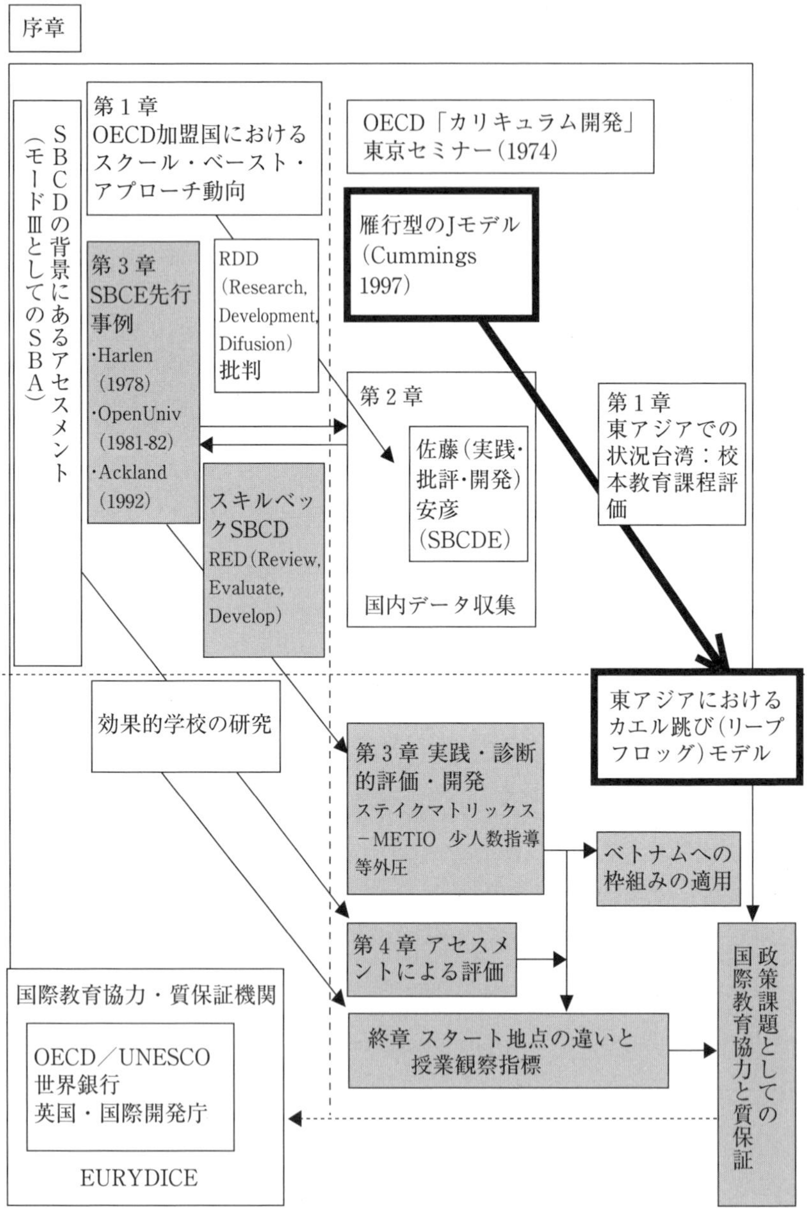
序章
SBCDの背景にあるアセスメント（モードⅢとしてのSBA）
第1章
OECD加盟国における
スクール・ベースト・
アプローチ動向
OECD「カリキュラム開発」
東京セミナー（1974）
雁行型のJモデル
（Cummings
1997）
第3章
SBCE先行
事例
·Harlen
（1978）
·OpenUniv
（1981-82）
·Ackland
（1992）
RDD
（Research,
Development,
Difusion）
批判
第2章
佐藤（実践·
批評·開発）
安彦
（SBCDE）
国内データ収集
第1章
東アジアでの
状況台湾：校
本教育課程評
価
スキルベック SBCD
RED（Review,
Evaluate,
Develop）
効果的学校の研究
東アジアにおける
カエル跳び（リープ
フロッグ）モデル
第3章 実践・診断
的評価・開発
ステイクマトリックス
－METIO 少人数指導
等外圧
ベトナムへの
枠組みの適用
第4章 アセスメントによる評価
政策課題としての国際教育協力と質保証
国際教育協力・質保証機関
OECD／UNESCO
世界銀行
英国・国際開発庁
EURYDICE
終章 スタート地点の違いと
授業観察指標

第1部

スクール・ベースト・アプローチによる開発と日本の対応

第1章
スクール・ベースト・アプローチの背景とその重要性

第1章においては，まず，SBCDおよび「SBCDによる学校改善」についての動向を検討し，キー概念として「援助，供給あるいは支援の源を含む，利用できる手段や財」を意味する「リソース（resources)」を抽出する。そして，OECDによる提案資料「学校改善の概念地図」を手がかりに，海外のスクール・ベースト・アプローチのレビュー（フィンランド，香港，ニュージーランド等）と，英国での現地調査による実際の学校改善の状況を検討する。そうした検討の結果，従来の工業経済下の「雁行型（Flying-Geese)」モデルではなく，知識経済下での「カエル跳び型（Leapfrogging)」モデルによる90年代以降の東アジアにおけるカリキュラム開発の動向が重要であることを指摘している。

抽出したキー概念であるリソースに関しては，文献により，「変革なきイノベーション」として反省が生み出された結果，学校それ自体が変わるのに必要であり，そこから「カリキュラムの文献は，そのパラダイムにリソースの供給・提供を付け加えている」という結論に至る。方法論としては，教育リソースの体系的な確認，開発，組織化あるいは利用とこれらプロセスのマネージメントを重視する教育工学の手法により，教師とリソース（制約）との間に焦点を絞った診断を行うことは重要であることが結論づけられる。

第1節　スクール・ベースト・カリキュラム開発(SBCD)の由来と背景

1．1．OECDにみるスクール・ベースト・アプローチ

(1)　英国の事例

まず，SBCDの由来と背景を，文献に比較的詳しい記述のある英国の事例から探り出してみよう。「『それを通して，学校が児童生徒に提供する莫大な範囲の知識や価値，技能や役割といったもの，それらが組織化され，教えられ，時に評価されるような仕組・計画（device）』であるところのカリキュラムは，知識が変化するにつれて，さらに方法論が進展し，努力の結果が我々の実践を照らし出すにつれて，いつもその開発があった」と，J.エグレストンはいう(Eggleston 1980)。さらに続けて次のように述べている。「そしてそういったカリキュラムのたいていの部分は，おそらく教師たちが，学校の外あるいは自分たちの教室の中で見い出す諸条件を採用し，調節し，解釈するにつれて，学校それ自体の中で起こってきた。とするならば，スクール・ベースト・カリキュラム開発の目新しさはどこにあるのであろうか？ある意味でそういった開発は確かに新しいものではなく，これまでの諸規範の再表現でしかない。しかし，もうひとつの意味ではそれは全く新しい。というのは，それはカリキュラム変化の受け身的スタイルというよりはむしろ新しい能動的スタイルをとる学校によるひとつの乗っ取り（a take-over）を表わすからである」と，「古くからの考えに対してつけられた新しい名前である」という旨のことをいっている。古くは，ソクラテスの時代にさかのぼる。われわれは，役に立つ知識や予め定められたある一定の諸技術を誰かに教える計画や案をもっていると主張，回りに

図表1-1　カリキュラム（curriculum）の定義（Skilbeck 1984）

○「学習者が学校の指導のもとでもつ経験のすべて」(all the experiences a learner has under the guidance of a school) (Kearney and Cook 1960)
○「学校の目標の操作的な陳述」(the operational statement of a school's goals) (Foshay and Beilin 1969)
○「生徒がある特定の目的ないし目標を学ぶことによって達成するようにデザインされた一連の活動のプログラム」(a programma of activities designed so that pupils will attain by learning certain specifiable ends or objectives) (Hirst 1974)
○「それが批判的な精査に開かれそして実践への効果的な翻訳が可能である形式において教育上の提案の本質的原理および特徴を伝達する試み」(an attempt to communicate the essential principles and feature of an educational proposal in such a form that it is open to critical scrutiny and capable of effective translation into practice) (Stenhouse 1975)
○「教育目標および具体的目標において，また学習のための計画および設計，さらに，学校環境においてこれらの計画および設計の遂行において表明されるあるいは前もって必要な手段を講じて期待される限りにおいての，生徒の学習経験」(the learning experiences of students, insofar as they are expressed or anticipated in educational goals and objectives, plans and designs for learning and the implementation of these plans and designs in school environments) (Skilbeck 1984)

承認を求めたソフィストたちとは異なり，ソクラテスは自分のカリキュラムを，哲学的数学的推論の仕方に対する適性を示した学徒との関係の中，それを通じて打ち建てたことはよく知られている。このことは，カリキュラムの構成要素をなし，学校として要求を満たしていたアテネという公の場と，教師たち，その同僚たち，そしてその公衆に公有される問答的な諸経験とをもつSBCDであったと，M.スキルベックは述べている（Skilbeck 1984）。このようにみてくると，「新しい名前をもった古くからの考え」というのは，要するに，教師たちは，外部の者よりももっと現代的で敏感である正確な知識をもっており，それゆえ，カリキュラムを設計する最善の場は，学習者と教師が出会うところであるということに他ならないということになるのである。ここで，スキルベックのあげるカリキュラムの定義を図表1-1に示す。

さらに，英国の場合，アカウンタビリティの流れがあった。1960年代後半に，全国的なカリキュラム開発プロジェクトが，スクールカウンシルやナフィールド財団によって推進された[1)]。中でも，国の政策として1964年に発足したスクールカウンシルまたは学校協議会（schools Council for curriculum and examinations）は，カリキュラム開発を支援，ヒューマニティカリキュラムプロジェクト（HCP：Humanities Curriculum Project）は，その評価に大きな足跡を残した（1968-1972）。これは，ブルーナーの影響を受けたL. ステンハウスを中心に主導された，アクションリサーチと職能的反省的実践を通じて展開してきたもので教師に焦点をあてたものである。

ところが，プロジェクトチームが存在した時には，そのプロジェクト教材は個々の教師に使われたが，そうでない時は，その期待に必ずしも沿うものとはならないという無残な結果となった。が，そのパッケージという形でのプロジェクト教材のおかげで，70年代になると，学校は，以前から混成能力クラス（mixed abilities class）や個別化学習（individualized learning）において採用されていた「学習リソース」の収集の範囲を拡げて，リソースセンター（resources centre）を確立し，スタッフをおいてきたのである。FAE（Furniture, Apparatus and Equipment）のような用語も生まれた。さらに，校内の各部会も発展し，ブロックタイムの時間割（block timetabling）を導入したり，ティーム・ティーチング（team teaching）を行ったり，独り立ちの学習（independent learning）を行ったりした。校内部会は，リソースの種類や授業スタイルにより，センターとの関係やリソース組織化のあり方を自ら決定することとなった。最終レポートとして6つの事例が報告されている（Beswick 1975）。現職教育（In-service training）の機会として，ワークショップ&リソースセンター（workshop/resource centers）が，きわめて自律的に機能した。特に教師にとって配慮されたことは，出向や派遣（secondment）であった。

英国では，特にSBCDの実践は，カリキュラムへの「リソース運動」（resource movement）として行われた。これは，教師がすべてのカリキュラムを独自に開発するには，時間的，専門的能力の限界があるという問題に対応してのことである。つまり，教師が使用できるカリキュラムリソースを開発し，教師が必要に応じてそれらのリソースを使用できるよう提供することである。英国において，SBCD の実践を促した機関は，スクールカウンシル[2)]とナフィールド財団である。60年代，両機関はRDD（研究・開発・普及）アプローチによるカリキュラム・プロジェクトに取り組み，数学と科学を中心とする多くの大規模国家プロジェクトを開発してきたが，その大部分は成果を収めず，失敗に終わった。その結果，両機関はRDD アプローチによるカリキュラム開発から，SBCD を支援するカリキュラムリソースの開発へと転換した。その後，とりわけスクールカウンシルが行っていたプロジェクトの多くは，SBCD の実践を支援するカリキュラムリソースとなった。

スクールカウンシルがカリキュラムリソース運動に貢献したもう1点は，「ティーチャーズ・センター」(teachers centre）の設立を促したことである。すなわち，ワーキング・ペーパーである1967年の「カリキュラム開発：教師グループとセンター」(HMSO Working paper No.10）によって，ティーチャーズ・センターは国レベルで発展することになった。ティーチャーズ・センターは，地方教育当局の所管のもとに，全国各地に散在し，地方の中間地点としての場を提供した。そこでは，現職教育，教育用図書，視聴覚機器その他の教材の展示などが行われる他，近隣の学校の教師間での意見や経験の交流，教材の開発と試行がフォーマルかつインフォーマルに行われている。このセンターで教師が，教育目的について議論をし，教育内容・方法について話し合う中から，新しいアイデアが生み出されており，学校のカリキュラム開発を現実に密着した形で支える機能を果たしている。

ティーチャーズ・センター機能について，地方教育当局は次の主な3点をあげている。

①センターは，教師が新しい目的を議論し，種々の教科の内容・方法の新しいアイディアを生み出す場を与える。

②センターの活動に参加する教師は，公布以前の国家的プロジェクトを試行し，検討し，開発に対して批判や示唆を与える。

③進行中の国家的プロジェクト，あるいは地方のプロジェクトの研究・開発

について教師に情報を与え，教師はその情報に関して個人や地域の要求を取り入れて現実に役立つものに改良する。

ティーチャーズ・センターの活動には，教師相互の問題の議論，カリキュラム開発のイニシアティブをとるために組織化された現職教育コース，インフォーマルな小集団の会合，新しい教科書，教材，生徒の作品の展示，図書館，リソースセンターなどの提供が含まれる。ティーチャーズ・センターが独自性を発揮する仕事は，何よりもカリキュラム開発である。そして，個々の教師がセンターと関わりをもつことを通じて，学校自体がカリキュラム開発の大きな起動力となることができる。

このように，英国では，SBCDの考え方が実践されていた時期に，教師のカリキュラム開発の役割を支援するためのカリキュラムリソース運動が行われていた。それが，先述したスクールカウンシルとナフィールド財団によるSBCDを支援するためのプロジェクト開発や，ティーチャーズ・センターの活動である。とりわけ，ティーチャーズ・センターはカリキュラムリソースの開発および収集を通して，各学校と教師に情報を提供する役割を果たしていた。そして教師が必要とするカリキュラムリソースを，要請に応じて提供することが可能であった。佐賀（1983）は，視聴覚教育の立場に基づき，スコットランドでの教材供給を，教師と教材センターサイドから報告している。

こういった経緯の中で，スクール・ベースト・カリキュラム開発はさまざまなスタイルをとって，現れてくることになる。事例としては，中等教育に多い。1970年における，スタントンバレーキャンパス[3)]，レセスター州（Leicester）カウンテスソルプ・カレッジ（Countesthorpe）には，ケーススタディーがある（Stenhouse 1975 p.174, Green 1980, OECD 1973）。カウンテスソルプの自然科学部会長で理科独り立ち学習プロジェクトの幹事を務めたE. グリーンは，コンピュータによる物理学習支援管理（CAMOL：Computer Assisted Management of Learning in Physics）やグロウセスターシャー理科独り立ち学習（GLOSILIS：Gloucestershire ILIS Workshop）等について報告している。学習スタイルや

図表1－2　英国SBCDの実行類型（Eggleston 1979）

a）	国家プロジェクトの直接的な副産物として分離し，その周辺部で各学校により新設されるもの。（国家プロジェクトの範囲内で，それぞれの学校が独自の方法で行う，例えばSchool Council Science 5-13　プロジェクトの実行である）
1 b）	現在のプロジェクトの上に自主的に打ち建てられるもので，ティームの援助はないもの。（学校の特定の目的やニーズに応じて，国レベルのカリキュラムを応用した，Wreake Valley High School で開発された Independent Learning in Science があげられる）
1 c）	国家プロジェクトを引き継ぐもので学校を基盤にスクール力ウンシルプロジェクトが組まれるもの。（学習環境に関する「学校委員会」のプロジェクトが，校内研修とカリキュラム開発の類型となった Nailsea School の例がある）
2 a）	異なる能力，興味，要求に適合するよう多様かつ柔軟なコースを提供するといった，その学校特有の決定から起こるもので，したがって，もっと一般的なニーズに奉仕しなければならない大学やティーチャーズセンターからの援助は見込めないもの。（学校とコミュニティ・カレッジとが連携している「Abraham Moss Center」が個別化学習を導入し，開発した）
2 b）	その学校特有の，例えば，ティームティーチングをしくとか，外部の専門家を任意の資格で補充するといった，教授上の要求からおこるもので，詳細な計画や評価ストラテジーをもつことはないもの。（一般に，他の学校ではみられない，その学校が抱えている問題や二ーズに応じて開発した類型である。この例として，総合制中等学校である「Manor Park School」で行われた）

モジュールとも関わる。ちなみに，SBCD定義の項で出てくるマッムレンは，この学校の初代校長である。

エグレストンは，他の国と比べて分権化されている英国（ここでは主にEngland と Wales）の教育システムのもとで，SBCD によるカリキュラム開発がどのように行われるかを分類し，英国の学校が教育システムのもとで，どのようにイニシアティブを発揮するかを検討し，英国での SBCD の実行類型を明らかにしている（図表1－2）。

こういったSBCDの再誕には，1つのパラドックスがある。つまり，1960年代や70年代早期に相当な資金が供給された広い範囲の国家カリキュラムの主導権があったために，中央集権化されたカリキュラム開発に対する，スクール・ベーストの代案は補強されてきた」という結果である。つまり，いい換えると，伝統といった土壌の上に，国家が強力に組まれたプロジェクトをバックアップしたことが，その反作用として，学校の消極策・弱気を，積極策・強気にかえるような，てこ入れや援助を実質的にしてきたと考えられる。結局のところ，広い範囲でカリキュラム開発プロジェクトが完遂された。そのために，教師にとって，自分に適用できるカリキュラム構成要素の効果的な選択範囲を広げることになる。さまざまな学校，そのリソースというものによって，教師がその中で作業していることに気づくような変数，種類，要素といったものは，かつての限度を超えて広がっていく。このことが，他でもない，教師の自律性を強めていくというのである。

この中央の統制が結果として学校の自律性を高めたというパラドックスを説明したものが，オーストラリアの CDC（Curriculum Development Centre）によるセンターと学校の関係を示している図表1-3である[4)]。

モデルAは，主導権がセンターからくる中央集権化したシステムを表し，周辺は高度に制限を定めており，システムを通じた画一性が示されている。

モデルBは，主導権がセンターからくる中央集権化したシステムであるが，学校コミュニティのための地方自治権の可能性は中央で制限を伴っている。

モデルCは，周辺との相談の後，主導権がセンターからくる中央集権化したシステムであるが，再び，地方自律性は可能で，中央で定められた制限の中で奨励される。

モデルDは，学校を学校とセンターとの間で起こる双方向の関係をもつ焦点・中心点として示す。

いずれにしても SBCD のような活動の定義は，それが適用される教育環境にかなりの部分を依存する（Rawlingson and Spring 1981）。

この SBCD という概念は，スウェーデンの提案もあるが，国家プロジェクトによるカリキュラム評価も成果をみた英国の取り組みから生まれてきている（Skilbeck 1976, 1984a, 1984b, OECD 1976, 1979, Eggleston 1980, Barnes 1982, Knight 1985, Munn 1985, Shimpson 1986, Ackland 1992）といってよいであろう。

図表1-3　センターと学校の関係（Spring 1978, CDC 1981b 重引）

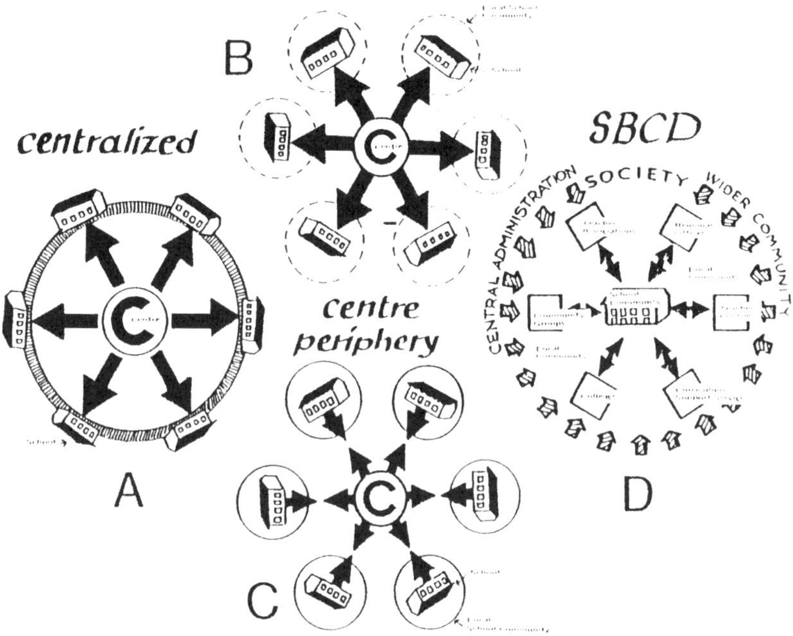

Diagram 1 Relationship between the "Centre" and the "School". (G. Spring, 1978)

⑵　SBCDの定義とプロセス

1972年に示されたアルスターのコールレインでのスキルベックのペーパーに次いで，1973年7月16日から27日にかけて開催されたアルスター・ニューユニバーシティでのOECDによるSBCD国際セミナーでは，J.アトキンによる「SBCDの概念」やA. M.フルマークによる「脱中央集権化されたカリキュラムイノベーションのスウェーデンのアプローチ」，J.ニスベットなどのペーパーがみられる。これらのペーパーがきっかけとなり，OECD東京セミナーを経て，OECDから出版された（OECD 1976a, 1979）ことで有名になった。

SBCDについては，次のような能動性・挑戦・達成・創造・アカウンタビリティが重視された定義がなされてくる。

【1．フルマーク　Furumark (1973)，OECD (1979, p.11)】

「SBCDは，これらの活動が日常の学校の仕事に関わるとともに行動するグループとしてのパーティ：すなわち教師，保護者，生徒，学校管理する行政によって開始され，計画され，達成される際の，カリキュラムの質を改善するために企てられるすべての活動を指し示す。」〈アイルランド，スウェーデン〉

【2．マッムレン　McMullen (1973)，OECD (1979, p.11)】

「SBCDは，学校に基づいているところの（カリキュラム）開発を意味するものと捉えられており，多くを学校の教職員とリソースに依存している。」〈英国〉

【3．M.スキルベック　Skilbeck (1976, p.2, 1984重引)】

「それは本質的に，特定の学校の中で，また時に，ひとつの学校における特定の単元の中で，個々の子どもの諸要求に適切なカリキュラムのために，詳細なストラテジーが協力的な討論，計画，遂行・実施と評価によって開発されるプロセスである。」〈英国，オーストラリア〉

【4．ウォルトン　Walton (1978)，Marsh (1990, p.46)】

「SBCDは，典型的には新しいプロダクトとプロセスを創造することと関わるが，それはまた利用できる商業ベースの教材から選択すること，そしてさまざまな改作・修正をすることと係わりうる。」〈オーストラリア〉

【5．OECD，OECD (1979, p.13)】

「SBCDは，学校主導の活動またはカリキュラムに関する学校の要求という基盤の上に，学校が，自らの開発のプロセスを管理することを可能にする法規的行政的自律性と専門職としての権威を獲得することを伴いながら，中央と地方教育当局との間で，権限，責任，統制の再配分をもたらすあらゆるプロセスを指し示すように受け取られている。」

【6．J.エグレストン　Eggleston (1980, p.7)】

「それは，国家または地域のカリキュラム開発機関，商業体，地方・中央行政体の主導権によって開発された教材・教具への接近だけでなく，人的リソース，建築，校舎配置，立地条件から現われるリソースなど，学校における諸々

のリソースの“計画的活用”によって促進・援助されるプロセスである。」〈英国〉

【7．　D. コーヘン　Cohen (1985)】

「狭義には，校長や他の数人の人たちによって達せられる決定の要点を述べる一連の文書やシラバス（1教科もしくはそれ以上の領域で）として，カリキュラム開発の産物をさす，広義には，自身の学校について決定に参加するよう望む（校長，教師，保護者，生徒を含む）学校の共同体のメンバーを含みつつ，全体カリキュラムとすべての関連する事柄の開発，遂行・実施，評価についての一連のダイナミックなプロセスである。」〈オーストラリア〉

【8．　C. マーシュ　Marsh (1990)】

「一種のスローガンとして，参加や草の根的な統制を地方レベルでのアクションを作り上げてきた；あるいはまた一種の教育哲学として，カリキュラムを生み出すのは教師と生徒がともに出会うところとか，教師と生徒両方にとっての自由とか，環境への学校の応答という形で経験主義的教育哲学として，あるいはまた特定の技法として，経営や，コンサルタントそれに学校長のリーダーシップスキルや質として捉えられる。」〈オーストラリア〉

【9．　N. サバー　Sabar (1994)】

「SBCDの例は，係りあう変数の程度と焦点に関してお互いに異なる。狭い意味では，SBCDを校長や教職員，あるいは教職員のみによって採用されたレディメード（既成）のカリキュラムの産物を遂行・実施する一連の自律的決定としてみることができる。広い意味では，SBCDは，参加したいヒト，スタッフのメンバーすべて，校長，教師，生徒，保護者と関わりあいつつ，全体学校プログラムの開発的計画，実施，評価の活動を乗り越える，1つの意思決定プロセスとして知覚されるかもしれない。」〈イスラエル〉

【10．　A. レューイ　Lewey (1991)】

「最も広義の意味では，学校が何を教えるかを決定するための十分な自律性を指すのみでなく，コースに対しては利用できるテキストブックに最小限の信頼性を留めながらも，その代わりの授業材を準備する関与でもある。最も狭義の定義は，中央の教育当局が学校プログラムのある部分を決定する際に，地方当局あるいは学校の部局にある自由を委任し，ある自律性を付与することを条件として要求する。」〈イスラエル〉

【11. M. スキルベック　Skilbeck (1998, pp. 129-130)】

「統一体あるいは社会組織体としての「学校」は，その中で働く教師以上のものを意味し，集団行動と個人の成長のための枠組みとしての「カリキュラム」は，指導案やシラバスより広く深いものを意味する。カリキュラムにおける「スクール・ベースト」は，カリキュラムのデザイン，内容，組織と提示について，指導法について，学習のアセスメントについての主要な決定が学校レベルで行われることを意味する。」〈英国，オーストラリア，OECD〉

次に，SBCD のプロセスについて述べる。SBCD では，学校と地域の利点，不利点を反映させながら，個々の子どもの諸要求とリソースの活用という両者の接点を照射しながら，促進と援助がされるプロセスということになる。図表1－4でこれをもう一歩掘り下げてみよう。便宜上5つに分けられた構成部分・ステップと，決定に参加し，支援するさまざまなグループ・機関およびその役割が示されている。どの部分から始まってもよいとされる。

まず，1つ目の状況分析では，外的なものとして，①保護者の期待や地域の要望や価値観，②中央の教育政策（試験も含めて）と研究の動向，③教科や教材の変化，④教員をサポートするシステムの潜在的な貢献，教員養成大学や研究機関，⑤学校へのリソースの流れ，プロジェクトチームによるパンフレットなど。内的なものとして，①子どもの適性・能力やニーズ，②教師の得意・不得意や特技・経験など，③学校の気風・共通の前提や期待など。④建物・敷地を含めた施設・設備や備品・教材教具とそれらの質を高める可能性，⑤現在のカリキュラムの問題点など。これらのいずれもが状況を構成する要因として分析される。

次に，2つ目の目標の形成・系統的記述では，上記の状況修正の決定とその修正方法の判断を述べ，教育活動そのものの方向性を記述する。

図表１-４　状況分析等５つのステップ（Skilbeck 1979）

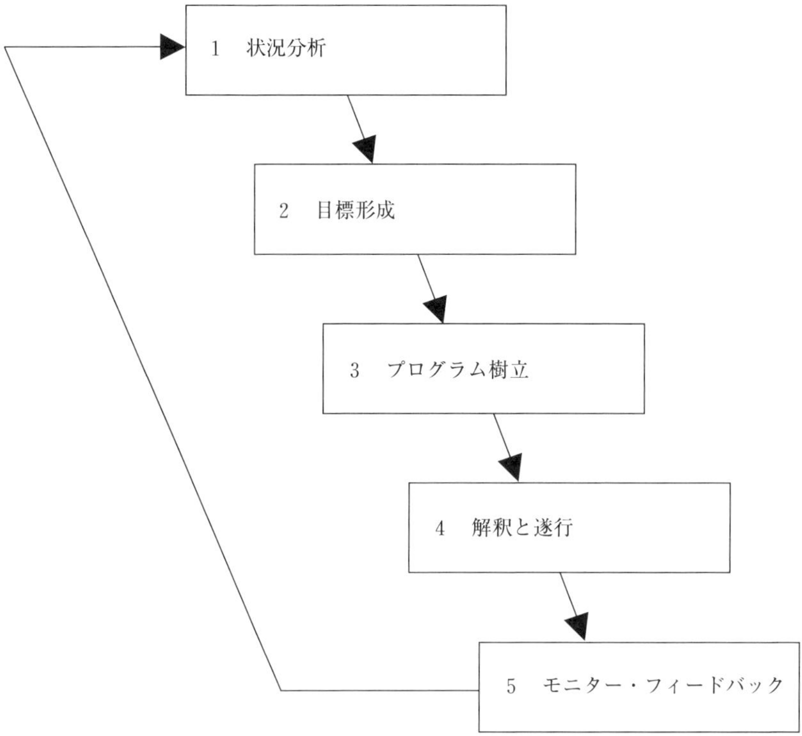

次いで，３つ目のプログラムの構築では，授業学習活動の設計（内容，構造，方法，スコープやシークエンス）だけでなく，各種キットなど。一連の教材・教具一式などのソフトウェア，特別教室などやフィールドワークのための施設・設備などのハードウェア，ヒトの配置，時間割といった各種のリソースを含める。

さらに，４つ目の解釈と実施（implementation）である。

そして，５つ目のモニター，フィードバック，アセスメント，再構成である。こういう形で，学校内外のさまざまな状況や学習者の条件に応じて計画・実施・評価のサイクルが絶えず検討，修正されるということになる（図表１-５，

図表1－5　カリキュラムプロセスにおける決定（Skilbeck 1979）

分担者 (Agency) ＼ 過程 (Process)	教師 部会の長 校長 (Teachers, heads of school department, school principals)	生徒 (Pupils)	両親 (Parents)	相談相手 (Consultants) 地域委 (local authority)	大学 (collge and university)	他の学校 (other schools)	研究機関 (research agencies)	政府当局や責任部門 (National governments and goverment department)	プロジェクトチーム (Project teams)	行政 (Administ-ration)
状況分析 (Situational analysis)	決定 討論	討論	討論		助言					
目標 (Objectives)	決定	討論	討論		助言			助言	支援 助言 討論	支援
設計 (Design)	決定	討論	討論 支援 助言		助言				支援 助言 討論	
遂行 (Implemen-tation)	決定	討論	支援							
評価 (Evaluation)	決定	討論			助言			支援 助言		支援

注）カリキュラム過程における決定（Decision-taking in the Curriculum Process）を筆者が再構成したもの

図表1－6　SBCD のダイヤグラム（OECD 1979）

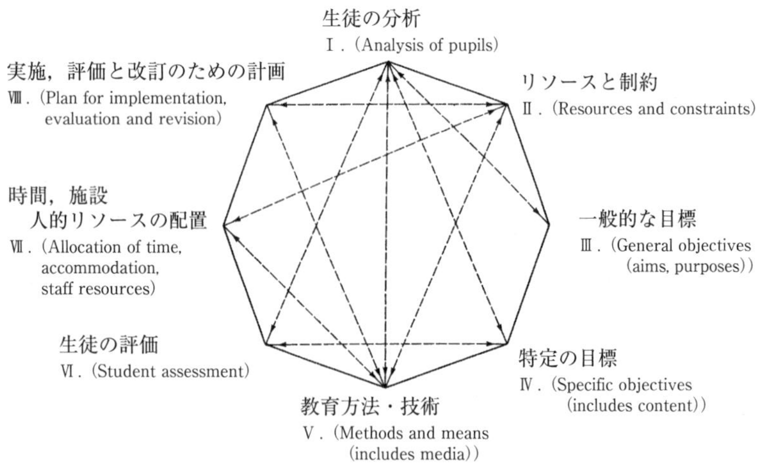

図表１−７　SBCD の制約（constraints）の例（Skilbeck 1976）

1　教職員の自信の低さと不適当だという感じ，および適切なスキルの欠如（目標分析，テストの構造化，グループを計画する際など；助言・専門家相談サービスを提供する関係当局や機関の失敗）
2　教職員の興味や確信の欠如（特に，長期にわたり継続を要する変容過程を支援する際）
3　リソースの不適切な割り当て（カネ，時間，ヒト）；リソースを管理する際の非融通性と官僚主義
4　教師の側のお互い相対し，衝突する優先諸項目（計画，教授，評価，私的研究，増大する余暇と娯楽の興味）；計画・評価に携わろうとする教師への動機の欠如
5　めまぐるしい教職員の異動
6　お互い相対し相争う要求（公務上の要求，外部の試験，保護者の圧力，子どもの興味，教師の教育的諸価値）を融和・和解させてしまうこと
7　理論モデルの不適切さ−容易に適用できないものを拒否しがち
8　問題および経営上の問題の複合性（共通するコアカリキュラムのうちに個人の研究計画を設計遂行する）
9　現行制度の中で力の均衡が脅かされる際，グループ相互の作用に関する微妙な点を理解し損ねること
10　変化のための圧力が連続的でない場合，組織や管理のより前の形態に逆戻りする組織の傾向
11　新しい実践が十分に遂行され普及されないうちにとぎれてしまうこと

1−6）。リソースと制約という点での，制約にはスキルベックによって掲げられたものがある（図表１−７）。

特に，OECD（1979）では，SBCD は，新しいカリキュラムの生産よりも，教育システム内の組織変化に重点をおいている。SBCD を，学校のみがカリキュラムを生み出すというより，さまざまな教育組織や諸機関と連携しながら，カリキュラム開発に関する学校の自律性を確保することとみなしている。そうして，英国では，ガマージによると（Gammage 1984），教室レベルでのカリキュラム計画と，児童・生徒の自己意識のモデルとそれと絡む10の要因を出している（図表１−８）。また，1980年代初頭に英国の R. バーンズによって示されたシミュレーション課題もある（図表１−９）。

英語の文献において，スクール・ベースト・アプローチによる評価は，

図表1－8　教室レベルでのカリキュラム計画と自己意識(上)
およびび関連する10の要因(下)(Gammage 1984)

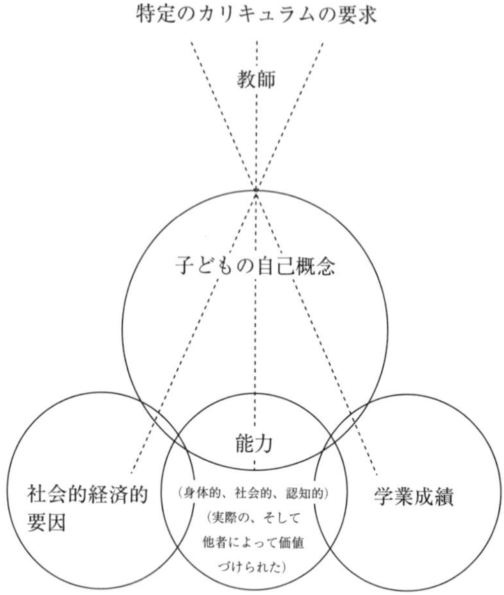

○先行学習（校内外の体験学習も含む）
prior learning

○いろいろなレベルでの利用しやすさ
differential access

○動機づけ（個人とグループ）
motivation

○自尊心（個人の自分自身についての価値判断）
self-esteem

○思考力
thinking

カリキュラム内容

○シークエンス（系列や配列）
sequencing

○学級風土・グルーピング
classroom climate/grouping

○評価　evaluation

○教師の知識　teacher knowledge

○教師の教育観，特技や持ち味
teacher personality

図表1－9　SBCD シミュレーション課題（Barnes 1981）

これは，あなたの注意を，イノベーションそれ自体の強みと弱点というよりは，むしろ経営管理上の課題に，向けるように求められている。議論するのに十分開かれたシミュレーション課題です。

中等学校でのマネージメントの変革　あなたは，13～18才の少年少女のための７学年総合制中等学校の校長代理です。あなたの責任はカリキュラム開発も含んでいます。そして，新しい校長はあなたに他の多くの学校におけると同様に“第３学年”とまだ呼ばれている最も若い年齢集団の生徒のためにカリキュラムのイノベーションを実施するよう求めた。

校長は「第３学年」に能力別学級編成をすることに終止符を打つよう願っている。そして向こう２年間，教科選択の設定への準備として，彼が「診断コース」と呼ぶものを始めるよう願いをもっている。あなたが生徒を受け入れる６つのミドルスクールのカリキュラムには変化があります。しかし，たいていの場合，伝統的な様式で教科を基盤としています。あなたの校長は，しかしながら次のような信念をもっている。診断年次は生徒に，１）主なカリキュラム領域を横断して統合された，２）彼らの現在および将来の生活に即した，３）一部分は独力でここの生徒によって選ばれ設計されるカリキュラムをもって示すべきであると信じている。１週間につき35時限，８時限は英語や数学の基礎作業のため，そして体育のために，枠が設けられていることになっているが，必ずしもこのことはこれらの教科がカリキュラムの残りの部分に役目を果たしはしないだろうということを意味しはしない。校長はいかなる矯正援助も計画の一部でなければならず，それを受けとる生徒に注意を引くべきではない，といっている。

あなたの校長は，３つの基準をさらに詳しく述べることは好んでいないように見受けられ，彼の同僚には，あなたのリーダーシップのもと，自ら決定を下すよう望んでいる。学校は教科委員会で組織されているが，学校の知的伝統として長い期間継続してきたものではない。

－２つの中等モダンスクールから10年前に創立された。

－あなたの同僚はそれほどまとまりをもっているようにはみえない。実際年齢も若く自由にやりたがり，変革のことを進んで口にする人もいる。しかしながら，年配の先生は油断することなく気を配っている。学校が始まって以来，自分のポストを保ち続けてきた女性校長代理がいる。しかし，他にそれ以上の職員はいない。

学校の建物は伝統的な設計に基づいてはいるが，比較的新しくよく設備は整っている。適切な体育・スポーツ施設と LL はある。図書館はあるが，よく蓄積されていないし，使用状況はそれほどよくない。その理由の１つは，中等モダンスクールの１つで若い教師として以前長年この責任を受けもつ歴史教科部会の過度に精力的であった部長の空き時間に経営されてきたことがある。

校長は，新しい計画を財政的に管理するために教科割り当てを５分の１削減するという意図を表明した。このことは，教科部会の長を満足させてはいない。ただ，財政の他のいくつかのソースについては言及していない。

学校は，教育設備の柔軟性も革新性も特に目をみはるものはない小さな自治体にある。４人のコンサルタントは，その自治体の初等中等学校を助けることに主に関心をもっている。生徒の父親は，主に手工業，特に工業に従事している。自治体は経済的な不安定さをもってきた。そして，新しい光工業は，まだ雇用のパターンに顕著な印象を創出してはいない。

あなたの同僚は，あなたに「社会剥奪」とか「文化経験」の欠如について話しかける。

その地域には相対的にホワイトカラーの仕事はほとんどない。そして，生徒の職業期待は地方で適用できる小さい範囲に限られがちである。学校はPTAはもたない。

あなたは，コースのプランニングを遂行する3つのターム（学期）をもっている。あなた自身その課題に取り組み時間を割くことができるでしょう。そして校長は臨時の期間の間援助するため2，3の同僚を放つことをあらゆる手段によって惜しまないようである。コースが何であるかを決定するのはあなたの仕事ではない。－あなた自身の意見があるけれども－あなたの課題は以下のことを決定することである。

○どういった問題が論議されるべきか
○それらの問題がどういう順序で論議されるべきか
○誰と相談されるべきか
○誰があらゆる段階で意思決定に携わっているべきか
○どういった準備組織の手はずが設計年次の間になされるべきか
○学校の外部の組織体への必要なアプローチ
○新しいカリキュラムのための準備に必要な他のいくつかの行為（それらはカリキュラム決定次第あるいはそれらを条件としているかもしれない）

あなたは，2つの記録を生み出すであろう。
(a)　あなたの校長（そしてあなたの同僚）の注意を向けさせるための手はずの予定や自覚
(b)　あなたのストラテジーの根拠をなす原理原則の思いつく私的な注釈

「School Based」という直接の名称以外のものがみられる。ここで，学校における自己点検・評価がカリキュラム開発をより促進するというその関係を論じた文献は多い。学校自己評価（school self-evaluation），学校レベル評価（school-level evaluation），校内評価（in-school evaluation），学校ベースの評価（school-based evaluation），学校に焦点をあてた評価（school-focussed evaluation），学校中心の評価（school-centered evaluation），施設・機関内での評価（within institutions'evaluation），内部評価（internal evaluation），インサイダー評価（insider evaluation），学校自己アセスメント（school self-assessment），学校自己検討（school self-review），学校自己調査（school self-study），自己報告（self-report），自己モニタリング（self-monitoring）など多岐に渡っている（Simon 1981, p.246）。

こうして，60年代から展開されてきたRDDへの反省として，スキルベックは，SBCDそして検討・評価・開発（Review, Evaluation and Development：RED）への移行を提案している（Skilbeck 1985）。この考え方は，SBCDが評価を内在させているという点で，非常に重要であり，日本では紹介されておら

図表１-10　SBCD のモデル（CDC 1980）

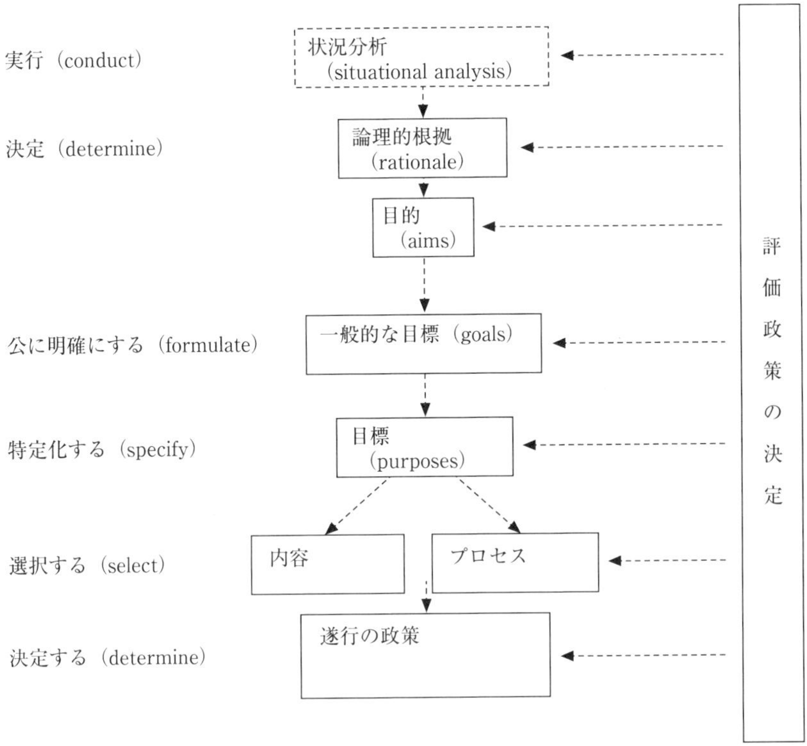

ず，本研究の基本線となるものである。

⑶　SBCD の利点と意味，類型化・モデル化の試み

さて，オーストラリアの CDC（Curriculum Development Centre）では，以下のようなレポートを発行し，教育改革としての SBCD の理解に努めている。図表１-10は，SBCD のモデルを示している。当時の SBCD が強力にサポートされていたことは，以下の一連のシリーズ出版物によってわかる[5)]。

オーストラリアの研究者は次の利点を所有するとしてスクール・ベースト・カリキュラムをみている（Carlin, Purchall and Robinson 1976, Kemp 1977）。

○学校は非常に多くのバリエーションをもっているので，学校のスタッフのメンバーがその学校の特定のリソースや教師の専門知識から構成されうるその最適な使用を決定する最もよい位置にある。

○子どものニーズおよび関心は変わるので，学校はこれらを知覚し，かつそれらのために提供するためにベストの位置に置かれる。

○現実にカリキュラムをインプリメントする人々はそれを考案した人々である。したがって，理論と実行の間のギャップは狭くなる。さらに，参加者はなされた決定に十分コミットすべきである。

○なされている決定の比較的小さな範囲は，新しい考えの導入をより実現可能にする。

○カリキュラム立案に保護者およびコミュニティリーダーを巻き込むことはより容易になる。

さらにいくつかの問題点は次の点である。

●指導に関わる教職員はプロセスに経験または訓練をほとんどもってこなかった。

●理論的な知識はほとんどない，そしてプロセスで利用可能な有用なモデルはない。

●学校がまさしく組織されている方法は，教師がカリキュラム立案のプロセスに多くの努力をあてる時間をもっていないことを意味する。

●ほとんどの学校で，教師間の，教師とコミュニティ間の，および教師と児童生徒の間のカリキュラムの事柄に関してコミュニケーションはほとんどない。

●スクール・ベースト・カリキュラムは，監察官，校長および教師の社会的役割，本質的な変化を要する。役割の変更は，もたらすには最も困難なものの１つである。

●学校が速くプロセスに関係するようになる圧力を感じるという危険があり，また，決定は急速に下される恐れがある。

オーストラリアのセドン（Seddon, T.）は，SBCDの意味を次のように述べ，SBCDによるカリキュラム開発の特徴を明らかにしている（Seddon 1981）。すなわち，①学校は児童・生徒のニーズに応じるカリキュラムを開発しなければならない。②持続的に児童・生徒のニーズに応じるカリキュラムを維持しなければならない。③学校全体がカリキュラム開発のための新たなスキルを習得しなければならないし，その活動は持続的，効果的，効率的に行われなければならない，という提案にあり，これらがSBCDの意図を概念化する枠組みを提供する，という。彼はこの枠組みから生み出されるSBCDの特徴を，次の10項目としてあげている。すなわち，

①児童・生徒のニーズに応じるカリキュラム開発

②児童・生徒の調和的学習

③カリキュラム開発への保護者，地域社会，児童・生徒の参加

④学校全体の目的，目標の開発

⑤学校内での効果的なコミュニケーション

⑥参加的意思決定

⑦学校全体の方向性

⑧カリキュラムの検討（レビュー）の方略

⑨スタッフ開発のプログラム

⑩学校外のグループとの効率的なコミュニケーション，である。

また，英国のナイト（Knight, P.）は，学校組織からSBCDの類型の分類を試みている（図表1-11）。彼は，1973年から1983年にかけて英国で行われた50のケース・スタディを分析し，SBCDの類型を分類している（Knight 1985）。この分類は，「カリキュラム開発が行われる組織のレベル」，「活動の類型」，「リーダーシップのタイプ」により示されている。また，彼は，それぞれの学校がSBCDを行う動機として，児童・生徒のニーズに応じるカリキュラムを運営することを指摘し，講師やアドバイザーのような学校外の専門家の助言や協力を得ながら行われていることを解明している。ナイトの分類は，学校内で

図表1-11　学校組織からSBCDの類型の分類（Knight 1985）

1）カリキュラム開発が行われる組織のレベル　N＝50	
①学校全体 ②多教科部門（multi-departmental changes） ③単教科部門（departmental changes） ④教師個人	13 13 09 15
2）活動の類型	
①現在，行われているカリキュラムに，新たな内容を添加する ②全く新しいカリキュラムを生み出す ③48の例が①と②との間に位置する	
3）リーダーシップのタイプ	
①小学校 －校長がリーダーシップを発揮しており，主に学校全体のレベルの改善を図っている。 －大部分専門家の助言を受けている。 ②中学校 －主に教科部門の長(主任)によって行われている。 －しばしば複雑な学校組織が改革の阻害要因として作用している。	

行われるSBCDの類型を分類している。この分類によると，SBCDは学校全体レベルでのカリキュラム開発に制限されておらず，各教科部門などの多様なレベルのカリキュラム開発をも含むことがわかる。ナイトは，教師個人レベルの開発までも含めている。しかし，一般的に，SBCDは教師個人のレベルを超えて，教師同士や教師グループによるカリキュラム開発を行うことと捉えている。そのため，SBCDの類型を分類する際，教師個人のレベルを除かなければならない。

OECD（1979）では，SBCDに関して英国を含め，欧州各国の類型を打ち出している（図表1-12）。

ユネスコにおいても，イスラエルのレューイは，出版物の中で，SBCDの長短について論じている（図表1-13）。

このように，SBCDが各国に普及する中で，その定義だけでなく類型化・モデル化の試みもみられるようになる。

イスラエルのサバー（Sabar 1994）が，1990年代に総括しているが，その他

図表1-12　欧州各国のSBCD類型（OECD 1979）

	SBCDの国家 サーベイ	単一の実験 スクールベースト	単一の実験 中央ベースを支援
中央集権化された教育システム	イタリア	フランス	オーストリア
非中央集権化された教育システム	英国	スイス	ドイツ

図表1-13　SBCDの利点と不利点（Lewy 1991）

利　点	不 利 点
1　社会政策上の理想	1　教師の生み出す力
2　教師の役割定義	2　生み出したものの質
3　地方ニーズ志向	3　教師の専門職的な役割定義
4　効果的なモニターと統制	4　教師が主導権をもつ変革の特徴
	5　脆弱な評価の基礎
	6　知識のコモン・コア

に，ケイニら（Keiny 1986）がその例である。イスラエルのケイニらは，ショートが三次元的マトリックスを用いて明らかにしているカリキュラム開発の類型（Short 1983）を検討し，その類型の中でSBCDの位置づけを試みている(図表1-14)。すなわち，第1に，カリキュラムの目標を，一般的と具体的という2つに区別している。第2に，カリキュラム開発に参加する人を，専門家として行うタイプ，すなわち，学者，カリキュラム専門家，専門家（milieu experts)，協同的パターン（balanced-coordinated patterns）に分けている。すなわち，このタイプの中で，教師がどのタイプをとるかによって，SBCDの実行の類型が異なる。第3に，カリキュラム開発において教師がもつ自律性の程度，すなわち指示通りの遂行（direct implementation)，限定された遂行・実施(limited implementation)，オープンな修正・改作（open adaptation）により，異なるSBCDの類型が現れる。ショートは，この3つの要素を合わせ，三次元的に描写している。また，ケイニらは，ショートのこのカリキュラム開発の

図表1-14　カリキュラム開発方略を確認するマトリックス（Keiny 1986）

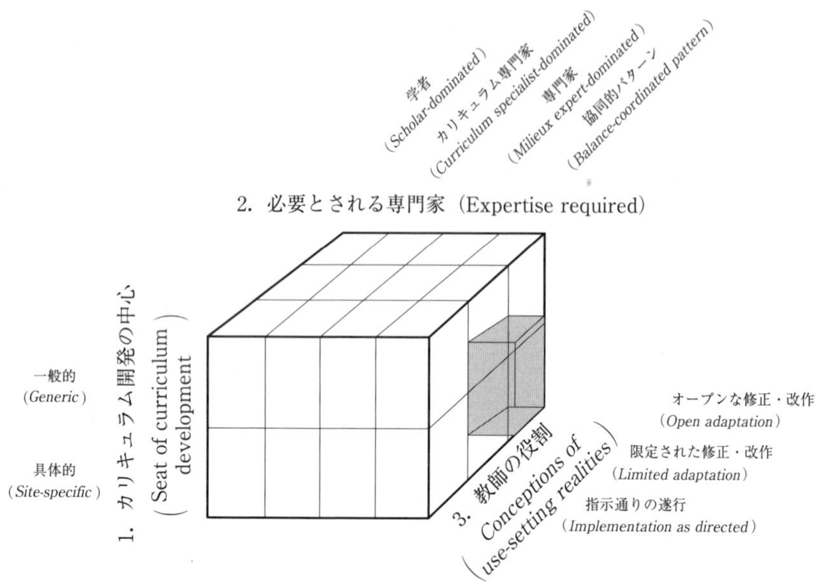

図表1-15　カリキュラム参加の3次元モデル（Walton 1978）

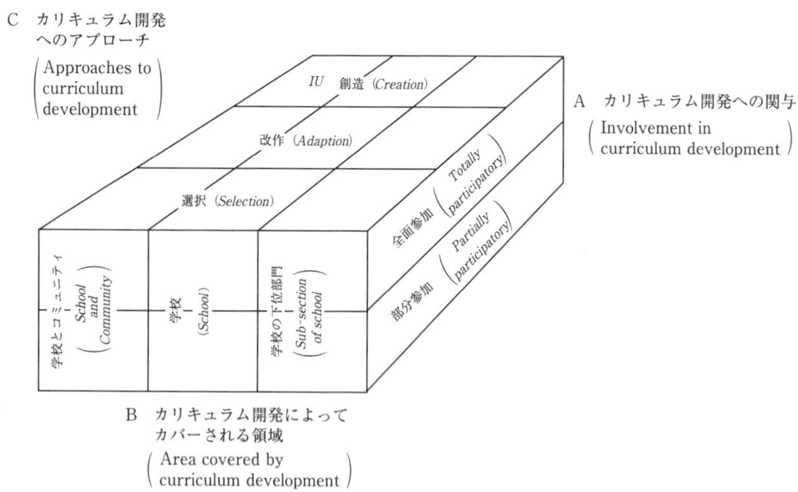

図表1-16　SBCDへのさまざまな接近（タテ）と参加構成員（ヨコ）によるさまざまな可能性（Brady 1983）

創造				
改作				
選択				
	個人	パラメータの個人	グループ	教職員全員

類型の中で，タイプⅢ（具体的，協同的パターン，オープンな修正・改作）に注目し，このタイプⅢが最も理想的なSBCDの類型に近接している，と主張している。オーストラリアのウォルトン（Walton 1978），ブラッディ（Brady 1983），が類型を出している（図表1-15）。ウォルトンはモルガン（Morgan）が1978年指摘した，採用，選択，修正・改作，創造のカリキュラム参加の概念を洗練させた。

ブラディとマーシュらは，開発の主体や開発の方法を明らかにし，SBCDによる開発の類型を分類している。ブラディは，その形態を12の面で示している（図表1-16）。その中で，最も高いレベルのSBCDの活動は「全体のスタッフ」と「創造」の部分が一致する部分，すなわち，全体のスタッフがSBCDの活動に参加し創造的な作業を果たす部分である。それに対して，最も低いレベルのSBCDの活動は「他人」と「選択」の部分が合致する部分である。これは，単に教師個人が，作られた資料を採用するSBCDの活動である。マーシュらはブラディのSBCDの類型に，図表1-17のように時間的次元を加え，三次元的モデルでSBCDの実行の類型を分類している。マーシュらが分類している類型には，SBCDの実行にあたって，時間的次元が重要な要素として

図表1-17　SBCDの活動タイプと関与する人と関与する時間による類型（Marsh 1990）

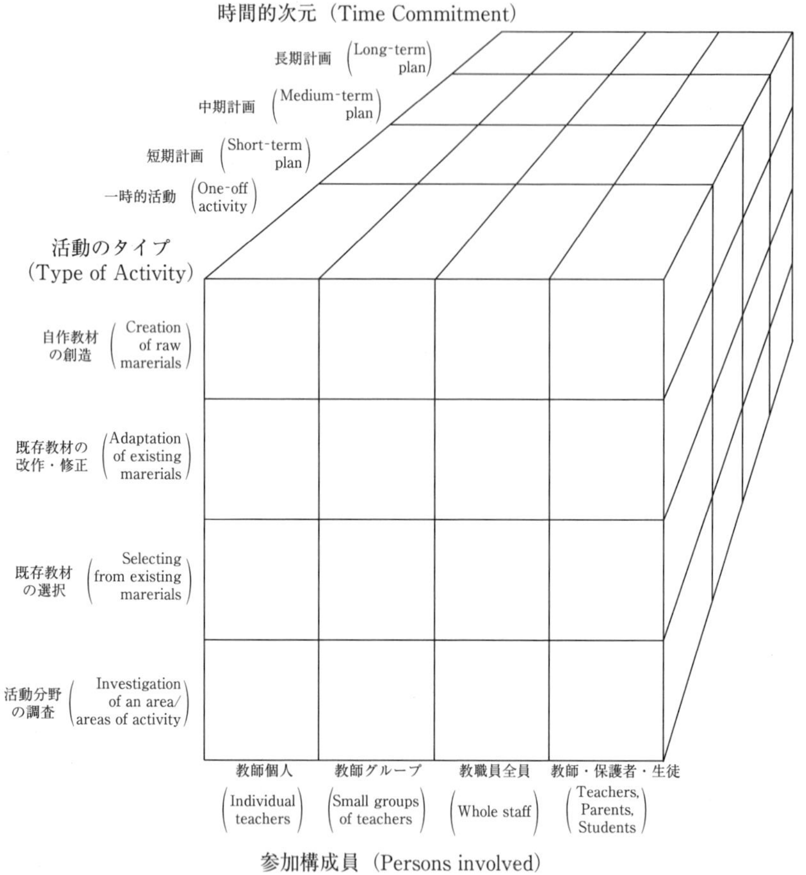

作用している。すなわち，開発されるカリキュラムは一時的に行われるもの，長期的に行われるものがある。しかし，一時的活動（one-off activity）は持続的成果を収めることが困難である，という。また，2～3ヵ月程度以上続ける活動であっても，時間不足などにより，つまずくことが有り得る。学校のスタッフの変化も，長期的なSBCDの活動に大きな問題点となっている。というのは，長期的なSBCDの活動に参加した教師が，途中で他の学校に異動し

てしまうと，そのSBCDの活動は中止になりがちだからである。そして，マーシュらは，SBCDの活動の持続性を維持するためには，時間への配慮が重要である，という。

SBCDの活動は，時間的には短期的計画として，小集団の教師グループが教材などを採用できる。より大胆な着手には，一年以上かかる長期的計画として，教師チーム，保護者，生徒による新しい資料を創造することもできる。この長期的なSBCD活動を達成するには，まず教師が長期的なSBCDの活動に取り組める時間が必要である。マーシュらによる三次元的モデルをみると，SBCDの実行類型は64となる。彼らは，最も理想的なSBCDの類型は，「教師・保護者・生徒が，資料を創造する，長期的計画」の部分である，という。それに対し，最も低いレベルのSBCDの類型は「教師個人，活動分野の調査，一時的活動」の部分であるという。

1．2．欧米各国への普及例

SBCDは，その後，欧州を中心に，オランダ（Ligthart & van der Ree 1981），スウェーデン（Lindblad & Sverker 1984），南アフリカ（Taylor 1984），フィンランド（Kimonen & Nevalainen 1996）にも影響を与えた。イスラエルも英国との関連で語られてきたため，比較的成果の数は多い（Sabar, Rudduck & Reid 1987, Shoham 1995, Ariev 1985, Keiny 1986, Ben-Peretz et al 1986）。

SBCDは，開発途上国を含めユネスコの立場からの論述もある（Lewy 1991）。

米国では，シュワブ（Schwab）などを含め，早くから提案はあった（Saylor et al 1981）。中でも，英国とは異なるブロフィ（Brophy 1982）の提案は注目される（図表1-18）。州から学校レベルのカリキュラムを含め教室において教えられることと学ぶことにどのように影響を及ぼすのかに関連して，学校外の公式のカリキュラムが児童生徒に実際に保持されるまで7段階に分けて示している。しかし，米国では，SBCDの提案はそれほど活発でなかった。

図表1-18　カリキュラムの採用から指導を通じた学習までのコンテンツの変形（Brophy 1982）

1）公的なカリキュラムの国ないし地方での採用

2）地方や学校レベルで変革が校長や委員会によって導入され、加除修正

3）学校レベルで非公的に採用されるが個々の学校では公式である

4）個々の教師が学校レベルのカリキュラムを変える、さらなる加除修正

5）個々の教員の意図されたカリキュラム、公的、非公的なカリキュラムとも異なる

6）意図されたカリキュラムを指導するプロセスにおいて、時間の制約により削除し、ある部分を間違った様式で教える、その結果、児童生徒は誤りあるいは正確でない情報にさらされる

7）児童生徒に実際に指導される教材のうち、正確にしろ（E）不正確にしろ（F）、指導された様式で学習され保持されるもの（E1、F1）もあれば、学習の保持にはあまりにも簡略化されたあるいは曖昧な形で指導されるもの（E2、F2）もある。それを児童生徒の誤った既有知識によりフィルターにかけてしまわれるもの（E3、F3）もある。これらの部分集合のうち、E1のみが意図されたカリキュラム（E）の指導の成功を表す

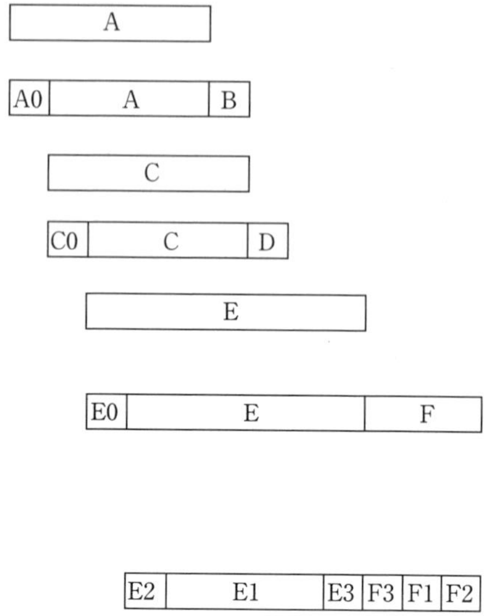

当初は，スクール・ベースト・マネージメント（School Based Management）が主であり，スクール・ベースト・授業の指導力（School Based Instructional Leadership）などの用語が用いられ，最近でも「Site Based（敷地ベースの）」という名称を用いる（Jung 1997 など）傾向がある[6)]。しかし90年代から米国でも，スクール・ベースト・カリキュラム（School Based Curriculum）という概念も併用して用いられるようになった（Blackman et al 1994, Karr 1994, Ariav 1985 など）[7)]。

カナダでも同様である（Moore & Earl 1992）。カナダでは，スクール・イノベーション中心（School Centerd Innovation : SCI）という概念を用いた（Hargreaves 1982, 1989）。

(1) オーストラリアのSBCDの展開

文献の多さからいえば，オーストラリアは他国の比ではなく，圧倒的な層の厚さを誇っている。オーストラリアでは，1939年以来，1960年代～70年代前半と中央集権的なシステムで行っていた。74年に英国に出かけた折，リソースを用いる学習（Resource Based Learning）をはじめそのリソースの豊富さに圧倒されたという（Walton 1971, Sheeren 1977）。1973年に首都キャンベラにCDC（Curriculum Development Centre）が設立され，87年に実質その機能を終え，オーストラリア学校カタログ情報サービス（Australian Schools Catalogue Information Service ： ASCIS）（1984-1989）や90年からのカリキュラム・コーポレーション（または協同）（Curriculum Corporation）にバトンタッチするまで重要な機能を果たした。当初ASEPといった理科教育，科学教育の産物をサポートする活動として，そして教師教育を提供することにもあった。スキルベックがディレクターとなり，75，76年に第1回，第2回と国際シンポジウムをもった。とりわけ第2回目は，「カリキュラム開発のサポート構造」と題してなされ，実質的にはSBCDのための研究グループを立ち上げることになった。数多くのSBCD関連出版物も配布した。カリキュラム評価者としての教師プロジェクトをはじめ，SBCDはビクトリア，ニューサウスウェールズ，サウスオーストラリアといった州で盛んであった。コアカリキュラムの概念の検討も行い，他方主に中等教育におけるアクションリサーチ（Cohen et al 1982）で当初成果をあげた。

各教科において，数学（March 1976），読み方（Ridsdale 1978），サウスオーストラリアでの理科（Page 1978）など，SBCDの報告がでてきた。このような中で，カリキュラム開発への教師の参加（Marsh 1977）が言及されるようになる。Walton & Morgan (1978) による集大成が出版された。English (1978) が事例研究している。

1980年代からは多数論文が出版されてきている。この間，タイトルにSBCDと称される論文は，80年代前半は，主な関心は，財政的な評価 (Lankester & Deschamp 1981)，学校経営や学校評価であった。例えば，学校評価の促進 (Boud & Donovan 1982)，校長の支援 (Brady 1985a)，現状分析 (Brady 1985b) であり，学習指導レベルから教育行政レベルまでさまざまな専門誌で関心を呼び，掲載される。背景には，エスニックグループの経験もあった (Sturman 1985)。

80年代後半は，むしろイノベーションというかたちでの教育工学的な角度からのカリキュラム研究もなされていた。構造と役割分担者に関するケーススタディ (Kirk 1986)，学習指導とカリキュラムモデル (Brady 1986)，ケーススタディに基づく満足度 (Brady 1987)，イノベーションのケーススタディ (Kirk 1988) 等である。この中で，SBCDへの問い直し (Duignan 1988)，また後で触れるようなアセスメントの創造と工夫 (Biggs 1989) があった。

オーストラリアカリキュラム学会 (1980年設立) ASCSの『Curriculum Perspectives』誌には，初期より，(Beasley 1981, Gough 1981)，ケーススタディ (Godfrey & Frazer 1981)，意思決定 (Harrison 1981)，草の根的な評価 (Price & Stradley 1981)，意図と現実 (Seddon 1981) がある。80年代後半になると，明らかにきめの細かい手法や現職教育への集約や反映がなされるようになる。ディスコース (談話) の機会 (Elbaz 1989) などである。Macquarie University での博士論文である『SBCDにおける教師の知覚と参加』(Bezzina 1989a) や現職教育でのSBCDコースの導入 (Bezzina & Chesterton 1989)，教師の役割 (Bayona, Carter & Punch 1990) があげられる。しかし，これらの多くはニューサウスウェールズやサウスオーストラリアで展開されてきた (Prideaux 1985)。この中で，ある一定の区切りとして，英国・米国・カナダとの計4カ国によるSBCDの概念の再確認が行われる (Marsh 1988)。

C.マーシュ（C. Marsh）らは，理論的なSBCDの類型を明確にするためには，①使命（学校の目的），②参加者のレディネス，⑨リーダーと改革機関，④グループのダイナミズムと学校の風土，⑤時間，⑥リソース，⑦専門性の開発(専門職としての資質向上)，⑧プロセス，などから検討する必要があり，理想的なSBCDの実践を行うためには，これらの問題が十分考慮されなければならないという（Marsh et al 1988, p.55-66）。

⑵ イスラエルのSBCD

イスラエルのベン・ペレツとドー（Ben-Peretz & Dor 1986）は，30年間開発されてきたイスラエルのカリキュラムを，時間的次元により分類し，SBCDの類型を試みている。

①持続的カリキュラム／５年以上実行しているカリキュラム：この類型は，各教科領域のシラバスにみられるカリキュラムである。毎年，このシラバスは教科委員会によって評価されている。教師によって作成された教材が10年あるいは15年以上の長期間にわたって使用される。

②３～５年間実行されているカリキュラム：学校におけるSBCDの大部分は，この類型に属する。この類型は，主として特定の教科領域の部分あるいはテーマと関連する，カリキュラム・パッケージの形である。

③短期的カリキュラム／１年または２年間実行しているカリキュラム：これは限られた使用目的のために開発されている，特定のカリキュラム・プロジェクトである。

④一時的なカリキュラム：幾つかのスクール・ベースト・カリキュラムが，数年間実行され消滅した後，再び修正し利用されている。そのカリキュラムの再登場の理由は，教師の興味または教育状況の変化によることである。

⑤最近，開発された新しいカリキュラム：そのカリキュラムの実行可能性は，これから予測される。

また，イスラエルのサバー（N. Sabar）らによって研究されている（Sabar

1983a, 1983b, 1985, 1994)。カリキュラム開発者としての教師に焦点づけて，ワークショップの成果について教師への質問紙調査と面接を行った。その主要な結果を以下に示す。

このワークショップの目的は，カリキュラム開発の要素に関する教師の意識を高め，教師にカリキュラム開発を実際に経験させることにある。ワークショップの運営には，次の5つの基本的要素が取り上げられた。すなわち，①カリキュラム開発の基本原理の導入，②活動計画，③カリキュラム開発のアプローチに関する熟慮，④学習資料の開発，⑤その領域に関する教師と学校との相互作用，である。毎週のミーティングで，少なくともこれらの要素のうち2つに取り組んだ。また，初年度には，主な5つの領域について，40回の会合をもった。すなわち，①カリキュラムに関する訓練，②教科に関する知識の拡大，③チームの全体討論と熟慮，④作成と開発，⑤研究と評価である。初年度の活動は，次の4段階で進められた。

第1段階：導入・訓練（1977.5.29-7.28）

第2段階：訓練，情報，作成（1977.10.5-12.1）

第3段階：文書の枠組みの確立（1978.1.19-4.6）

第4段階：開発（1978.4.13-7.9）

これらの活動は厳密に分離されて行われたのではなく，場合によっては1つの会合に多くの活動が同時並行して行われた。また，このワークショップで取り上げられたカリキュラム開発のモデルは，伝統的なタイラーのモデルではなく，むしろ教師の行為やニーズによって進められており，ウォーカー（Walker, D.F.）によるカリキュラム開発の「自然主義モデル」(naturalistic model）を採用している。

また，イスラエルにおいて注目すべき点はワークショップの調整者の役割である。調整者は，5つの役割，すなわち，教科専門家，カリキュラム専門家，顧問（consultant)，チームのリーダー，教師教育者であり，ワークショップの成功に多くの役割を果たした。また，調整者は，教師の独自の思考と行為を

図表１-19　イスラエルのSBCDシステム（Ben-Peretz et al 1986）

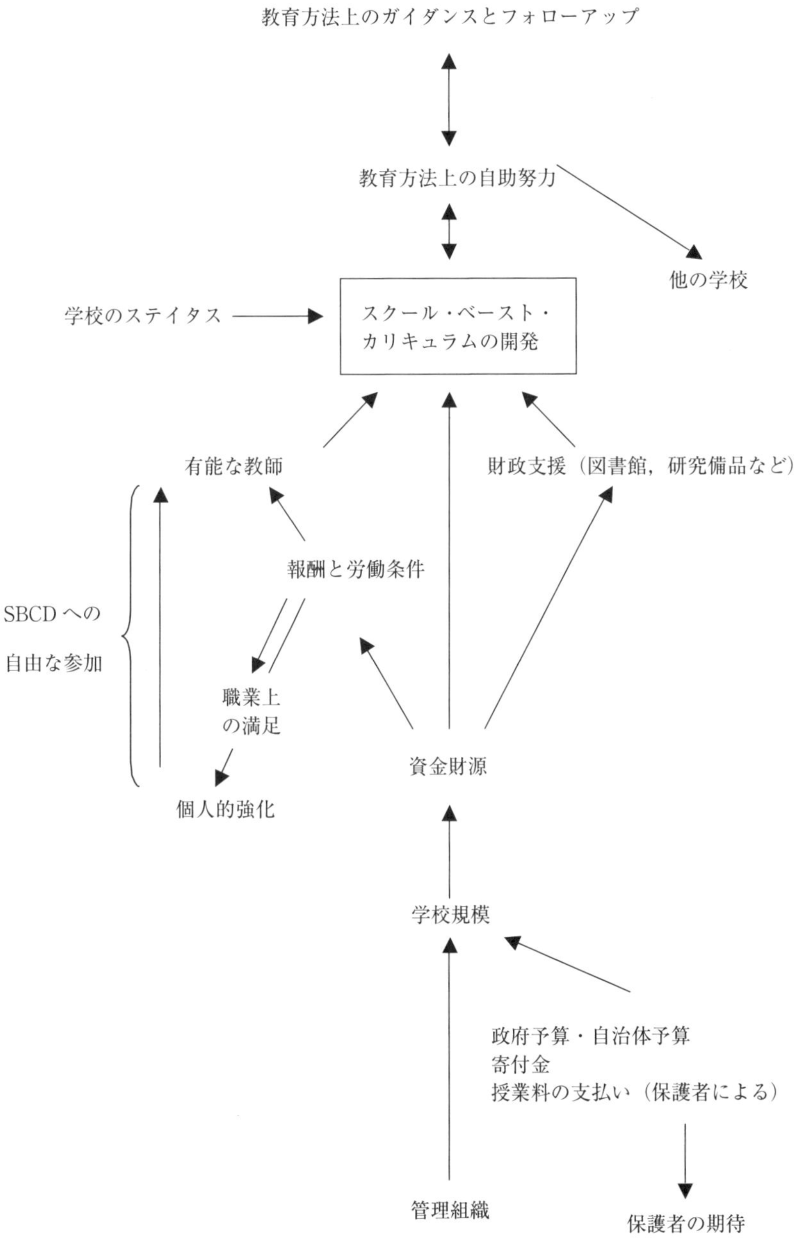

図表1-20　学校哲学（Philosophy）・学校力（Power）とSBCDの相関関係（Ben-Peretz et al 1986）

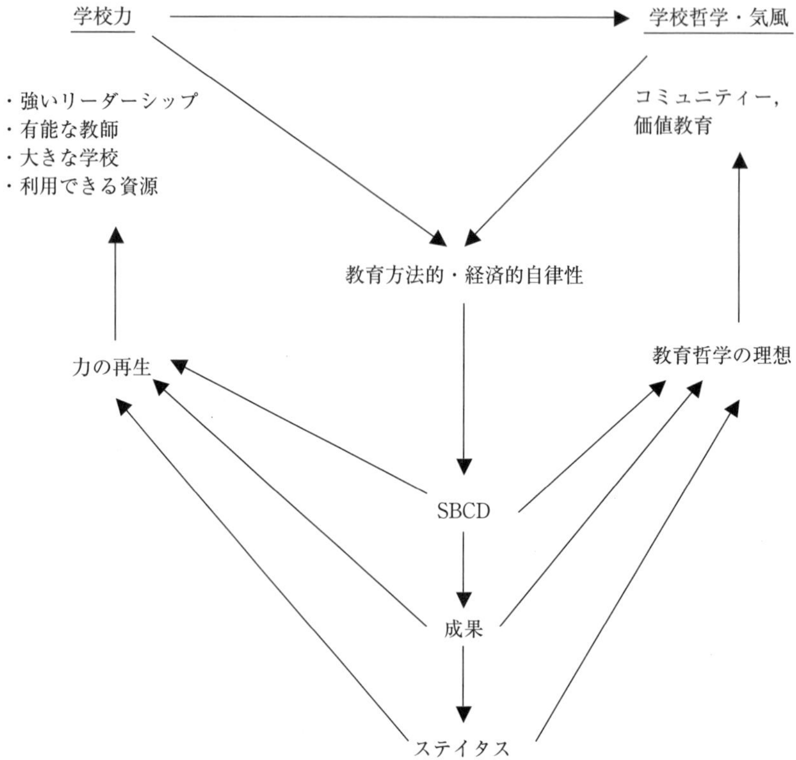

支援するとともに，ワークショップのチームをリードした。サバーらによると，このワークショップは，カリキュラム開発プロセスへの理解の増進，多様なカリキュラムの要素を調整しうる能力の形成，このプロセスに参加することによる充足感の向上などに寄与したという。このアプローチにしたがって，教師がカリキュラムの目標を設定し，内容などを選択する活動は，カリキュラム開発者に不可欠な専門性を獲得させるために有益なプログラムである。このワークショップに示されているように，SBCDの活動によるカリキュラム開発は，教師の資質向上の媒介役となりうる。教師がカリキュラムの主な争点やプログ

ラムを熟知する，それ自体が１つの学習プロセスである。

したがって，イスラエルにおけるSBCDは，教師自身の実践を反省し，新しい企画に挑戦し，授業・学習のプログラムを改善するように促す実際的活動となりうる。実際，SBCDの活動によって，教師は学校で使用する各種資料を収集したり，作ったりする。このプロセスが教師にカリキュラム開発の実施経験を積ませている。こうした学習プロセスが，教師の専門性を開発する，具体的な方向を示すことになる。

なお，図表１-19，１-20は，それぞれイスラエルのSBCDのためのリソースシステムと，学校哲学（Philosophy）・学校力（Power）とSBCDの相関関係を示している。イスラエルでは，スクール・ベーストと対置される概念は，エージェンシー（agency）である。その他にも，レミッシュ（Lemish 1988）などがあるが，その後1990年代に入って比較的新しいものとしては，ケイニ（Keiny 1993），ショーハム（Shoham 1995）などの研究が見られる。

⑶　フィンランドのSBCD

キモネン（Kimonen 1996, 2001）によると，SBCDは国の政策の上位に掲げられているという。かつて日本の６・３制を取り入れながら日本から学んだフィンランドであったが，その後，オランダ，英国から学びながら，地方での教育の接近可能性，支援的柔軟な管理－全体の中央集権的な助言と地方での実施というものである。学習の構成主義にコミットしつつ，すべての学校文化を規定する原理として，各教科の枠を超えてより総合的学習の時間を促進させようというものである。その一方，グループ学習，少人数学習，個別学習，公民教育，環境教育など基礎の９年コースの後に10学年期が設置され，落ちこぼれを防ぐあらゆる手立てが講じられている。授業の組み立て方や教科書の選定など教育内容の大部分を現場の裁量に任せたのがフィンランドの教育制度といえる。また高度の資質を備えた自主性をもった教師とともに，「学習する組織（learning organization）」という概念も学校に取り入れられている。

第2節　学校改善・学校効果と英国での海外調査による実際

2.1.　学校改善国際プロジェクトISIPの概観

(1)　低成長の時代と学校改善の定義

図表1-21にあるように，現代はslowdownの時代である（Neale et al 1981, p.13)。これは何も財政上の問題（allocation of budgeted resources）に限ったことではなくて，特に利用できるリソースは総動員することが必要になってくる。企業では，資源配分という用語が定着し，「どのように各所に配置させるか」(how a limited volume of capital, equipment, or personnel is dispersed throughout a company）と定義されている。とりわけ一社会システムとしての学校では，新しい経済や能率（economics and efficiencies）がみいだされる場となるべきだし，事実そうでなくてはならない。おそらく能率と効果，実績と効率（efficiency and effectiveness）といった経済的要因が，常にリソースの利用について経営上行う決定に手段となった，ビジネスや産業から，教育者は学んでいかなければならないという。

能率と効果（efficiency and effectiveness）はキーワードである。前者は制約の中でどのようにうまくリソースを用いていくかといった条件整備（目的の規定要因），後者は目標とするアチーブを意味する方法（目的の達成要因）といえ，本来の趣旨からすれば，どちらかが片手落ちだと不十分で，二系列による相即的関係が求められているとよいであろう。このような動きが，米国および西欧から「学校改善プロジェクト（International School Improvement Project：略称ISIP)」としてスタートしている。そして，これは1980年代までの十数年

図表1-21　学校改善の背景（Neale 1981）

	New Progressivism 1950～1970		The Age Slowdown 1970～??	
	社会的，経済的条件	学校における効果	社会的，経済的条件	学校における効果
人口と資源の配分	連続的成長	学校改善は成長と連動 ー新しい人材 ー新しい施設 ー新しい着想 “より大きいことはよりよいことだ”	成長率減 資源減	在学者数減 資源減 “より小さいことはよりよいことになりえるか”
目標と期待	社会的進歩への忠信	学校改革による社会変革 ー世界のリーダーたり得るべくイノベーション ー貧困と差別の解消 ー繁栄の維持	社会的進歩への疑惑	“基礎”の強調 ー能率（efficiency）と効果（effect）を改善するためのイノベーションへ
手段と方法	制度と技術に対するオプティシズム	新しい教育のハードウェアとソフトウェア シテスマティックな大規模な教育改革	制度と技術に対するペシミズム	地方学校における人的資源の利用と改善のためのパートナーシップの必要性

にわたる国際的なプロジェクトを一応総括するものだという。これについて今度は概観してみよう。

組織の中で最も大きいリソースは，ヒトである。そのため，リソースを志向した学校経営に携わる者は，教師の日常生活の質を最適なものにする手段や方策をさがし求める。いうまでもなく，これはモラールや参加，それに関与を強調することになり，意思決定に教師や保護者がどの程度関与しているかが，その決め手になる。そのため，次のような形で，学校で，人的リソースの開発へ向けて，自分自身の態度を再検討することから始めるべきだという。教職員開発（資質の向上）にどういう優先順位が与えられているか。それらほど重要ではないにしても，ある一定の特色がどれほど多く受け入れられているか。例えば，

・子どものいわゆる登校日を減らし，教師教育の日数を増やすことが，授業

や学習の効果を改善するか。

・同様に，登校日における６～７時間の子どもとの接触時間の短縮はどうか。

・ある特定のスキルをもつ教師に対する報酬が区別されることはできないか。

・現代的かつ高価な施設設備をもつかわりに，校下や地域の諸施設など（オルターナティブスクール，ストリートアカデミー（町の専門学校），フィールド体験）をなぜ活用しないか。

・高い費用で雇われる代用教員のかわりに，ティームティーチング，個別化プログラム，ボランティア，生徒の休暇日といったものがそれにとってかわるか。

・視聴覚機材や教具，補充用のテキスト，ハードカバーの本，学習キットといった授業材はなぜ必要か。人的リソースの開発は必要ではないか。教師手作りの教材ではダメか。

以上のように，新機軸，新制度，新施設といたイノベーションという意味よりは，学校改善では，土地や不動産の利用価値を高めるというような意味でのニュアンスが強い。それだけに，教育者は，リソースの利用については困難な決定をしなければならない。長い間受け入れてきた“態度”における基本的変化をこそ必要とする。より小さいことはよりいいことになることができ，改善は緊縮財政の時期でこそなしうるといわれるのも，こういった，変化・改善活動がその前提になる。

さて，学校改善の定義であるが，定義自体はやや流動的であるようである。例えば，OECDによる1982年の学校改善の概念地図（conceptual mapping）では，学校改善を「教育目標をより効果的に達成しようという究極目的をもつ，１校ないしそれ以上の学校での，教授学習プロセスかつ／または内部諸条件の変化」であるとしているが，1984年発刊学校改善の枠組みのペーパーになると，下線部は「学習諸条件および他の関連する内部諸条件の変化をめざしての，系統的な，持続された努力」というふうに書き換えられている。次に，その細部を検討しよう。

図表1-22　学校改善概念地図化（OECD 1982）

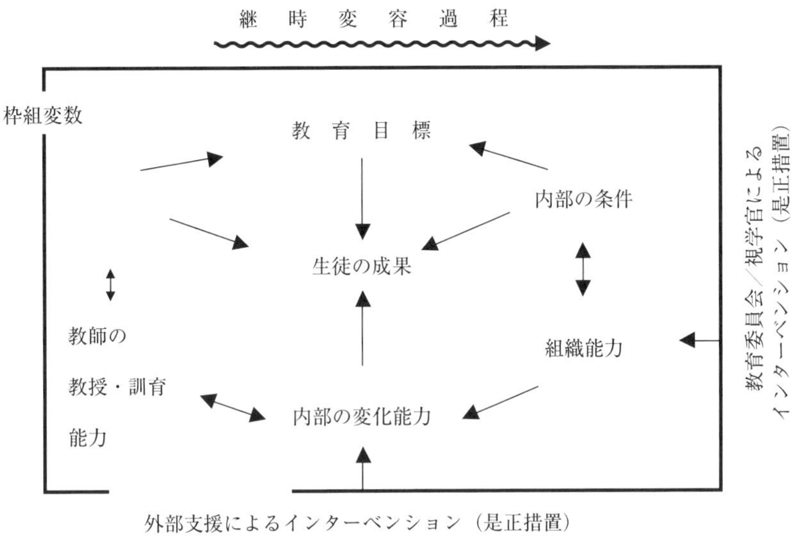

a）学校改善では，学校自体がターゲット（標的）である。裏返せば，個々の教師の孤立した訓練や逆に政策によって影響される“平均的な”単位としてのみの学校は，その対象にはならないということである。過去10年の実践研究の経験は，主に2つの結論を支持することになったという。その1つは，変化を達成するということは，単に新しい実践を採用する（adopt）という決定の問題であるというよりは，多分に学校レベルでの遂行・実施（implementation）の問題である。もう1つは，教育を変えることは，たとえ単一の教室さえも，同僚の協力と学校でのリーダーの支持を伴った形で学校組織を変えることなしにはたいへん困難である。図表1-22のOECD概念マップ（OECD 1982）にも示されているような，他の関連する内部条件（カリキュラム，学校組織構造，地方当局の政策，学校風土，保護者との関係など）への注意には，以上のような理由があげられる。すなわち，教室を無視せずに，しかも「教室をつき抜ける（classroom-exceeding）」見通しがなければならないという。また，たとえ，地区，地域，国というようにその範囲が大きくなっ

たとしても，運営組織としての個々の学校に注意を払わなければならないという。

b）数年（4，5年ないしそれ以上）にわたっておこる注意深く計画され経営されたプロセスである。もちろん，失敗などがあるかもしれないが，思慮深く行う中，努力は続けられる。努力の開始（initiation）については，限定されない。学校それ自体によって開始されてもいいし，視学官によってでもいいし，地教委や中央当局によって，もしくは，支援組織であるヒトやグループ，さらにこういったものの混合によって開始されてもいいとされる。変化の実例については，次のようなものがある。教師は生徒を評価する新しい方法を試み，そして以前よりも他の教師と問題や経験の多くを共有することになった（SIPRI プロジェクト）。生徒は2つの試験レベルをとることができた（MAVO プロジェクト）。生徒の探究を奨励する新しい科学の授業方略があった。そして教師たちは他の同僚の訓練者として役だち始めた（Jeffo）。

c）学習の諸条件については，教育目標達成をめざした，教師たちや他の人たちによって方向づけられた学校の組織活動にまで及ぶ。その活動は，カリキュラム教材と関連づけられた特定の指導（教師による講義，示範や発問）に限定されない。地域コミュニティでの生徒にとっての労働体験（work experience），その他，教師によって計画され実施されるプロジェクト，生徒のクラブ，スポーツ，学校の新聞紙といった特定の“extra-curricular”，カフェテリア，ホール，外部のプレイスペースが組織され経営される方法といった“lavie scolaire”の他の局面などを含んでくる。例としては，習熟度別の学習グループやプロジェクト（MAVO），教室授業方法に直接働きかけた（SIPRO），子どもとの探求活動をどのようにするかを教師に教えた（Jeffo）などがあげられる。これら関連する内部条件は，学習条件に密接に関連したものもあれば（カリキュラム，教材），比較的そうでないものもある（教職員の補充任用）。ここで注意しておきたいことは，生徒が経験する即時的な活動であるといった際の学習条件と同じではない，ということである。教師と保護者の接触のための新しい方法が開発されたり（SIPRI），カリキュラム開発方法が検討されたり（Jeffo），中堅教師が満たす変革の担い手（change agent）の役割（MAVO）がみられる。

また，近年の「効果的学校」研究によれば，内部条件の典型例をみいだせるという。すなわち，教育目標への関与の共有，協力的プランニング，秩序的・人文主義的な社会風土，生徒の学業成績への期待や報酬の共有，授業改善を強調する学校リーダースタイル，生徒の学業成績モニターのための有効な方法，教師のための学習機会などである。さらに，学校は，カリキュラム上の強制についてはしばしば外部の地教委によって指導され，監察官によりモニターされる。にもかかわらず，一度学校に組み込まれれば，それらは“内部条件”である。学校は，したがって，外部環境に対してとるべきアプローチを改善しなければならない。例えば，強力な保護者協議会を設ける，地方の実務団体の関心・利害やリソースのアセスメントを行う方法をつくる，政府から特定の資金を要求するよりよい方法を創り出すなど，外部の状況を扱う。しかし，究極的にはこれらは内部の変化を伴ってくる。

d）教育目標であるが，生徒や社会に対して達成するものと「想定」されているものである。生徒に対しては，知識，基本スキル，社会スキル，自己概念，職業能力といったような地域や学校によって変わる目標を考える。もう一方で，平等，労働ニードの満足，非行の低減，責任ある市民資格などなど，学校にとっての社会的目標，教育システム独特の社会的機能もある。このように「変化はいつ改善になるのか」といった価値と関わる問題がでてくる。そこで，成果により，その努力が達成された程度を意味することになる。これらは，図表1-23のように，さまざまな参加者によって優先順位が異なる。そこで，なるべく早い局面でそのコンセンサスを図るよう援助し，目標設定の共有化を図り，逆にまたこういった事態のコンフリクトが生成されるべきだという。

e）最後に効果であるが，次の3つがその視点としてあげられている。1）子

図表 1 -23　学校改善への努力が達成された場合の程度を現す成果の選択（OECD 1984）

参加者	中 間 結 果	最 終 の 結 果
生　徒	試験に通ること。	コンピューターの技能に上達すること。
保 護 者	学校の意思決定に関与する度合を深めること。	子どもが新しい物事を学んだことを知ること。
教　師	イノベーションを自由に行うこと。	生徒との計画がうまくいく心強い感覚を得ること。
校　長	円滑な学校運営をすること。	生徒と教職員がよい「生活の質」を得ること。
外部助言者	学校教職員がよりよい問題解決をすること。	学校が望ましい目標を達成するより強い能力を得ること。
地 教 委	生徒の早期中退を抑えること。	労働市場に，生徒をうまく送り込むこと。

どもの可能な最善の成果を達成すること。2）子どもの才能をできるだけ損なわないようにすること。3）手段を効果的に，無駄・損失を節減し最小の努力で活用すること，である。

以上のように，学校の組織能力・授業能力と呼ばれるものにおける改善と同様に，学習条件とそれに関連する条件における変化は，効果を増進するのに必要であるとされる。

⑵　ハヴェロックの教育研究開発

さて，図表 1 -24は，教育研究開発に関し，ハヴェロック（Havelock）が教育工学で提出しているもの（Havelock 1971）である。これは，80年代の『カリキュラムにおける挑戦と変革』という本の章になっている。① RDD モデル，②社会相互作用モデル，③問題解決モデルが出されてきている。このハヴェロックについては，CDC（1981c）において解説がなされているほか，ケリー（Kelly 1989）にも SBCD カリキュラム変革と開発の戦略ということで解説がある。

学校改善では，特にリンケージ（linkage：連結）のモデルとして取り入れている。ミシガン大学の科学知識利用研究センター（CRUSK：Center for Research on Utilization of Scientific Knowledge）において，1966年より膨大な文献

図表1-24　研究開発普及モデルと相互作用モデル（Havelock 1971）

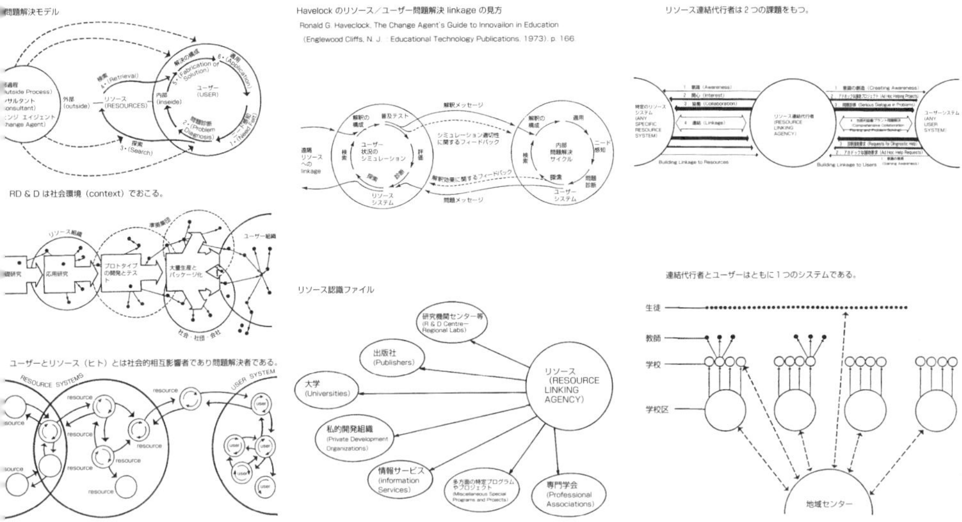

をサーベイした結果，図表1-24のようなリンケージモデルが考えられるという。

① 関係の樹立　　第1段階として，変革の担い手（change agent）とクライエント（顧客）ないしユーザー（利用者）との間によい関係（相互関係，新しいアイデアへの開放性，現実的期待，明瞭性，均等な力，不安や恐れの低さ，進んで違いに対応する意向を含む）をつくる。

② 診断　　変革の担い手は，システムとしてのクライエントを理解することに注意を払い，クライエントが問題や機会を確認するよう援助する。システムの目標は何か？　目標を達成するための適切な構造はあるか？　コミュニケーションチャネルは開いているか？　システムは望ましい目標を達成する能力をもっているか？　メンバーはシステム目標へ向けて機能するための報酬を受けているか？

③ 適切なリソースの獲得　　イノベーションの決定的な段階では，クライエントの変化プロセスでの各段階に関連する情報および他のリソースが獲得されている。これらの中には，診断，関心，試行前評価，試行後評価，導

入・設置，維持といったもののためのリソースが含まれる。リソース獲得のための永続的な能力を打ち立てることが強調される。

④　解決策の選択　　この段階では，数多くの解決策を生み出す研究から示唆を明らかにすることが含まれる。次いで，局部状況への解があるということの可能性テストとその適用の期間がある。

⑤　受容の獲得　　クライエントは徐々に新しい実践を受け入れるようになる。変革の担い手は，個人やグループが，意識，付随的利害，評価，試行，採用，統合を経由して進行するよう支援できる。グループでの受容の際，自己更新力の生成：新しい実践が受容されると，変革の担い手は，導入された変化の安定性に関心をもつようになる。変化のための継続的なサポートを保証したり，イノベーションを組織構造の中へ統合するための段階が必要とされる。その間，クライエントシステムが自己更新し続けるよう援助する機会があるという。

このハヴェロックのリンケージモデルは，農業や工業での特定のイノベーションの採用（adoption）を取り扱ったもので，遂行・実施（implementation）の問題，特に学校組織の中でのストラテジー上のオプションが述べられているものではない。また，子どもや保護者とのリンケージの問題に触れていない。そこで，学校改善では，地方の学校と知識リソースとのリンケージ，変革のためのリーダーシップを調達することによって，パートナーシップ・グループの形成が特に奨励されている。

英国では，オープンユニバーシティのテキストの中にSBCDに関連して，社会科で図表1-25のような形でこれをアレンジしている（Tolley & Reynolds 1977）。また，Marsh（1976）もSBCDに関連して，ハヴェロックに言及している。ディーキン・ユニバーシティのテキスト上にも載せられている。

図表1-26は，その1970年代まで盛んであった「知識創出とその利用（KPU：Knowledge Production and Utilization）」に関する考え方の変化を表したものであり，当初のハヴェロックのRDDがあまりにも単純過ぎたとの反省がその

図表1-25　学校地理部会あるいは地方コンソーシアムによる自己持続的カリキュラム更新（Torry & Reynold 1977）

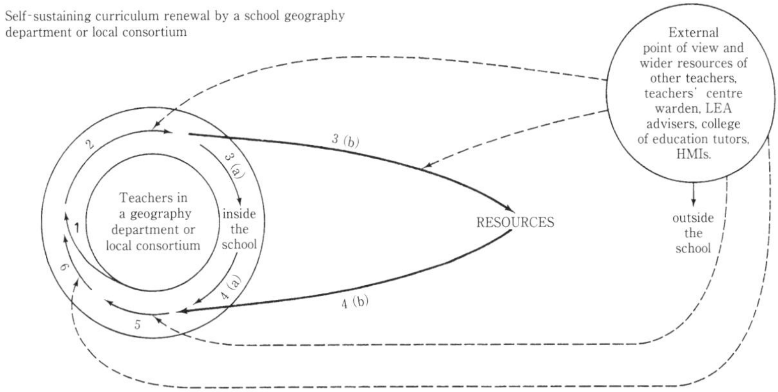

1つの学校の地理部会や近郊の学校連合コンソーシアムによる自己存続するカリキュラム更新（外部のサポートは，他教師，教員センター，地方教育当局アドバイザー，教育大学，視学官の外からみた見方やより広いリソースを表している）

図表1-26　研究・開発・普及と知識の創出／利用の活動（Neale 1981）

	段　　階（Stage）	組　　織（Institutions）
研　　究 （Research）	1．基礎研究，基礎的理論的研究 （Research basic theoretical studies） 2．基礎開発，応用研究 （Fundamental Development-applied research）	大学や研究開発センター （Colleges, Universities, R&D centers）
開　　発 （Development）	3．特殊開発，パイロットモデル （Specific Development- Pilot model） 4．計画と検証，フィールドモデル （Design and Proving-field model）	地方教育研究所 （Regional educational laboratories）
普　　及 （Diffusion）	5．普　　及（Dissemination） 生産，パッケージ化普及 （Production,Packaging,Distribution） 6．採　　用（Adoption）	出版社や情報サービス機関 （USOE.ERIC,Publishers） 州・地方教育当局 （state and local education agencies）

段　　階（Stage）	知識・生産利用の活動（KPU Activity）
パートナーシップの結合（Form partnership）	KPU 構造の確立（Establish KPU structures）
組織的診断（0rganizational diagnosis）	学校組織の知識の獲得 Acquire knowledge of school organization）
開　　始（Initiation）	ディスクレパンシィー（不一致）分析（Discrepancy analysis） 代案の確認と評価（Identify and evaluate alternatives） アクションプランの採用（Adopt action plan）
遂　　行（Implementation）	プロセス評価（process evaluation） プロダクト評価（product evaluation） スタッフ訓練（staff training）
統　　合（Integration）	評価の継続（continue evaluation） 診断の修正（Revised diagnosis）

ベースになっている。

⑶ リソース概念を媒介とした教育工学とカリキュラム開発の関係

学校それ自体が変わるのに必要とされたのが,「リソース（resources)」である。いい換えれば，目標として掲げたものを実現する上で必要な，人・時間・情報・もの・カネ（the money, materials and people for the pursuit of some goal）である。リソースの定義としては，援助，供給あるいは支援の源を含む，利用できる手段や財（means and assets）といってよいだろう。その他の定義として，Waterhouse（1984）などがあり，教材・条件・サポートそれにアイデアなどと併記され,「もし使うことができるなら，それはリソースである」といったプラグマティックな定義がなされている。

E.ハウス（House 1973）がいうように,「評価はそのリソース配分に影響を与える」ことになるといわれてきた。ところが，学校に焦点をあてた現職教育（school focused in-service training）も，学校がプログラムを開発するのに十分なリソースを提供しなかったところに，その概念の難しさがあるといわれている。何度も繰り返すようであるが，1960年代初期のロジャーズらの教育イノベーション（Gross 1971, Havelock 1973, 浜野 & 中野 1978）をはじめとした世界でも比類なき国家的な教育プロジェクトがみられ，結局そこから「変革なきイノベーション」として反省が生み出された。そうして,「カリキュラムの文献は，そのパラダイムにリソースの供給・提供を付け加えている」(Joyce & Showers 1984）という結論に至るのである。

今日，教育工学は，狭い意味では教材やメディアに関連した技法の使用になりがちであるが，目標と手段，すなわち制約を伴うシステムの構成要素の組み合わせを追求するという意味がある。その意味では，本来は教育リソースの体系的な確認，開発，組織化あるいは利用とこれらプロセスのマネージメントにあったはずである。

このように，カリキュラム開発の鍵は，リソース（resources）であること，教師とリソースとの間に焦点を絞った診断（Stenhouse 1975, Rowntree 1982）を行うことは重要であることが，海外の文献から結論づけられるのである。こうして，教育工学とカリキュラム開発の間には接点は確かにみられる。

⑷　知識リソースと教師教育（教員養成）の内容の改善

では，はたしてハヴェロックらのいう「知識」リソースの具体的中身はどのようなものとなって出てきているのだろうか。それが，プログラム作成などある種の問題解決に使われ，それに役立つ適切な研究情報だということであれば，中でも教師教育の内容の改善という文脈に限定して，その内容を示唆できるのではないかというふうに考えることにした。

ボーガン（J. Vaughan）は，教師の就職前教育の質に関する関心の高さから，全米教育協会（NIE：National Institute of Education）がその改善プロジェクトを支援したことにふれ，教師教育においては現在，変化を支持するのに用いられるかなりの広がりと深さをもつ知識ベース（Knowledge Base）があるとし，その認識がとりわけ重要であるとしている。そのプログラム内容に少なくとも次の3つの知識のまとまりがあるという。

まず第1に，授業効果の知識（teaching effectiveness knowledge）をあげる。どういった授業ストラテジーが異なる状況において最も適切か。こういったストラテジーがどのように用いられ，どのように高められるか，よりよい学級経営テクニックを通じてなのか，指導上の人材によってなのか。このような知識は当然，教師・生徒の特性，態度，知覚への影響を理解することが必要になる。

第2に，授業環境の知識（teaching context knowledge）と呼ばれるものである。授業行為や教師・生徒それ自体を超えたところから発する効果は，授業への影響について知らせてくれる。ここでは，効果的，非対果的な学校の性質，地域や学校経営組織の授業への影響，親やコミュニティに対する潜在的役割，学校が作業場や社会環境としてどのように機能するかの研究，といったトピックスに関連する知識が含まれる。こういった知識は，将来の教師に，学校で何がおこっており，それはなぜなのか，についての「より大きな状況・実態描写」を与えてくれる。もし，どのように効果的に教えるべきかを学ぼうとするなら，どのようにこういった外側の影響力が教授－学習プロセスに影響するかについて理解する必要がある。何が存在するのかというよりは，むしろ教師がどのように効果や満足，成長を増進しうるかを理解する必要な基盤として考えられるべきだという。そうすれば，教師は，「同僚や行政者，影響を与える他者や環境，および学校の維持，リニューアルに対して影響を与えるには，どのように仕事をしていけるか」についてより理解できる。

第３に，変化改善の知識（change-improvement knowledge）をあげる。それは，幾年にもわたる学校や大学での教育変化の試みの研究から何を学んだかといったことから，どのように成人は発達し学習するか，どのような方略が，個人の発達を支援するのに最も適切か（教師教育とアンドラゴジーという成人教育学の問題など（図表１-27）といった知識にまで及ぶ。積極的な役割を果たすのに有効な道具としてこういった情報は役立つ。今少し詳しく前者２つを見てみよう。

・どういったタイプの授業が，あるタイプの生徒とある教科領域ある学年レベルで効果的なのか。高次の認知プロセスの利用法をどのように教えるのか，どういった授業ストラテジーが「12学年の政治学」で最も効果的かなど。

また，ローゼンシャイン（Rosenshine）は６つの効果的な授業ストラテジーを記述している。それらは，

ａ）以前の学習課題を復習すること

ｂ）新しい内容やスキルの指示

ｃ）生徒本来の活動と例解のチェック

ｄ）フィードバックと修正（もし必要なら再び指導する）

ｅ）生徒の一人だちの実践

ｆ）週間月間の復習，である。

また，教師や生徒の期待や知覚，教師のプランニングと意思決定，教室内で

図表1-27　成人学習者の特徴（Neale 1981）

成人学習者の特徴	成人学習者の示唆	成人の促進者ないし教師に対する示唆
1．自己概念：成人の学習者というものは自分を自己指導でき，同様に他者にもそのように見ることを願う。事実，成熟の定義の1つは自己指導的である能力である。	開放性と尊重の風土は学びたい，またその必要があるものを確認する際に役立つ。 成人は自分の学習課題を計画，実行することを楽しむ。 成人は，自分で選択された目標へ向けて，自分の成長を評価することに関与する必要がある。	促進者は成人を自己指導するものと認識し，それに応じて取り扱う。 促進者は伝統的インストラクターというよりは成人学習者のための学習照会人（reference）である。それゆえ，“それを～であるかのようにいう”よう励まされ，参加者にすべきことをいうよりはむしろ“どのようにそれをするか”を強調する。 促進者は成人学習者に調子を下げて話すことを避ける。ふつうは経験豊かな意思決定者かつ自己スターターであるからである。その代わり学習者のニードに出合うよう試みる。
2．経験：成人は人生の経験を学習状況にもってくる。若者は自分に起こったものを経験と見做しがちなのに対し，成人にあっては，自分の経験が自分である。成人は自分の体験に照らして自分は誰なのかを定義する。	伝達テクニックはあまり用いられず，より経験テクニックが用いられる。 経験からどのように学ぶかの発見は自己実現への鍵である。 誤りは学習のための機会である。 成人の経験をしりぞけることは成人そのものをしりぞけることである。	成人というのは，経験そのものであるので，成人の学習者の経験を利用することの失敗は，ヒトとしての存在を拒否することと同義である。
3．学習することのレディネス：成人の発達課題はますます社会的，聴業的役割能力（コンピテンス）へと動き，逆に幼年時代の身体的発達課題からは遠ざかる。	成人は，自分の職業的社会的役割で能力上要求されるものを確認する機会を必要とする。 成人の学習，レディネスおよび教授できる瞬間というのは，知りたいというニードで学習機会が調整される時点でピークに達する。 成人は自分の学習レディネスや教授できる瞬間を最もよく確認できる。	学習は，成人を知識におけるギャップで援助することを通じておこる。 いかなる問いも「愚かでくだらないもの」ではないし，あらゆる問いは，学習のための「機会」である。
4．若者は教育を将来活用するための知識の蓄積として考える。 成人は学習を今日の問題解決手段により効果的である手段として考えがちである。	成人教育は理論志向というよりはむしろ問題中心である必要がある。 公式的なカリキュラム開発は，学習者が学ぶ必要があるものをみいだすことほど価値はない。 成人は新しい知識を速く適用する機会を必要とする。	成人教育においては基本的に教師の教授よりもむしろ学習者の学習に強調がおかれる。 解決されるべき問題，個人史（case history），決定約事件といった事態への関与は，単に「話し掛ける」とか他の一方向の伝達テクニックよりも成人により多くの学習機会を与える

の社会プロセスといったような問題も処理しなくてはならないとしており，知識ベースとして有効な文献をあげ，確実かつ構造化された研究事実のまとまりを集積しているという。

第2については，社会組織としての学校環境の中での人的・組織的開発に関する情報を含むという。教室を超えて学校がそれらの中でいかにヒトに影響を与え，次いで授業実践に影響を与えるのか。学校の中で何が期待されるのか，それはなぜなのかなど。その1つは，授業や教師の役制や位置の現実的な見方，授業や学校のより特殊かつ分析的な叙述が求められる。いま1つは，「効果的学校」だと共通に呼ばれているものは何かについての文献である。一般的には，より「効果的学校」は，「強い経営上のリーダーシップ，生徒の学業に対する高い期待，学習に安全かつ秩序ある雰囲気，基礎スキルの獲得という中心目標への同意，中核目標に結び付けられる生徒評価システム」によって特徴づけられるという。しかしながら，継時的に見た場合，どのようにそういった特徴が展開するかについて多くを知らない。他方，教師としての生活がどのようなものか，彼（女）らが中で働く学校とはどのように構造化されているのか，共に仕事をする同僚の役割はどのように成りたっているかについて理解することは，少なくとも何を期待したらよいか，の正確な見方を与え，どのように改善への貢献を最大限ならしめるかについて考える資料を調達する。

翻ってみると，学校についての変化・改善の知識のおかげで，他人がどのように既存の主導権とうまくやっていったのかを見ることができ，またイノベーションの努力の出来不出来から多くを学ぶことができる。他の変化が遂行されない一方で，なぜある変化の試みが遂行されるのか，を知るならば，行動の基礎をもつことになる[8)]。

2．2．SBCDから学校効果・学校改善へ—英国の海外調査による実際

⑴　歴史的整理

以上，学校改善や教育研究開発をレビューしてきた。ところがこれら第2節でみた新しい動きと第1節でレビューしたSBCDとの関係が，文献からでは著者には明らかでなかった。そこで，文献によりその流れを整理するとともに，実際に1995年の海外調査による観察から，その背景を含め明らかにしたい。

教育の分野では，1960年代の中央ないし国家レベルの主導によるものから変わってきて，70年代以後はむしろ地方ないし学校レベルでの，いわゆる「ス

クール・ベースト」研究開発が世界的な動きになってきている。この動きは，ユネスコやOECD/CERI（教育革新センター）の開発プロジェクトの軌跡をみていくと，次のようである。1973年からの「学校の創造性」(Creativity of the School)，74年からの「スクール・ベースト・カリキュラム開発」(School-based Curriculum Development：通称SBCD)，76年からの「学校に焦点をあてた現職教育（School-Focused Teacher Education)，そして82年からスタートした学校改善プロジェクト（ISIP）があげられる。しかし，学校改善においては，それを含みながらその成果を強調する。90年代に入って欧米を中心とするOECD各国では，効果的学校の研究（SER：School Effectiveness Research)，学校改善（School Improvement）が，盛んになっている。時代は，安定成長期から低成長期へ移行する1980年代前半の時点で，量の時代から質の時代，経済成長から人間成長の時代へと移行しており，個々の学校の質が問い直され，そこに焦点があてられようとしている。

OECD加盟国，とりわけ英国・米国の動きを中心にまとめると，図表1-28のようになる。

これによると，70年代のSBCDから90年代の学校効果へと評価の研究も移行しているのである。1960年代より，カリキュラム評価ということが取りざたされるようになった。が，その評価の中身は，80年代まででかなり変わってきている。OECDでは，1960年代以降1980年代まで，評価は，副次的なもの，統制の道具，さらに達成事項の記録や教員評価へとシフトし，重大局面が，行政から，カリキュラム，さらにアセスメントへとシフトしてきていることがわかる。

1960年代は諸改革を開発し導入することに多忙であった。ところが，1970年代に入ると今度は諸改革を実践に移すことに失敗したといえる。米国で個別化教育を推進しようとして大学で作られたプログラムであるIGE（Individually Guided Education）が結局実際には学校で放棄されたことなどはその例である。結局のところ，1970年代後半からは，学校それ自体が変化しなければダメだと

図表１-28　カリキュラム評価と関連するOECD教育革新の概観（有本 2003）

	1960		70	80		90
OECDの重点政策	教育成長の黄金期	教育成長の遺産	学校への焦点化(SBCD) 教授学習過程(教育工学) 教育研究開発とイノベーション 教育と社会との新しいリンク 選抜と資格	後退とその結果	教育と構造変化 教育と新情報技術 「基礎基本に戻れ」に固着するコアカリキュラムの狭い見方 教育指標 教育改革から学校効果へ 教育の質(達成事項の記録，アセスメントと教員評価)	
力点	カリキュラム開発と研究の制度化，評価は副次的な役割を果たすもの		評価それ自体の制度化と権力と統制の道具としての評価	評価について打ち立てられてきた領域の打破		
評価の果たす役割	副次的な役割		権力と統制の道具	教育システムでの妥当な立場をとりうるコンテクストの創造		
特徴	・初等中等教育法，ヘッドスタート計画にみられる中央主導型 ・新カリキュラム教材のための試験的運用 ・教師の形成的評価への関与 ・よいものを公にする例示する総括的評価のニーズの認識		・巨額の歳出ゆえのイノベーション組織による統制 ・テストなど評価のための組織の拡大と進化(定量化，標準化) ・教育コストに対し責任をもつアカウンタビリティ	・さまざまな人の参加とその極端な形での自己評価 ・重要とみる問題に自身の解決策を見つけることへの関与 ・システム内の真の変化を引き起こすより確かな方法 ・中央主導モデルの拒否		
英国における教育政策の強調点(社会と教育の危機)	合理性(Rationality)		合法化と正統性(Legitimation)	動機づけ(Motivation)		
	行政と再組織(Administration and reorganization) 総合制中等学校などコンプレヘンシブな教育，機会均等		カリキュラム 共通(common)のカリキュラム	アセスメント（学習評価）と教員評価(appraisal) 達成事項の記録		

(Nisbet 1984, Hargreaves 1989 などを参考)

いうことになる（Hopkins & Wideen 1984)。1970年代後半に入ると，さまざまな決定に関して，外部の評価者よりもむしろ学校教職員自身が責任をもつことになる。その決定の中身は，「何が評価されるべきなのか」といった評価の対象だけではない。「それがどのように評価されるべきなのか」といった評価の方法，さらに「結果として変化を起こすべきかどうか」といった学校経営上の意思決定にまで拡大される[9)]。

結局，教師が学校の状況を診断するのを助け，学校の目標を達成する努力を改善するのを促すよう，学校に外部のものが関わることが必要だとされている[10)]。そして，学校改善は，授業を再検討することによって最もよく改善され，教師個々のユニークさが強調されている。それでいて，変化の単位を学校に求め，学校経営そのものに問題および解決策を見出している。

⑵　英国の効果的学校

英国では，80年代後半から，SBCDというより効果的学校の研究をどう学校改善に反映させるかが，国の大きな関心事となっている。これに関しては，心理学や統計学の専門家であったラターら（Rutter 1979）は，学校は民族を越えて平準化機能をもちうるということを実証した。教師の学校への参加が子どもの成果に影響を与えるということも示した。「学校よりも家庭の背景が子どもの発達上に多大な影響をもっている」という見方に反動して新たな研究は，起こってきた。英国でも米国と同様，教育の成果は家庭の背景の違いによるものが大きいとされていた。

この研究がきっかけとなり，効果的学校（effective school）の研究が国の政策と結び付き（Ball 1990），1980年代OECD/CERIのラダリエール（Pierre Laderriere）やオランダのヴァンフェルツェン（Van Velzen）によって発足したプロジェクト―学校改善―がさまざまな診断道具とともに，国家的にきわめて活発な動きとなっている（OECD/CERI 1982, Hopkins 1988, Reynolds 1991）。「効果」の定義としては，「望ましい結果あるいは成果の産出」とされる。生徒のドロップアウトや留年などを最小限に押さえ，効果的手段を伴いつつ，（社会的平等と個人のニーズに関して定義される）最も可能な生徒の効果を得ることとされる。異なったリソース，プロセスや組織上の調整が生徒の成果に影響するのかどうか，もしそうなら，いかにそうなるのか，を確かめることにある。そして学校の質を確かめる適切かつ信頼できる方法を求める。「改善」の定義としては，1982年当時「教育目標をより効果的に達成するという究極の目的を保ちながら，1つないしそれ以上の学校における学習条件と関連する内部条件の変化」であるとされていた。しかし最近になってこの定義も，児童生徒に期待される以上の成果というように変わってきているようである。効果と改善をどのようにつなぐかが大きな動向になっており，国際学会誌もできるほどであ

図表1-29　英国の学校効果と学校改善
—分離していた伝統のものを繋ぐ動き—(Reynolds 1993)

学校効果	学校改善
学校に焦点をあてる	個々の教師か教師集団への焦点化
学校組織への焦点化	学校のいくつかのプロセスへの焦点化
成果への強調を伴ったデータ駆動	変革の効果の実証的な評価は少ない
志向において量的	志向において質的
変革の方略の遂行方法についての知識の欠如	包括的に学校での変革に関心
児童生徒における変化により大きな関心	その方向よりも学校改善の旅により大きな関心
ある時点での学校により多くの関心	変革しているものとしての学校により多くの関心
研究の知識に基づく	実践者の知識に基づく

る。効果的学校は，研究をベースに考えられており，したがって定量的なデータを扱い，結果の平等というアウトプットを見直し，特に政策立案者にとって有益である。カリキュラム評価にたいへん近い。それにたいして，学校改善とは，実践をベースに考えられており，したがって定性的な個々の改善のプログラムを扱い，個々の教師によって，有益である（図表1-29)。

また，国際学校効果研究プロジェクト（ISERP：International School Effectiveness Research Projects 1995-2003）では，IEA（International Educational Achievement）やIAEP（International Assessment of Educational Progress）などをふまえ，学校からの生徒成果を，米国，英国，アイルランド，カナダ，オランダ，オーストラリア，ニュージーランド，香港，台湾という間で国際比較を行っている。その底流にある問題意識として，日本の登校日数225日にすれば英国も日本のように機能するのかと，非日本的な状況での日本の実践や経営的考え方を意識したものとなっている（Reynolds 1995)。

英国の枠組みを適用すべく，香港（Ensuring Excellence Project Team 1999）等をフィールドにした例もある。国際学校効果研究プロジェクトの最終レポートも2003年に出版された。

ここで，教育上の効果（educational effectiveness），中でも，学校効果（school effectiveness）についてまとめておきたい。コールマン報告（Coleman et al 1966）は，社会学的な研究として最も有名なものである。なぜなら学校が違いを生み出すかどうかに関してその疑いを投げかけ，教育効果研究の新しい触媒となったからである。Brookover et al (1979)，Edmonds (1979)，Rutter et al (1979) のような初期の学校効果研究は，生徒の背景にある特徴が統制される時ですら，ある学校は他の学校よりもより効果的であった，という研究からくる基本的メッセージ，教育効果研究プログラムを後押しした。さらに，それらは証拠を提示してもきた，すなわち，学校効果は，ある程度は一連の学校プロセス上の特徴にあると考えられうるという点である[11)]。

これらの研究は方法論的な批判の対象になった（Purkey & Smith, 1983, Ralph & Fennessey, 1983, Reynolds, 1985）けれども，当時から，教育上のリーダーシップ，学校風土，組織的特徴とカリキュラム変数のような学校教育のプロセスの特徴は，教育効果研究に動かし難い位置を占めるに至る。

まず第１に，効果がゴール達成に関与する点に留意する必要がある。したがって，教育上のゴールの達成は，教育上の効果の概念にとって中心かつ重要である。教育上のゴールこそは，このように経験的な教育上の効果研究で出力基準の選択のための根拠とみなされなければならない。

第２に，効果は原因から続いて起こる概念とみなされるべきである。教育的な効果を測ることだけでなく，特に効果の原因を（いろいろなタイプの）先立つ状況や要件にあると考えることに関心をもつ。

第３に，教育的な効果を先立つ状況や要件に帰することは，一方で，統制する必要のある状況，他方で基本的に融通がきく状況を区別することによって明示される。

図表1-30　IQEA（Improving Quality of Education）の技法（Hopkins 1995）

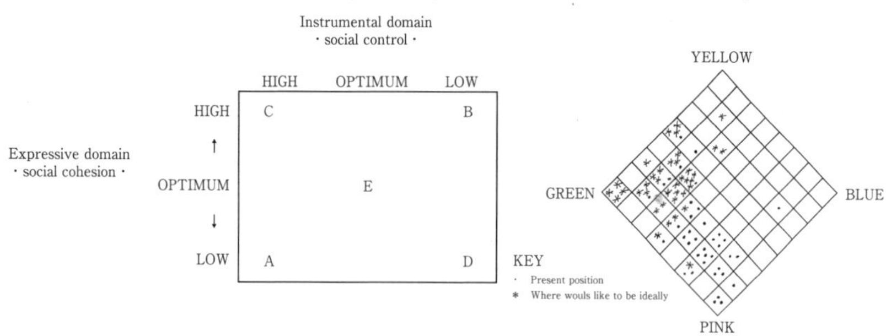

2.3.　学校訪問と学校改善の技法，その背景

(1)　IQEA プロジェクトについて

実際に，1995年英国に滞在し，教育改革の実効が「効果的学校（effective school)」の研究として実証的に進められ，学校改善の実践に結実している様子を知ることができた。OECD 学校改善プロジェクトのコンサルタントであったD. ホプキンスらのIQEA（Improving the Quality of Education for All）などに参加する機会を得て，学校改善の技法を体験することができた。改善の対象として学校文化をあげ，その評価に児童生徒が参加する方法（Hargreaves 1995）などを実際に知ることができた。「学校における変化のマッピング」という技法がある（図表1-30)。これは，4つのグループでプレーされるボードゲームの形式をとる。参加者は学校文化の4つの典型的な記述（ピンクカードとか色を分ける）を読んだ後で，学校文化が動いていく方向，理想的な文化がどれであるかという点でどの文化が最も彼らの学校に近いか決める。教師はボードゲームを楽しみながら同僚とのディスカッションを行う。学校職員全体に対して1人の研究者が提案でき（チェックリストに比べて）非常に効率の良い技法であると思われた。ほとんど即座にフィードバックが得られ，生徒バー

ジョンも利用できる。この前には，変化のタイムラインや変化の経験に伴うフィーリング，変化の開始に伴うコミットや統制感をもたせるための，学校外からなのかそれとも内側からなのかバランスをコントラストとしてマッピングし，コメントとともに，反応を数量化し，スタッフのグループにグラフ化してフィードバックされる。また，この後には，学校文化の基礎をなす基本的な５つの社会構造に関するデータを生み出す。学校の条件に関わる診断道具としてさまざまな尺度（スケール）からなる技法が最後に用いられる。継時的変化がどうであったか，学校間の比較をなす上でも，有効であろう。マップの上では，ベクトルが改善の方向－意図と実際のズレ・不一致を追求することにより，評価は，学校実践と結合されうる。研究者がエビデンス（証拠）やデータを得る上でも，学校の変化や改善を促進するコンサルタントに有益であるとしている。

このマッピングという手法は，わが国でも，管理職１人の記入でなく学級担任のレベル，図書館司書やカウンセラー等他の職員，それに生徒にも利用が可能であるためいろいろなレベルで応用できると思われた。

⑵　学校効果研究者とSBCDアクションリサーチ研究者との対立

しかしながら，筆者のインタビューによれば，学校改善に深くコミットしている人は，学校レベルのみをみて，時にテストスコアの改善に陥る傾向にあった．現在余りにも導入に拙速にみえる国家カリキュラムのデリバリーに忙しく，OFSTED (Office for Standards in Education) の視察が学校改善に強いインパクトをもっており，テストスコアでの学校選択と学校の違いを重視していた。第１節でもみた1980年代前半までのカリキュラム開発や評価の動きを引っ張ってきた研究者たち，教室レベルでの質的なアセスメントやそれを支える地域のアカウンタビリティ等を重視するカリキュラム研究者たちは，現在の競争原理のみに収束していく状態を厳しく批判していた。すなわち，学校改善を学校効果から進めようとする動きにおいては，カリキュラム開発は一種のリップサービスであって中身が伴わないものであるとしている。その中には，M.フィールディングのようなかつてのSBCDの事例として有名なスタントンバレー校の教師をしていた人もおり，生徒の学習スタイルの重要性を強調し，テストスコアによる効果研究と改善実践を急速にではなく，緩やかにリンクするよう求めている（Fielding 1997）。また，M.ジェームズも，教師や保護者に広く読まれている新聞紙上で「目標・内容が先で，方法が次だ（Aims should come first, methods second）」と「学校効果」「マネージメント」を推進するデイビッド・レイノルドを批判している。彼女は，効果的学校が意識している，日本では，来日した経験から，カリキュラム評価を真剣に行おうとしていると紹介し，学校効果という目標と手段による政策者にとって有用なミクロなテクノロジーを牽制している（James 1997）。このように，確かに英国でのSBCDは，特にイングランドを中心に，Ackland（1992a, 1992b）以降，あまり陽の目をみなくなるのである。

J.エリオットも，筆者の手渡したヴィト・ペーロン（1960年代からノースダコダ州でのオープンスクールで活躍した）のペーパーを一部に用いつつ，学校の効果研究（SER：School Effectiveness Research）について批判している（Elliott 1996）。それに対して，パメラ・サモンズとデイビッド・レイノルドは，それは初期のSER研究であって，英国でもその後のSER研究では，小さい年齢時での少人数学級には積極的なインパクトを示したとして反論している（Sammons & Reynolds 1997）。

「1988年教育改革法」により，各学校の理事会（school governing body）は，予算の運用権という大きな権限を地方教育当局から委譲された。こうした新しい政策は「自主的学校運営（local management of school)」と呼ばれ，この背景に教育に競争原理を導入しようという考えがある．地方教育委員会や各地の大学を乗り越えて国家と学校とが直接つながり，「国庫補助学校(grant maintained school)」が生まれたり，大学での教員養成は4年から3年にまた戻され現場が重視されるという事態が起こり，アカデミズムからは国家によるレイプだとまでいわれるようになった。「名を挙げ，恥ずかしめ，責めを負わせる

(Name, Shame & Blame)」状況が生まれた。

他方，滞在期間中視察した結果わかったのであるが，学校によってはわが国とは比べものにならないほど教材や資料を中心としたリソースが豊富で，学校独自のトピックワークという学習を進めているという点で，1970～80年代のSBCDの遺産は，明らかに残っていた。英国では，国家カリキュラムが導入されているが，何時間が教科に配分されるか，時間がどのように割り当てられるか，また時間が，教科や総合，その組み合わせやモジュールにといった具合にどのように組織されるかに関しては要求していない。ただ，中央で達成目標（AT：Attainment Targets）を規定しているだけである。時に特定の教育的配慮を必要とする子どもに対して学級全体の流れから離れて，加配の教師の援助が得られ，ヘルパーやボランティアが加わっているところもある。そして，オープンプランの学校も多く，コーナーやワークスペース，○○ゾーンといった複合的多目的な空間に児童生徒はアクセスできるようになっているところもある。その上で，子どもとのカウンセリングや新たなアセスメントのための時間を考えている（ただ子どもは9時以前には校舎に入れないとか，ランチタイムについては，ヘルパーに任せ教師はその間学校外へ出てもよいなど，日本と違うところがある）。子どものアセスメントのための時間は，柔軟な時間（Flexitime）となり，柔軟な人的な組織（Flexipeople）と財源（Fleximoney），スペース（Flexispace）を要求するのである。

さまざまな研究者にインタビューした結果，英米いずれの場合でも，効果的学校と学校改善の分野においては，学校文化の要因や組織の文化，リーダーシップのスタイルをカリキュラムに含めて定義していない。カリキュラムを狭く捉え，より周到かつ綿密なプログラム，実証的な研究を重視し，エビデンスに基づくか否かということであることがわかった。

この研究者の中には，SBCDを促す内ロンドン教育当局時代には，カリキュラム評価にかつて関わりながらも，1990年代に学校効果と学校改善にシフトし，ロンドン大学に関連センターを設立した研究者，P. モルチモアがいる。

例えば，彼らの研究では，学校と教室レベルを見て，改善する上で，変えられるものとそうでないものを要因として掲げ，操作的な変数を明示している (Mortimore 1988)。

＜学校レベルで変えられないもの＞　学校規模，通学距離，校長の在任期間，経営構造，学校の物理環境，生徒の組織，

＜学校レベルで変えられるもの＞　記録の継続，カリキュラム計画，指導方法，校長の基礎基本への強調，意思決定への職員の関わり，指導期間，報酬と罰則，保護者の関わり，

＜教室レベルで変えられないもの＞　学級規模，

＜教室レベルで変えられるもの＞　生徒とのコミュニケーション，生徒の騒々しい不快な音と動き，教室の相互作用，カリキュラム，指導方法，生徒の自己責任，集団やグループ分け，教科書，褒めることと叱ることなど。

ビト・ペローン（Vito Perrone）も，あるいはまた1960年代カリキュラム評価を行ってきたステイクも，筆者に，1995年，それぞれボストンとロンドンで，現在の英国の状況はあまり好ましいものではないと語ってくれ，ステイクは，1997年 AERA（全米教育学会）において学校改善はたいへん複雑な概念であると述べている。

⑶　SBCD と学校改善の共通項と出発点の違い

英国と，よく比較対照の引き合いに出されるフランスの小学校との間では，数多くの学校文化（school culture）の違いがみいだされている。前者，英国はカリキュラムの意思決定において比較的自律的な風土の中で開発してきたが，後者，フランスは，国家的に処方され一般的に受け入れられたカリキュラムに対応して開発している。

その学校文化であるが，「基準（模範）的な実践，これらの実践に割り当てられた意味，そしてこれら実践や意味を確立し維持するプロセス」であると定義されたり，「あるものそしてあるべきものの分かち合われた期待」であると

され，解釈と規範的な機能と両方をもつと定義される。

欧米では，学校文化と学校改善との関連が取り沙汰される以前に，学校文化とカリキュラムの関係については，Hargreaves (1982) や Joyce (1990) で述べられてきている。最近では，教室でのコンピュータの用いられ方で展開されてきている (Gooden et al 1996)。しかし，その背景にはカリキュラムは変わるという見方がある。現存する文化と変化するよう提案に組み込まれた文化との間に一致する要素がないと，学校は変わらないといわれ，教師の現実感覚や自己感覚を構成する信念や価値を提供する学校文化は，本来カリキュラムの変化とは不可分の関係にある (Blenkin et al 1992)。カリキュラム開発に授業の文化など学校のサブカルチャーは，重要である。カリキュラム政策がカリキュラム実践に翻訳される切り札として，「授業の文化」が決め手となる。それはリシェイプされうるし，それによって実践的な学校カリキュラムは改善される (Hargreaves 1989)。

最近の学校改善では，学校の構造を持ち出し，それが同じであっても，異なった文化を持ちうる。文化は特定の構造によって作られる。文化は少なくとも部分的に構造によって変えられるとして，学校の構造を重視する立場を強調している (Stoll et al 1996)。

このように，カリキュラムと学校改善双方において，学校文化は重視されている。

いずれにしても，英国の学校診断においては，1960年代から70年代，80年代初頭までの背景であるカリキュラム開発の政策の蓄積があるからこそ，チェックリストをはじめとして量・質ともに豊富な道具も生み出せたといえそうである。そして，学校，行政，大学のヒトの回転がうまくいっており，またさまざまなレベルでの評価が機能している点，学校の顔を教職員が意識し，監察員 (inspector) など外部からの意見を聞く点などを学ぶことができた。

1990年代に入ると，地教委を通り越して国家が強く関わるが，中央の機関である OFSTED (Office for Standards in Education：教育水準検査局) による監察のために学校の授業観察の詳細な様式もある（Office for Standards in Education 1994）。

こうして，これまでみてきた結論としていえることは，特に英国やオーストラリアをはじめアングロサクソン諸国では，カリキュラム評価が「教育変化」「学校効果」によって，置き換えられる現状である。すなわち，オーストラリアのデュグナンが述べるように（Duignan 1988），学校によるカリキュラム統制は幻想であり，トップダウンの階層的評価戦略を通じ適用され，関連する効率のためのマネジャリズムという哲学に基づいた中央で決定された効果の指標（effectiveness indicators）を使いつつ，学校のアカウンタビリティと学校カリキュラムへの圧力を増すことは，学校がカリキュラム政策とプロセスと内容に関して動かす余地を少なくするという。その点で，SBCD と学校効果とでは，立脚すべき出発点が異なることになる。

第3節　英国における教育政策の変遷とナレッジ・マネージメントの適用

3．1．英国におけるホワイトレポート後のスクール・ベーストへの回帰の動き

(1)　スクール・ベーストの意味の再考

これまでみてきたように，SBCD という概念は，OECD，中でも英国の取り組みから生まれてきているといってよいであろう。英国では，「SBCD は現職教育（INSET）として見なされるだろう」(Keast 1981) とされ，「スクールベーストでの現職教育（school-based INSET)」という概念も出てきていた。

しかしさらによくみていくと，英国では，シラバスと試験に関する Mode Ⅰから Mode Ⅲまでの変遷が背後にある（Torrance 1982, 1986, 1987)。すなわち，モードⅠはシラバスや試験が外部で設計される，モードⅡは委員会で試験が設計されると同時にシラバスは学校内（グループ）で作成される，モードⅢは学校によって試験もシラバスも作成されるというもので，すなわち，SBCD は，外部試験導入を背景にした MODE Ⅲをきっかけとした学校の乗っ取り (take-over) であるからである。GCSE (General Certificate of Secondary Education) などの変遷に伴い，アセスメントの実践は際立って多い。英国の取り組みからすれば，スクール・ベーストの概念は，中央省庁の作成部局・委員会 (Board-Based) という概念と対置される。

ここで，Barber (2002) を手がかりにして，現在の動きとともに歴史的な大きな流れを探ることとしたい。

1980年代半ばまで学校や教室で起こっていることは，ほとんど教師が決定す

るよう任されていた。すなわち，スクール・ベーストであったのである。英国のアセスメントはこの国の教育改革を数十年かけて大きく動かしてきた。これは，ホワイトヘッドにさかのぼる。次のような彼の哲学があるからである。「どの学校も，それぞれ独自のカリキュラムに基づいて，卒業証書（サーティフィケイト＝一種の学習成果証明書）を出さねばなりません。これら多くの学校の基準こそ検討されねばならぬ典型であり，修正されねばならないものです。けれども，教育改革で第一に要請されるのは，個別単位としての『この学校』なのであり，個々の学校は独自の必要に基づき，学校の先生方により開発され認定されたカリキュラムを持っているのです。」（ホワイトヘッド『教育の目的』1932)。英国のSBCDには，教育の効果を確保する単位としての学校をあげながら，個々の生徒に対する校外試験という制度を抜きにしては考えられない。アセスメントの変革の歴史は1963年，さらには1911年にさかのぼる。60年代後半から70年代初めにかけて戦後のベビーブームの影響から教育の爆発といってよいカリキュラム開発があった。1964年にスクールカウンシルが発足し，教師によるアセスメントを組み込む試験として，CSE（Certificate of Secondary Education）が導入される。68年に学力基準の低下が危惧されるようになり，72－75年にかけてオイルショックや低成長のため教育に投資されるようになる。74年に学力調査室（APU ： Assessment of Performance Unit）が設置され，アンダーアチーバーに注目し，地方教育委員会（LEA）はテストの標準化を行い，1978年がピークとなった。

英国では，行動主義の影響が米国ほど強くなかったことがあげられる。その風土の中で，ブルームの目標分類学が批判されるとともに，全国統一検定試験中学校修了証書GCSE（1988年GSEとCSEが合体される）といった観点別評価による資格試験に反映され，そこでは，ペーパーで測れない情意的な側面でも，学校の記録（record）として，蓄積された。テストにカリキュラムが引っ張られるのではなく，生徒と教師の対話に基づくアセスメントはカリキュラムの一部となる。

図表1-31　1970年代からの英国における政策変化（Barber 2002）

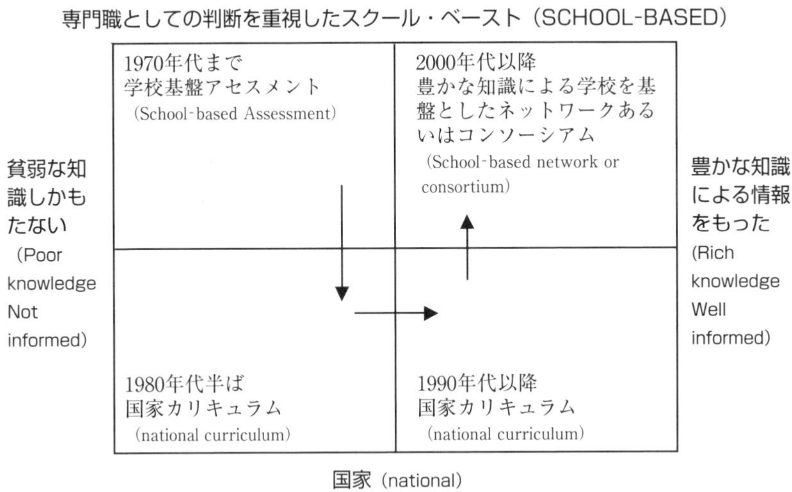

ところが，1980年代半ばのサッチャー政権の対応は中央集権化することで，ナショナルカリキュラムの導入であった。

しかし，そのシステムでは，よいデータや証拠は生み出されなかったため，それはまた，本当の知識に基づいて処方を行う位置にはつくことができなかった。その結果は，これまで認められた専門職性に基づく判断のシステムから単なる外からの処方のシステムに移行した。

しかし，そのおかげでシステムが「インフォームド（情報をもった）」ものとなる可能性は確立できた（図表1-31）。ベストと思われる実践についてのデータそれゆえ証拠は着実に強固なものとなった。

2001年ホワイトレポート以降，「インフォームド（情報をもった）」専門職としての判断が重要なものとして，また「スクール・ベースト」へとシフトしている。すなわち，スクール・ベースト・ネットワーク（School Based Network）やスクール・ベースト・コンソーシアム（school based consortium 学校の団体連合）が提言されている。このように，スクール・ベースト・アプローチがきわめて重要であることがわかる。

3．2．英国におけるナレッジ・マネージメントとしての学校自己評価

(1) 知識経済の時代におけるナレッジ・マネージメント

ナレッジ・マネージメント（knowledge management：以下KMと略す）は，知識の創出，意図的普及および利用を統治する一連のプロセスである。KMは，哲学者，聖職者，教師，政治家，脚本家などの社会の知識を司る職業や実践者の活動にその始まりをみることができる。

しかし，20世紀に経済は工業からサービス経済へ移行し，21世紀は「知識経済」の時代が到来したといわれ，こうした時代の変化が新しいKM活動を必要としはじめた。大量生産で画一的製品を作る工業システムから，「さまざまな個別の要望に対応して高品質の製品を少量生産できるシステム」の重要性が高まり，そのための資源として知識が重視されるようになったのである。

知識は近年，地域や国家の成長を促進する主な要因となった。こうして知識やイノベーションが次代の国の経済の成長エンジンとなる中，キャッチアップ型・画一的な大量生産型工業社会の20世紀とは別のタイプの教育を，知識経済（knowledge economy）社会は求め始めた。同じ知識が伝達されるだけの教育によって育てられたヒトではなく，爆発的に生産される情報から知識を精選して活用する人（knowledge worker）が求められ始めた。

OECDでは，知識経済への移行期における知識の創造・共有・活用法，KMに関する概念の整理，教育研究開発のための国の政策，組織と財政の分析，私企業におけるKMなどを分析している。競争力の源泉が，イノベーションから顧客価値の創出に至る知識の創造である，という理解が企業では進んでいる。

図表1-32　SECIモデル（野中 2004）

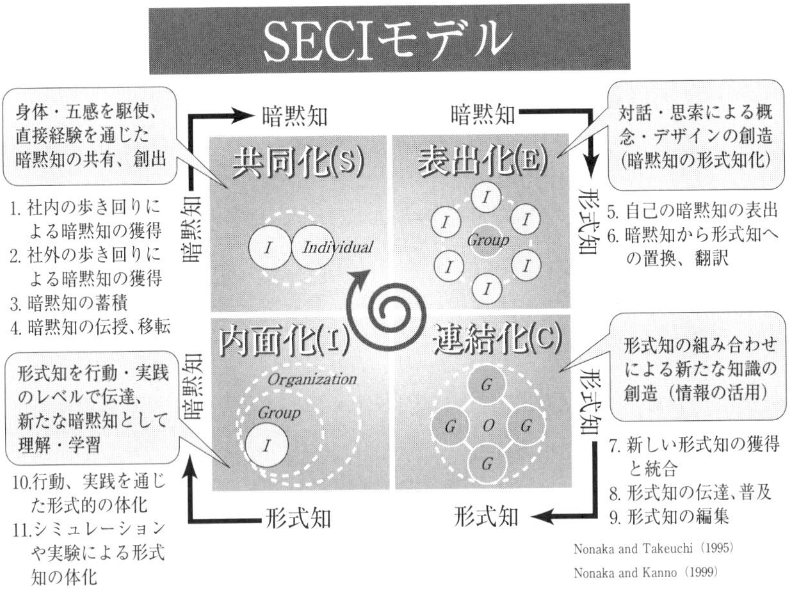

日本の企業経営を研究した野中（1995）は，「KMとは，企業がその知的財産を基に，価値を創造していくプロセスである」と定義し，KMを(1)共同化，(2)表出化，(3)連結化，(4)内面化の4つのプロセスに分類する。4つのプロセスを経ながら，知識が螺旋（スパイラル）的に変化していくことで，組織の学習はより有効に機能する。共同化は，会話などのコミュニケーションを図ることによって，それまで個人や組織の一部分しか持たず形として表れない知識（暗黙知）がより拡大し，共有化されていくプロセスを指す（「暗黙知」→「暗黙知」）。表出化は「暗黙知」→「形式知」のプロセスで，文書などにまとめられた知識が形式知として整理されることを指す。連結化は「形式知」→「形式知」のプロセスであり，表出化で客観的になった形式知をより広く共有化することを狙う。内面化は「形式知」→「暗黙知」のプロセスで，形式知としていつでも使えるようになった知識を，個人や組織で使いこなし，新たな経験をこ

れに付加していくことを指す。こうして創造された新たな知識は再び暗黙知として蓄積され，次の共同化へとつながっていく（図表1-32）。

(2) 教育におけるKM

新しい知識経済社会に教育がどのように適合するかは，ハイテクや医学など他のセクターがどうしてきたかを参考にして具体化されよう（OECD 2000）。知識経済社会が，よく教育された生涯学習者を必要とするという点は，多方面の教育アジェンダ（議題や事項）に影響をもたらしうる（立田 2002）。産業やビジネスを例としていかに教育にKMを活用すればいいのだろうか。

教師は，かなり個人的な知識や技術についてはほとんど分類や共有をしてこなかった（例えば教育工学ではHannum 2001）。そこで学校におけるKM活動の第1ステップは，教師が知っていることを共有できる個人の知識ベースを明らかにすることである。学校におけるKMは，教師の知識ベースづくりから始まる。

個人的な知識ベースをもとに教師チームの知識ベースを作ることが学校のKMの第2ステップである。学年間，教科間の教師チームを軸に，KMへの関与を向上させることが学校組織全体に求められ始める。

ここでは，知識（knowledge）を，データや情報をふまえつつ，かなり広く捉えていく点が重要である。「データ」とは，学校内で自分に利用できる目的的に獲得された材料やかなりの部分をルーチン化した（使用頻度が高い特定の処理を果たす機能をそなえた）ものに対して使う用語であり，「情報」とは，利用できるデータから抽出した，意味のある材料で，その根拠は将来のアクションや意思決定を鼓舞する可能性のあるものである。それに対して，「知識」とは，データや情報を，協働的な社会的な処理の結果として共有し，集合的に所有され，かつ組織的に適切な知識へ転移（transformation）したものである

そこで，学校は個人の接触を通じて協働し，ティンカーリング tinkering

（組立細工，チョッとした修理＝はんだなどで鍋・釜など金属製の器具のいたんだ所を修繕する鋳掛（いかけ）屋，鋳掛師から由来しており，あるいは細かな部品，何らかの罠・トリックを発動させる仕掛けをもつ「トラップボックス」などを作るスキルをいう）するべく時間を与える必要があり，そしてそれが知識創造の源となる。例えば，大工道具で箱を作るとき，自動的にティンカーリングのスキルがチェックされ，鍵付きの箱が作れるかどうかが決まる。ティンカーリングのスキルが高ければ，高いほど，鍵付きの箱が作れる確率は高くなる。もともとは，シリコンバレーでのエンジニアの様子からいわれ出した概念である（遺伝子操作を tinkering with genes という）。このティンカーリングはまず何かが機能するかどうか確かめることに役立つ。実践で役立たない何かがあるとき，本当に役立つものを見つけるある種の実験である。これをフーバーマンは，教師に適用し職人として解説している（Huberman 1992）。すなわち，あちこちいじくり回し，細かく手を加える職人と，利用しようとあれこれ考え加筆修正や加工をする教師は，応用研究する点で共通点がある。他の専門職と同様，いつもいろいろと指導書にないインフォーマルな教室実験を遂行・実施する，知識の創出者である。D. H. ハーグリーブズは，これを「教員相互のティンカーリング（Mutual tinkering）」とし，1人の教師から他の教師への知識の転移は，情報を受容するためでなく，それを転移し自身の状況に応用することであるとしている。生徒に学び方を学ばせるのは複雑なプロセスだからである。その他，抽象的な知識を自身の児童生徒の具体的な環境にふさわしいものとする，自身の古い知識を新しい知識と統合させる，知識を他の実践者と共有する手段とし続けるなどが重要である。

学校間での知識の転移は教師がより協働的になることを求め，さらに，最近の ICT（インフォメーション・コミュニケーション・テクノロジー）を KM サポートのために利用することは，重要である。また，サポートのためのインフラ整備も求められる。ネットワーキングは鍵となる。存在するネットワークを再認し，強化し，より体系的に利用することによって学校内だけでなく，学校外の機関や人も重要になる。「教員相互のティンカーリング」は，教師ネットワークでは無意識の自動的に働くものではなく，積極的な互いの励ましを必要とする。より困難な点は一学校の文脈から他の学校への知識の置換（transposition）である。最も困難なのは教科が主体となる中等学校の間（あるいは１つの学校内）の置換である。

教師教育の分野では，特に欧米では，教師の学習を“学校全体の”学習とリンクして積極的な開発を行ってきた。ナレッジキャピタルをマネージする基礎を作り出すべく，教育のためのKMを研究・開発し，また実践する場として，特に知的活動の準備やその向上のために「暗黙知」を拡大するのを助けるべく，大学は競争的なプレッシャー下で変わらなければならない。実践者がKMの優先順位を見直し，支援する新しい技能をもった専門職として，その資質向上を図ることが求められる（OECDによると日本の現職教師の企業での職場体験などはその例としている）。

このように，KMでの実践者の役割の拡張，R&D（研究・開発）をサポートするべく研究者と実践者の間の新しい役割や関係が求められている。他のフィールドと同様，教育研究もより応用的なものとなるべくプレッシャー下にある。専門職的な知識のルーチンな向上がより実りの多いものとなる。例として，シリコンバレーでの密接なユーザーと研究者との相互作用がある。そこで，従来の教育学の主流であるアカデミックなものから，「スクール・ベースト」あるいは応用的な研究開発（applied R&D）へと捉え直すべきである。

そこでは，エスノグラフィー（民俗誌学）的手法を含めあらゆる方法論が総動員されてくる。学校でのKMに関わる最初のステップは，教職員が教授学習の「何を」知っており，「誰が」何を知っているかを明らかにし，専門職としての知識を明らかにすることであろう。学校で生み出された知識は学問的知識を豊かにする。学校は知識を切り口に経営や価値，利益の創出といったことを実感をもって思考・展開できなければならない。

図表１-33　学校における知識創造（Hargreaves 2003）

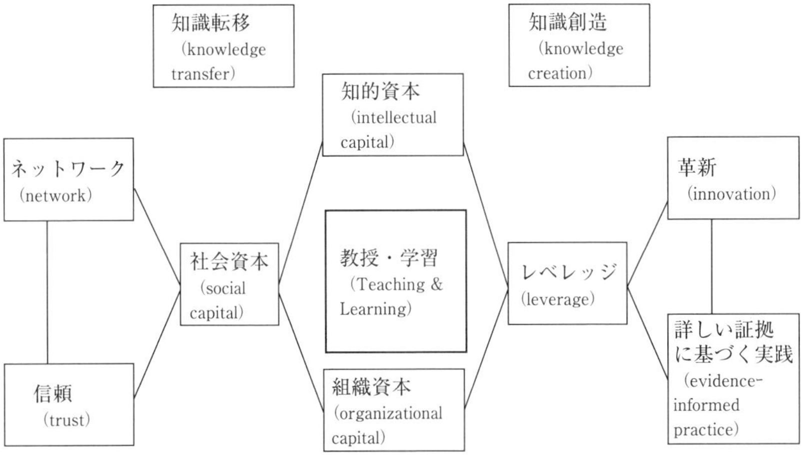

⑶　学校における知識創造へ向けて

より統合された知識プロセスモデルは，創造と転移の間のリンクがなされ，実践者により大きな産出・創出の役割を与えてくれる。純粋な研究というよりは協働的な専門的努力によって動かされねばならない。図表１-33では，改めてスクール・ベースト研究コンソーシアム（連合）もしくはスクール・ベースト・ネットワークが確立されるよう提案されている（Hargreaves 1999, 2001, 2003）。

ａ．知的キャピタルもしくは知的資本（カリキュラムと関わる）

人的資本ともいい，個々人の教育や訓練，知識・技能などと関わり，組織の目に見えない面，財政的資本や物的財を補う。学校は明らかに，教職員のみならず，生徒・家族・地域と知的キャピタルが豊富である。「何であるか」と「いかにしてか」の知識と関わる。

ｂ．ソーシャルキャピタルもしくは社会資本（コミュニティと関わる）

いわゆる人々の社会的なつながりを意味し，個人間のつながり，学校内のグループのつながり，学校間のつながりなど，いろいろな視点でみることができるものでもある。社会資本とは，人々が目標達成のために共同で行動できる規範および社会関係である。信頼や規範，ネットワークといった，目に見えないが，成長や開発にとって有用な資源（リソース）と考えられるもので，これを経済的資本と同様に計測可能かつ蓄積可能な資本として位置づけたものをいう。文化的・構造的両方の局面をもつ。文化的には，メンバーと関与者との間にあるトラスト（信頼）の程度からなる。構造的には，メンバーとその外部パートナーとの間のネットワークの質や範囲に反映される。これが強い組織は，1つのコミュニティとして強固な自らの感覚をもつ一方で，他のコミュニティとの絆をもっている。「誰を」（know-who）の知識と関わる。世界銀行でも，国際協力と関わる定義がみられる[12)]。

C．レベレッジ—小さい力で大きな成果をあげる（生産性）

レベレッジ（leverage）は，借入金で自己資本収益力を高めることをいうが，小さな工夫で大きな力を動かす「てこ」の意味ももつ。インプットとアウトプットの関係から生じ，エネルギーの最小投入に対して，質・量ともに大きな成果があるとき高いレベレッジとなる。高いレベレッジを求めるためには，組織のイノベーションが要求される。新しい実践が工夫され，その効果が確認されて，「最もよい実践」として妥当化されると，メンバーは「これらの証拠で知らされる実践」を採用する。その高いレベレッジで生み出される利点のために，低いレベレッジによるイノベーションが確認されて，採用されることは少ない。例えば，上級の生徒がこれまでの授業での学習をより独り立ちできる学習のためにセンター等での学習システムに置き換え，そういうシステムをICTが提供するとする。ピアチュータを通じて，人間関係のスキルも学ぶ。その結果，教師の接触時間は減るか，生徒をより小さなグループで教えることになる。その効果は，生徒のストレスを軽減し，教師のプロとしての満足を増大させる。生徒に高等教育の準備をし，いわゆる外部のペーパー試験を乗り越える生徒の成果（スクール・ベースト・アセスメント）を拡大させるのである。

d．組織キャピタルもしくは資本―学校をどのように変えるか―

リーダーは，KM を工夫しなければならない。リーダーは，実践のコミュニティを刺激し，サポートしなければならない。知識の転移は，コミュニティとの対話の中で「何」(Know-that) と「なぜ」(know-why) が，「いかに」というノウハウ (know-how) へと転換される時にのみ起こる。

図表１-33では，知的資本と社会資本の統合が提起されている。社会資本は人や組織のネットワーク，そして集合的社会行動に関連する。ネットワークや社会規範，お互いの信頼に基づく社会資本の形成は知識転移を高める。教育においてより激しい競争的環境は，イノベーションを刺激するかもしれない。そして社会資本がスタッフ間に高い状態にあるべきである。教育と社会資本の関係の理解は，まだ始まったばかりである。知識創造がどのようなメカニズムで行われるかを調べると同時に，社会資本は時間をかけ，創造的なメカニズムの形成が行われるように投資していく必要がある。

以上のように，教育研究の方法論へ KM が活用できる有力な内容や対象として，「スクール・ベースト」研究開発の例があげられる[13)]。自分自身の習熟度を高めようとこつこつ努力する人，教師の職人芸を大切にする伝統，自己マスタリーへの欲望，特にこだわりをもつ結果を安定して実現しようとするマスターの取り上げ方は重視しなければならない。その上でさらに一人ひとりの児童生徒における学習のアセスメントを向上できるような基準の創出とその知識としての蓄積は，具体的な作品など学習の成果をもとに議論を重ね研究していく必要がある。

今後わが国でも，指導方略，カリキュラム，学校の構造におけるバリエーションのどのような組み合わせが，児童生徒の学習に影響を及ぼすかといった学校の効果に関する量的な研究が求められる。と同時により質的に，これからの学校改善は，教師がよりよい授業をめざして新しい形式の高いレベレッジを生み出せる知識創造，イノベーション，転移の諸概念を必要としているのであ

図表1-34　総合的なKM研究手法の例（有本 2005）

①児童・生徒の学習（学習や動機づけ理論に関わって，また90年代以降顕著な重要な達成事項に関わるパフォーマンス・アセスメント，ポートフォリオ・アセスメントを含む，証拠によって知らされる教育方法的に焦点化したもの）[Mandel 1992 など]
②教師の学習（成人の学習理論などを組み込んだ，目標として専門職的学習のコミュニティを伴ったもの）[Schon 1983, Eraut 2000 など]
③リーダーシップ・ラーニング（大学での理論を組み込んだ，学校内そして学校間の全てのレベルで）[Jackson 2003 など]
④組織あるいは学校内での学習（学習組織に関わる研究成果，組織開発の理論等）[Senge 1990, Garvin 2002 など]
⑤学校と学校もしくはネットワークされた学習（KMの理論，実践のコミュニティーを含む）[Wenger 1998 など]

る（Hargreaves 2001）。さらに，いくつかの次元を総合して捉えることができる手法が，KMであり，その実践的な開発が待たれるといえるだろう（図表1-34）。

第4節　アジア・太平洋地域における新しい動き

4.1.　過去の変遷にみるオーストラリアの改革

(1)ビクトリア州における取り組み

英国では，中央レベルでは，1975年からの学力調査室（APU）のカリキュラム評価に果たした役割もある。英国では，この中央による試験作成委員会と対比することから，「スクール・ベースト」という用語も説得力をもった。1989年からは，National Curriculum and Assessment プログラムに取って代わられ，学校毎にリーグテーブルといったように公表がなされ，極端なアセスメント志向，数値や文書データへと過度に依存する方向へと進んだ。

さらに，1997年に資格・教育課程当局（QCA：The Qualifications and Curriculum Authority）が創設された[14)]。全国の学校や職場の資格修得コースの内容と水準を調査し，その研究に基づいて大臣に対する助言等を行う機関である。その動きは，オーストラリアのビクトリア州では，2001年3月設置の VCAA (Victoria Curriculum & Assessment Authorities) の動きとなっており，8つのキー領域で生徒が知り，できるべきことを記述する（CSF：The Curriculum and Standards Framework）という詳細な基準と，6つの水準でサーティフィケートを出す VCE を柱としている。その中には，MI (Multiple Intelligences) に基づいたアセスメントが位置づけられている[15)]。

(2)　クイーンズランド州における取り組み

オーストラリアの学校制度は，6歳から始まる6～7年間の初等教育（小学校），5～6年間の中等教育（中学校・高等学校），高等教育という区分になる。義務教育は一部の例外を除き9年間である。オーストラリアの高等教育機関

(正確には，中等後教育［Tertiary Education］機関）には大きく分けて2種類の区分がある。大学（University）と技術・継続教育カレッジ（TAFE：Technical and Further Education College）である。大学が基本的にアカデミックな志向をもった教育機関であるのに対し，TAFEはTAFE資格に適う教育をする機関として登録されている。すなわち，わが国でいえば専門学校，米国でいえばコミュニティカレッジ的な色彩の強い教育機関であるといえるが，教育改革では職業教育を視野に一貫して力を入れている。

PBL（Problem Based Learning）は，1970年からオーストラリア，米国，カナダで動き始めたものであるが（有本 1999），それが州として改革に取り入れられているのはオーストラリアクイーンズランドである。そこで，クイーンズランドを中心として現在の動きとともにオーストラリアの歴史的な大きな流れ，さらに英国の動きを，あわせて探ることとしたい。哲学を上記PBLに求め，クイーンズランド州では，ニュー・ベーシックス（New Basics）と呼ばれるこの州のリッチタスク（Rich Task），創出的教育方法（Productive Pedagogies）のモデルという3つの概念で総合学習を開始した。これは，ウイリアム・パイナー，サイザー，ヴィゴツキー，デューイ，フレイレの思想を含む広範囲なものに拠っている。特にサイザーの，カリキュラムに多くのものを詰め込めば詰め込むほど，教育的経験が浅く表面的なものになり，特に危機的な状況にある学習者には破滅的な影響が及ぶという研究（Sizer 1992）によっている[16)]。

しかも，マルチリテラシー（口頭，聴覚，活字，視覚，そしてマルチメディアを使ったコミュニケーションに，いっせいに関わっている知識と技術）の思想も取り入れ，スコープとシークエンスをふまえた単元デザイン（鳥瞰図的に意図を盛り込んだもの）を推奨している。1990年代後半から顕著になってきたことは，学習のアセスメントと授業・教育方法，それにカリキュラムを相互にリンクさせ，関連づけることにある。以下，詳しくみてみよう。

州のカリキュラム全体構造は，図表1-35のようになっている（キー学習エリア（主要学習分野）とニュー・ベーシックス（QSCC 2001（1996年設置）に

図表1-35　クイーンズランド州主要学習分野とニュー・ベーシックス（QSCC 2001）

<table>
<tr><th colspan="2">主要学習分野（KLA）</th><th>ニューベーシックスのプラクティス・グループ</th></tr>
<tr><td>英語
開発中</td><td>文化
実用
批評</td><td rowspan="9">人の歩む道と社会の未来
私は誰か，私はどこに行くのか？
・さまざまな家族関係の中で生活し，それに備える。
・友達や他者と協力する。
・健康を維持し，自分の身の回りのことを自分でする。
・新しい仕事の世界について学習し，それに備える。
・自発性と積極性を育む。

複合的能力とコミュニケーション・メディア
どのようにして世界を理解し，世界とコミュニケーションをするか？
・伝統的コミュニケーション・メディアと新しいコミュニケーション・メディアを組み合わせて使う。
・創造的判断を行って，パフォーマンスに参加する。さまざまな言語と異文化理解によってコミュニケーションを行う。
・識字能力と基礎的数学能力を修得する。

積極的な市民生活
コミュニティ，文化，そして経済における私の権利と責任は何か？
・地元のコミュニティおよび世界のコミュニティとの間に相関的な関係を築く。
・変化し続ける文化的アイデンティティの範囲内で活動する。
・地域と世界の経済要因を理解する。
・社会運動と市民団体の歴史的基礎を理解する。

環境とテクノロジー
自分を取り囲んでいる世界をどのように記述し，分析し，形作るか？
・世界に対する科学的理解を育む。
・設計とエンジニアリングのテクノロジーを利用する。
・建築と持続的環境</td></tr>
<tr><td>数学
開発中</td><td>数
パターンと代数
空間の概念と視覚化
大きさ
偶然とデータ</td></tr>
<tr><td>科学</td><td>科学と社会
地球とその外側の世界
エネルギーと変化
生命と生活
天然の物質と加工された物質</td></tr>
<tr><td>保健・体育</td><td>個人とコミュニティの健康を増進する。
肉体的活動の概念とスキルを発達させる。
個人的な成長を推進する。</td></tr>
<tr><td>英語以外の言語</td><td>言語を理解し，使う。</td></tr>
<tr><td>芸術</td><td>ダンス
演劇
メディア
音楽
視覚芸術</td></tr>
<tr><td>社会＆環境学</td><td>時間，継続性，そして変化
場所と空間
文化とアイデンティティ
システム，資源，力</td></tr>
<tr><td>テクノロジー
未承認</td><td>テクノロジーのプラクティス
情報
材料
システム</td></tr>
</table>

よる）。各KLAに含まれる学習項目グループと各ニュー・ベーシックス・カテゴリーに含まれるプラクティス・グループを示したものである（2001年1月1日現在で最新の情報）。中央の黒い線の左右に並べられている項目については，

特に対応関係はない。1対1の対応はしていない。

ニュー・ベーシックスと主要学習分野（キー学習エリア Key learning Area：以下 KLA と略す）は，カリキュラム形成要素としては比較的新しいもので，それぞれ，教授と学習の焦点を明らかにする目的でカリキュラム（またはその重点）を説明する方法の1つである。ニュー・ベーシックスは明白な未来志向をもち，KLA は複合的な知識分野を軸としている。

このニュー・ベーシックスについてのテクニカル・ペーパーにおいて，州教育省は，学習成果としてリッチタスクを設けることで次の各項目が推進もしくは改善されると主張している。

○既存の教科と目標達成の方法に異なる考え方をする。

○カリキュラムの過密化を防ぐ。

○学校教育の重要な節目となる学年（第3学年，第6学年，および第9学年）において，必須の知識，スキル，およびプラクティスについて生徒の学習成果とは何かを決定する。

○学校の差別化の一環として，コミュニティのニーズに応じた地域的な学校固有のカリキュラム開発を行うための条件を整備する。

この直接の背景としては以下のことがある。1989年4月の「学校教育に関するホバート宣言」は，学校教育について国レベルで合意された目標を定め，また8つの KLA（英語，数学，科学，保健・体育，英語以外の言語，芸術，社会&環境学，テクノロジー）において国民が協力してカリキュラム開発を行うことを述べていた。当時，これら8つの KLA は，オーストラリア全国の学校で行われている多様な望ましい学習分野を，効果的に取り込むことができるものと考えられていた（同様の考えは文化理解など他の学習分野にも拡張されていた）。

1999年，すべての州と領土の大臣が「21世紀における学校教育のための国民の目標に関するアデレード宣言」に署名したとき，この考えが認められた。「…義務教育学年に在学する生徒は，合意された8つの主要学習分野のすべてにおいて，包括的でバランスのとれたカリキュラムで学習することにより，高度な知識，スキル，そして理解に到達しなければならない」と，この宣言では述べられていた。

過去10年間に多くの考察が行われ，州立校におけるカリキュラムの実施に影響を与えてきた。中でもっとも注目すべきものは「未来を形作る」(1994年のホワイトシャー・レポート）で，これにより８つのKLAが州立校の第１学年から第８学年で使用する中核カリキュラムの大きな枠組として支持された。次いで，1996年教育（学校カリキュラムP-10）法によって州学校カリキュラム審議会（QSCC）が設立され，第１学年～第10学年用シラバスと，第１学年～第10学年用の最初の教材と資料の開発は，同審議会の所管となった。QSCCは，州立校の第１学年から第10学年の生徒向け共通カリキュラムを構成するための基礎として，８つのKLAを採用した。

1996年教育（学校カリキュラムP-10）法により，州教育大臣は，「承認されたシラバスの実現に全力を尽くし，また承認されたシラバスが適用される学年で該当する教科の教育を行っている州立教育機関にそのシラバスが効果的かつ効率的に普及していくように，計画を策定しなければならない」と規定された。QSCCは1997年の文書の中で，「州の生徒－そしてオーストラリアの生徒－がその義務教育期間中にこの共通カリキュラムに含まれている主要学習分野のすべてにおいて教育を受けるとすれば，それらの生徒は徹底した教育を受けると言えることについて，一般的に合意が成立している」と述べている。

しかし，クイーンズランド州では特別な事情があった。州教育省は，1998年，「学校改革長期調査（SRLS)」を実施した。これは，教室での教育と生徒の学習成果を３年に渡って調べたもので，特に，教育省による改革支援と学校の制度的な能力がどの程度まで教育の変化と学習成果の改善を生み出しうるのかが調査された。この調査で最初にわかったことの１つとして，「教室で行われている知的活動とその妥当性が容認できないほど低いレベルである」ということがあった。一方で，社会的な支援が比較的高水準であり，差の認識は中程度で

あった。この調査結果から，州教育省に次のような課題が突きつけられた。すなわち，

・第１学年から第10学年を通じて，知的活動の水準を向上させる。

・全学年を通じて，カリキュラムの構成を改良し，焦点をより明確にする。

同じ頃，「クイーンズランド州の教育2010」（QSE 2010）のために行われた協議プロセスにおいて，多くの教師，保護者，生徒，そして学校管理者から，現行のカリキュラム，教育活動，および評価について疑問が提起された。つまり，世界は非常に速いテンポで変わっているのに，学校で何を行えば良いかについての学校側の考えがこの変化のスピードについて行けていない，ということに彼らは懸念を抱いたのだった。QSE 2010 は，多様で柔軟であるだけでなく，妥当で，しかも知的な面で大胆な州の教育プログラムを生徒，保護者，そしてコミュニティに提供する必要があるという，州教育省の新しい戦略的哲学を定めている。

KLA シラバスが開発されるとともに，QSCC がある１つの思い切った決定を行い，州教育省によって支持された。それは，カリキュラム・デザインに米国の成果主義（outcome-based）教育の概念を取り入れることである。シラバス実現の初期段階では，伝統的な意味での成果，移行の成果，および変化の成果についての議論が行われ，「３つの教育改革分野」が強調されていた（Spady & Marshall 1991）。

では，KLA とニュー・ベーシックス，それはどのようなものなのだろうか？

QSCC シラバスは，それぞれ特定の学習分野での教育内容と環境を構成する１つまたは複数の学習項目グループを定めている。一方４つのニュー・ベーシックス・カテゴリーは，いずれも経済的，文化的，そして社会的な新しい条件を研究し，理解し，そしてそれらに真剣に取り組むことをめざすという，明確な方向性をもっている。

KLA は，生涯学習に対してある KLA がどのように貢献するかを考えて，その KLA の知識（その KLA で得られた成果を集めたもの）と他の KLA で

の知識を組み合わせ，世界の中でどのように行動すれば良いかを学ぶことを原則としている。ニュー・ベーシックス枠組はその反対側から始まる。この枠組は，生徒が世界の中で生きていき，成功するために身に付ける必要のあるプラクティスのレパートリーは何かを問い，そしてそのプラクティスを軸にカリキュラムを構成するのである。

KLAの成果とニュー・ベーシックス・カテゴリーのプラクティス・グループとの対応関係を決める作業が行われてきた。この作業から，州教育省のニュー・ベーシックス枠組とQSCCのKLAシラバスが州立校の法定要件を満たすという同じ目的に至る別の道であることが証明された。

このように，米国の成果中心の影響も受け，マネジャリズムに影響されている。マネジャリズムとは，経営主義というか，効率面の効果から根本的に見直すことである。そして，高次の力の水準維持に努めることができたのは，過去30年にわたってクイーンズランド州の中等教育は，ドラスティックな政策変革を成し遂げ，背景にすでに素地があったからである。ラドフォード報告（the Radford Report (1970) on Public Examinations in Queensland Secondary Schools）とスクール・ベースト・アセスメント報告－通称ロスバ（ROSBA：the Scott Report (1976) on Report on School Based Assessment）が大きい。これは，生徒のパフォーマンスこそが，SBCDとアセスメントのスタートであると判断されるそのやり方についての変革であった。オーストラリアでは8つの州の中で，唯一クイーンズランド州のみが，1971年のラドフォード計画（Radford Scheme）によって，大学入試はもちろん外部試験をも廃止し，教師によってモデレートされたスクール・ベースト・アセスメントへと置き換えられた。評価の規準（criteria）と基準（standards）については，2002年10月筆者も教育省ポートフォリオパフォーマンス測定部でのワークショップに参加したが，まさにグループ討論によるモデレーション（moderation）を行い，バラツキを調整している。州後期中等教育・教育課程・評価委員会（Queensland Board of Senior Secondary School Studies：QBSSSS）の役割が大きい。

図表１-36　1970年代からのクイーンズランド州による政策変化（Beasley 2003）

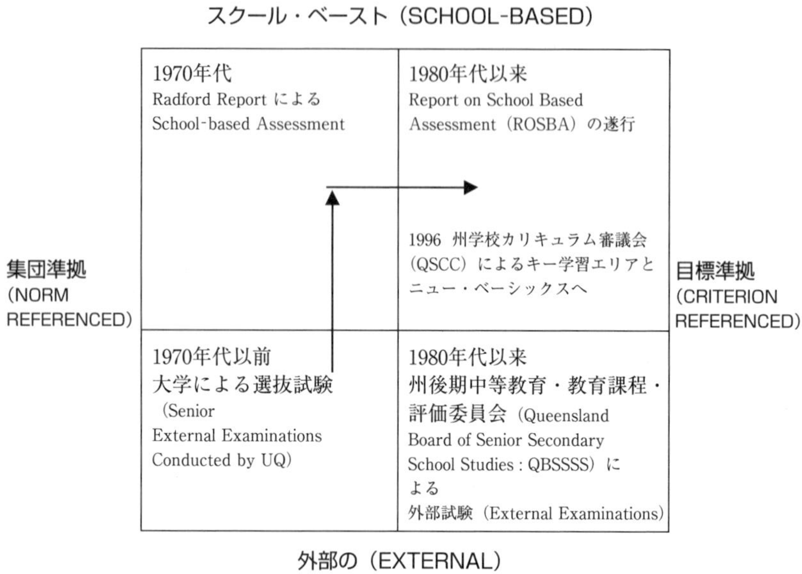

以上をまとめると，図表１-36のようになると考えられる。時代の移行とともにそれぞれの流れが，遺産を生かす形で組み込まれている。特にクイーンズランド州においては，州独自に1979年より導入している「スクール・ベースト・クライテリオン準拠アセスメントによるカリキュラム設計」（Butler & Bartlett 1989）がある。数多くのディスカッションペーパーが出され政策立案に活用されている。（Sadler 1986, 1985, 1987, 1989, 1998）。集団準拠と目標準拠の中間を取ったスタンダード準拠評価（standard referenced assessment）の成果もみられる（Withers 1991）。その上で，1990年代のスクール・ベースト・カリキュラム開発政策における１つの選択肢として展開されてきている（Kennedy 1992）。

この後，このSBCDに関する成果は表立っては出てこないが，目に見えない形で国や州のシステムの中に組み込まれているのである（Prideaux 1993, Brady 1995, Barhan 1996, Print 1993）。

4．2．英国・オーストラリアの動向の影響と東アジア等の新しい動き

このオーストラリアの動きはシンガポールをはじめ，オセアニアと地理的に近いアジアに伝播していくのはむしろ自然なことであろう。当初は，M.スキルベックを座長にアジア各国がUNSESCO主催のセミナーに参加していたが，そこに中国や台湾は参加していなかった。

しかし，ヒトの行き来の中で，香港を中心に中国・台湾に飛び火する。政策の方針として，中国での『校本』・台湾での『学校本位』『学校為本』は，世論に浸透するほどのキーワードになっている。

(1)　香港　教材の適合的修正の促進を中心に教育当局直下型のサポート

以下では，スクール・ベースト・アプローチの顕著な，香港の動向の背景と近年の状況を記述する。1988年6月4日に香港大学でSBCDのシンポジウムがもたれ，またさらに同年12月6～13日に中国国家教育委員会と共催でカリキュラム開発と教師教育に関するシンポジウムがもたれた。そして相次いでSBCDを紹介し重点的に取り扱う論文が発表された（黄 1989, Mok 1991）。1990年にカリキュラム改革を開始する答申書が出され，1992年，TTRA（Targets and Target-Related Assessment）という目標準拠カリキュラムとそのアセスメントが導入される。その理論的背景には，オーストラリア，英国，米国，シンガポールの政策動向，OECDやUNESCO報告書の非常に精力的なレヴューが行われている。その際，日本の文部省や国立教育研究所が80年代後半に出したレポートも数多く参照されている。その裏にあって見過ごされてはならないポイントは，フレームワークの提案の理論的基礎，例えば知識社会の性質，認知科学，認知や高次の思考研究等に基づく知識の変化による教育の質を押さえていることである。

さらに，94年に，教育署（日本の文部省にあたる）のカリキュラム開発センターと香港大学との共催で，効果的な学習のためのSBCDという目的に合わせるための会議が開催される。

こうして，香港では，オーストラリア・台湾とともに，カリキュラムの過密を防止し，従来の教科間の垣根を低くすべく，教科というより8つの主要学習分野（KLA：Key Learning Areas）とし，最重要なテーマ，問題点，考え方，価値観で構成される新しいカリキュラムを取り入れている。また，SBCDは，TOC（Target Oriented Curriculum）とTOA（Target Oriented Assessment）と呼ばれ，英国流の到達目標を明確にしたターゲットを伴うものである。北欧を参考にし，生涯学習の視点を学校教育に取り入れているようにも思われる。そしてTarget Oriented CurriculumやTarget Oriented Assessmentに関する冊子や報告書が相次いで出版される（Education Department 1998, University of Hong Kong & Education Department 1999）。『小中学校レベルでのスクール・ベースト・カリキュラムの調整と改作・修正』（Curriculum Development Institute Education Department 1999），『学ぶことを学ぶ—小学校のための総合学習』（Curriculum Development Council 2000），目標準拠アセスメントをlife long learningにおいて捉え，SBCDを生涯学習に位置づけた『学ぶことを学ぶ－生涯学習と全人発達』（Curriculum Development Council 2000），『スクール・ベースト・カリキュラムプロジェクトのディレクトリー—生涯学習と全人発達』（Curriculum Development Institute Education Department 2001），スクール・ベースト・カリキュラムアクションリサーチ研究の成果として，小学校での英語（Curriculum Development Institute Education Department 2001）やIT（Curriculum Development Institute Education Department 2002）をシリーズとして相次いで出版している[17]。図表1-37にあるように，リソースセンターなどサポートそのもののモニターによる評価も行っている（Lo 1999）。現在は，配布教材を目的に合わせて修正・改作すること（adapt）が重要になっている（Lo 1998, 1999）。SBCDの手続きも明確に示している（図表1-38）。リソース

図表1-37　香港のSBCPS（School Based Curriculum Planning Scheme）(Lo 1995)

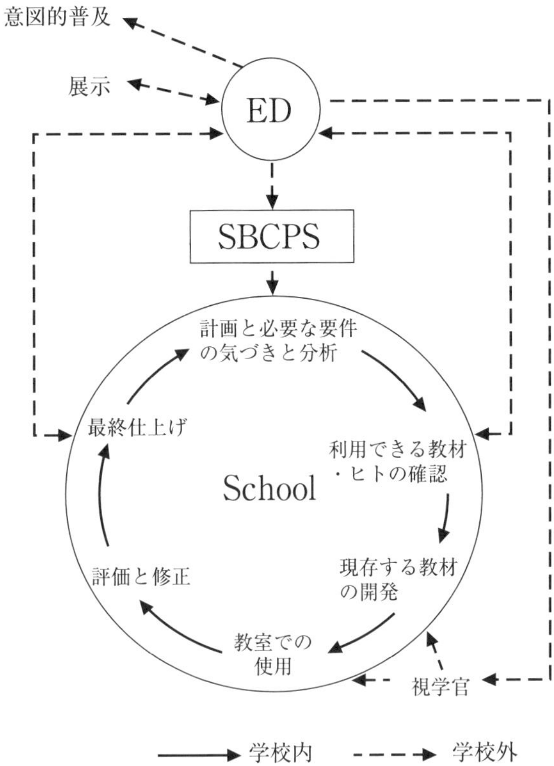

センターなどサポートそのもののモニターによる評価も行っている。ただし，勤務時間外に新たに創造したカリキュラムを展示し，意図的に普及に努めようとしたことから，教師たちからは，「自分たち手作りの教材を」という声もある。

その TOC であるが，大きな特徴は，集団準拠から目標準拠にアセスメントが移っていることである（図表1-39）。そのため，英国流に，発達に沿ってキーステージが設定され，緩やかな発達においてノーマルカーブ（正規分布）が描けられるよう12年間で知・人間関係・体験といったスコープごとにくくり

図表1-38　カリキュラムの問題をスクール・ベーストとする（張善培　2000）

一．課程の問題を診断および確定する。
二．先人の仕事と研究を振りかえり，検討する。
三．評価方案の実行性
四．教師課程発展チーム
五．校本課程の理念と目標
六．校本課程を企画
七．補助を申請
八．校本課程の設計
九．テストと形成性評価
十．校本課程の決定

図表1-39　香港のアセスメントにおける基準設定，証拠選択，成果判断（Biggs 1998）

	規準設定	証拠選択	成果判断	例
伝統的	外部	外部	外部/教師	外部試験
	教師	教師	教師	教師設定テスト
新しい	教師	教師	ピア	ピアアセスメント
	教師	教師/生徒個人	生徒個人	自己アセスメント
	教師	生徒個人	教師/生徒個人	ポートフォリオ
	教師/ピア/個人生徒	教師/ピア/個人生徒	教師生徒	契約
	個人	個人	個人	表出的成果使命の陳述

や帯として8つのバンドを設けたことである（図表1-40）。試験されたことが結果的に教えたことにつながる「バックウォッシュ（back wash）」ということも考慮されている（Stimpson 1998）。そして近年では，School Based IT，さらには，School Based Multiple Intelligencesといった試みがなされている。背景には，「多元智能」などにみられる児童生徒の能力に違い（different abilities）を積極的に認めるという点とパート（part）ではなく全体としてのカリキュラム（curriculum as a whole）を浸透・普及しようと努めている点がある。

さらに，生涯学習を見据えて，北欧やオーストラリアから学びつつ，全方位学習（Life-Wide Learning）を打ち出している。教科と総合を切り離さず，コ

図表1-40　キーステージと達成事項のくくりの幅との関係(上)
期待される年齢の分布の一部と達成事項(下)(Stimpson 1998)

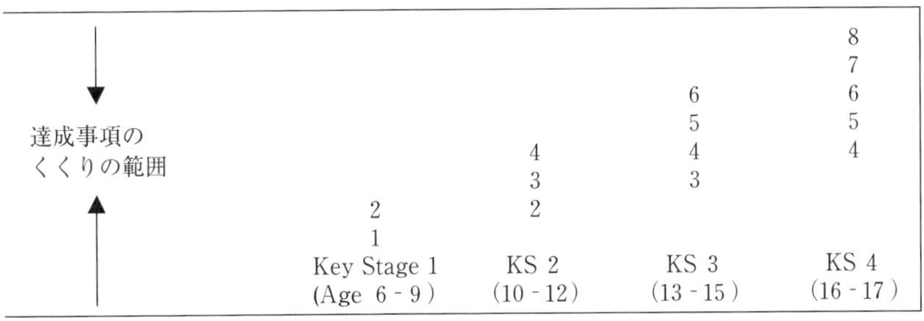

(Source : J. Clark 1993)

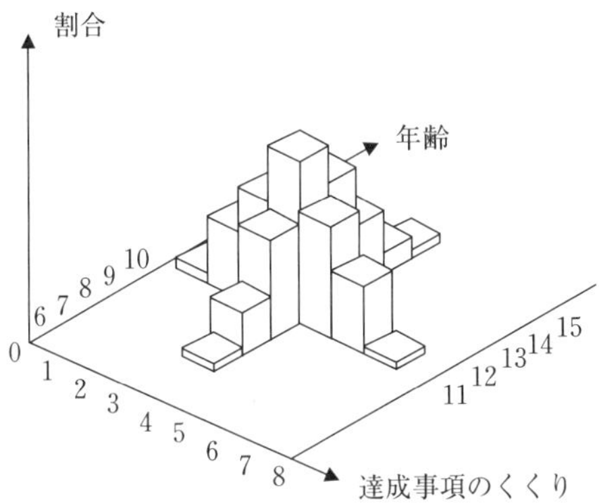

ミュニケーションスキルや問題解決のスキルを全体カリキュラムの中でみようとしている。

このように，オーストラリア（図表1-17）は，香港に非常に密接に改革の影響を与えつつ（図表1-41），両者ともに，時代の流れの中でアセスメントと授業や教育方法，それにカリキュラムを相互にリンクさせ，関連づけていることが大きな特徴となっている。

そして，知識社会のためのスクール・ベースト・カリキュラムの再生（re-newal）という「アジア太平洋カリキュラム政策ネットワーク」というセミナーが2002年11月に開催されるなど，知識社会という時代に即応した能力の開

図表 1 -41　オーストラリアの SBCD の香港における受容と解釈（Morris 1996）

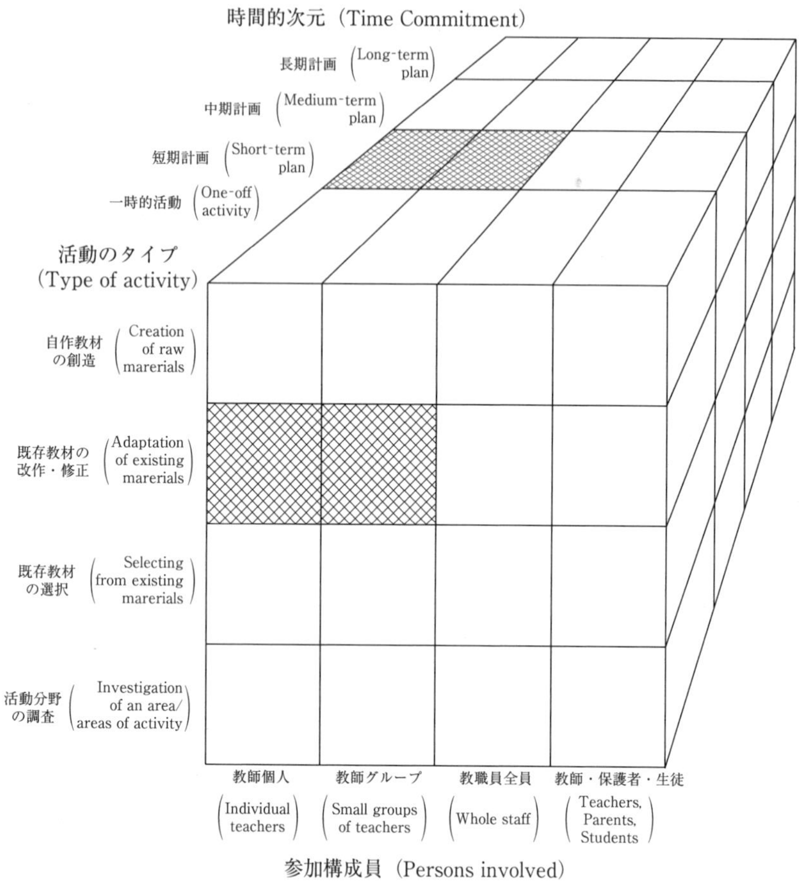

発を求める点でイニチアチブを取る動きが活発になっている[18)]。参加国は，中国，香港，韓国，シンガポール，台湾，タイ，マレーシア，それに日本である。

⑵　中国　多様で広大な国をコントロールはできない現実からスタート

当初香港の代表的な研究者とのやり取りの中からスタートしたが，台湾・中国もこの動きにかなり敏感であり，また貪欲に海外から吸収している。中国では，校本课程开发 (school-based curriculum development)，叫学校中心课程规划 (school-focused curriculum planning) 学校中心课程革新 (school-centered curriculum innovation)，英文缩写为SBCD，などが使われているという。

香港の中国返還を期に，香港と中国の研究者との共同執筆が多くみられる。華東師範大学教育学系　王建軍・香港中文大学教育学院　黄顕華『1999年　課程理論研修班による論述』がある。翌2000年6月，台湾も加わって，両岸三地の会議が北京で開かれる。成果の出版は台湾でされる。香港には，豪州から赴任してきた研究者を中心に，あるいは留学し成果を学んできた研究者同士のパイプが強い。例えば，香港中文大学課程与教学学系　張善培『香港の学校本位課程における概念と現実』の論文である。人民教育出版社課程教材研究所　張延凱『中国大陸の学校本位課程における理念—問題と論争』，国立中正大学教育研究所　蔡清田『学校本位課程発展を影響する主な要素』の論文，国民学校教師研修会　林佩璇『台湾本位課程発展の背景と理念』。いずれも，両岸三地の会議の成果であるが，抄訳として訳出した（有本 2003)。英国・豪州だけでなく，アメリカの影響もある。2002年にも，香港中文大学教育学院　王建軍『課程発展における教師の参加—理念，効果と制限』。華東師範大学　呉剛平『校本課程の開発における思考』，深圳大学師範学院　李臣之『課程開発における校本教師の学習』がある。中国では，香港を上回るかのように，出版物も溢れるほど出されている（崔允漷 2000『校本課程開発：理論と実践』教育科学出版社，李臣之『校本課程』四川教育出版社，2002など)。出版物にそのタイトルをもつものも巷に溢れており，雑誌での特集も多く，北京の人民教育出版社にも，校本课程に関する一連のシリーズがある[19]。その点で，日本と対照的である。

(3)　台湾　教科書教材の自由化と学校への権限委譲で成果モデルを示す

台湾では，わが国と距離的に近いこともあって，参考になる点が多い。国民教育9年一貫課程を2001年から実施している。小学校から中学校の義務教育9

年間のカリキュラムにより連続性をもたせる新課程である。インプットモデルからアウトプットモデルに急速に変化しつつある。研究としては，甄曉蘭・鍾静『学校本位課程発展の問題と対策における研究』，Chen, Hsiao-Lan Sharon; Chung, Jing. (2000)，Lee et al (1996, 1997) がある。特に，スクール・ベーストにおけるカリキュラムの評価については，郭昭佑・陳美如『学校本位課程における発展指標の見本構築の探究』などの成果が出されている。図表 1 -42は，台湾の状況分析において用いられたSWOT 分析手法である。

「スクール・ベースト」と「評価」やあるいは「効果的学校」，「質保証」それに地域社会での目に見えない信頼や規範などを意味する「ソーシャル・キャピタル」等は，OECD が提示していた。それらは，近年 EU，ユネスコや世界銀行によって，国際教育協力において展開されている。そしてそれら欧米の概念を，東アジアでは，例えば香港が，精力的に吸収している。

香港の動きを台湾や上海などと合わせることにより，より詳しくは 2 つのことがみいだされた。1 つは，パフォーマンス評価や形成的アセスメント，学習のためのアセスメントなどに力を入れている欧米の影響をアジアでも取り入れつつある点である。もう 1 つは，1980年代頃より，子どもの評価だけでなくさまざまな評価が浮上してきた。そして，アジアにおいても，子どもの評価は実態把握・観察による事前評価という意味でアセスメントと捉え，その情報を教育課程改善に生かし，カリキュラムを中心にみていこうという「スクール・ベースト・『カリキュラム』」評価という総合判断に活用していく動きになっている点である。課程要領（指導要領）と教科書中心という反省から，学校の中でも組織というよりも特に教育課程と学校でのアセスメントそのものに焦点があてられている。

(4) ニュージーランド　中央集権国家からのSBCDの新しい動き

アジア太平洋地域の中で，新たな SBCD の定義を追求しているニュージーランドの動向もある（Bolstad 2004)。オーストラリアとの関連で論じられてい

図表1-42　台湾のSBCDに不可欠なSWOT分析（蔡 2000，有本 2003重引）

要素	S（優勢）	W（劣勢）	O（チャンス）	T（脅威）
地理	・嘉義市の東側にあり，文教区，交通便利	・山型の地形	・周りに生態が豊富，課外教学によい	・学校の前は大道路で，交通量が多く，うるさい
学校規模	・クラス数：35 ・中小型の学校，経営によい	・校地が狭く，校舎の建て直しには無理で，体育場が小さい	・クラスが小さいので，教授によい	・知力を重視するので教授の圧力になる。
設備	・教室の面積が小さい ・学校が開放的空間が少ない ・教学ビルを建設中	・活動センターは事務に使用するため，活動する場所が少ない ・専科教室がない	・教学ビルは年末に完成する予定	・教学ビルの建設で学生の安全と教学の品質に影響
教師の資源（リソース）	・老，中，青の教師が揃っている。	・女性が多いので動態的ではない	・教師の研修が多い ・教師に資源（リソース）とルートを提供	・少数の教師が保守的
行政	・若く，努力，情熱的 ・各処室の意思疎通に問題なし	・行政の専業的素養を培う必要	・行政員は教学を支援	・行政の観念を新しくする必要 ・プレッシャー
生徒	・素朴 ・流行と情報に対する受け入れ度が高い	・片親家庭が多い	・学習願望が強い	・片親家庭が多いので考えと行為に悪影響
保護者	・意思疎通が容易 ・学生に関心	・社会経済，教育の考えに距離があり ・校務の参加に興味なし	・教師と親の座談会を行う ・保護者に校務に参加	・片親の比率が高い ・保護者の期待が高い
地域の参加	・参加，不干渉 ・ボランティア	・校務に参加する力不足	・地域の参与	・動機，意見が分岐
地方の資源（リソース）	・嘉義公園，植物園に近い ・政府機関に近い	・交流なし	・生態の特色を利用 ・多様な教授資源（リソース）	・地方資源（リソース）を利用するルートがない

る。ニュージーランドが中央集権の中でのSBCDを取り上げ出した点は注目されてよいであろう。ニュージーランドは，OECD諸国の中で唯一日本と並び称されて，効率的・効果的な現職教育を行っていると，1990年代半ばの時点で指摘されていた。中央集権の中 Centrally Based Curriculum Development (CBCD) で新たなSBCDの定義を追求しており（図表1-43），欧米の影響を受けつつ，中央集権の中でのSBCDが模索されており，今後研究の余地が残る。

図表1-43　ニュージーランドのSBCD（Bolstad 2004）

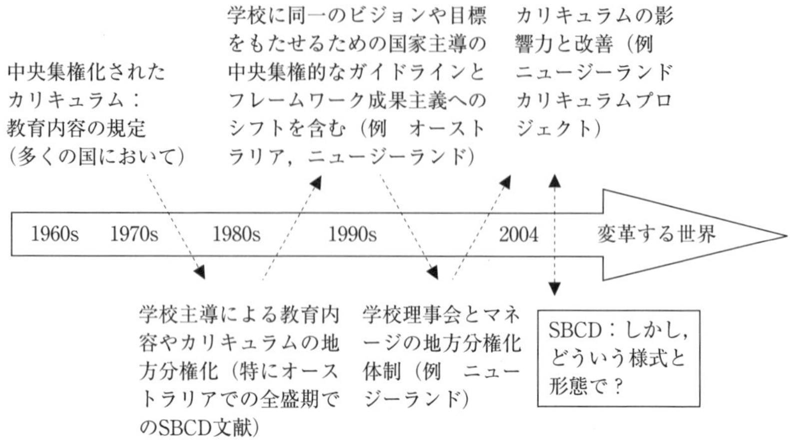

⑸　韓国　中央集権国家からの新しい動き

中央集権の強いといわれる韓国ですら，日本の本研究所 NIER と同系列の韓国教育開発院（KEDI：Korean Educational Development Institute）と KBS というテレビ局と結び付きつつ，1990年分離独立した教育放送サービスという機関（Education Broadcasting Services：EBS）は，デジタル・コンテンツを集積し，地元住民からフィードバックをもらうなど，地方化を促進する動きも加速している[20)]。

⑹　東アジアにおける動向と対応

こうして，SBCD は，近年，東アジアから，成果も欧米に発信されている（Lo 1999, Law 2004）。比較教育学の立場から，欧州からは，アジアは，世界を脅かしているといわれている（McLeean 1995）。忍耐（tolerance）という価値観がその理由とされる。課外活動などを取り入れる風土もお互い共通している[21)]。

ニュージーランドの SBCD (Bolstad 2004)(続)

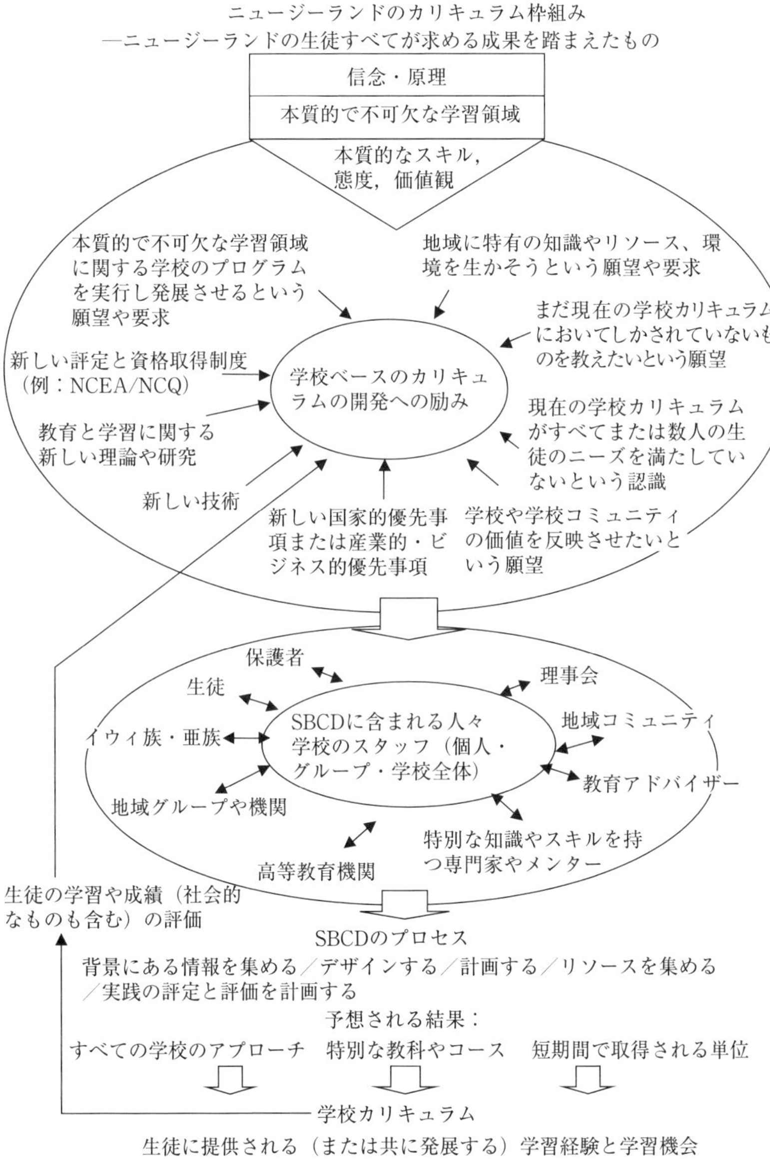
ニュージーランドのカリキュラム枠組み
—ニュージーランドの生徒すべてが求める成果を踏まえたもの
信念・原理
本質的で不可欠な学習領域
本質的なスキル，態度，価値観
本質的で不可欠な学習領域に関する学校のプログラムを実行し発展させるという願望や要求
地域に特有の知識やリソース、環境を生かそうという願望や要求
まだ現在の学校カリキュラムにおいてしかされていないものを教えたいという願望
新しい評定と資格取得制度（例：NCEA/NCQ）
学校ベースのカリキュラムの開発への励み
教育と学習に関する新しい理論や研究
現在の学校カリキュラムがすべてまたは数人の生徒のニーズを満たしていないという認識
新しい技術
新しい国家的優先事項または産業的・ビジネス的優先事項
学校や学校コミュニティの価値を反映させたいという願望
保護者
理事会
生徒
地域コミュニティ
イウィ族・亜族
SBCDに含まれる人々
学校のスタッフ（個人・グループ・学校全体）
教育アドバイザー
地域グループや機関
特別な知識やスキルを持つ専門家やメンター
高等教育機関
生徒の学習や成績（社会的なものも含む）の評価
SBCDのプロセス
背景にある情報を集める／デザインする／計画する／リソースを集める／実践の評定と評価を計画する
予想される結果：
すべての学校のアプローチ
特別な教科やコース
短期間で取得される単位
学校カリキュラム
生徒に提供される（または共に発展する）学習経験と学習機会

図表1-44　知識経済下での東アジアにおける「カエル跳び型（Leapfrogging）」モデルのSBCDへの適用

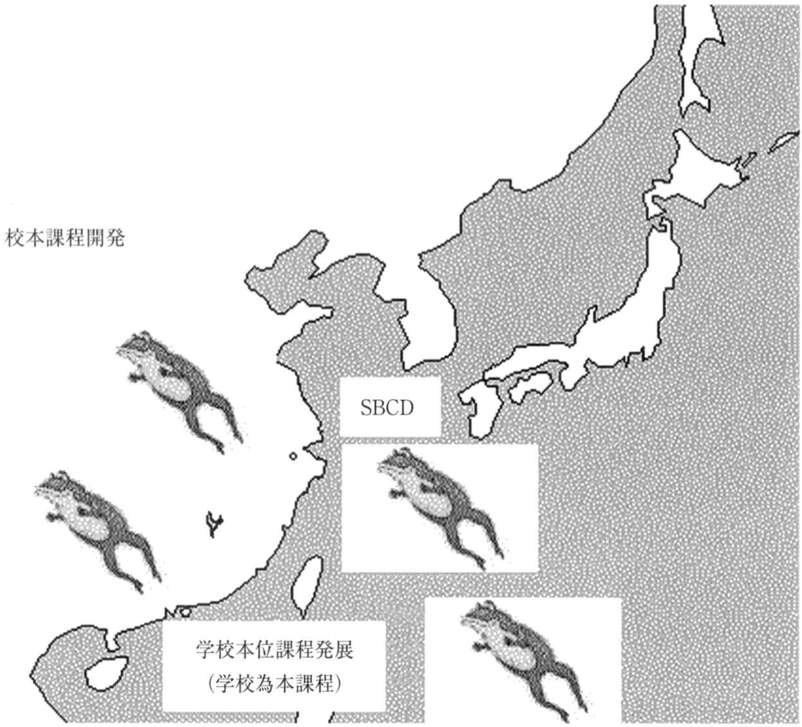

こうして，文献と実際の海外調査による観察により，欧米と東アジアのスタート地点の違いを明らかにした。OECD先進国，中でも英国のSBCDは，その経緯や背景のレビューにより，外部からのアセスメントもシラバスも学校によるものへという歴史的副産物の性格をもつことをみいだすことができた。ところが，近年ではカリキュラム評価は「学校の変化」に変質し，テストスコアによる効果という極端なアセスメントに走る成果主義は，知識を数値や文書に狭める危険は認識するものの，カリキュラムを狭く捉える傾向があることをみいだすこともできた。

Cheng（1997）によると，欧米，特にアングロサクソン諸国では，国家

(州) のトップダウンによるスタンダードに向けた目標と，個人の種々多様な抑制できないニーズとが相容れない矛盾として対立する。その対立ゆえに，学校の自律性，地方教育委員会への説明責任の土壌の上に，外部アセスメントによって干渉・介入や，是正措置を受け入れるという。

これに対して，日本を初め東アジアでは，一般的な伝統として，スタンダードとなる意図を中央で定めてもさらなる全人的目標を個人が努力して生み出す。そこで，ねらいという短期の結果と，願いという長期の努力目標により漸進的に常に目の前にある実践の改善を図る。ここから，東アジアの，欧米との違い，東アジアにおいての学校の自律性，説明責任についてのスタート地点の違いが明らかになる。

東アジアでは，英国より20～30年ほど遅れてこのSBCDの動きが加速している。いずれにしても，1990年代後半からは，従来の工業経済下の「雁行型(Flying-Geese)」モデルではなく，知識経済下での「カエル跳び型(Leapfrogging)」モデルによる90年代以降の東アジアにおけるカリキュラム開発の動向が重要である[22)]。

【注】

1) スクールカウンシルによる総合学習 (Integrated Studies) プロジェクトについては，Shipman (1974) に詳しい。HCP (Humanities Curriculum Project) については，評価を含めて Humble & Simons (1978) に詳しい。スクールカウンシルによる，理科5-13プロジェクト (Science 5-13 Project)，リソースセンタープロジェクト (Resource Centre Project)，ナフィールド財団による学習のためのリソースプロジェクト (Resources for Learning Project)，総合理科に関わるもの (Combined Science (11-13) Project, Integrated Science Project, Working With Science Project)，DES (教育科学省) による学校と現職教育評価プロジェクト (Schools and In-Service Teacher Education Evaluation Project)，内ロンドン教育当局 (ILEA) による独り立ち学習のための発展物理プロジェクト (Advanced Physics Project for Independent Learning) など。

2) スクールカウンシルは，1964年に設立されて以来，1983年に廃止されるまでの約19年間，教材開発や教科書の発行などを通して，英国の学校のカリキュラムに影響を与えてきた。

3） Stantonbury campus/prepared by Bob Moon, Ann Shelton and Peter Green for the course team. Open University Press, 1982. (Educational studies : a third level course/The Open University E364. Curriculum evalution and assessment in educational institutions , case study/1976 にもケーススタディあり。

4） Davis Ed 編集の一連のシリーズから提案されて出てきている（No.2 サポートサービス)。

5）以下の出版物がある。

CDC（1980）Leadership roles and responsibilities : the report of the 1978 CDC Standing Conference on 'The scope and limits of school-based curriculum development: leadership roles and responsibilities'（SBCD series 1）,

CDC（1981a）Core curriculum : descriptions of practice in nineteen Australian schools（SBCD series 2）,

CDC（1981b）Core curriculum in Australian schools : case studies of relationships between values and core curriculum（SBCD series 3）,

CDC（1981c）Processes and involvement of tertiary institutions（SBCD series 4）,

CDC（1981d）Support services : the report of the CDC study group on support systems for school based curriculum development（SBCD series 5）,

CDC（1981e）Survey of teachers perceptions : the report of a survey（SBCD series 6）,

CDC（1981f）A Model for school based curriculum planning（SBCD series 7）,

CDC（1981g）Core curriculum and values education : a literature review（SBCD series 8）,

CDC（1982）Curriculum development styles and structures for Australian needs : an edited report of two conferences（SBCD series 9）

6）関連用語として以下のものがあげられている。Beginning Principals, Budgeting, Decentralization, Decision Making, Institutional Autonomy, Integrated Services, Participative Decision Making, Principals, School Accounting, School Administration, School Based Interagency Services, School Based Management, School Organization, School Policy, School Restructuring, School Site Management, School Supervision, Schools, Site Based Management（Schools）である。

7）例えば，哲学を含めた学際的なアプローチにより，教師の教室専門知識および研究者の理論と研究方法についての知識を集めて，意思決定を中心に中央と地方の利点を組み合わせる方法を提供した。このアプローチでは，カリキュラムがユダヤ教徒の地元の学校によって，そしてその中で，そしてそのために，計画され開発されている。しかし，中央の代行機関（エージェンシー）はリソース，学校間の調整，指導評価権など執行，リーダーシップおよび専門知識を提供するという（Ariav 1985）。

8）1980年代においては，米国では，数多くの研究室やセンター，類似の機関が教育研究開発を標榜した（例えば，初期の教育研究開発の提言をなしているものとして，Glaser（1978）があり，ピッツバーグ大学での学習研究開発センター（LRDC）でのシンポジウムをまとめた。また Institute for Research on Teaching では，教師はさまざまな教科領域で授業実践をプランし実行する際，どのように情報を処理するかに，研究を集中させている）。手続きについては，OD（Organizational Development 組織開発）のモデル，また，具体的な評価方法や手続き（例えば，投影テストの手法で「私たちの生徒の多くは____」「建物は____」「学校というものは____」「この学校は____」「保護者は____」「私の新しいカリキュラムについての考えは____」などといった形で文章を完全なものにする，文章完成法の手法など）もある。いずれにしても，現存知識の活用法の改善と，新しい知識の生産・創出と利用を継続していくという，その２つが今後の学校改善の鍵であるといってよいだろう。

ライアン（Ryan & Anderson 1984）は，理論と研究，実践をつなぐ障害として教師教育を取り上げ，授業や学校改善に果たす研究者の役割について述べている。そこでは，研究者は「問題」に関連すると思われる要因間に潜んでいるが一般化しうるような関連をみいだすため，問題の発見と実地指導研究に従事する。これに対して，実践家は問題解決に従事する，そして取り組んでいる「問題」への解決策をみいだすため，研究上みいだされたことを吟味するのだという。方法論的には，キャルフィー（Calfee 1981）は，ある構成要素を組み込んだ構造的なインタビューの構想をたて，タスクについての校長の概念化を図ることで，教育プログラムになるという。

9）いい換えると，学校の問題解決能力（school's problem-solving capacity）がクローズアップされる。

米国オレゴン大学のR．シュマック（Schmuck 1984）らは，４つのメタスキルとして捉えている。

1　教職員による組織的体系的な自己診断のスキル
2　情報やリソースの所在探索のスキル
3　問題解決のため教職員と生徒とがともにグループを通じて達成されるスキル
4　継続的な自己反省を促すモニターのスキル

この４つのスキルのうち，最初の自己診断であるが，診断チェックリストが最近の学校改善では一方法として重視されている。大きくいってポイントは２つある。まずは，データを集めることである。しかもチェックリストを用いることにより，ある程度自信をもちうる解答が得られる。すなわち，次になすべきことについて決定を助けるためのデータ収集であり，これは，ダイナミックなサイクルやフィードバックを意図する形成的評価につながる。もう1つは，チェックリストを用いることにより，組織機能の重要な局面が忘れ去られているということを確かめ，問題解決者が行うある種の探求方法を示唆してくれ，訓練となる。

10）このようなチェックリストがニュージーランドでも学校に検討を加える目的で作成されている（Robinson 1984）。これは，教職員スタッフの情報収集活動の援助が可能な一連の質問リストである。このリストの範囲は広く，子供のニーズ，ガイダンスとカウンセリング，評価とテスト，カリキュラム，経営，コミュニティ，地方区といった7つの領域にまたがる。これには，非公式なスタッフの討論グループから，教職員と同様，生徒や保護者に定期的に実施された公の質問紙まで使い方は多岐にわたるが，7つのうち少なくとも1つの領域はほとんどの学校で調査された。そして評価のレポートが作成されるところまでいった。その際，スタッフが重要な学校問題を討論することを妨げる個人間あるいは組織的な“ゲーム”を飛び越えられる外部者によって学校の自己更新活動はリードされねばならないという。

11）米国の効果的学校は，伝統がある。1960年代に出たコールマンレポート（Coleman 1966）が最初の発端となって，効果的学校や学校の効果研究はかなりの蓄積をもつこととなり，1980年代末には頂点をきわめるほどの勢いとなった（NREL 1990, Levine and Lezotte 1990）。しかし，欧州で盛んになりだすや，それほどではなくなってきている面もあるようである（NSSE 1987, 1994）。米国の場合，1930年代に既にアクレディテーション（accreditation）が根を張り，各地方区（region）ごと州ごとにアカウンタビリティと評価の発想は当然のごとくあった。同じ学校区でもマスタリーラーニングや教育目標の分類学を用いたりデューイ張りの経験を重視した授業があったり，オープンスクールがあったり，ヒューマニスティックな教育があったりと多種多様である。他のさまざまな授業に深く立ち入った研究が多い点は，英国と異なる。

12）〈http://www.worldbank.org/poverty/scapital/〉［2005年1月11日検索］

13）限界や問題点は，日本の教育研究にはまだ馴染みが非常に薄い点である。したがって，外国文献に頼らざるを得ないということが考えられる。しかし同時に，従来からの日本的な内輪でリソースを取り仕切るいわゆる「学校ぐるみ」といった，「研究主題」を掲げ，豊かな実践での暗黙知をもち，かつ共有してきたわが国の風土において，海外からみた日本の学校学習（例えばStiegler 1999）を参照・相対化しつつ，さらに洗練させグローバルなものへと改善していく必要がある。

14）〈http://www.qca.org.uk/ca/〉［2005年1月11日検索］

15）〈http://www.vcaa.vic.edu.au/csf/midyears/multintl.htm〉［2005年1月11日検索］

16) 〈http://education.qld.gov.au/corporate/newbasics/html/richtasks/richtasks.html〉[2005年1月11日検索]
17) 〈http://cd.ed.gov.hk/basic_guide/BE_EngPDF/Contents-Eng (L).pdf〉[2005年1月11日検索]
18) "School Based Curriculum Renewal for the Knowledge Society", International two-day Invitational Curriculum Policy seminar organized by C&I Department HKIED, 15-16 November 2002. 〈http://ci-lab.ied.edu.hk/clprogram/ICP/〉[2005年1月11日検索]
19) 人民教育出版社（北京）での最近の出版を見るだけでも，スクールベーストカリキュラムの意味である「校本课程」をタイトルにもつものは次のように多い。『校本课程—素质教育纵深推进的里程碑』『校本教研的实施策略』『开发校本课程对教师的要求』『当代校长应该具备的素质』『浅谈校本课程开发的途径』『我国基础教育校本课程开发的取向』『校本研究，要以学科研究为主体』『如何搞好校本研究』『校本课程开发的几个问题』『谈谈在我国中小学推行校本管理的几点策略』『试论校本教育研究在基础教育课程改革中的独特作用』『试论校本课程的设置与实施』『国内外“校本教育科研”概念的界定与比较』『校本教研关注焦点』『美国，日本，英国，俄罗斯的校本教育科研』『基层校本培训的现状及建议』『谈学校管理中校长的角色意识』『立足校本培训提高教师整体素质』『开展校本科研活动的思路与方法』『新课程呼唤以校为本的教学研究制度』『校本培训的人文内涵及其丰富』『校本课程实施中的教学因素分析・坚持马克思主义理论教学的创新性原则・学校制度文化・隐性课程・育人功能・教师教育适应小学综合实践活动课程改革的思考・小学班主任的工作新探』『校本课程最大的生命力是学生的兴趣—访华东师范大学课程与教学研究所教授崔允郭』『资源直通车：让校本教研走上高速路』『校本课程开发之管见』『开展校本教研优化课程教学』『谈校本课程的开发』『校本课程中的人』『校本课程开发与教师专业发展』『校本课程开发：校长的素质』『校本课程开发　：校长的职责』〈http://www.pep.com.cn/xbkc/index.htm〉[2005年1月11日検索]
20) 〈http://www.ebs.co.kr/〉[2005年1月11日検索]。中国の大学を含んで3地点でコンテンツ開発を進めている様子を，大阪大学の前迫孝憲教授から示唆いただき，サイトから事実確認を得た。韓国では，KEDIの他に，韓国教育課程評価院KICEをもっている。〈http://www.kice.re.kr/english/eindex.htm〉[2005年1月11日検索]。他方，中国では，日本のNIERと同系列の中央教育科学研究所CNIERは，附属学校をもち，教育科学出版社をもち，師範大学と緩やかなリンクをもっている。〈http://www.cnier.ac.cn/〉[2005年1月11日検索]
21) したがって，アジア太平洋地域の動向には，敏感でなければいけないであろう。そこで，日本もSBCDの傘下に入り，他国から共感や魅了が得られる位置につくべきであろう。統制ではなく，開発に向けた意識改革が重要であろう。

22）2000年のアジア・シンクタンクのAT10会議で，香港嶺南大学のチェン学長は，「今までのアジア産業は，“雁行型”であったが，今やその隊形は崩れ，入れ替わり誰でもが先頭になれる航空ショーの“曲芸飛行隊”の様相を呈している」と述べたという（玉田 in 野村総研 2002)。「雁行型」(Flying-Geese Pattern) から「カエル跳び型」(Leapfrogging) と中国の躍進を記述している（Kwan 2002)。

第2章
日本の歴史的経緯の検討と実践の吟味および分析枠組みの探索

第2章では，日本国内における具体的な教育実践から，予備的作業仮説をもとにチェックリストを作成し，実践事例の吟味を重ねる中で，チェックポイントの枠組みを精緻なものとしその理論的枠組みを試みる。

特に第1章で抽出したリソースに関しては，人的・物的リソースに注目し日本の実践に適用した。学校内では，授業実践と研究の背景に校内研修があり，人的リソースとは，仕事をしてくれるヒトで「手腕」を意味し，物的な情報資源，資材や設備，さらに資金，資材を含めた物的リソースと合わせることで，学校組織，部署への意思や職員のやる気の調達につながる。人的・物的リソースということから，学校研究を進めたい管理職にとっては，「頼みとなる綱」「とっておきの手」を意味するものとする。また，物的リソースでは，メディアやスペースを，いつ，どこで，どのように活用するかといった「リソースへのアクセスのしやすさ」，教師の意識改革に向けたヒトや研修の問題が重要であることを明らかにする。学校外では，その後の展開として，一部の地方の自治体は，カリキュラムセンターを準備組織し，ネットワークでつなぎ，授業の品質表示であるシラバスの公開を各校に求め始める。そのことにより，教師の意識改革，開かれた学校づくり，ひいては，学校の説明責任を果たすことになるなど，意識的に学校へ新たなリソースの流れを作るようになりつつあることを明らかにする。

第1節　スクール・ベースト・アプローチの日本における歴史的経緯

1．1．戦前（大正・昭和初期）から戦後（昭和20年代）

⑴　カリキュラム研究の萌芽期

大正・昭和初期の時代には，教員の人事は全国公募で公立校といえ学校長の裁量があった。また，学校選択などの書もあり（日田権一・山本猛著『学校教育の実際と学校選択の問題』叢文閣，1936），現在の欧米に最も近い教育が日本ではこの時期行われていた。今日の教育の地方化の原理として「気候に基づく地方化」「地勢に基づく地方化」など19，地方化の実際の例として「農村地帯小学校の経営」「都市地帯小学校の経営」など36をあげて地方化の流布していた時期がある（『教育の地方化の原理と実際』）。戦後，捨て去られてきたものがこの時期には数多くあると思われる。日本では，教科課程といわれ（大谷 1932, 1933），『カリキュラム改造の研究』（成城小学校 1930），『郷土教育のカリキュラム構成』（山崎 1932），『教育課程の新構成：新時代のカリキュラム』（山口 1933），「カリキュラムの再構成」（諏訪 1932）と，過去，しかも戦前にカリキュラムの概念がなかったわけではない。学力評価（海老原 1926）もみられた。しかも，「教育指標」という用語で学校の教育方針や各教科が記述され出版されていた（昭和８年 東京市横川尋常小学校，その他窪川尋常小学校）。

大正期には，スクール・ベーストの研究開発の萌芽がみられる。いうまでもなく，公立小学校は国家統制の強い網の目の最中にあったわけで，それらに比して数段条件の恵まれた私立小学校・師範附属小学校に限られていた。中でも，1917（大正６）年に，元文部次官沢柳政太郎は，自らも携わった公教育内容策定に際し，当時の教育学がいかに無力であったかを味わったことが引き金になり，成城小学校に，全国から公募した教師とともに，「同人」的色彩の強い研究組織をもったという。教育学者を顧問におき，教科別の研究部会をもち，課題や成果を共有し，公立小学校と機関誌，研究叢書，講習会を通じて研究課題を交換，成果を根拠に当局の法令改正を求めようとした。1922年よりは，児童による学習課題自由選択制やそれを基盤にドルトンプランが導入されるなど，全国に流布した。しかし，一般公立学校では施設，設備，教員面での条件が悪かったために十分展開しなかったという。また，長野師範附属小学校では，1917（大正６）年，附小教師の各自が資金を拠出して設置された研究学級がある。これも国の規定する教科目，教授時間，教材選択，分量・排列のもとでの方法に限られた教育研究を打ち破ろうという主旨で，１人の教師が継続して担当したが，師範・附小教師の支援大で，附小主事の心理学者も含まれていた。３期６回にわたり，1937（昭和12）年まで継続されたという（信州大学教育学部 1986）。

また，合科教授の動きもあった。ドイツの場合は，1902年にベルリンのオットーが開いた私塾が最初であるとみられている。そして，1914年にライプチッヒの郷土科的直観教授に関する報告（第１・２学年において）が出されて，運動が起こる。これと並行して第8学年までの合科教授の運動がミュンヘン，ニュールンベルクに起こっている。その後1919年にシュタイナーの「自由ヴァルドルフ学校」にも，一種の合科教授を取り入れているとみられている。合科教授はドイツがワイマール共和国時代に各地で公定カリキュラムとして採用されていたが，その後不幸なことにナチズム体制になっていく。

日本においては，ドイツと同年代（1897年）に森岡常蔵によって実施された。合科教授を直観教授的にみれば，コメニウスの『世界絵図』で，各教科の統合とみれば，19世紀後半のチラーの「中心統合法」まで遡ることができる。彼はその中心統合法の影響を受け，小学校の初学年で教授法を展開した。1920年合科学習という名前で第１学年から始めて逐次高学年に拡大していき，全国に影響

図表2－1　郷土科とそのベースとなる概念（牧口 1912）

天文現象（熱，月，星，太陽，時間，日影，光線）
陸界（地図，山地，平野，川，湖沼）
水界（海洋，港湾，海岸）
気界（大気，気候，気象，気温，風，雨）
生物界（動物，植物）
無生物界（岩石，鉱物）
人類界（人類，数，分布，学校，家庭，村，町）
経済現象（農業，工業，商業，運輸，サービス）
政治現象（権力，機関，影響，租税）
教化現象（社会，風俗，学校，神社，娯楽，宗教）
この他、道徳，国語，算数，音楽，地理，歴史，理科，図工等各教科を統合の核とする
さらに，標本・模型・器械，学校園，校内現象，野外現象，訓育，実業を統合の核にする

を及ぼした。1925年東京女高師付小では，全体教育の名前で本格化した。また，大正９年以降に奈良女子高等師範学校附属小学校で試行された「合科学習」がある。しかし，日本では法制上，合科教授は高師付小などに限定されていた（教育思潮研究会 1940，東京教育大学附属小 1973）。郷土科（Heimatkunde：英語では Local Geography と訳されている）も４年生を中心に展開された（The Tokyo University of Literature & Science 1937）。

公立学校では，成城小を創立した先の沢柳政太郎を会長とする教育教授研究会とも実地授業をするなど研究発表の交流をしている東京・大正小学校長牧口常三郎がその１人としてあげられる。彼は，1912（大正元）年，図表２－１のような，「教授の統合中心としての郷土科研究」を著す（北村 1983）。私見では，地人関係を重視している上に，新渡戸稲造の『農業本論』（明治32（1898）年）を参照しているものと思われる。そして，教科目の選定，教科課程表などは，明治23年小学校法令改正以後ドイツの制度そのままの翻訳に多少の修正が加えられているものに過ぎないと批判する。また，「教科の構造に関する問題は近年米国の教育界に於てカリキュラムとして分科的独特の研究が盛んになされて居るということが，高山潔氏等によって数年前から紹介されて居るのであるが，日本の教育界に於ては日常の最も縁の近い問題であるにも拘らず，学者も実際者も監督官吏も将た評論家もこれが為めに教育学的に特別の注意をしたというを聞かぬ。問題は新たであってもその実は決して新たではない。教育の初まる以来の事で，ただ意識しないまでである」。このように，昭和７～８年頃に，その安易な受容には慎重であるが，その上で，積極的な構えを示すのである。さらに教材についても，「書籍を専ら教材とした時代，絵画・挿図をも利用したる時代，実物・標本をも利用したる時代の不十分さから，環境を直接に教材とする。つまり，「生活環境を直かに教材として利用しなければならぬ。有機無機の自然界を利用して利的価値を創造した…（略）…商業，運輸交通業等の，多方面に亘った無数の教材が今まで看却されて居るのを見出すことが出来るであろう」という。さらに教育技術に踏み込んで，「一般の物質的および精神的創価の技術における価値創造の学問的研究は，技術者自身の能率増進のために過ぎぬが，教育技術者のそれは教育者自身の経済的目的のためばかりでなく，被教育者に対してより多く重大である。即ち教師は自身を利するためと同時により多く子弟の学習経済のためという二重の目的の為にしなければならぬ」としている（牧口 1934）。

筆者の管見からいえば，価値は評価することによって創造されるというデューイの教育思想[1)]を彼は，彼土着の感覚や風土の中で組み直そうとしている。

郷土教育では，今日の議論とも重なる部分がある。「我々が我々自らをその中に置いて，そこに深く『自己』が関係して居た，そして関係して居る，さらに進んで，関係するであらう，と云う反省―自己認識―の世界として体験することである（郷土教育連盟代表尾高豊作）」。さらにさかのぼれば，棚橋源太郎の直観科・郷土科（明治35・6年），牧口常三郎の郷土科（大正元年）をあげることができる。梅根によると（梅根 1952），牧口の郷土科を「わが国におけるコアカリキュラム的教育課程論の最初の文献として記念すべきもの」「日本における経験主義の新カリキュラム運動の第一ページをかざるもの」としている。単なる児童中心ではなく，「間断なき刺激を以て児童の心意に固着したる観念の一団体が，もしも漸次に補充され，整理されて一団の有機的組織となり，その各方面が尚広き世界を考察するの起発点となり，兼ねて終着点ともなり，その知識を保存する戸棚と共に，其れに仕舞いこんでおく方法までも世話してやるならば，茲に統合教授が理想として居る所の一つの完全なる，更に広大なる一団の有機体が出来て，前の郷土科が其の核子となり，本幹となり，他の一切の各教科は悉く其の本幹より分かれた非常に繁茂せる枝葉となって恰も完全に成長せる喬木の如き観を呈することとなるのではありますまいか」という箇所を引用している。また，昭和22年に『プロジェクトメソッド』という書を書いて新教育を指導した竹内良知も，もしもっと早くこのような書に出会っていたら戦後の時代に焦点の定まったプランづくりができたであろうと後になって回顧している。

わが国では，昭和初期にカリキュラム論を日本に紹介する先鞭をつけた高山潔は，師範大學講座の中で，次のようにいっている。「それでは，何人が小学校カリキュラムを如實に組織すべきか，校長か，視学督学か，或は教育局長か文部大臣か，何れにしても是れは極めて重大な教育的用具であって最も有効なる教育即ち生活指導の根本原則と方法を具備せねばならぬ学習実際案である。吾人の見解では校長は是非共其学校のカリキュラムを構造し得る識見能力を有さねばならぬ。（中略）更に学級訓導は必ず其担任学級の生活学習指導カリキュラムを構造し得る学識能力を備へねば，之れ又現代の要求する教育を実現しがたいのである。しかも学級教師は児童の個性調査即各児童の教育可能性を診断しこれに適合する学習指導を為し且つ其完成の度合いをも測定し，更に社会生活に入る適性職的の指導をも為し得るものでなくてはならぬ事は当然である」2) という。

以上のように，カリキュラム開発の能力を明確に校長および学級教師に求めている。では，なぜ当時うまくいかなかったのであろうか。それは，国家統制の枠はめだけでなく，動かしがたい制約，すなわち施設設備，教員面での条件が貧困であったことが，指摘できる。

その当時の師範大學講座シリーズでは，「善財童子の修行とその共学者たる五十余人の善知識の教育」などは，多種多様な先生について多種多様な学習体験をしたとして，大正・昭和初期における学校の「教育改善」の譬えとして用いられ，類比されている。「比丘，医師，長者，優婆夷，仙人，婆羅門，童女，童子，王，外道，海師，比丘尼，女，菩薩，天，道場地神，夜天，佛母，佛妃，童子師（博士）」，などとあり，欧米とは感覚の異なる人と人との関わりとして，様々な資格，地位，職業を持った現代での人的リソースに読み替えることは可能であろう。

いずれにせよ，以上のような民間教育研究の一つの端緒ともいえる，これらの呼びかけによって，今日のわれわれは，現代という時代に対していやおうなしに対応を迫られているのだといえよう。

(2)　不完全燃焼のカリキュラム実践

再度，スクール・ベーストの指導計画の意義・主旨が実践に移される時期があった。昭和20年代である。昭和22年の学習指導要領（試案）一般冒頭部はこれを触発している。「これまでの教育では，その内容を中央で決めると，それをどんなところでも，どんな児童にも一様にあてはめていこうとした。だからどうしてもいわゆる画一的になって，教育の実際の場での熱意や工夫がなされる余地がなかった。…略…もちろん教育に一定の目標があることも事実である。また一つの骨組に従って行くことを要求されていることも事実である。しかしそういう目標に従いながらも，その地域の社会の特性や，学校の施設の実情や，さらに児童の特性に応じて，それぞれの現場でそれらの実情にぴったりした内容を教え，その方法を工夫してこそ，よくいくのであって，ただあてがわれた型のとおりにやるのでは，かえって目的を達するに遠くなるのである。またそういう工夫があってこそ，生きた教師の働きが求められるのであって，型のとおりにやるのなら教師は機械にすぎない。そのために熱意が失われがちになるのは当然といわなければならない。これからの教育が，ほんとうに民主的な国民を育てあげていこうとするならば，まずこのような点から改められなくてはならない。…」さらに，「この書は，学習の指導について述べるのが目的であるが，これまでの教師用書のように，一つの動かすことのできない道をきめて，それを示そうとする目的でつくられたものではない。新しい児童の要求と社会の要求とに応じて生まれた教科課程をどんなようにして生かして行くかを教師自身が自分で研究していく手びきとして書かれたものである」とするなど，これらは，実際に，教職員の自主的な会合・集会のもと教育上の諸問題を研究協議する気運を高める指針となった。戦中の国家統制という洗礼を受け，その積み重ねの緊張の中から一気に解放されるという時代の空気も手伝って，大正新教育，自由教育を実践したかつての教師たちによって，その実践が追憶され，復活し，全国各地に地域教育計画やコア・カリキュラムは燃え広がる。「北条プラン」「川口プラン」「本郷プラン」「金透プラン」「魚崎プラン」等々自主的な教育課程づくりが行われ，それらは次第にコア・カリキュラムの提唱につながる。が，1949年以降になると，「這いまわる経験主義」などの表現でもって，生活単元学習に対して批判の鉾先が向けられ，急速に衰退していく。

昭和30年代以降は，実践面では，一部の民間教育研究団体が特定の教科に限定して教育課程の開発方法・手続きの確立に力を注いでいるに過ぎない。理科では，仮説実験授業研究会，極地方式研究会，算数では，水道方式での数教協などである。とりわけ，仮説実験授業は，その教材編成論，授業運営論，評価論等は，他教科にも応用できる可能性をもつわが国独自のものといわれているが，現在は理科教育の授業書作成とその実証研究に重点がおかれているにすぎない。極地方式においては，さらに厳密に「テキスト」づくりを，テキスト立案→作成→実践→検証→テキスト改訂のサイクルをもって行っている。しかしながら，これも現場からのフィードバックの面で不満を残している。これらは，現行の検定教科書教材や学習指導要領，さらには，現在の大方の科学者達に対しての実践からの批判・抵抗史となっている。したがって，開発の手順や技法を確立し，一般化すること自体に，ともするとやや手薄な面があり，その多くは学校というよりは学級レベルを中心にしてきている。学校の諸事態に真正面から吟味・検討を加えることを差し控えてきているのである。この民間教育運動であるが，国家の教育政策や教育行政から離れ，あるいは対抗して社会的に組織される教育についての主張や行動の全体を教育運動と総称するが，これらの中で，教育政策や教育行政に特に対抗的・競合的性格を示すものは慣用的に民間教育運動と呼ばれている。日本では第二次世界大戦前から戦中を通して，国家の強い統制策により行政の政策的意図に反する教育運動の展開はほとんど不可能であったが，戦後の教育改革によって，国家の直接的介入，統制は法制的に排除され，自主的な教育再建への関心が高まった。ところが，1950年前後からふたたび国家の手になる教育管理機構の再編，統制の強化が進んだこともあり，教育の自主性，自立性を強調し，かつ科学的・系統的な教育方法・教育内容の確立を主張する民間の教育研究団体が全国的な規模で多数組織されるようになった。1970年代までの事例については，梅根悟ら（1977）に詳しい。

このように，わが国では，大正期・昭和初期にみられるような積極的かつ大胆な構えをその土壌の根底にはもちながら，他方，プロジェクトサイドからのてこ入れ・援助のないまま，したがってここ数十年間，試行錯誤の体験，失敗の経緯を経ぬまま，学校独自に，学校サイドから手さぐりで研究開発を進めているということになろう。

1．2．経験主義的カリキュラムとして新教育という過去の遺産の再検討

(1)　春日町プランに注目した理由とその全体構造

今一度，戦後10年間における当時の実践から何がいえるのか，考えてみたい。

図表２－２　大分市春日町小『学習活動の系列』昭和25年

相談討議	
三	四
大分港見學の相談（大分港）	川をさかのぼる相談（大分川）
南大分見學の相談（南大分）	治療室詰の當番をきめる（病院）
兎を飼う相談（南大分）	治療室設計の相談（病院）
野菜の繪卷物をつくる相談（南大分）	隣接町村の關係を調べる相談（大分川）
汽車旅行の相談	パノラマ模型つくりの相談（郷土の昔と今）
模型つくりの相談（私達の町）	

まえがきには「分類の方法は一定の枠を定めておいて，これに当てはめていくといった方法でなしに，同質のものをグループして見て，更に便宜的にわかり易くする為，之を細分するような行き方をとった。（中略）然し具体的な子供の活動自体を，全面的にありのまま取り上げるとすれば，最初はどうしてもこんな方法になり易いと思われる。これに依って実際的には，教師が今やっている学習活動の位置は，子供の経験の系列の上でどこにあると確かめることが出来る。その系列が飛躍したり，偏ったりしている場合には，単元の展開活動を再吟味して，これに改訂を加えていくようにしている。更に技能課程が関連する直接の対策を明らかにし，教養課程の温床となる部面を求めるのにも，これによることが便利である」とある。

大分の教育実践史に燦然として輝く「春日町プラン」を探し求めていたが，入手はなかなか困難であった。当初辛うじてあるのは，梅根悟の『コアカリキュラム』原本の最初のページに，蒸気機関車に乗っている子どもたちが写っている写真だけという状態であった。大分の春日町プランは，昭和20年代における幻のコア・カリキュラムの１つといわれていた。ところが，1991年に入ってその貴重な一部である昭和25年「学習活動の系列」が手に入り（図表２－２），40数年たってようやく，それを増刷することができた。その他の年間計画も手に入り，「春日町プラン」の全貌も明らかになりつつある（大分市立春日町小学校『学習活動の系列』昭和25年の他に，昭和23年教育課程表；昭和23年度生活主題の展開活動案（第３回新教育研究大会）；昭和24年度教育課程案，昭和24年学習展開案など)。カリキュラムを発掘する機運も高まってきた。本論文では，このような大分のコアカリキュラムの遺産を，果して現代にいかしていくことができるのかどうかを検討することとする。

昭和20年代のコアカリキュラム「春日町プラン」発掘の意義と全体構造は以下の通りである。

筆者としても，大分へ赴任当初より平成４年度から本格的に実施される「生活科」を実り多いものにするのに「春日町プラン」が参考にできないかと考えていた。当時の文献から「春日町プラン」については断片的に紹介されている。例えば次のように記されている。

・馬場四郎「能力表の構成－千葉県の能力表には，学習活動の系列基準が別表として編成されているが，大分春日町の場合と同様，これは経験カリキュラムによって指導する際に利用価値が大きい」（馬場 1954 p.290）

・広岡亮蔵「コア・カリキュラム連盟が結成された24年…地方大会は，大分，上諏訪，甲府，熊本と四回もたれた」，「能力表の作製である。これは前年度の継続問題であるが，新しい立場によるもの（筆者注 春日町小『学習活動の系列』）も，出現するようになった」「昭和25年…全国協議会は岐阜と春日井で行われ…関東支部会と九州支部会が，成田と大分で行われた」（広岡 1954 p.298）

・海老原治善「経験カリキュラムを徹底させれば，最後にはどうしても，児童一人ひとりに身につけさせるため能力，あるいは体験さすべき経験が，九か年の学年をおわって，配列されなければならないわけである。日本でも，『要素表』『学習活動の系列』『基準能力表』の名前のもとに，困難な研究が続けられ，発表された。その一例として，『神奈川県福沢小の要素表』『香川大学坂出附小の学習基準表』『大分市春日町小の学習活動の系列表』『明石附小の経験要素表』などをあげることができる。しかしながら，これらの諸研究は，しだいにふたたび，実質的な国家統制の進行につれて困難になり，停滞しているのが現状である」（海老原 1956 p.294）

全体構造は次のようなものである（倉成 1954 pp.71-86，1951）。

●昭和20年後半から21年まで（民主化時代）　第１回民主教育研究会として発表，参観者１千名を超えたが，教科はどうして成立したかという根本を究明せず，伝統的な教科をそのまま無批判に受け入れ，知識習得の手段に生活が使われている。

●昭和22年度（関連カリキュラム時代）　教科カリキュラムに対して鋭い批判検討を加え，生活主題によって単元を設定する新しいカリキュラムに着手したが，単元構成の方法が季節的行事的なものに偏し過ぎた。

●昭和23年度（経験カリキュラムの開始） 一応公式的な中心課程を主題の展開と継続発展の学習活動に分類したが，教師の頭でまとめた単元であって子どものプロジェクトとして打ち込んでやれるものになっていないのと，基礎の内容分析の不足から基礎学習が窮屈になっている。

●昭和24年度（生活構造究明時代1） 児童の具体的現実を見つめ，中心課程を再検討し社会課程と現実課程（後の日常生活課程）を設定し，また基礎課程はその指導方法から直結と伸長とした。が，生活の構造と学習形式が二重になって考えられ，また体育がおろそかになった。

●昭和25年度（生活構造究明時代2） 基礎課程を再検討し，教養（系統）課程，技能課程とし，全体構造の中で4つの各課程相互の関係を明らかにしようとした。作業単元の陥り易い盲点を救う意味で問題課程の設定を試み，能力表を作成する一過程として学習活動の系列表を作成し，指導の焦点と段階を明らかにした。が，構造論に首を突っ込みすぎたきらいがあり，歴史的，社会的現実に対する取り組み方が弱く，教養課程，技能課程も指導技術が未熟であった。

●昭和26年度（学習構造究明時代1） わが国の直面する歴史的社会的な現実から人間形成の方向を考え，それに即応する学習の構造を設定しようとした結果，実践・研究・基礎の3コースを4課程に組み合わせた。が，実践上の取扱はかえって複雑になり，問題解決学習として一本まとまった学習を推進していく迫力が出てこないものとなった。

●昭和27年度（学習構造究明時代2） 7年間の必然的な発展として，実践，拡充（研究），基礎の3コースを三層とし，従来の4課程に組み合わせて学習の更新を図ろうとした。しかし，学習の領域については，分析検討する必要を認めていた。また，自己批判としては，問題解決の焦点をどこにおくか，発達段階から，社会的歴史的な現実から吟味する必要があること，文部省の「社会科改善方策」等に対して地理・歴史等の基本的知識や理解の問題を，われわれのカリキュラムで実証したいこと，問題解決にあたって自然科学的な解決の方法を強調する方向をとりたいなどの諸点をあげていた。

が，しかし，「春日町プラン」は，経験カリキュラムの到達点ともいえる。なぜなら，倉成校長の次の言葉に代表されるからであると考えられる。「“実践的な生活を高めるために研究が要求される”“この研究はさらに実践を深めていく”“実践や研究は基礎を必要とする”“基礎の習得はさらに実践や研究を強化していく”」という原則は，「成長していく人間の真実な生活の姿をとらえたものであると思います。単に文化遺産を伝達することが教育でなく，自主的に自分の生活を開拓していくような人を育て上げるとすれば，どうしてもこのような原則をふんでいくことが必要だと思います」。しかしそのプランは，国家統制の中，這い回る「生活単元学習」として批判され，不完全燃焼して終わった。その「春日町プラン」をみて，後に流布するようになったフレーズ「這いまわる経験主義」をもって批判した広岡亮蔵氏は，当時20代であった。

戦前およびこの時期の教育思想，理論，実践との関わりで見逃してはいけないのは，まず校長の郷土教育への関わりがあったという点である。大分県女子師範学校『郷土教育の理論と実際』昭和７年，大分県女子師範学校附属小学校『体験主義による郷土教育』昭和７年などには，討議学習やプロジェクトメソッドのような実践，詳細な実際案がみられる。人々がそこに居住し社会生活を営む自然的・社会的環境である郷土と個々人とには，特殊な関係があるという考えから，郷土に教育的意義がみいだされ，郷土教育が提唱される。その教育的意義は大別して２つある。⑴方法としての郷土教育　どの教科も学習者に身近な郷土の自然や文化から内容・教材が取り出され，当該教科の入門的役割を果たすべきであると考える。ここでは，学習者が教材を直接手に取り，見たりできる実物性や直観性，また日々その教材に興味・関心をもっていることに教育的意義があると考える。⑵目的としての郷土教育　ここでも教科の内容や教材が郷土から取り出されるが，学習者が郷土に居住・生活していることで，学習者が郷土と心情的関係を自然にもつと考え，その心情を郷土の学習によって郷土愛や愛国心に育成しようとする。（小学館「日本大百科全書」）

⑵ 実践者からの聞き取りから

当時30歳前後でプランづくりに中心の１人として携わった衛藤久氏によると，概要は次のようである。「昭和20年９月から，何をどのように教えるかの新しい教育を求めるには１時間１時間の授業の中でと考え研修会や研究授業の計画を立てていた。新しい校長が41歳の若さで着任し，昭和20年10月から21年３月までの６ヵ月間に27学級の研究授業が展開され，新しい教育の姿を求めて，毎夜のようにろうそくの明かりで討議を重ねたものです。この頃は，子どもが『生活する・行動することによって学ぶ』ことを中心に，教え込む・詰め込む・記憶する教育からの脱却をめざしたものでした。重点目標は，自主性の尊重，個性の伸長，社会共同体意識の養成などでした。しかし，教科別学習コースは依然として変わっていなかった。それでも討議法などにより子どもは生き生きした学習をするようになった。このようにして，コアカリキュラムは始動したのです」という。昭和20年９月　能力別移動式学習（５年）昭和21年１月部別学習　昭和21年４月　自由学習（５年６年）をとっている。ここで，「社会研究」について今詳しく触れることにする。なぜ教科書をのみ教えなくてはならないのだろう，教科書には実際の社会で学びうるものがたくさんある，そして整理や理屈づけに教科書を見ることもよいとして社会研究を試みた。方法は次のようなものである。⑴ 社会研究表の作成教科書を抜けでようとしながら，国家の要求縦の系列もあるのでまた教科書を手がかりとしながら，各教科書別に，この内容は社会のどこを研究すれば十分できるという一覧表を学習班で分担して作成。例えば工作の電気屋は電気と九配，丈夫な体は病院等，である。⑵ 各教科別に発表して全員でもれた場所はないか検討し，また教科によって重なっているものは統一した〔例えば，［九配］教科書の理科（電気，工器具）；［安部鉄工所］教科書の算数（歯車），地理（工場），理科〕。⑶ 大分市地図に見学箇所記入。実際に実践するときは，１．研究場所を班で分担，２．各班で問題作成（学級全員で問題作成，教師提出の場合），３．子供たち自身で見学の連絡（教師がするとき），４．教師出発前訪問に対する指導，５．帰校後行動や感想を聞く（共に行くとき），６．毎日１，２時間整理研究の時間をとる（放課後も一心に），７．沢山の資料を集めて研究班で討議，というスタイルをとるというものであった。昭和21年11月　社会研究（６年）では，問題例として，何故停電が多いか／九水はどんな仕事をしているか／発電はどのようにしているか／汽車は何故混雑するか／大分駅の機構等である。このように現在社会の問題から組織機能などたくさん問題が出るので，整理統一して研究に出かける。敗戦という現実の国家の重大問題にどれもこれも直結していることが子供たちに学ばれていった。なお，「大分駅，九配，郵便局，警察署，富士紡，角メッキ工場，安部鉄工所，大坪眼科　国立県立病院等」これらの題目で，２週間，３週間連続して学習される。その他は教科別の個人学習，班学習，共同学習を子供の育つように適宜取り入れ情操，体育の時間は文部省の示した通りとした。社会研究と教科学習の２本立てとし教科学習では個人進度と共同学習の長所を併用して行き詰まりを解決した。

文部省から社会科が発表される昭和22年５月の前に誕生した『社会研究』の経緯にも興味深いものがある。「昭和21年度の２学期頃から，従来の教科の枠の中で，何をどのように教え学ばせるべきか？ということでは，学習に最も大切なものが欠けているように思えてならなくなった。そこで，教材を実社会に求め，生きた社会の中で，生きた学習をしたらと考えて，生活と関連の深いもの，例えば，病院・トキワ百貨店・大分警察署・大分港などを選んで，見学・調査・討議・整理などの活動を取り入れた。昭和21年度の第１回新教育研究大会（昭和22年２月）の指導案審議の時，他の全ての学級は，国語・算数・理科…と従来の教科名であるのに，私は『社会研究　大分港』とした。『教科は何か』『そんな教科は聞いたことがないからおかしい』などと議論したが，『社会研究以外に名のつけようがない』という主張を認めてくれてくれた。『単元』ということばは知らなかった。当時の新聞には『社会の実地研究』という見出しで紹介された」という。研究題目「大分駅」について，指導の組み立て，子どもの感想，教師の反省を含め詳細な報告がある[3)]。

「昭和22年度には，朝早くから夜半に及ぶ研修の末，生活主題の展開を中心（コア）にした関連カリキュラムを作成した。本格的な単元学習というよりはその導入，季節的・行事的なものに偏しているきらいはあったものの，主題の指導内容は，社会科と理科が主なものだった。その主題を中心に，社会／理科，国語／算数，図工／音楽，体育の各教科相互の関連を重視した。コアをもつカリキュラムといえるもので，これをコアのみのカリキュラムであるような誤認をした多くの教師によって『子どもが育たない』『基礎に欠ける』とか批判された」という。このようにして，関連カリキュラムができていった。

「昭和23年度は，県指定大分県実験学校として，教育課程の研究に拍車がかかった。中心課程（主題展開・継続発展）と基礎課程（習熟・情操・健康）の教育課程を構想した。中心課程を主題の展開と継続発展の学習活動としたのは，生活に即した教育課程の構成を考えたからだ。全国的に大きな反響を呼び，熊本の菊池プランをはじめとして各地に春日プランの兄弟プランが次々と発表されるようになった」という。なお，昭和23年10月全国研究大会の後コアカリキュラム連盟が結成されている。また12月の第２回研究大会直後県下約20名の代表者によってコアカリキュラム連盟大分支部の結成が行われている。

当時，現場教師が石山脩平委員長や梅根悟副委員長や海後勝雄幹事長に向かって，数千人も集まった講堂の中で『先生は子どもを知らない』とか『そんなカリキュラム・考え方では実践ができない』などと反論した。衛藤氏によると，広岡亮蔵氏（氏からは，当時の倉成校長という方が立派な方であったという回顧談をいただいた）や森昭氏などとの討論が印象深いものであったという。コアカリキュラム連盟の発足によって学校研究も一層の充実をみた。

昭和24年６月の第４回新教育研究大会では，中心課程と基礎課程のカリキュラムを発表した。コアカリキュラム連盟本部より石山脩平委員長ら研究者10名，県教育委員会課長以下全指導主事を指導者とし，全国より約3,000人の参加者があり，教育のあり方を求めたという。その後長く他県の教師と交流があった。

その後，29年度第8回まで発表会を重ねたが，校長が変わって，体育研究校に学校は変わったという。「9年間の校長の存在は大事，部下が2，3人真剣にやっても駄目」だという。この間，長期に渡る内地留学の制度も確立している[4)]。その後，衛藤氏は，附属小に移り，昭和39年まで教育課程の研究を続けた。その間，小・中学校第2次，高等学校第3次改訂（昭和33～35年）があり，1961年実施から指導要領が「試案」ではなく「官報告示」へと国家基準として法的拘束力をもち，基礎学力の充実，科学技術教育の向上に力を入れ，小・中学校に「道徳の時間」，高等学校に「倫理社会」の新設，各地の教育委員会が教育内容を規定するようになった。

当時の地域教育計画であるが，地方自治体や一定地域の連合体が，当該地域の教育政策をたて，その目標を達成するために行う手続を行っていた。戦後，教育の意志決定の主体を地域の住民に置き，地方分権が教育行政の原則としてたてられ，教育委員会制度が発足し，またアメリカ合衆国のコミュニティ・スクール（地域社会学校）の輸入もあって，埼玉県川口市，広島県本郷町，兵庫県魚崎町（現，神戸市），静岡県庵原村（現，清水市）などをはじめ，各地でさまざまな地域教育計画が立案，実施された。それらも戦後の復興と産業化の進展の中でしだいに消滅した。が，しかしながら，1980年代には，高度経済成長の反省にたつ地方自治の見直しが始まり，改めて地域社会の教育計画が強調されるようになった。

(3)　その後の収集資料から

平成4年に，古い皮袋（経験カリキュラム）に新しい酒（情報リテラシー教育）を盛るというアイデアを提案した。しかし学校はそのように簡単ではなかった。現在の当該学校長からはこのようなことはできませんときっぱりいわれた。その理由としては第1に，子どもは違うし，教員も違うということであった。「這い回る経験の二の舞にならないだろうか」という心配云々という議論に入る以前に，その当時と時代が違う，このような取り組みはムリだと思うようになった。保護者の価値観も多様化している。いつのまにか「新しい酒は新しい革袋でないとダメだ」という感覚になっていた。広岡亮蔵氏から「当時の大分・春日町プランを現代に読み替え歴史的に乗り越えてみる作業（取意）は大切」との示唆をいただき，行った筆者の研究の発表に対し「これからはメディアが大事ですね」というコメントをお聞きした。しかし再度「学ぶものを」を検討し今回は今日でも継続している学校として「伊那小」などを取り上げて資料を掘り起こしてみた。また，海外での動向や研究者との直接の面接や手紙から，「古い革袋」は必ずあるという筆者の意見を補うことにした。

ａ．基礎資料の意義　当時の課題から出発しなければ，またゼロから出発しなければならなくなる。何かあるだろうと見直してみることにした。『学習活動の系列』には，話を聞く，話し合い，相談討議，報告，会合なども重視され全部で31の学習活動例があり，各細目をいれると，百数十の例がある（文部省の事例[5]を分析すると，育てる，遊ぶ，探す，作るなどの活動がほとんどである）。コアカリキュラムの単元個々の活動の後に，全体を見渡してそのバランスや広がりを評価するために，記録を全学年にわたって分類したものである。カリキュラムを設計，実施していく中で，またその実施の最中に新たに生み出された子どもからの願いを，学習活動の系列として評価する「実用」的な技術であろう。なお，学習指導案という用語でなく，学習展開案という用語が用いられ，主題，主題設定の理由，目標，発端，展開，効果の判定という項が起こされている。技能と態度には観察法が多く用いられている。これらを，最近アメリカで出てきている複合知能（MI：Multiple Intelligences）というアイデアをカリキュラム統合の鍵にしようという動きに呼応させることはできないであろうか。これらは，少なくとも現代に読み替えて（提示メディアからさらに進んで帰納的な発見的学習環境に加えて，演繹的なコンピュータソフト環境，仮説実験授業やチュートリアル，シミュレーションを含め，理解や会得をめざした指導，さらには今日メディアを使いこなす力を含めた近年OECDのいう，キー・コンピテンシーがみられる）素材や学習活動の基礎資料，いわば素材や学習活動のための分類表（シソーラス）を作成していくことはできるであろう。

ｂ．地方化の方略　戦後間もない時期には，各ブロックごとに教育課程文庫をおいて，教育の地方化を図った（文部省 1952)。システムが一度ご破算になってからのカリキュラム構成を学校全体で取り組んだ，その生みの苦しみは学ぶ必要がある（馬場 1950)。また，国立教育研究所が岐阜県に教育課程の調査に出かけている（国立教育研究所 1951)。1990年代，学習理論と教室実践だけであった1960年代と違って，再び学校全体に焦点があてられている。新教育も学校全体で取り組んだ。しかし，今日のそれは，問題解決学校であり，そのために個々の学校に効果・成果についてのビジョンとストラテジーを伴うことになる。

ｃ．コミュニティ　保護者の協力を生涯学習に生かすことを学ぶことも考えてよい。筆者は参観者がＰＴＡの家に宿泊し，基盤である家庭教育を見てもらったということを知り，驚いた。プロジェクトでは学習共同体のようなところがあった。ある程度の地域との社会的凝集力を学ぶ必要のある学校も多いのではないだろうか。

ｄ．週五日制や教師のプランづくりの条件　週五日制や教師のプランづくりの条件を学ぶことができよう。米国の直接の影響が政策立案に反映されている。伊那小では，昭和22年，４月当初は午前で授業を打ち切り，午後は学習指導要領の手引きの研究会を行っている。この指導要領は，教育課程の基準を示し，各学校は地域の実情に会わせて教育課程を構成し，授業を展開していくものとされた。社会科，家庭科，自由研究は，従来みられなかったもので，新教育の１つの特色となっていたのである。古い施設の中で自主編成は並大抵のことではなかったという。

1971年に発刊された長野県伊那小学校百年史によると，昭和23年11月１日から28年３月まで４年５ヵ月週五日制授業が実施された。軍政部の指令によるところが大であった。新教育の主旨の普及徹底のために教師の研修を計画したが，１人２週間内外の講習による授業欠課は大なるものがあった。この再教育，郡

図表２－３　伊那小『社会科計画案』昭和25年度

一		各学年の単元を修正し，之を充実し，各学級担任が学習単元構成に最も参考となる単元を作成したい。之に伴う資料，施設も整備し，社会科の学習が平易に行われる様につとめたい。
二	1	第一単元は前年度担任にて作成，第二単元以後は当該学年社会科係にて昨年度及び研究所社会科カリキュラムを参考として作成し，教科研究会にて逐次研究し之を学年に流す。実施の上参考意見賜りたし。
	2	右研究に伴う資料，施設購入，前年度末まで若干購入しあるも必需品を学年会の折りなど学年係へ推薦願いたい。
	3	単元構成及び実際授業等において生起する問題解決の為特別研究会。
三	1	児童発達段階による能力別系統について
	2	予備調査の具体的項目選定
	3	授業形態の類型と段階
	4	社会科と他教科との関連

としての独自な諸会合，講演会を土日にとる，また児童の勤労精神の育成，計画的自主的学習態度の啓培が主たる主旨であった。また，昭和31年度１学期より従来の「通知票」が廃止され，期末個別懇談会を新たに設けるとともに，一人ひとりの子どもについて，学業，性格，行動，身体など日々に歩んでいるいきいきとした姿を中心に，直接保護者と話し合うことにしている（図表２－３）。

富山県堀川小学校百年史や1986年発刊の千葉県北条小学校60年史，1978年発刊のお茶の水女子大附属小学校百年史，東京都私立成城小学校（1930）も貴重な資料であるが省略する。

１．３．海外のその後の展開からの示唆

⑴　コアカリキュラム

以上，進歩主義教育（progressive education）は，19世紀末に端を発し，1910年代から30年代にかけて最盛期を迎え，50年代なかばに消滅したアメリカにおける新教育運動の理論と実践に対する総称である。教育を「社会の進歩と

改革の基本的手段」と捉え，旧教育の教師中心主義，教科万能主義に対し，児童の自由・活動・興味・自発性を尊重する児童中心主義の立場にたち，具体的な生活経験を通しての学習を強調する点に特徴がある。

ヴァージニアプランとともに有名なカリフォルニアプランは現在でも州教育省によって特定の教育ニーズをもつ子どもむけに27の指導案を開発するなど継続されている（Winget 1987）。かつてのリーダであったヴァージニア州の教育も新たに学校の構造，学習スタイル，メディアサービスなど22の勧告を出して，かつてのコアカリキュラムを拡張させようとした（Virginia State Dept. of Education 1990）。スコープとシークエンスといった開発方法も一部社会科を中心に継続されている。オハイオ州のケントでは，1953年に，1920~30年の新教育の伝統を，特にミドルスクールレベルで受け継ぐ主旨で結成された「コアティーチャ」という雑誌を刊行するNACC（National Association for Core Curriculum）がある（Deakin University 1985）。その中心になっているヴァースによると，アメリカでもコアは現在多義的に使われているという。かつてのコアカリキュラムは，社会文化的価値や意味という統合されたコアを求めた機運であった（図表２－４）。スプートニックショック後の教科中心のコアカリキュラム，いわゆる1960年代の現代化，1970年代の人間化，1990年代のスタンダードに向けた動きによって，アメリカでは新教育は歪められることになった。

確かに，SBCDについて触れてきているカールフレイ（Karl Fray）やケミス（S. Kemmis）といったカリキュラム研究者が自国のコアカリキュラムについて触れている（Gorter 1985）。しかし，イギリスやオーストラリアにおいてもコアの概念は一義的でない。

指導者の１人であるスキルベックは図表２－５のように述べている。英国では，情報技術は今や小学校カリキュラムに絶対必要な重要な要素である。統合的な長期に渡るトピックを開発することにより，子どもがイニシアチブを取り意思決定をする機会をもたせている（Coulby 1990）。これは２にあたる。この中で３が19世紀のドイツのヘルバルトからの系列に相当するものである。今世

図表２－４　アメリカのコアカリキュラムの定義（Vars n.d.）

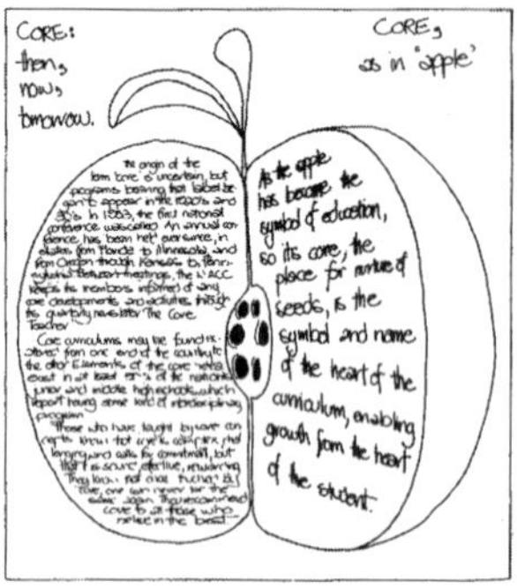

出所）米国コアカリキュラム協会（National Association for Core Courriculum）

表　アメリカのコアカリキュラムの定義

【目標】

全体的（Holistic）生徒が人間存在の全体―身体的，心的，感情的，精神的―の全体を方向づけ，融合させるのを助長するカリキュラム

総合的（Integrative）生徒が生活の身体的，心的，感情的各局面を方向づけ融合するのを助長するカリキュラム

【カリキュラムのデザイン】

学際的（Interdisciplinary / cross-disciplinary）――学問の１つ以上とふつう関連して内容と探究のモードを意識的にリンクするカリキュラム

内容中心

多学問的（Multi-disciplinary）――

―**相関**（correlation）――

―**融合あるいは統合カリキュラム**（Fused of integrated curriculum）――２つ以上の教科領域からの内容が１つの新しいユニットないしコースへと融合（blend）される。統合研究，合科（combined subjects）。コンプリメンタリー（complementary）あるいはウエッブド（webbed）ともいわれる。

生徒中心

コアカリキュラム――生徒のニーズや問題，関心に直接焦点を当てたカリキュラム。生徒がそれらの関心を取り扱うのを手助けするのに必要とされるものとして教科やスキルがもたらされる。時に“トランスディシプリナリー”といわれる。構造化されている場合と構造化されていない場合がある。

―**構造化されたコア**――カリキュラムは生徒の諸関心がクラスターとなるであろうと教師たちが予想する前もって計画された問題領域の周りで組織される。学習は教師生徒のプランニングを通じてうまく調整される。

―**構造化されていないコア**――教師たちは前もってコースの内容を計画しない。しかしそれを教師生徒の計画を通じて生徒の個々のグループとのにわか仕立ての寄せ集めから引き出す。統合日（integrated day）に近い。時に統合カリキュラム（integrated curriculum）とよばれる。

図表２－５　英国，オーストラリアのコアカリキュラムの定義（Skilbeck 1985）

1. １つの組織の中でのすべての生徒に対して要求される一連の学習（テーマ，トピック，主題）。全体カリキュラムではなく，カリキュラムの一部，そして必修である。
2. 中央政府によって処方される全体カリキュラムの一部（教科と重点的な主題とのミックス）1970年代半ばから英国教育省によって市民権を得た。現在の最も一般的に使われているものである。
3. 中央と地方のパートナーシップによって定義され，学校によって解釈される。広い意味ですべての学校に共通である全体カリキュラムの一部（現状文化の分析による）

紀初頭のアメリカのヘルバルト主義者であったシカゴ大学H. C. モリソン（類化作用（apperception）や心意の固着（concentration））によるものはその源流である（Skilbeck 1985a）。またデューイとコロンビア大学やイリノイ大学での後継者に中心点をみいだす社会的構成主義運動があげられる。コアカリキュラムは1930年代の世界観に閉ざされないし，その基本的な動機づけは政治的に鼓舞されたプログラムでもないという。しかし，英米ともに，コアというのはカリキュラムの中でコヒアランス（整合性）（coherence）と統合（integration）を達成する試みであるとして，よりコヒアランス，首尾一貫性，意味上の結束性を全面に出してより重視している。ビーンズ（Beanes 1995）らのグループは，コヒアランスの概念を捉え直している。これまでの民主主義や人間の尊厳，様々な違い（民族など）といった歴史的事実を踏まえて，単なる「コア」としての概念を乗り越えようとしているようである。コヒアランスを大人の立場から一貫性という意味よりは，エネルギーの凝集体というアナロジーでカリキュラムの結合力，平たくいえば本人にとっての一貫した「意味あるまとまり」とでもいうものを改めて取り上げている。

複合知能を唱えているハワードガードナーとともに，ハーバードでプロジェクトゼロを組織しているディビッドパーキンスは「ホットな認識の経済（hot cognitive economy）」を提唱しているが，わが国では大正時代に「学習経済」ということがしきりにいわれており（教育論叢編集部 1919），同じくハーバードのヴィトペローン（Vito Perrone）も1920～30年代世界的な新教育を見直す重要性を筆者に真顔で語ってくれた。なお，オランダの国立カリキュラム研究所（SLO）での国際セミナー（1985,11,12～15）の報告書には，欧米中心のコアカリキュラムの整理を，カナダ，デンマーク，ドイツ，フィンランド，フランス，イタリア，オランダ，スウェーデン，英，米の各国が行っている（Gorter 1987）。

以上のように，その源流の新教育，今世紀初頭1910～30年代のコンテクストにまで遡ることにより，決して遠い過去のものとして葬りさられるものではなく，それらを掘り起こす意義は十分ある。学校スリム化の現代，「経験カリキュラム」を再度見直す地点に立っているのではないだろうか。その際，再度学校全体のカリキュラム構成要素（カリキュラム，人的リソース，物的リソース）を吟味することはいうまでもないが，カリキュラムの意味あるまとまり（curriculum coherence）を子どもにもたせるという観点からすると，かつての新教育から学ぶ遺産は十二分にあると結論づけられる。これまで日本は中央集権であった反面，強いていえば特別活動等を広く考えれば各地のもつ文化が学校を作り上げている面がある。例えば，地方や風土に対応した，地域の伝承文化や食文化がある。動物サミット等新たな交流がみられる。これからは，カリキュラムの概念を以前より広く捉えつつ，成果の分析をしていくことになるが，そのような国は，欧米にはない。欧米は最近の効果やスタンダードを重視するあまりカリキュラムの概念を狭く捉える傾向がある。模倣すべきモデルのないところで新しいことを開発していくから歴史から学ぶことが必要なのである。

⑵ 問題解決的な学習

このようにみてくると，「コアカリキュラム」は，決して遠い過去のものとして葬りさられるものではない。図表２－６は，現代と昭和20年代とを対比している。時代の違いと「乗り越えるもの」，そして「受け止め引き継ぐもの」である。この表はあくまでスケッチであるが，当時と現代とでは子どもを取り巻く環境に時代の変化がある。一見したところその間は断絶しているようにみえる。だからといって，全く継承するものがないかといえばそうではない。1960年代の内容精選の教育がもった基礎・基本の重視をくぐり抜けている今日，「経験カリキュラム」を再度見直す地点に立っているのではないだろうか。生活科はその突破口であろう。

そして，改めて「経験」と「認識」の間をめぐって，乗り越えるという課題意識をもって議論が求められるのではないであろうか。幸い，「経験カリキュラム」の到達点の１つ，「春日町」プランの『学習活動の系列』には，具体的な活動例のリストが分類されており，単元の全体の復元が可能である。そこで，主要な活動を抜粋してみた。このような経験カリキュラムをもとに，いろいろなメディアを加え，また学習環境の整備を考慮に入れカリキュラムを構築することができよう。加えてプロジェクトメソッドや討議法など教師の助言や援助の仕方，それにカリキュラム評価のあり方に関しては避けて通れないと考えられる。

図表２－６　1950年と1990年の状況分析（有本 1992）
（【Ａ】【Ｂ】【Ｃ】は，図表２－10，11につながる）

観点	1950年	1990年
時代の違い		
◆子どもの遊びや家庭の実態	・屋外で自然に異年齢集団が群れとして発生，植物や昆虫，魚の採集など自然体験の中で遊びやルールを工夫	・家族構成の核家族化，共働きにより幼稚園や保育園の機能大，屋内での孤立した遊び，塾おけいこごとの増大，人間関係希薄
◆メディア（雑誌等）による教育機能	・活字や挿絵を重視，紙芝居など一斉の提示メディア	・活字離れ，テレビ番組，コンピュータゲームをはじめ個別化された各種映像・音声メディアの出現
◆地域の教育力，機能	地域のきずな大，地域ぐるみで子どもを教育，近所の大人が手や足を使った遊びを伝授	・学校以外の機関の分担（スイミングスクール，音楽教室，英会話教室，少年の家，フィールド体験）や出版社等企業の教育への関与，親の高学歴化
◆社会の変化，時代の価値観と教育思想	・敗戦とアメリカによる民主化の立て直しを背景に生活の問題解決，生きていくための力を重視	・価値の多様化（国際化，交通・通信網の発達による高度情報化，高齢化への対応，衣食住環境の変化）を背景に「モノ」というより人間的豊かさ，生活の充実，精神性の重視
乗り越えるもの		
【Ｃ】メディアや施設―スペース―	・施設・設備は貧弱かつ一斉授業前提	・学校建築（ワークスペース）や学校家具等の弾力化，学習形態の多様化
【Ｃ】メディアや施設―メディア―	・教科書やラジオ	・放送やビデオ機器，パソコン通信による擬似環境の拡大，リソースの選択幅の拡大
【Ｂ】人的リソース―地域の教育センターからの支援―	・地域教育計画づくりもなされたが，一部を除き物的支援なく学校単独で研究実践，算数などの教科から離脱	・一部の地域でみられる人，時間，モノ，財政面で地教委による支援・工夫の拡大，算数を中心としたトピック単元の開発
受けとめ引き継ぐもの		
◆中央のカリキュラム政策	大正新教育の追憶によるベテラン教師主導の学校を基礎とした経営重視	・学習指導要領の改訂により学校を基礎とした経営重視
【Ａ】学校全体のカリキュラム―教師の指導―	・自発的な調査活動・討議活動など，学習班の展開と助言・援助	・一斉指導中心，一斉指導中心の中での個性化
【Ｂ】人的リソース―人的資源―	・校長のリーダーシップと校内研修での師弟関係	・さまざまな制約（管理職をはじめ教員の速い異動，性別の変化，年齢構成の偏った配置など）の中での校内研修
【Ｂ】人的リソース―地域との連携―	・PTA は学校へ全面的に協力（学校参観にきた他校の教師の宿泊を提供など）	・PTA は親も学ぶ存在として機能，生涯教育として学校へ参加
【Ｃ】学校全体のカリキュラム―カリキュラム評価―	・技法とか目だった成果としてはないが，年度毎の反省が長期に亘って継続	・技法の開発（成果の数量的な基準，インタビュー・ビデオカメラによる観察等質的な記述，総合的な判断）と継続研究，潜在カリキュラムへの着目

図表２－７　根幹的な問い（Jacobs 1997）

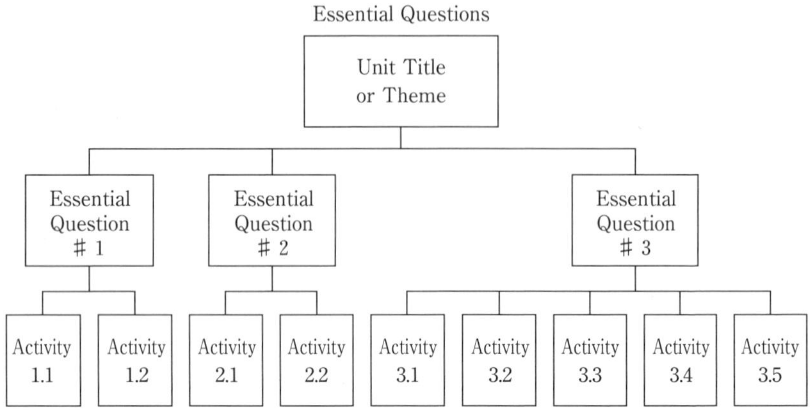

問いを中心に単元のタイトルやテーマを作成し，下位の作問を考え，活動案を考える

学校全体で取り組むということを春日町プランに学びつつ受けとめる必要がある。そして，今日乗り越えるべきことは，学校内外のリソースを含め学習活動を助ける施設・設備や教材，またそのサポート体制であり，その選択，購入，保管，維持から再度見直す必要がある。

また，具体的に単元を作るとなると，ソクラテス方法（Socratic methods）とか，包括的な（overarching）単元と呼ばれるものが，Site Based Curriculum として提案されており（Jacobs 1997），根幹的な問い（essential questions）を単元にすえるものである（図表２－７）。今後のシラバス活用法，アセスメントを進めていく際に参考にする余地は十分あると考えられる。

新しい問題解決的な学習の動向としては，以下のとおりである。日本では，一般的には第二次大戦後アメリカのバージニアプランに基づき導入された社会科の指導法（梅根悟『問題解決学習』1954）をいうが，今日では，広く子どもを主体とした学習活動の工夫をいう。当時は学習形態における系統学習との対立としての経験学習としてみられていたが，主に民主主義など時代の社会的な要請，リアルな地域の現実的課題をもとにした問題を背景としていた。しかし，科学技術の今日においては，問題解決学習のもつ意味合いは明らかにその質的内容との関わりをもちながら変容をみせているといってよいであろう。問題解決学習は，1950年代後半から1960年代前半まで随分下火となるが，今日体験学習に息づいている，話し合いなどの重要性を社会構成主義によって再び浮き彫りにさせている。問題自体もその背景にある知識は現代的課題を含む複雑かつ多岐にわたるものであることから，いわゆる不良定義問題（ill-structured problems）となり，しかもネットワークや情報，資料活用能力やスキルを要するものとなっている。B. J. ブルーナーが文化や言語に媒介された学習，学習共同体，参加的学習，足場組み（scaffolding）などといった概念を取り入れ共有や参加，文化創造を強調することになる。どちらかといえば鋭い先の尖った概念である発見学習という用語に代わってそれを含むより広い問題解決学習ということばが用いられることになる。以下のような特徴をもつ学習課題であるプロジェクトと非常に近い。① 学習者の興味や関心を高める，② 探求や実験を要する，③ 特定の知識よりも態度や知的スキルを開発することに関心がある，④ 学習者は個人としてよりもグループによって取り組まれる，⑤ 学際的な方法で教科の壁を取り払う，⑥ 教師は学習の促進者であり，ガイドやカウンセラーとしての役割をもつ，⑦ 成果はレポートやデモや発表と討論という形で終わる。学習に問題を活用する問題中心学習 problem-based learning（PBL）が，高等教育の医学教育から提案され出した。米・加・豪では1970年代から，英国では1980年代末からいわれるようになり，構造化されていない問題（ill-structured problem），実質的な内容，生徒の徒弟制（apprenticeship），自発的な学習（self-directed learning）といった要素をはらむものとして現れてくる。「長期にわたる情報保持や概念理解などの成果を伴う」とされているのである。そして，問題解決スキルとも関わりながら，構造化された剛構造の問題には学習の情報処理理論が，そして構造化されていない柔構造の問題への解決のためのモデルにはその種の理論と学習への構成主義や状況的認知の手法が援用され新たな展開がみられる（有本 1999，Jonassen 1997, Gallagher 1997）。

問題解決スキルと知的内容の統合が統合的なメカニズムとして採用されるプロセスである。

今日古いとされている，日本での戦後初期の問題解決学習については，米国ではデューイなどの伝統を引き継ぐコアカリキュラムが多義的に使われながら生き続けており，新しい知見を取り入れながら主としてミドルスクールに受け継がれている。コアを剛構造のコアと柔構造のコアとに分けてカリキュラム研究としてさまざまに展開されている。

R. フォガティは，問題解決的な学習を，6つに分けている（図表2－8）。とりわけ，最初の問題中心学習（PBL：Problem Based Learning）では，学習に問題を取り入れ，生かすといった一種の哲学からきている。これは，心の中に意味を構成するもの，プロとしての意欲を持続させるものであるといえよう。ともに，理数科で勢力的に取り組まれている[6)]。これと関わって，特に，KWL モデル（Ogle 1986）［K−知っていること What I Know，W−見つけたいこと What I Want To Find Out，L−学んだこと What I Learned］が活用される。また，学習のプロセスとしての研究の方法に，生徒一人ひとりのバラバラでない複雑に入り組んだ（多元的・複合的・多重）能力や知能・知性 Multiple Intelligences（MI）が最大限に発揮されることが要請される。さらに，この PBL と関わって，カリキュラム作成の情報源として教師の留意点もある（Stepien 1997）（図表2－9）。

図表２-８　問題解決的な学習（Fogarty 1997）

問題中心学習［学習への弾みとしての実社会の問題］	問題に出会う 問題を定義する 諸事実を集める 知る・知る必要がある・する必要がある 仮説をたてる（仮定・前提から出発） 再び（re）捜し求める（search） 問題を（別の表現で）言い換える 必ず１つ選ばなくてはいけない選択すべきものを生み出す 解決策を支持・主張する 起りそうな，十分に可能な／（ひょっとすると）起りうる，ありうる，可能性のある／〔…より〕好ましい，ましな	『高齢者と選挙』（小学校） 『細胞・遺伝子工学（妊娠とアルコール）』（中学校） 『どのようにしたら環境体験を総合的にデザインできるか』（高等学校） その他，『校庭でのケガ』，『学校図書館に入れる本を選ぶ』，『朝食を抜くということ』，『地域のコンベンションセンターの設置に伴う問題解決（風土や歴史とマッチしているか）』，『宇宙衛星計画に伴うもの』など
事例研究［写真やシナリオから導入，立場など状況のモラル・ジレンマ］	キー概念 内容/学問分野 人を引きつける物語の内容 諸事実 小人数でのグループ討論 代表者から情報を聞き出す 追跡調査	『あなたは私の親分でない（私はあなたの子分ではない）』（小学校） 『ウソはウソ』（中学校） 『誰がそういうのか（うわさ）』（高等学校）
テーマ学習［テーマ・課題，パターン］	テーマのかたまりをブレーンストーミングする 問いを設定する テーマを問題解決探究へと変える 事実の収集－問題の分析－選択肢の生成－解決策の支持主張	『成長する家族の木（アイデアの種）』（小学校） 『通過儀礼（進路，権利・責任・自由）免許，恋愛，ベビーシッター』（中学校） 『私の心の習慣を気にかける？』（高等学校） この場合，橋，暴力，システムといった包括的なテーマを，「橋：何を関係付ける？」「暴力：根絶できるか？」「システム：開いているか閉じているか？」といったように問いをもつよう展開していく
プロジェクト学習［定理の深い理解，興味・関心］	一次的思考・理解（収集活動）・読む・捜し求める・インタビューする・見る・聞く・訪問する・インターネットで探す 二次的思考・理解（処理活動）・スケッチする・描く・計算する・生み出す・プロトタイプを開発する 三次的思考・理解（適用活動）・試行する・テストする・評価する・改訂する・サイクルを繰り返す・ショウケース展示［陳列披露］する	『パペットでダビンチをプレゼン』（小学校） 『コミュニティーを知るいろいろな方法』（中学校） 『ギリシャ神話』（高等学校） その他，ピタゴラスの定理を職業教育にといったように展開が可能である

サービス学習 ［奉仕や体験］	サービスのためのニーズを選択する コミュニティパートナーを見つける サービスを教育目標と関連付ける プロジェクトを管理する ・プランする　・モニターする　・評価する 振り返り学習を促進する	『公園を救おう』（小学校） 『暴力絶滅』（中学校） 『語り継ぐ古い民話』（高等学校）
パフォーマンス学習 ［スキル（動作）を用いる課題，専門家によるコーチを要する実地や体験］	プロンプト（生徒がなすべきことの手がかり） ビジョン（大人が生徒にするよう期待すること） 基準・水準（質のレベル） コーチングコンテクスト（卓越さに向けて足場組みしていく：　説明　・例示　・フィードバック　・パフォーマンス　・省察） プレゼンテーション（学びの例示・示範） 省察（結果についての）	『とんぼ返り（PTA とのジョイント）』（小学校） 『スピーチの仕方』（中学校） 『過去数十年を振り返る（総合表現）』（高等学校）

図表 2 - 9　カリキュラム作成の情報源（Stepien 1997）
—構造のはっきりしない適切な状況をみいだす—

吟味するべきもの	探すもの	教師の自問自答
・テキスト（教科書や副教材）のトピックやテーマ ・新聞記事 ・歌の歌詞 ・カリキュラムガイド指導資料 ・ラジオのコメント ・リテラシーのテーマ ・数学的なトピックあるいは応用 ・子どもの物語 ・不可思議物語（Myths） ・関連する学問の教科書 ・テレビショー ・広告 ・個人的な体験 ・映画のプロット ・雑誌のストーリー ・雑誌の記事・論文	なすべき決定あるいはなされた決定 理解したり応用する過程 解決すべきジレンマあるいは解決されたもの 理解すべきあるいは応用すべき概念 説明すべきミステリー 習得すべきスキル 解決すべき矛盾や解決されたもの	この状況で誰かによって解決されるべき問題があるか このスキル，プロセス，概念は誰かによって問題を解決する際に使われているか？ 問題とは何か？ この状況は私の生徒が問題に出会うのによい状況であるか？ その問題は私の生徒にとって適切であるだろうか？

第２節　予備的作業仮説の抽出 -チェックリストと聞き取り調査から

２．１．研究開発学校の設置初期段階における調査分析（略）

２．２．チェックリストによる予備的作業仮説の抽出（略）

⑴　内的・外的リソースに注目したリスト

⑵　３つの小学校事例研究

⑶　上記ケースから抽出された課題

注）本節２．１．と２．２．は，以下の論文から構成される。「学校を基盤としたカリキュラム開発の現状と課題」『学校における研究開発の現状と問題点』（昭和56年度教育研究開発調査研究報告書）（代表梶田叡一）pp.20-36，1982，教育研究開発研究会（東京）／「学校を基盤とした研究開発」『教育方法学研究』10，pp.45-53，1985，日本教育方法学会.

第3節　予備的作業仮説(1)
「授業から学校全体」に基づく事例の吟味

3．1．アンケートや実践資料の内容分析(略)

⑴　附属学校としての役割と事例の吟味

⑵　公立校の学習評価の内容分析

3．2．研究室でのチェックリスト作成(略)

⑴　チェックリストとレーダーチャート

⑵　「学校研究主題」に注目したチェックリスト

3．3．学校研究の授業からの診断情報と聞き取り(略)

⑴　石川県金沢市伏見台小学校授業観察

⑵　授業改造の背景にある物的・人的リソース

3．4．類似した学校研究の条件の記述による比較（80年代後半の類型を志向)(略)

⑴　生活経験や地域学習，個を生かす研究歴をもつ学校

⑵　教師主導の個別化や基礎・基本の研究歴をもつ学校

⑶　スペースの革新から多様な指導方法を取り込む学校

⑷　情報コミュニケーション技術を志向している学校

⑸　80年代末の時点で言えること

3．5．類似した学校研究の条件の記述による比較（90年代前半の類型を志向)(略)

⑴　国際理解教育の目標からみたリソース

⑵　学校全体カリキュラムにおける目標

⑶　小学校と中学校との違い

⑷　90年代半ばでいえること

こうして，第１章の図表１-22にみてきたOECDによる学校改善の概念地図を一方で勘案しながら，著者は学校全体の取り組みを考え，先述した図表（省略）に整理されるように，児童生徒の学習・成長を中心に，大きく，① 教育目標具体化の手だて，研究主題の授業への下ろし方，② 研究体制・組織，③ 学校を活性化する要因の視点で分析する骨組みを考えていった。図表２-10の項目は，著者の枠組みによって，当時の水越（1988）の提案をアレンジしたものである。

そのようにして，事例から一般化できることとしては，１）授業実践志向であり，しかも共通理解を非常に重視しているが，物的リソースへのアクセスに各校で差があること，２）研究体制と同僚による批評志向をもっていること，３）地域に根ざした実践をもっていることである。そこで，①「学校教育目標の具体化の手だて」，②「研究体制・組織」，③「学校を活性化する要因」とみていったうちの，①「学校教育目標の具体化の手だて」は，「学校全体のカリキュラム」と「物的リソース―メディアや施設・設備へのアクセス」の２つに分かれることになる。そこで，①②③は次のように，置き換えることにした。

【A】「学校全体のカリキュラム」から考える

【B】「人的リソース」から考える

【C】「物的リソース―メディアや施設・設備へのアクセス」から考える

【D】経験を「潜在カリキュラム」から考える

このようにして，1980年代前半に訪れた学校に加えて，1980年代後半に学校訪問することにより，事例から一般化して，目の前の実践を絶えず改善する日本の教育システムとして記述した（Arimoto 1995）。

・特色ある学校を訪れ授業を参与観察し記録する

・管理職や教務主任にインタビューを行い記録する

・授業案，雑誌や研究紀要や報告書の分析を行う

図表２-10　学校分析シート＆事例からの仮説的聞き取り観点
（水越 1988を有本がアレンジ）(【Ａ】〜【Ｄ】は，図表２-11に対応)

【D】学校レベル	学校の歴史	学校の創立，移転，統廃合，分離，新築，増改築，など。百年余の歴史をもつ学校か，人口急増地帯に分離して新設されたばかりの学校か。
	学校の研究歴	国，都道府県，市町村などからの研究委嘱を受けた経験があるかどうか。委嘱研究以外に，自主的に研究発表・授業公開をした経験があるかどうか。過去五年間の研究主題。紀要や単行本など，研究成果の出版。そして研究上の助言者や指導者。
	学校の現状	教職員数と男女比。年齢構成。児童生徒数。この十年間の児童生徒数の増減。
【A】カリキュラムレベル	カリキュラムの特色	年間指導計画，学期別の配当時間，校外学習や野外学習・観察学習等の配時，ゆとりの時間の運用，選択履修の実態，週時間割。
	学校の現時点における重点課題	基礎・基本の徹底，生活科，合科・総合学習，国際理解教育，個別化・個性化教育，放送・視聴覚教育，コンピュータ利用，自己学習力の形成，などの複数主題にまたがるか否か。
授業レベル	個別化教育への手だて	カルテ，個人についての記録の取り方，成績管理へのコンピュータ活用の有無，治療・矯正・補充指導，優秀児への対策，グループダイナミックスや対人関係のデータ収集。部活動の個人記録。健康面での個人記録。
	指導案と評価の形式	事中・事後評価の形式，自己評価や相互評価の項目
【C】物的リソース	学校の施設設備	図書室，特別教室，放送室，資料室，準備室，オープン教室や多目的スペース，空き教室利用状況，視聴覚機器，パソコンの機種と台数，L.L.（英語）やML（音楽）の施設。，これらの管理状況や利用頻度。
	学校の施設設備	樹木，庭園，花壇，水田や畑，遊具，グランド，校内のインテリア，掲示物，職員室，作品展示。
【B】人的リソース	教授組織，学習形態	チーム・ティーチングの有無とその組織の仕方，校外の人材活用，異学年たて割り集団，学級解体の習熟度別編成，同一学級内で習熟度に応じた指導，課題別・興味関心別の小集団学習などの実施状況。
	学校の研究体制	学年別，教科別，プロジェクト別などの研究組織，重点研究教科。校内研修の実態，管理職のリーダシップ（研究と運営の両面で）。

以上のことを，香川大学附属坂出中学校の1990年の時点，宮崎県五ヶ瀬中等学校の2000年の時点で行い，記述した（Arimoto 2004）。

注）本節３．１．〜３．５．は，以下の論文から構成される。「「附属の授業研究」を分析する」『現代教育科学』335，pp.15-20，1984，明治図書（東京）／「学校ぐるみの授業研究を検討する」『現代教育科学』343，pp.37-44，1985，明治図書（東

京）／「公開研究発表会に参加して」『授業と評価ジャーナル』9, pp.109-116, 1986, 明治図書（東京）／「学習評価研究の総括と研究課題」『授業研究』296, pp.164-172, 1986, 明治図書（東京）／「リソースをキー概念としたSBCDのための学校研究診断－1980年代学校における授業システムデータの示唆」『教育工学雑誌』25（Supple.）, pp.107-112, 2001／「学校研究の診断的評価」『学校を基盤としたカリキュラム開発と評価の実証的研究』（研究代表者 水越敏行）, pp.33-60, 1986, 文部省科学研究費報告書（大阪大学）／有本昌弘「学校研究の診断的評価」『授業研究情報』3, pp.17-26, 1987, 明治図書（東京）／「学校の診断評価」『初等中等教育における「新しい教育方法」の動向と課題』（文部省委嘱調査研究「小・中学校における教育方法のあり方について」報告書）pp.164-174, 1987, 教育方法調査研究会（大阪大学）／Arimoto, M. (2003). Case Study of School Based Curriculum Development in Japan) Law, Hau Fai Edmond et al (Eds) *Developing curriculum leadership in schools for the 21st century Hong Kong* (translated into Chinese version)

第4節　リソース解明のためのチェックポイントの概観と学校の「状況分析」

4．1．「ゆとりと充実」から「新しい学力観」移行期のリソースの概観

大正新教育，皇国教育，コアカリキュラム，教育の現代化，今日の個性重視の教育とカリキュラムはスパイラルである。今日それぞれの学校や地域の中で個性を重視した工夫がみられる。昭和20年代における経験主義による学習活動の実践を「乗り越えるもの」があるとしたら，それは時代が生み出すものであるに違いない。それはどのようなものなのであろうか，90年代までの事例から探ることにする。

特に，筆者は，さらに特に物的・人的リソースに焦点をあててみていくアプローチをとることにした。

こうして，OECD（1982）による学校改善の概念地図の再検討することにより，図表２-11にたどり着いた。これは，日本のフィールドをもとに，第１章　OECD（1982）による学校改善の概念地図の図表１-22をベースにして読み替えた図表（省略）のさらなる充実を期したものである。

【A】「学校全体のカリキュラム」から考える

まず，当時と同様に今日でも時間の弾力化がみられ，教科の中での課題解決学習や合科学習，総合学習，体験学習など，学校自由裁量の時間を活用したりして行っている事例がみられる（1－1）。

ここで，「乗り越えるもの」であるが，現代では，このような選択・体験型のものだけが今日みられるわけではなく，それぞれ基礎コースや研究コースと重なる面があると思われるが，習熟や習得をめざしたもの（1－2），学び方を

図表２-11　OECD（1982）による学校改善概念地図の日本型表現
（第１章[図表１-20]をベースにした[図表（略）]のさらなる充実）（有本 1992）

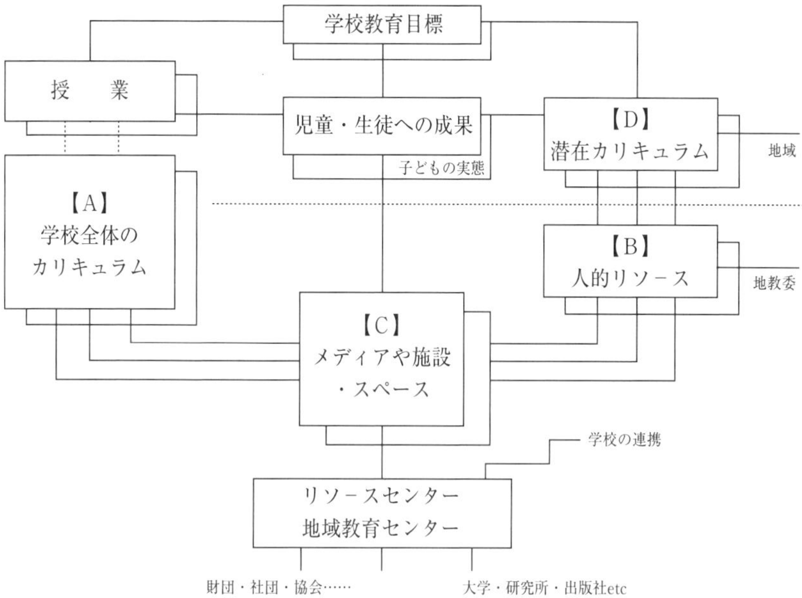

習得させるもの（1－3）がみられることである。

【B】「人的リソース」から考える

まず，当時と同様に今日でも一斉指導を行っている（2－1）。そして，小集団組織をつくって学習形態に工夫をはらっている（2－3）。

ここで，「乗り越えるもの」であるが，今日では，このような一斉指導のものだけがみられるわけではなく，個別指導を行っている事例がみられることである（2－2）。

さらに，現代では学級を越えて学習集団をつくっている（2－4）。教授組織も必要に応じてティーム・ティーチングが組める体制ができている（2－5）。そして，学校間の組織の連携がみられる（2－6）。さらに地教委の活性化による支援組織が学校の内外につくられている（2－7）。

【C】「物的リソース－メディアや施設・設備へのアクセス」から考える

まず，当時と同様に今日でも郷土学習をそのまま受け継いだような，野外での学習，地域素材の発掘がみられ，校舎敷地内の自然を生かしているところがある（3－1）。

ここで，「乗り越えるもの」であるが，今日は，何といってもニューメディアの時代である。メディアや施設設備というだけでも「乗り越えるもの」があると思われる。まず，理解面での補充指導や基礎・基本の定着といった指導法がみられる（3－4）。そして，校内のスペースや家具類など施設面でさまざまな工夫がみられる（3－2）。そして，学校が情報センターになっているところがある。さらに最近では，新しい情報発信型がみられる。校内でのネットワークであるかまたは，パソコン通信による学習環境である（3－3）。

【D】経験を「潜在カリキュラム」から考える

今日では，生徒の学校への参加や自発的な活動がみられる（4－1）。また，教師の期待など，学校を活性化するような雰囲気などさまざまな方策が注目される（4－2）。

このように，【C】「メディアや施設・設備」で，今日ではメディアや機器といった自作・既成のさまざまな物的リソースが学校に入り込み，子どもの意思決定の機会を増大させている。そして，【A】「学校全体のカリキュラム」で，子どもの自己評価と密接な関係がある。カリキュラムを弾力化することにより，認知面だけではなく長期にわたる情意面での評価の研究も可能になり，ひいては子どもの学習や成長に大きな影響を及ぼすものであろう。それに伴い，【B】「人的リソース」で，学習形態を一斉と個別の他に小集団を取入れ，さらに教授組織の方も人的リソースを開発している。教授学習過程での人的な関わり方・結び付き方の変化は，子どもにとっての「学び」を豊かにする。

以上の4点について，1989（平成元）年第5次改訂前後の事例から整理してみたのが図表2－12である。これらの事例は，1998（平成10）年第6次改訂につながるものといえる。

図表2-12　特色ある教育実践（1980年代後半）
―1989(平成元)年小・中学校第5次改訂前後―（有本 1992）

(1-1)	社会科の地域学習や合科・総合で「問題を児童が設定」	広島県伴小	90.1.27
	「『調べ学習』を子供の疑問重視」	香川県亀有小	87.5.11
	ゆとりの時間利用して総合活動の体験をしているところ「牛の飼育手うちソバ」	新潟県大町小	87.6.1
	一年半の長期単元をつくって「第二学年でうどんづくり」	岩手県赤萩小	90.12.15
	一学期で一単元の柔軟展開も，伝統継ぐ合科学習，こどもの関心に沿う活動	奈良女附小	88.7.23
	全学年に共通単元，総合学習で問題追求力を	成城学園	88.8.13
	『自己認識』は低学年から，総合活動・学習で，4年生の10歳には『半成人式』や弁論大会，中・高学年へつなぐ教科と関連づけて	神奈川県日枝小	87.1.19
	国語算数に総合単元，体験重視の活動で，学習へ意欲づけ図る	山口県公集小	88.1.23
	国際や技術，福祉，情報で新しい教科を構想している	滋賀県治田東小	90.8.18
	生活科を先取りして「幼稚園から系統的に基本的生活習慣を育成」	附岡山小	87.9.26
	小・中連携を推進，新領域『生活交流』で，体験通し人間関係築く	静岡県・東小　東中	90.10.6
	個別学習で，子供が計画する授業	愛知県緒川小	89.2.4
(1-2)	毎朝15分の『独話活動』言語活動の活発化へ，学校ぐるみで取り組む」	川崎市中原小	91.5.11
	漢字や計算，習熟度で級が進む，小学校と連携，検定も	東京都清新第一中	87.2.16
	授業改善小中学校共同で研究，国語と算数・数学で，内容系統表をもとに	岩手県伊保内小　九戸中	88.10.22
(1-3)	国語の一人調べに，目当て示す手引作成」	茨城県結城小	89.11.18
	音読・朗読を3段階指導，新指導要領先取りし，心豊かな言語生活作り	東京都鷺宮小	89.3.18
	意見発表が的確に，新聞記事を教材に活用	東京都国分寺第六小	89.3.18
	辞典の引き方教える，漢字を索引別に細かく	岐阜県岩滝小	88.10.22
	書く道筋が明確に，読解力を作文に生かして	佐賀県神埼小	88.10.1
	児童主体の課題学習に，モデルを4タイプ，社会科の個人差指導で	神奈川県別所小	88.1.23
	社会科学習の活性化へ，表現・話合い重視，学年を追って段階的に	千葉県谷津小	88.11.5
	理科で「分類」の学習，子どもが定義を発見，論理的思考力を育成，全員に確実に習得させることと，自由な発展を認めるものとを区別している	神奈川県東品濃小	91.6.8
	実験を中心にモジュール学習，基礎・発展・操作で，ユニット化し理解容易に」，習得した知識・技能・考え方などを応用したり，適用したりする学習の場が設定してある。	金沢地区研究グループ	88.4.9
	五教科で「授業時間弾力化を実施，週・内容に応じ変化」	新潟県城内小	？？？
(2-1)	『学習の社会化』を重視，授業過程に位置づけ，級友との考え方を交流	香川県上高瀬小	91.4.20
	「一斉指導の中で社会科個別指導，認め合うその子なりの学習」	神奈川県別所小	86.3.17
	座席表の記録をカルテに，反応で個別指導，授業設計の修正にも活用	静岡県城内小	87.2.9
	「“個”の把握に座席表を活用，授業の反応など記録」	静岡県城内小	？？？
	「座席表，カルテによる個別指導発表」	静岡県城内小	？？？
	「学級会カードを活用，認め合い深め合う手だてに」	岩手県江釣子小	89.5.6
(2-2)	複式学級，CAIで平行授業，個別指導も乗り切る，基礎学習の向上に成果	北海道上幌内小	87.2.23
(2-3)	『課題追求学習』を実践，グループ学習を積極的にしているところ	岩手県仁王小	87.11.14
(2-4)	個別化・個性化実践コーナーや『グループ内個人評価表』を作り，技能差も励まし合う	岐阜県東白川小	86.2.3
	「集団学習に新しい工夫，豊かな発想にヒント，『他』から学ぶ力伸ばす」	附高松小	89.4.15
	「パソコンで『協同学習』友達に聞く授業で情報教育」	東京都竹早小	91.5.4
	「個別化・個性化実践コーナー，算数授業，特色ある合同学習，工夫さす「きたん活動」といったように同学年合同の学習集団を組んでいる	岐阜県東白川小	86.2.10
	また，異学年縦割の学習集団を組んでいる。「異学年合同の『ふれ合い』学習を，3学年ずつペアで郷土への関心を深める」	香川県太田小	90.1.13
	「ゆとりの時間をフル活用，野菜栽培や製作活動，多彩な異年齢活動を実践」	福岡県山川東部小	90.11.24
	「『生活体験』を全学年で，ねらう『自他の尊重』，異学年交流も盛り込む」	附熊本小	87.4.6
	「児童の意欲引き出す，集団宿泊で異学年交流」	附竹早小	89.4.1
(2-5)	「全学年でティームティーチング，子ども主体の学習，課題別にグループで分担，教材研究に深まり」	秋田県川口小	90.4.20
	「自ら教壇にたち，授業も，個を生かす観点で協力教授の効果を検討」	岩手県松園小	91.4.20

	そして，校外の専門家やボランティアの人とティームを組んで授業を実施している。「地域の人を先生にして，『開かれた学校』へ，学習内容にも新風を期待」，	鹿児島県西陵小	90.3.3
	「総合学習父母や地域の人に，焼芋の作り方も取材，低学年から主体的な態度養う」	島根県高松小	87.1.12
	「読書指導は地域と連携，母親が『語り聞かせ』図書館からもノウハウ」	神奈川県宮前平小	87.3.16
	「社会科で生活科志向，母親の代表に児童が取材」などである。	授業を創る研究会	
(2-6)	「学校間で手紙を交換，違う地域に視野を広げる」というように研究実践面での交流である。	新潟県新井市内５小学校	89.5.6
	「「食生活」で共通の授業，モチ料理が取り持ち，調査研究も協力しあい」	岩手県金沢小　東京都市谷小	87.10.10
(2-7)	「市内の郷土資料が1カ所で，必要時に授業に活用，自作資料一元化で簡便に」	川崎市総合教育センター	88.7.9
	「大淀川を教材に郷土教育実践事例集」といった具合である。	宮崎市教委	86.11.26
	「自己評価表を開発・指導案や教師用手引も」	岩手県総合教育センター	89.4.8
(3-1)	「体験学習，舞台は河川，普段着で自然に，広がる疑問や課題，思い思いの工夫・観察」	香川県城東小	87.1.1
	「『ふるさと学習』教科に直結豆腐づくりや川下り地域がまるごと教材に」	福岡県山本小	87.10.3
	「地域素材を用いて体験学習課題解決へ」	岐阜県北方小	89.4.15
	「総合学習『この木何の木』樹木当てゲームから継続的な自然観察へ発展」	附千葉小	88.6.16
	「身近な素材で『自分らしさ』，低学年の合科学習で，中高学年も総合的活動」というものである。	静岡県岩松小	89.1.14
(3-2)	「子ども主役の自由進度学習，ビデオや教材そろえオープンスペースを活用」	岩手県鬼柳小	91.4.6
	「教室にテントをもちこんだりして「音」の授業で工夫オープンスペース活用し雪国コーナーではコタツも」	東京都根岸小	87.3.23
	「自然から知り驚いたことを何でもノートに記入，「便り」で父母にも報道」	埼玉県伊奈町南小	87.10.24
	そして，学校が情報センターになっているところがある。		
	「小黒板は情報センター，ひとこまニュースで気軽にアイデアを交換」	神奈川県大庭小	87.9.5
	「校内に学習情報センター，多様な資料を総合化，情報活用能力で系統表」	東京都池袋第五小	？？？
	「道徳資料をデータベース化，簡単にパソコンで選定，五年生向け分析カード四十点」	東京都大和田小	87.2.2
	映像，活字，実物など多様なメディアを組みあわせて授業に用いているところもある。「絵カードで動機付け，五感をフル活用の理科へ」	岐阜県土岐小	88.10.1
	「ワークシートを多様に活用，児童が学習課題作り，国語の授業設計に工夫」	大阪府豊南小	89.10.7
(3-3)	「子どもの発想で展開，情報を体で学ぶ，知らせたい思いが活動に」	石川県此花町小	91.5.18
	「新聞作りが楽しい，「ガリ板」制作は過去，ワープロで意欲的に」という類のものである。	東京都大泉学園桜小	87.1.26
	「算数に自己評価表，学習シートと組み合わせ」	岩手県青山小	89.8.12
	「三つの視点から指導学習カードなど活用し」	東京都神田小	88.3.5
	「理解が遅い子も早い子もヒントカード活用し一斉授業での個別指導」	埼玉県妻沼小	87.12.19
	「補充指導をパソコンで，算数のつまずきに，基礎基本を定着させる」	神奈川県淵野辺小	88.4.23
	「目当て持ち込む習慣へ，「読書単元」を設定，各学年3テーマで深める」というようなものである。	愛知県長沢小	89.10.21
(4-1)	「夏休みの課題活動，子供自身が呼びかけ」	愛知県緒川小	
	「子供が企画し運営，ユニーク集会活動を展開」	福島県磐梯第二小	89.10.14
	「学級会の係を見直し，自発的に役割分担」などである。	東京都弦巻小	89.12.16
(4-2)	「自己学習能力の育成に，自己評価表で対応，日常的な学習・生活から」	附千葉小	90.7.14
	「図工＝「がんばりカード」で，児童の思いを読み取る」といった評価の方法	静岡県河津南小	88.3.5
	「校内テレビで英会話，担当教師が毎日生放映」など，解明されていない要素がある。	茨城県大子南中	88.2.13

（以上『日本教育新聞』より）

図表２-12　特色ある教育実践（1990年代前半）
―1989（平成元）年小・中学校第５次改訂前後―（有本 1992を拡張）

【A】	選択36講座を開設，学校裁量の時間活用	岡崎市立竜南中	91.08.03
	授業時間を弾力化，70分や30分の体育，年間計画のコンピュータも	世田谷区立松沢中	92.01.11
	モジュール学習にTT，生徒の"選択"に対応，２～３人の教師が分担し	秋田県横手市横手南中	93.12.11
	選択学習を弾力運用，６時間分を１日で，校外施設でも学習可能	小松島市立小松島中	96.10.26
	自由学習を全面に，複数教科のテーマで	香川大附属坂出中	96.07.06
	月１回は"補習"生徒が内容を選択	駒ヶ根市立東中	96.10.05
	ユニークな社会科研究，全学年で１主題追究，地名道水と継続	成城学園初等学校	92.10.17
	全学年で統合学習，学校をミュージアム化，子どもの活動生かす空間	館山市北条小学校	96.12.14
	子どもの発想大切に，白紙単元で追求学習	諏訪市立高島小	94.09.17
	授業時間を内容で決める，30，60，90分などで弾力化	新潟県六日町立城内小	94.04.02
【B】	学校経営に生徒も評価，学校評価の基準試案	都教育庁高校開発委報告	94.02.26
	学校の個性づくりに，60校に40～120万円を支給	徳島県教委	92.09.19
	小中学校版"魅力ある学校づくり"	福岡県大野城市教委	95.04.22
	１千校に配置，スクールカウンセラー	文部省	96.09.14
	生徒個票の蓄積で指導改善，総合・個性化の評価，体験活動に幅と深まり	愛知県東海市立上野中	92.09.26
	通知表から評定消える，観点重視，定期考査も削減	東京都北区飛鳥中	96.03.16
	保護者も成長評価に参加，年２回の通知表で夏休み中の様子知る	千葉県船橋市立法典小	96.11.16
	学校経営に外部評価を活用，画一性，閉鎖性打破へ，PTAや地域の意見反映	東京都高校開発委員会	93.02.20
【C】	マルチメディアで国際交流，15校を指定	文部省	96.06.01
	全小・中・高結ぶ，インターネットで交流授業	熊本県	96.04.27
	CATVでインターネット，市立全小・中学校に導入，図書館などとも結ぶ	東京都三鷹市	96.11.23
	"合築"を容認方針か，福祉施設と複合化検討	文部省	96.02.24
【D】	地域住民が参加・協力，ゆとりの時間に希望の活動	佐賀市立循誘小	96.11.02
	土曜の午前中ノーカバンデー，幼稚園などでボランティア	葛飾区立立石中	93.02.20
	職場訪問して仕事，教員も生徒も体験，進路計画の推進に利点	八女市立福島中	96.03.02
	校外生徒会設ける，廃品回収など企画	土浦市立土浦第六中	96.12.07
	学校を超えて電気・水道もなしで，農山村の暮しを知る	奥会津エコキャンプ	96.08.10

図表２-11の中で，具体的には，

【A】「学校全体のカリキュラム」から考える→T

【B】「人的リソース」から考える→I

【C】「メディアや施設・設備へのアクセス」から考える→ME

【D】「潜在カリキュラム」や学校の組織から考える→O

としている。これは，次章で開発するMET/I/Oという診断システムの開発に繋いでいく伏線となっている。

4．2．コミュニティに根ざし体験を重視する総合的な学習のための「状況分析」

以下では，1998（平成10）年第6次改訂により，「総合的な学習の時間」が確保され，国レベルでの検定教科書をもたないことから，地域素材と地域の人的リソースがより以上に発掘されることになった。それら地域での人的リソースには次のようなものがある。

・包括的住民組織：町内会，自治会，広報会，区等の全戸加入を基本とした包括的な住民組織

・階層的住民組織：包括的住民組織を基礎とした婦人会，子供会，青年団，老人クラブ等

・目的別住民組織：ボランティア組織等，地域を越え広域にも展開しうる特定目的をもって活動する組織

・その他住民組織：コミュニティ推進協議会，まちづくり推進協議会等自治会よりも広い小学校区までの規模のものを対象とする住民組織

あるいは，コミュニティも地域とともに，人とのつながりという意味で定義も多様化している。

(1) 地域コミュニティ　居住地域における日常生活の中での出会い，多様な地域活動への参加等を通して形成される人と人とのつながり

(2) 目的別コミュニティ　福祉，環境，教育，文化，スポーツ等に対する共通の関心に支えられた活動によって形成される人と人とのつながり

(3) 電子コミュニティ　インターネットその他高度情報通信ネットワークを

通して，時間的および場所的に制約されることなく形成される人と人とのつながり

以上のようなコミュニティをもとに，地域に根ざす教育がわが国の強みでもある。総合的な学習の時間設置を期に，実践から非常に学ぶことができるようになってきた。これらを第１章の図表１－６のダイヤグラムと突き合わせてみていくことができる。

４．３．ナレッジ・マネージメントからのSECIモデルの学校への適用例（略）

⑴　SECIの流れとしての小学校での５年間のプロセス

⑵　子どもの声

⑶　保護者の意見

も，子どもたちの卒業時に拾い上げたが，省略した。

注）本節４．２．と４．３．は，以下の論文から構成される。『地域や学校の特色に応じた総合学習』（加藤幸次・有本昌弘編著）（pp.17-39），1999，黎明書房（名古屋）／「ナレッジマネージメント」立田慶裕編『教育研究ハンドブック』（pp.203-214），2004，世界思想社（京都）／「ヤギを飼う附属小学校」『大分大学教育福祉科学部附属教育実践研究指導センター紀要』18，pp.67-78，2001，大分大学教育福祉科学部.

第5節　予備的作業仮説(2)「リソースの外的サポート」に基づく事例の吟味

5．1．情報に関連した人的リソースへの外部サポート（略）

5．2．サポートする機関とリソース－国際理解や開発教育に焦点をあてて

その後の展開としては，90年代後半からの国際理解教育では，東京都は教師用にリソース一覧を配布し人材派遣できるように配慮している。防災などを理由に学校建築がリニューアルされたり，さまざまな協会や財団等が教育に関心をもち学校にリソースを提供しているところがある。

徳島県那賀川町では全国初の「町子ども科学学習センター」という学習面重視の科学館が，学校でできない体験をサポートしている。

もちろん90年代初めにはすでに，相模原市や旭市のようにネットワークでつなぐところもあった。90年代も後半になると，神奈川県，埼玉県，川崎市，横浜市などカリキュラムセンターを準備組織してくるようになった。そこでは，授業の品質表示であるシラバスの公開を各校に求め，教師の意識改革，開かれた学校づくり，ひいては，学校の説明責任を果たすことになるという。

全国的に都市化や過疎化への対応，町おこしや村おこし，人づくりという点で，地方の自治体は意識的に学校へ新たなリソースの流れを作るようになった。

2000年に入ってから，90年代とは違った形で，従来の国内企業とは異なる，例えば，外資系企業を中心にして，学校教育に関心や利害をもつ分担者（stakeholder）が参入するようになってきた。総合的な学習の時間（例えば，国際理解，情報，環境，福祉・健康）では，かつてないほどの教材・メディア

が学校の内外から流入してきている7)。

５．３．総合的な学習の時間における教育研究所・センターによる外部サポート(略)

注）本節は，以下の論文から構成される。国立教育政策研究所『教育委員会および教育研究所・センターにおける総合的な学習の時間の研究および研修の実態』(「総合的な学習の授業および評価に関する開発的研究」）研究成果報告書，2003

【注】

1）瀬在良男（1973)『行動論的価値論の研究』駿河台出版社

2）高山潔『學校教科課程構造學概論』(師範大學講座：倫理・教育・心理の部）東京：建文館，1932.6-1934.2

3）衛藤久「カリキュラムの発展」大分県教育庁調査統計課『記念論文集』昭和24年，pp.11-16

4）以上は，衛藤久「コアカリキュラム連盟大分支部の結成（戦後大分県教育史覚書⑩戦後の教育運動その１)」(メモ原稿）による。『新教育指針』文部省，昭和21年７月５日（付録マッカーサー司令部発教育関係指令）に触れておきたい。各教科書会社から発行されているこれには，修身科・国史科・地理科の中止についての指令（昭和20年12月31日）がある。これによると，文部省は，すべての教育機関と課程において用いるために発行し検定した修身・国史・地理のすべての教科書と教師用参考書を，取り集めなければならないとされている。そして，代行計画を出すについての案として，「文部省は，中止された課程の代行計画の案を作って，できるだけ早くマッカーサー司令部に出さなければならない。この計画は，マッカーサー司令部から中止された課程を再び始めてもよいと言われるまでは，続けてもよろしい。この計画は，社会・経済・政治の根本的な真相を，生徒の世界と生活に結びつけて示すことを目的とする。これらの真相は，マッカーサー司令部から与えられた資料も用いて，教室内で論じ合う方法によって教えよ。そして，できるだけ時事問題と結びつけよ。文部省は，この計画の目的，自由な考え方を養う論じ合いの方法，それに用いる主な題目，新聞・ラジオ・その他の資料などを書いた教師用参考書を出さなければならない」とし，論じ合いの方法を重視していたのが，この時期の教育思想であったとうかがい知ることができる。

5）『生活科の創造的展開』(初等教育資料）という事例集である。

6）〈http://www.imsa.edu/team/cpbl/pbln/index.html〉[2005年１月11日検索]などに詳しい。

7）a．発表・表示用教材　黒板の類（移動式黒板など），地図の類（地図（英語版世界，環境など）など），掛図の類（教授用掛図（国際理解，情報，環境，福祉・健康など），壁絵等（英語アルファベットポスター，世界のあいさつ言葉など），キーボードパネルなど），発表用教材（パネルシアター，発表台，展示パネル，発表パネルなど），地球儀（地球儀（英語版，環境など）など），標本・模型（世界産物標本，模型（世界貨幣，世界の食べ物など）など），ソフト教材（CD，DVD，録音テープ，ビデオテープ，紙芝居など），指導用PCソフト（国際理解，情報，環境，福祉・健康指導用など）機能別に分類整理し，整備していくことが望まれる。／b．道具・実習用具教材　カード教材（フラッシュカード，ピクチャーカードなど）国際理解教育（世界の遊具，世界の民族楽器一式など）リサイクル学習用具（リサイクルはさみセット，紙すきセットなど）／c．実験観察・体験用教材　環境検査用具（水質検査セット，気体測定器，粉じん検知器，騒音計など）生物観察用具（水生生物採取用具，箱めがね，アクアリウムなど）福祉関係体験用具（高齢者疑似体験用具一式，保育人形，介護用品モデル一式，車椅子など）／d．情報記録用教材　学校全体で共用可能な教材　音声記録教材（テープレコーダー，マイクロカセットレコーダー，デジタルボイスレコーダーなど）映像記録教材（ビデオテープレコーダー，デジタルカメラ，デジタルビデオカメラ，ビデオテープ編集装置，カラーコピー機など）以上は，教材機能別分類表による。〈http://www.mext.go.jp/a_menu/shotou/kinou/index.htm〉［2005年１月11日検索］

第2部

カリキュラム評価とアセスメントに関する課題

第３章
日本の実践から構成した作業仮説と評価モデルにより作成した診断的評価道具

第３章は，作成したチェックリストの実践への応用を繰り返しその妥当性を高めることを試みている。すなわちレビューしたものを，評価の道具から整理・咀嚼しつつ，国内での実証的な研究の俎上に乗せ，さらに，そのチェックポイントの妥当性を高めるため，英国のものと比較する。そして，実際に日本でのフィールドに適用し，学校をめぐる状況の変化を見る上で1980年代，90年代，2000年代と３つの時期に分けてマトリックスを作成して分析を試み，学校診断の妥当性を検討する。さらに，この学校診断の道具を国際教育協力に応用する。具体的にはベトナムでの教育プロジェクトにおける教科書・カリキュラム作成支援に応用し，診断情報が教育協力の実践にどのような効果があるかを検討する。

リソースに関しては，「教材・メディアや施設・スペース」の評価・検討，自己点検を，チェックリストをもって行う。特に，学習材やそのサポート体制がアクセスできることに焦点化する。メディア・スペースから入って，授業というミクロ，学校というマクロの両方への広がりを意図している。最終的には，物的リソースを起点にスタートした80年代，人的リソースの交流・結合にシフトした90年代，人的物的リソースを児童生徒の成果から説明する00年代に分けて，ステイクのマトリックス上に，目標を実現する上で「とっておきの手，頼みとなる手段」と考えられるデータを配置する手法を考案する。こうして，物的リソースのMET系列と人的リソースのIO系列が，分かちがたく他と結び付く形で，お互い支えあいながら，授業システムを中心にカリキュラムに集約される手法が，教育協力を通じての，学校の診断情報をもたらしてくれることを明らかにしている。

第1節　カリキュラム評価モデルの概観と吟味・検討

1．1．カリキュラム評価と授業評価

(1)　学校評価の形骸化の経緯と授業評価からのアプローチ

これまでみてきたように1970年代後半から80年代において，スクール・ベースト・カリキュラム開発（School Based Curriculum Development ： SBCD）の動きが台頭し，そのプロセスが重視されてきた。しかし，90年代に入ってからは，それを含み，欧州や米国などOECD各国では，実証的な成果に重きをおきながら，学校改善（School Improvement）と学校効果の研究（School Effectiveness Research ： SER）とが，世界的な動向になっている。SERは主として英米の試みであり，その基本は英米の「exemplary（模範的な，手本となる）な」学校を構成要素に分け要因を分析し，他校にあてはめたり，他国を含めその要因が理解され，利用されるように努めるものである。

アメリカでは，NDN (National Diffusion Network) などを重視し教育上の知識を共有化しようとしてきた[1)]。また，英国では，第1章でみたように，国家あげての今世紀最大の教育改革－ナショナルカリキュラムの学校への導入が進行し，学校の機能の指標として実証的な研究が進んでいる。オーストラリアやカナダにもさまざまな試みの工夫がみられる。教師をガイドする種々な教材，学習方法，試験を開発している。このような教師の果たす役割に関連して，1974年3月のわが国で開催されたOECDによるカリキュラム開発のセミナーの中で，M.スキルベック（M. Skilbeck）は，カリキュラム開発の再設定（Curriculum Development and Re-orientation）等のペーパーを用意し，次のように述べていた。「スクール・ベースト・カリキュラム開発は，もし必要な支援組

織，さらに，開発政策を決定する国家レベルおよび地域レベルのイニシアティヴと支持（initiatives and services）が欠けているならば，弱々しいスローガンに終わってしまうだろう。この場合，イニチアティヴと支持とは，教師に自由な時間を与えること，地区教員センターを用意し，充実すること，学校教育にたずさわる人々を含んだ地域共同プログラムをもつこと，さらに，専門家アドヴァイザーと技術的サーヴィスを提供することを含む」（文部省大臣官房調査統計課 1975）と提言していた。

その後，第1章にみたように，SBCDは，継続され世界的に今日さまざまに展開されている（例えば，Ben-Perets 1986）。1985年にはSBCD国際セミナーが開催され，そこでは，オーストラリアのコーヘン（D. Cohen）によって提案されたSBCDの定義を，英国，カナダ，イスラエルからのセミナー参加者は，受け入れなかった経緯がある（Sabar 1985）ものの，しかし，時間やヒトについては，その重要性は共通理解されてきており（例えば，Evans 1984），現在に至っている。

世界でも類をみない学習指導要領（course of studyというよりnational standards for curriculum）を置いてきた日本では，従来，スクール・ベースト・カリキュラム開発（SBCD：School based Curriculum Development）または学校中心イノベーション（SCI：School Centered Innovation）が可能であったのは，私学に限られていた。戦前の皇国教育以前には，教育指標を公立の学校で出版してきたといったすぐれた遺産がみられる。戦後10年ほどは，能力表，経験表などの作成の経緯があった。また，金子（1951）のものを含め，カリキュラム評価については言葉上はいわれていた。学校評価については既に，「学校評価は，学校が自ら，あるいは外部の援助を得て，自校を改善するための活動」であり，「まず学校自体による自己評価を本体とすべきものである」とされていた（文部省内学校評価基準作成協議会編 1951）。その後も，日本の学校評価は「学校の自己評価」原則のもとで取り組まれてきたが，形骸化の一途を辿ってきた。

「評価の研究としては，国立教育研究所の『小中学校教育課程の実態調査』(1951年）がある。しかし，これはカリキュラム改訂のための評価からの観点ではない。むしろ実際の個々の単元の実践記録をもととしての，漸次的改訂が一般的な傾向であろう。ユネスコ教育実験協力校東京の和光学園で実施した「国際理解の教育」(民族的偏見の除去）のごとき，意図的な期間を区切った実験による評価の研究は，注目すべきものがあるといえる」(『カリキュラム』1955年３月号)。

他にも，カリキュラムを評価する方法として，「１．教育的な成果の分析による評価，２．カリキュラムの実験的研究による評価，３．外部的要素に照らしてみての評価，４．カリキュラムがその地域社会に及ぼした影響から考えての評価，５．教師自らの教育活動や資料の用い方の分析を通じての評価，６．カリキュラムの改善を行うに至った導因およびそれに用いた方法の評価」をあげている。また，「児童の学習成果の分析の他に，そうした生活の指導にあたる教師の教育課程の構成および展開の過程に営まれた活動を分析することも必要である。われわれに知られている限りの望ましい，または望ましくない行動や技術の項目をあげ，これに照らして教師の活動を検討するのである」(木宮 1950）とある。教師養成研究会（1949）や扇谷尚（1953）にも遺産が見受けられる。

しかし，その後中央によるコントロールが強まり，附属学校ですら，各教科の指導法の研究が大半を占めるようになった。1970年代において成瀬は，「『カリキュラム』は教師にとって手の届かない『鉄の掟』のように捉えている教師が大変多い。…カリキュラム運用における教師の役割を，その機能に即してとらえ直すことからはじめなくてはならない。日常的な実践を通してカリキュラムの機能を評価し，その結果をカリキュラムの改善にフィードバックすることを，学校レベルのカリキュラムに関して実践することである」といっている(成瀬 1979)。これまで，わが国においてカリキュラム評価が低調な理由として「長い間教育内容や教科書は国によって定められ，教師も国民もただこれを受け取るだけで，その作成・決定になんら参加することがなかったということの，今に至るまでの後遺症」「アカウンタビリティの思想がわが国の社会と市民に低い」に加えて，「激烈な進学競争を引き起こし，…正常なあり方がスポイルされているので，これをなんとかしなければならない－ということに，教育改革の目が奪われてしまっている」ことをあげている（橋本 1979ab）。

これまでの授業研究を振り返って，カリキュラム評価その分野の立ち遅れを，水越は次のように述べている（水越 1987）。「授業は学級を単位として行われるのが普通である。しかしその学級は，学校というシステムの中の一構成要素である。（中略）授業研究にしても，学校の研究体制の中にどう組み込まれているかを抜きにしては語れない。（中略）その教室の授業を支えている学校の研究体制までを切り取らないと，実は個々の授業を生きた形で捉えたことにならないのだ，ということに気がつくのが，10年遅れたと思う」と。水越（1981, 1982, 1983, 1985）の一連の著作は，授業評価からの問題意識に基づく教育課程評価の試みである。

これに対して安彦は，昭和20年代のカリキュラム評価の文献をもとに，授業評価をカリキュラム評価に位置づける研究の重要性を指摘し（安彦 1974, 1982），OECD のセミナーとは別個に，内部要素（教育内容，組織原理，履修原理，教材，授業日時数，授業形態），外部要因（行政的決定過程，教職員の量と質，施設・設備の状況）をあげている（安彦 2002）。

1974年のカリキュラム開発のセミナー以来，SBCD に関心がもたれるようになった。研究実践としては，国の研究開発学校，国や県の研究指定校，自主研究校などさまざまな立場で学校研究が推し進められてきたし，現に推進されようとしている。が，第２章でみてきたように，調査をしてみると，研究開発上の阻害要因として，行政に望んでいるものとして，「適正な水準でのヒトの任用枠の設定」を初めとして，施設設備，情報，カネなどがあげられていた。1980年代前半の時点で，そのパイロット校の数および，研究開発の手続き情報等々はきわめて限られていた。一般的には，従来の伝統からなかなか抜け出せないでいる。検定教科書（Authorized Textbook）の作成・決定にみられるように，中央から地方への通達や指示が，上意下達式に伝達され，市民の教育成果を知る権利の主張，アカウンタビリティの発想はきわめて弱い。地方での教育関係者は，進学や入試制度，学区制など制度いじりに流れ，具体的な組織としての評価と改善がおろそかになってきていた。ともすれば，言い放し，やりっぱなし，ムリ，ムダ，ムラ，マンネリ化や淀みが許されがちであった。特に，カリキュラムを地方で評価し，決断・リアクションしていく姿勢・体制は一部の学校，地域を除いて，恐ろしいほどできていない。授業の改善は一人の教師の力でできるものでないことを忘れ，授業が上手な教師を追うだけの研究であったり，たとえ，学校で掲げられた研究であっても，カリキュラムでなく学習指導法の研究に集中されたりする。他方現職教育は各教科を中心にセンターや大学での伝達講習的なものとなっている。これに拍車をかけるのが，学校長をはじめ教職員の人事異動の速さである。この点は，英国でも制約の１つに掲げられていた。が，日本の場合，「揃える」という発想，日本社会全般において指摘される護送船団方式のセーフティネット等も，カリキュラム変革の制約に加わるだろう。学校それに教育委員会はリーダーシップを発揮できにくい状況に置かれている。このように，本来なら学校の中心的活動であるカリキュラムマネージメントの発想は貧困であり，1990年代前半の時点では，生活科や選択学習はそのきっかけになるであろうが，しかしながら依然実現しにくい状況におかれている。ところが，価値観の多様化・時代の変化を背景に，特にメディアや技術，施設の利用の分野では，少し趣が違うようである。後の事例で触れるように，地方や学校を単位とした現職教育が，教育界の内外から否応なく要請されてきていることも事実であろう。地方教育当局の再結合，見直しが起こってきており，カネや地方教育委員会の姿勢は今後の最終的な鍵をにぎっているとはいえ，変化の兆しは起こっている。継続的な努力により，教師が持つ雰囲気を含め学校が活性化すると，児童生徒にも影響が大きい。しかしながら，現在，授業の過程を含めて教育の過程（プロセス）に基づいて学校としての効果を判断するための標準化というものは，未だ確立しておらず，より総合的，体系的な評価方式の開発が期待されている（中留 1988）。

⑵　教育工学からの作業仮説

以上のような問題状況をもとに，その解決に役立てるために，次のような作業仮説を考えてみた。

わが国のカリキュラム政策や実践が当面する問題状況の解決策として，「メディアやスペースから切り込むことが今後のカリキュラム改善に役立つであろう」という作業仮説である。

第１章での海外の動向の把握，第２章での日本の実践の検討を経て，この作業仮説にたどり着くに至った。実際は，以下のとおりである。まず，米国の文献によって，「人的・物的『リソース』がカリキュラム開発の鍵概念に付け加わった」とか（Joyce & Showers 1984），英国の文献によって，「リソースと教師の間を診断すべきだ」とか（Stenhouse 1975），といった論が背景にある。その上で，わが国の実際のイノベーションについてもこの目で確かめてきた。そして，再度，外国文献や留学した英国の研究者との討論でも，再三再四でてきた概念である「リソース」について把握に努めようとしてきた。このような繰り返しを1980年代半ば前より行ってきた。教育工学カウンシル（Council for Educational Technology, 1988年に NCET ： National Council for Educational Technology に改組される）というウォータハウス（P. Waterhouse）は，CET（Council of Educational Technology）の教育工学の立場から，さまざまなリソースがカリキュラム開発に伴う必要性を述べている。リソースの定義としては，例えば，教材・条件・サポートそれにアイデアなどと併記され，「もし使うことができるなら，それはリソースである」といったプラグマティックな定義がなされている（Waterhouse 1984）。

この「教材・メディアや施設・スペース」の評価・検討，自己点検を，チェックリストをもって行う。このチェックリストの特徴を，M. スクリバンは，「使えるもの」ということで論じている（Scriven 1991)。このチェックリストにより，教育システム自体をよりよいものにしていく。その場合，当事者の内部だけではなく，時には外部の人も関わることも考慮に入れる。特に，学習材やそのサポート体制が量，質ともにアクセスできることに焦点化していきたい。このことにより，地方当局は中央からの上意下達の伝達機関の位置にとどまることなく，地方で企画したり，教育関係当局へフィードバック，政策を提言したり，提案したり，立案する能力，公教育全体への寄与を少しでも，可能にしていけるのではないか。

そこで，以下では，教育評価のモデルを概観し，次に開発した診断システムの特徴を抽出する。授業評価を内に含むカリキュラム評価，一部学校経営評価と重複するがカリキュラム評価をその中心におく学校自己評価の可能性を考えてみることにする。

1．2．教育評価モデルに関する概観とその背景

(1)　教育評価の中のカリキュラム評価

教育評価は，教育活動の過程や効果，ならびにその背景となる諸条件について客観的資料を集め，それを教育目標に照らして解釈し，教育活動の改善に役だてることをいう。諸外国ではこのような動きの中で，1980年代において，カリキュラム評価の重要性は年々高まってきている。そのような中で，次のように包括的な定義があげられる。すなわち，カリキュラム評価とは，プログラム＜を修正する／の要素を選択する／の利用の資格を与える／を受容又は拒否する＞ことについての決定を行うために，＜質的／量的な＞方法で，要約される＜測定／記述／観察／判断＞に基づいて，＜プロセスを実行する／成果を与える／基準を満足する／問題を避ける＞という観点から，＜目標／コンテクスト／教材／実践／成果＞に関してなされる，カリキュラム開発の＜開発段階での

図表3－1　カリキュラム評価のモデル（Stake 1969, Popham 1972重引）

プロトタイプ	中心となる強調点	目標	中心となる活動	研究の境界を画する中心となる位置立場	必要とされる外部の専門家	期待される教員の関わり	リスク（危険）	ペイオフ（結果）
タイラーの評価モデル（Ralph Tyler's Evaluation Model）	授業目標	目標への生徒の発達を測定する	目標を特定する；生徒のコンピテンスを測定すること	カリキュラムスーパバイザー；教師	目標を特定する人；測定専門家	目標を概念化；テストを与える	学校目標を過度に単純化；プロセスの無視	生徒の発達を保証する
学校認定モデル（School Acreditation Model）	職員の自己研究	内容と授業の手続きを検討する	プログラムの討論；専門家としての判断を行う	教室教師；行政者	外部の必要とされるグループの確証を除いてなし	委員会の討論	職印の消耗；外部者の価値無視	職員のリーダーシップや責任性の増強
ステイクのカウンテナンス（顔）モデル（Stake's Countenance Model）	記述と判断データ	違う立場の人々のカリキュラムをみる見方の報告	オーディエンスが知りたいことを発見；観察；意見の収集	最終報告のオーディエンス	ジャーナリスト；社会心理学者	記録を続ける；意見を与える	価値葛藤を鼓舞する；原因を無視する	カリキュラムと衝突する期待の広い描画
スタッフルビームのCIPPモデル（Stuffle-beam's CIPP Model）	意思決定	合理的・継続的意思決定の促進	選択肢の確認；研究の示唆；質的コントロールの開始	行政者；校長	オペレーションズ・アナリシス	決定，偶発事件の期待	効果性への過大な価値づけ；生徒の目標の過少評価	フィードバックに反応するカリキュラム
タバの社会科評価（Taba's Social Studies Evaluation）	原因と効果の関係	機能していることの単純かつ永続的な説明を求めていくこと	実験的制御と体系的な変数の実行	理論家；研究者	研究をデザインする人；統計的分析	統計的制約を許す	不自然さ；個人的価値を無視	新しいプログラム開発のための規則を得る

／普及段階での，開発前の段階での，実践段階での>，情報の提供である(Davis 1981)。さらに，これまでの主だったカリキュラム評価モデルのプロトタイプとしては，図表3－1のようなものがあげられる（Popham 1972)。なお，D. ジェンキンス（D. Jenkins）らによるオープンユニバーシティのテキスト(The Open University ; Educational studies : a second level course ; E203 . *Curriculum design and development* ; II . Curriculum design : curriculum evaluation ; unit 19-21)（Open University 1976 p.21）には，この6つのモデルについての詳しい解説がある。R. ストラットン（Ralph G. Straton）らによるディーキンユニバーシティのテキスト（ECT431 curriculum design and development ; 2)(Deakin University 1979, 1985）にも詳しい。ロートンは，アカウンタビリティに基づく評価モデルを6つ，評価タイプを7つあげている（Lawton 1983 pp. 98-112)。

これまでの主だったカリキュラム評価に関する文献をレビューすると，そのほとんどは，米・英国・オーストラリア・イスラエル等の文献である。主だったものでも，米国（Cronbach 1964, Tyler 1967, Taylor 1972, Payne 1973, Bellack 1977, Hill 1986），オーストラリア（McConachy1981, CDC 1983a,1983b, Skilbeck 1982, Fraser & Edwards 1982, Fraser 1984, 1985, 1989, Kemmis 1988a, 1988b, Deakin University 1987, 1996），英国（Wiseman 1972, Tawney 1976, Hamilton 1976, Hamilton et al 1977, Nixon1992），イスラエル（Lewy 1977, Lewy & Nevo 1981, Lewy 1988），カナダ（Weiss et al 1981）等の文献である。

英国のスクールカウンシルのプロジェクト評価（Schools Council's project evaluators on aspects of their work）の他に，オーストラリアにも評価者としてのプロジェクト（Teachers As Evaluators Project）などオーストラリアにも文献は多い。

図表３－２は，オーストラリアのR.マックタガート（Robin McTaggart）のものである。図を解釈すれば，ルーツには，1950年代のタイラーの合理主義，教育評価権・指導権（スーパヴィジョン），監察（インスペクション），教師の実践的判断があり，メイガー（1962）の行動目標を経て，多元主義（pluralism），契約合意主義（Consensualism），の２つに分かれるものとされてきている。前者の多元主義には，ウオーカー（1974）の比較実践，パレート&ハミルトン（1975）の解明的な評価，ステイク（1975）の応答的な評価があり，後者の契約合意主義には，アイスナー（1979）の批評主義としての評価，スタッフルビーム（1971）の意思決定，ロシ（1979）の応用社会科学としての評価がある。後者には，スクリバン（1967）の判断やスクリバン（1973）のゴールフリー評価，オーウェンズ（1973）の「当事者相手宛の会議報告書」の流れも伏線になっている。こうして，1970年代に大きく花開くが，1980年代に入り，カー&ケミス（1986）の批評的協働自己研究，クロンバック（1982）の取捨選択による折衷的なフィールド，スクリバン（1979）のバイアスが制御された判断の科学などがみられるようになる。

図表3-2　タイラーモデルをルーツとするカリキュラム評価の展開（McTaggart 1983）

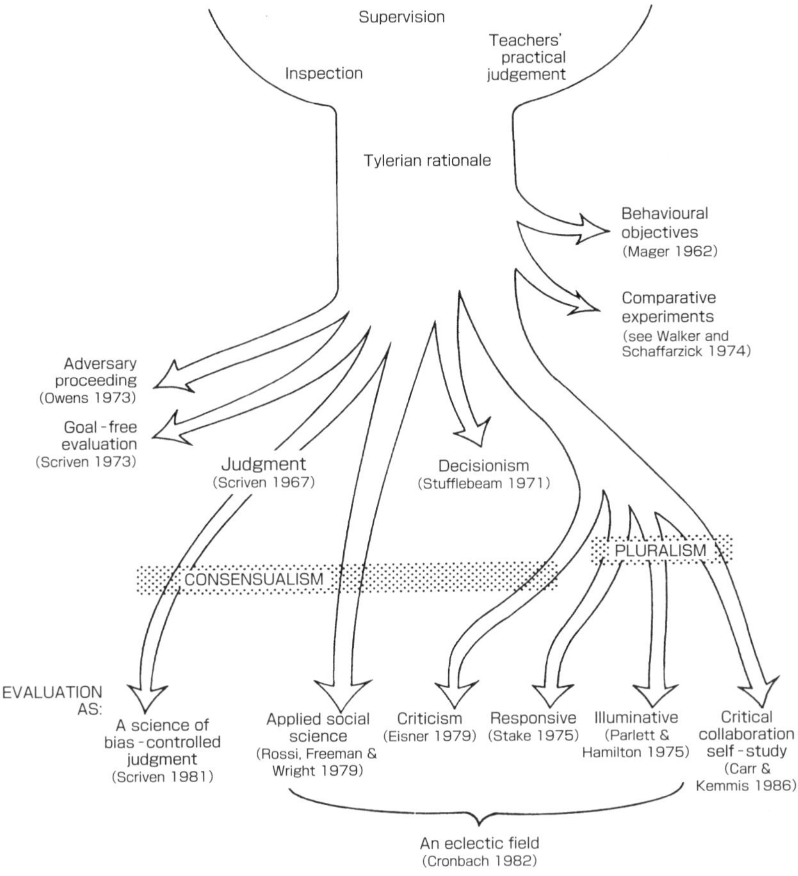

この他には，図表3-3のように，UNESCOと関わって，APSP（African Primary Science Programアフリカ初等理科教育観察計画）という，開発途上国に向けられたものもある（Lewy 1977）。その他，百科事典（Sanders 1985など）やEducational Technology関連の雑誌論文（Stake 1967a, 1967b, 1973, Rippey 1977, Denton 1978など）もある。スクール・ベーストによるカリキュラム評価を正面から取り扱ったものもある（Skilbeck 1982, Combe 1986, Russell et al 1983,

図表 3 - 3　アフリカ向けのカリキュラム評価（Lewy 1977）

児童生徒のチェックリスト

日時　　学校名　　学年　　組　　単元名　　指導者

社会的相互作用と行動	頻度（割り符で）	その他の記述
1．自分が見つけたことを友だちのそれと比べる		
2．問題を解決するのに友だちと協力する		
3．自分の観点をもって反対し，代案を出せる		
4．自分がしたことを友だちがわかるように示す		
5．何をするか，どのようにそれをするか示唆する		

豊かな表現や独創性	頻度（割り符で）	その他の記述
1．はじめは違っていると思うものを比較してみる		
2．新しい題材について何をするべきかの考えをもつ		
3．何かを作ったり組み立てる		
4．何か新しい点に気がつく		
5．自分自身のアイデアに気がつく		
6．普通に起きる事柄について問題を提起する		

自分の考えと興味の持続保持	頻度（割り符で）	その他の記述
1．学校に見せたり探求するため素材を持ち込んでくる		
2．正規の授業時間以外に作業を続ける		
3．まわりの物事にこだわり問題にも取り組む		
4．細心の注意を払って活動を繰り返し，前に見つけたことを再点検する		
5．同じことをするにも幾通りも試してみる		
6．あることを辛抱強く長時間見つめる		

実験，そして探索態度	頻度（割り符で）	その他の記述
1．新しい証拠になるものを手にして自説を変える		
2．答えを知らないときはそのことを素直にいえる		
3．問題を解く方法をデザインし予想をチェックする		
4．予想を立てる		
5．自分の活動や見つけたことを記録にとる		

Hughes et al 1980, CDC 1983a, 1983b, Harlen 1977)。

英国では，「学校のための点検評価と内部開発のためのガイドライン」(GRIDS ： Guidelines for review and internal development for school）という形のものが出てきている。その際，学校の当事者が，自校評価を行うだけでなく，関係者が行う評価も加えていくことがみられる。外部の関係者が，学校についての診断的情報を得るためのインタビュースケジュールを書くことも要請されている。ただ，Ackland (1992）のドラフトペーパー以降は，School Based Curriculum Evaluation という文献は，公から消えることになる。そのため，カリキュラム評価に迫るには，英国の取り組みについてスキルベック（Skilbeck 1984）から，過去の歴史を遡って概観しておく必要がある。

(2)　学校自己評価とアカウンタビリティ

第1章でみたように，1960年研究・開発・普及（RDD）から1970年 SBCD あるいは検討・評価・開発（RED）への移行に，世界でも比類なき国家的な教育プロジェクトがみられ，その結果，そこに変革なきイノベーションへの反省が生み出された。学校中心のイノベーション School Centred Innovation (SCI）の重要性が認識された（Hargreaves 1982)。1973年7月アルスターで開催された OECD による SBCD 国際セミナーの影響で，英国でもブルームの教育目標の分類学がカリキュラム開発を支援するのに用いられるようになったが，学校では実際活用されたのは1～3教科にとどまり，学校全体での取り組みが意識されるようになっていた（Jackson and Hayter 1978)。

J. エリオットらによるアカウンタビリティのイーストサセックス・プロジェクト（1979-80）の影響も大きい（Elliott 1981a, b)。英国では，行動主義の影響が米国ほど強くなかったことがあげられ，理論がカリキュラムの背景を支えた。過去を振り返った最近の論文をみても，ブルーナーの影響（Booth 1994）やヴィゴツキーの影響（Freedman 1995）が強い。そしてデューイの影響（Brehony 1997, Hallet 1997）やピアジェの影響（Knight, Elfenbein and Martin 1997）を現在でも根強くもっている。

ブルーナーの影響を受け，L. ステンハウスが中心となって，人文科学カリキュラムプロジェクト（HCP：Humanities Curriculum Project）を行った。これは，アクションリサーチと職能的反省的実践を通じて展開してきたもので教師に焦点をあててきたものである。そのプロジェクトと評価（1968-1972）の業績はカリキュラム研究に大きな足跡を残す（Stenhouse 1975）。

国の政策として64年に発足したスクールズカウンシルによってカリキュラム開発は支援され，そのプロジェクトの評価者の役割が大きな成果となった（Harlen 1973）。その普及においては評価もみられた（Humble and Simons 1978）。

また，ピアジェの影響を色濃く受けたW. ハーレンらの指導は，ナフィールド財団のサポートを得た。それは理科等で子どもの探究活動を重視したカリキュラム開発と実践探究的な教科をベースにしたものである。60年代に出たプラウデンレポート（1967）の影響もあり広く社会構成主義と子どもに焦点をあてたものである。教授学習過程では，N. ベネットらがランカスター大に教育研究開発センターをつくり，さらに1975～83年まで行われたレセスター大のM. ガルトンらの観察研究と教室学習評価（ORACLE：Observational Research & Classroom Learning Evaluation）なども現場に影響を与えた。そこでは，60–70年代の米国のフランダースや，OSIA：Observational System for Instructional Analysis など授業のコミュニケーション分析も，カリキュラムの観察技法として位置づいていた。

こうした中，行動主義批判の風土のもとで，ブルームの目標分類学が批判される（Pring 1971, Sockett 1971）。また，カリキュラム決定において，文化的な価値や文化サブシステムとしての学校も主張されていた（Skilbeck 1972a, 1976）。D. ハミルトンらの異なった立場からの授業システムや学習環境（learning milieus）を重視した解明的な（illuminative）評価も現れた。

1976年のキャラハンらによる教育大討議（Great Debate）の影響で，学校の自己評価のしめる比重は大きいものがあった。多様なチェックリストが生み出された背景には，国際的な刺激もある。70年代に既に教育評価について3度もの国際会議がもたれ，利用できるリソースの重要性や概念などに影響力をもった。すなわち，72年から75年，79年と3回ケンブリッジで教育評価国際会議が行われ（MacDonald et al 1973, Adelman et al 1976, Jenkins et al 1981），イリノイからR. ステイクが参加し，英国のカリキュラムのプロセス評価に影響を及ぼした。彼は60年代から評価をテクノロジー（technology）として捉えていた（Stake 1967）。その枠組みは英国でより具体的に花開いた（Stake 1989）。利用できるデータの重要性や概念などに影響力をもった。英国の初期教育工学では，テクノロジーを人間の学習改善のためのシステムやテクニックの開発・適用とし，授業に限らず組織や運営にまでシステムを捉えていた（Richmond 1970）。ステッドマンらは，これをテクニックとして捉えなおした（Steadman 1976）。

視学官（HMI：Her Majesty's Inspectorate）の代わりに，地方教育委員会（LEA：Local Educaional Authority）の指導主事と教師は，学校（部会）による利用のための自己評価チェックリストを生み出した。学校はLEAに報告するよう促され，ILEA（1977）の「学校を検討下に置くこと」（KSUR：Keeping Schools under Review）はその道具の代表的なものであった。1981年までに100あまりある内の21のLEAが，学校によって利用されるスキーマ（事業計画）を出版した。質問のチェックリストは道具の形式であって，外部のアカウンタビリティへ向けられた重みづけは変わるが，惜しいことに，レビューとどのように組織が実行されるかのアドバイスはなかった。手続きに投入された時間や努力の割には得られるものについては，失望するものとなった。が，しかし学校の自己評価（SSE：School Self Evaluation）として，かなりの蓄積がみられる（Crift et al 1987）。その他にもHicks & Usher（1981）に詳しい。これらSSEについては，次節の「道具の作成と日英比較による意味の掘り下げ」において詳述したい。

ただし，今世紀に入ってからは，1980年代後半アメリカ（Wick 1987）やイスラエル（Nevo 1995, 2002）などの影響を受けて，英国ではSSEの伝統が残り継承されていたスコットランドを中心に，2001年，オーストリア，デンマーク，ドイツ，イタリア，オランダ，ノルウェーなど，EU 各国に「スクール・ベースト・評価」(School Based Evaluation) の動きが加速し，第4章で述べる質保証 (Quality Assurance) の流れと合体する。この EU の中での動きは，「学校の質と学習の自己評価のサポート (SEQuALS：Supporting self evaluation of quality and learning of schools)」という組織が知られている。また，EU 加盟国の間では，ユーリディス（もともとはギリシア語のエウリュディケ (Eurydice)）という欧州教育情報サービスもあり，国の教育システム，比較研究，知的水準の指標の組織についての記述分析等提供を行っており，各国の学校評価のあり方を含めているのである。

1．3．授業研究・カリキュラム評価センターのR.ステイクのマトリックス

(1) ステイクのマトリックスと教育工学との関連

R.ステイクは次のように述べている。「授業の評価は，学校それ自体の評価と切り離せないその一部である。授業の効果的な評価は，組織の目標，教室環境，行政組織と機構，カリキュラム内容，生徒の達成，そしてコミュニティへの学校プログラムのインパクトに関する最新の研究を必要とする。授業は，これら他の要因の文脈においてのみ正当に判断されうる。もし，それらを研究する努力が何らなされなければ，授業の評価はおそらく妥当性のないものになるだろう」(Stake 1989)。授業評価は，学校全体に及び，学校におけるカリキュラム評価に関わりをもつものである。

ステイクは，1960年代に L.クロンバックらとアメリカ・イリノイ大学 (University of Illinois, Urbana-Champaign) 授業研究・カリキュラム評価センター (CIRCE：Center for Instructional Research and Curriculum Evaluation) を，

図表3－4　ステイクの記述マトリックス（Open University 1982）

	Ⅰ　意図されたカリキュラム（記　述）	Ⅱ　観察されたカリキュラム（記　述）	Ⅲ　基　準（判　断）	Ⅳ　カリキュラム・コンテクスト（判　断）
先行要件	すべての子どもが1桁の足し算ができるようになったと知る。	週の最初に何人か学校を休んでおり，他の子どもも1桁の足し算ができていないことを見つける。	少々の子どもの欠席は覚悟していたが，1桁の足し算ができていない子どもに補充用の課題を準備している。	教師自身が考えるところでは子どもは2桁の足し算までは無理と判断している。
実施	次の週は2桁の足し算に入ろうと思う。	1人の子どもが授業中逸脱行動をしたので，明らかに何人かつまずきをもっていた。	少なくとも1時間は初歩の段階にまで到達させるのに必要だと考える。	逸脱行動への対処は満足がいくものではなかった。
成果	週の最後に簡単なテストをしてみようと思う。	週の最後のテストで約半数の子どもしかすべての質問に答えることができなかった。	同僚は一週間で2桁の足し算をすべての子どもが習熟することは無理だろうと考えていることを知る。	テストで満点がとれなかった子どもの約3分の1は結局思うようにいかなかった。

カリキュラム改革プロジェクト援助の試験的なセンターとして設立した中心者である[3)]。M. スクリバン（M. Scriven）や B. ブルーム（B. Bloom），R. グレイサー（R. Graser）らと議論しながらも，学習の段階や階層よりは，学習活動そのものの質に関心があった。ステイクは，目標，入力，出力という3つの円からなるベン図で，最初は評価が扱うデータをスケッチしようとした。教育評価のカウンテナンス（顔 countenance）ペーパーと呼ばれる（Stake 1967, 1991）。これは，1970年代において米国のカリキュラム開発の文献（Saylor 1974）や80年代英国の教育工学（Rowentree 1988）やカリキュラム開発（Stenhouse 1975, McCormick & James 1988）の文献で引用されてきたし，オーストラリア教育研究学会（Australian Council for Educational Research）年次大会カリキュラム評価会議（ACER 1977）でも取り上げられていた。近年の学校改善の分野の文献（例えば，Stake 1987）でも，しばしば引用されている。小学校算数単元での一教師のものとしては，図表3－4のように大きく記述と判断を基礎にし，データは12のセルのいずれかに分けられる（その情報収集は図表3－4を以下で説明のようなものがある）。

図表３－５　評価によって収集される情報の種類と収集の方法（Burnes 1982）

	情報の種類	方法
先行要件	組織的背景 リソース 行政や保護者の態度 利用できる試験 カリキュラムのコンテクスト 生徒の知識やスキル	時間割 要項や教科書 インタビュー 職員とのインタビュー プランニングセッション
実施	教師：採用される役割 時間とリソースの利用 生徒との接触 生徒：認知過程 興味と関与 時間の利用	活動記録 教室の観察 教師による自己報告 生徒による自己報告 個人の観察
成果	生徒の達成 生徒の態度／解釈 教師の態度／解釈 組織への他の部面への効果	テストと書かれた課題 質問紙 インタビュー

この中で，図表３－４を縦にみていくと次のようになる。

○先行要件（antecedents）とは，成果に関係するかもしれない教授学習に先立つあらゆる条件である。

○実施（あるいは処遇）（transactions）とは，生徒と教師，生徒と生徒，著者と読者，保護者とカウンセラーの多数の出会い－教育のプロセスからなる連続である。

○成果（outcomes）とは，教育経験から起因する生徒の能力，学業成績，態度，志である。

次いで横にみていくと，次のようになる。

○意図とは，「意図された生徒の成果」，願いやねらいである。

○観察とは，記述的データ－直接観察，テスト結果，伝記的なデータシート，インタビュー，チェックリスト，意見，追跡のレポートの類である。３つめの「基準」は，専門家（教師や行政者，有識者，社会の代弁者，生徒自身，保護者）が，その状況で起こるべきものと信ずることについて述べたものである。

ステイクが指摘するように，他の学校で類似した状況の下で起こること，「広い範囲の準拠価値をもつ達成の比較・評価，測定・価値判断の基準点・水準点であるベンチマーク（Benchmark）」である。

○基準は，生徒から生徒，教師から教師，準拠集団から準拠集団によって変わる。評価が担う責任の一部は，どの基準が彼らによって保持されるかを知らせることにある。

○判断は，プログラムまたは判断されていることに対して値踏みされる価値である。それは，「どのように人々はその状況の局面について感じるか」である。

基準あるいは一般的な期待を先行要件，実施，成果ごとに区別している。またそれぞれこのプログラムに特殊な判断もまた，先行要件，実施，成果ごとに区別した。先行要件，実施，成果間の論理的なリンクがあるべきだと主張し続けた。いいかえれば，提案された，あるいは実際の実施は，先行する信念や願望に照らして意味をなすべきだということである。実施は成果の達成に至ると信じることへの根拠・理由があるべきだというのである。予期せぬことが起るという偶然性（contingency）を内包させた。さらに，理想的には意図されたものと観察されたものとの間の適合（性），一致，調和（congruity）があることを人は希望するであろう。ステイクは，そこでマトリックスからのデータの異なる結合・組合せが異なる評価状況で必要とされること，評価するプロセスを標準化することは誤り，間違いであること：すなわち顔つき，顔色，表情，顔立ち・いろいろな自分の身のこなし方からくる容貌，そこから派生して賛助・援助・支持という意味をもつカウンテナンス（countenance）を示唆した。利用できるデータのオーバーヴュー，概観を行い，特により多くのプロセス（授業）データの利用を考えていた。ステイク自身があげている教育プログラムの評価のデータには，図表3－6のようなものがある（Stake 1973）。

このように，判断の前に記述データを取りあげ重視する。マトリックスには，評価者が収集する必要のあるであろう情報や他のデータのカテゴリーが含まれ

図表３-６　教育プログラムの評価のためのデータ（Stake 1973）

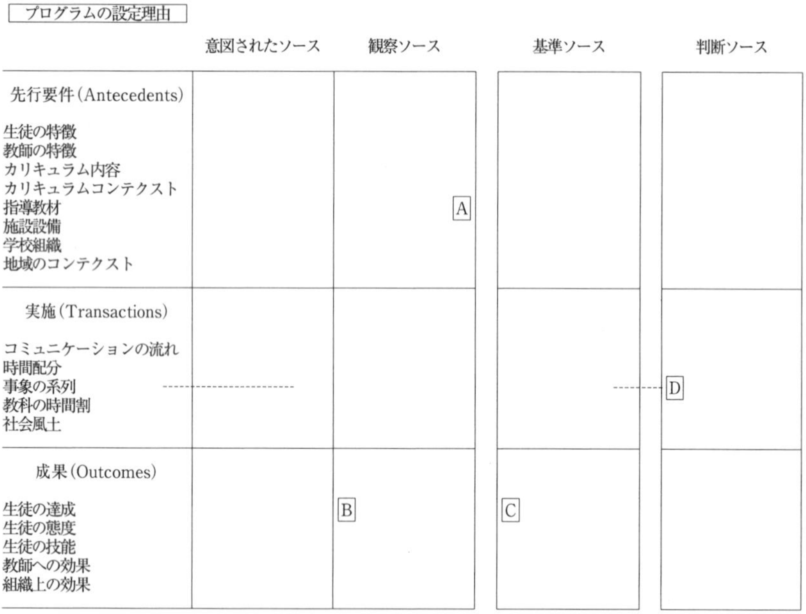

例A：教材キットについての出版社の目標の特定
例B：生徒理解についての教師の記述
例C：問題の学級のために必要とされる認知的技能に関する専門家の意見
例D：遠足や旅行の調整の可能性についての行政の判断

る。一致度は意図されたことと観察されたこととの間の同一のマッチである。通常，評価研究は，意図された成果と観察された成果との間の一致度のみを吟味する。しかし，ステイクは，ただ先行要件と実施もまた探究されるならばそれだけで，カリキュラムプランの長所を判断しうるものとした。一致度（congruence）は，整合性とも訳され，マッチの度合のみを指し示し，妥当性や成果の価値そのものを指し示すわけではない。これに対して，論理的関係（logical contingency）は，「変数間の関係」である。コンティンジェンシーは，状況依存性とも訳される。例として，「成果の理由」―特定の先行要件，特定の成果を生み出す実施―を決める努力があげられる。どのような種の学習環境，どのような種の指導方法や教室での手続き，どのような種の学校の調整や構造が，成果に関係するのか。これらは，カリキュラムや授業での決定をなす上で必要とされるある種のデータまたは情報である。

ステイクによれば（Stake 1989），説得（persuasion），さらにそのための形式的な陳述や道具には余り頼らない長い観察と詳細な記述，が重要であるというのである。コンテクストや先行要件のデータ，プロセスや授業のデータが重要であって，確かにブルームに影響され，より高次の成果変数を含むデータがあったとしても，また多少の矯正法，救済策，改善法はあったとしても，めったにそれは決定的な変革に導かない。クロンバック（1963）にみられる教育実践と生徒の認知の連関は複雑で，わかりにくい。条件についてのよい記述が，よい授業を助長したり妨げたりするとみたのである。多くの地方教育当局や委員会それに実践家は説得されるどころか，心に留めておくことすらしないかもしれない。しかし，（熟慮の上なされる専門的な）忠告，助言，勧告を与える責任は存在する。実践家は何を心に留めるのであろうか。自身に似た状態，時に苦境，窮地にある人々の物語を心に留める。体験的な報告，記述，話に寄り添いしたがうという（Stake 1988）。

⑵　さまざまな応用・適用例

このステイクの「顔モデル」（Robert Stake's "Countenance" model）については，以下のような解説や適用例がある。1970年までのものでは，133の評価道具のレビュー（Beatty 1969），特殊教育（Adelman 1970），演劇（Shipow 1970），拡張（Kalman 1975），教師教育（Teacher-Training Institute 1972），カナダでのカレッジ教授法（Westphal 1972），評価の意義（Wachtman 1978），医学教育（Gallagher 1976），社会（Cox 1971），教育開発（Debert 1979），卒業者(Howe 1978)，移住者補償教育（Kalman 1976），システムズ分析（Wallace &Shavelson 1970），成人教育（Chertow 1970），アセスメントと教育政策（EAEA 1974）がある。その他（Shepard 1977, Gephart & Ingle 1977, Rose & Nyre 1977）などもある。

1980年代には，実はこの論文が，筆者がステイクに会う最初のきっかけであったのだが，ドイツのヘバインら（Hebein et al 1981）がある。これは，英国を中心とする教育工学訓練協会 AETT（the Association for Educational and Training Technology: 1995年から Staff and Educational Development Association：SEDA に名称変更）の15回年次大会（アバディーン）で遠隔教育と評価に関するテーマで，開催されたコース評価の事例研究としてあげていたのである。その他に，オランダの個別化された読みの指導に関わるイノベーションの評価（Appelhof 1984），アメリカの看護教育（Wise & Cox 1984），健康科学と医学プログラム（Shapiro 1985），カナダの高校教育（Clarke & Nyberg 1985），カナダでの中等教育での自己概念（Nyberg 1984），カリキュラムイノベーション，学校改善，スクール・ベースト・評価（Common 1985），他の評価専門家との対話（Stanley 1987），オーストラリアタスマニアでの第2言語（Watt 1984），英国でのコースウェア（Harrison 1984）カナダでの遠隔教育プログラム評価（Kesten & Burgess1985），ステイクとの対話（Stake 1981），（Borich 1980），（Welch 1981），（Chadsey-Rusch & Levy 1986）などがある。

90年代に入ってからは，6つの中等学校での情報教育ケーススタディ（Treagust & Rennie 1993），リテラシーとモデルレビュー（Kennedy & Kettle 1995），アート（Wronski 1992; Hausman 1995），アメリカの教師教育（Pepper 1999a, Pepper & Hare 1999b, Smith & Hauer 1990, Tucker & Dempsey 1990, Tucker 1993）などである。1998年には，ステイクシンポジウム（Davis 1998）が開催された。今世紀に入ってからは，環境教育（Wood 2001）がある。

⑶ SBCDへの応用

以上のように，このマトリックスの特徴は，オーディエンスに向けて情報を提供するという点，社会人類学，エスノグラフィー（民俗誌学）的手法を用いた質的な解明を狙っている点，一教室だけでなく遠隔教育等のイノベーションにいたる幅広い領域をカバーできる点をあげることができる[4)]。

図表3-7　ステイクのマトリックス応用例（Deakin University 1978）

Ⅰ　先行要件の確認 1　社会的環境 2　教育環境 3　設定の適切性 4　プロジェクトティームの態度 5　変革の正当な理由 6　ニーズの異なる見方 7　安全ニーズへの方略 8　プログラムのありそうな利点 9　提案されたプロジェクトの目標 10　遂行に影を与えそうな要因 11　プロジェクト参加の特徴 12　他者からの期待される影響 13　革新的な手続きとプロジェクトに対する理由	**Ⅲ　実際のプロジェクト成果の評価** 27　参加者の認知的達成 28　参加者の実際的技能 29　参加者の情意的変化 30　社会化の変化 31　参加者にとっての他の成果 32　手続きと産物にとっての成果 33　外部グループにとっての成果 34　プロジェクトティームにとっての成果
Ⅱ　処遇の分析 14　遂行されるプログラムの性質 15　参加者のグループ分け 16　プログラムの構造 17　プログラムにおける時間配当 18　人的リソース 19　教職員配置の時間と努力 20　施設と物的リソース 21　コミュニケーション 22　予算の詳細 23　プロジェクトにおける主要な変化 24　参加者の進捗状況のモニター- 25　記録の保持 26　プロジェクトティームの態度	**Ⅳ　プロジェクト方法論の評価と報告** 35　計画することの要因 36　初期の遂行 37　プロジェクト進捗状況のモニター 38　達成状況の報告 39　問題の報告 40　資金利用の報告 41　評価的要因 42　研究の諸原理 43　バイアスの源 44　適切な評価者 45　報告の提示 46　報告の意図的普及

SBCDに関して，チェックリストによる適用例はDeakin University（1978）やOpen University（1981-82），Brady（1983）にあり，類似するものとしては，スクール・ベースト・評価（Common 1985），カナダのOISEにおける形成的なカリキュラム評価プロジェクト（Weiss et al 1981）等にみられる。図表3-7は，Deakin University（1978, p.57）のもので，46の項目の下位にさらに数項目がある。しかし，詳細であり多様なデータを扱うことはわかるものの教室実践との結び付きはあまり重視されていない。

その中で，D.ナットオール（Desmond L. Nuttall），R.マッコーミック（Robert McCormick），M.ジェームズ（Mary James），D.ミドルトン（David Middleton), H.マッキントッシュ（Henry Macintosh), P.クリフト（Phil Clift）らのグループによるオープンユニバーシティのテキストは次のように包括的な内容となっている。

アカウンタビリティと評価（Open University 1982a)，評価へのアプローチを4つに分けて，評価への地方教育委員会（LEA：Local Education Authorities）によって開始された評価（Open University 1982b)，組織や機構での自己評価（Open University 1982c)，インスペクション（監察）(Open University 1982d)，監査（会計検査 Audit）された自己評価（Open University 1982e）とした。特に組織や機構での自己評価には，実際例がある。そして，教室過程での観察（Open University 1982f)，学習成果の測定（Open University 1981g)，カリキュラム材の分析（Open University 1982h)，評価の組織と使用（Open University 1982i）という包括的なものであった。事例として，オックスフォードシャー（Oxfordshire）の学校（Open University 1982j)，スタントンバレーキャンパス（Stantonbury campus）(Open University 1982k)，CNAA (Open University 1982l)，一種の高校を中心とした中等学校であるパークサイドコミュニティーカレッジ（Parkside Community College）(Open University 1981)，グレイトバー学校（Great Barr school）(Open University 1982m）を具体的に報告している。

筆者は，1980年代終わりからその評価研究の質の高さを再認識し，M.ジェームズの学校におけるカリキュラム評価技法が最も具体的で有効であると考え，M.ジェームズとともにステイクともコンタクトをとり，わが国での適用を具体化しようとしてきた。特にM.ジェームズが，評価技法の章で「学校文化の要因や組織の文化，リーダーシップのスタイル等学校組織システムを（記述というよりは最終判断すべき，カリキュラムコンテクストとして）カリキュラムに含めて定義すべきだ」としていた点に注目した。すなわち，「カリキュラムの狭い見方が成果への焦点を伴ってなされたとしても，コンテクスト上の特徴（例えば，意思決定への教職員の関わり）が生徒の成果（例えば，学問での成功）に影響するというラターの『1万5千時間：中等学校と子どもへの影響』(Rutter 1979) らの証拠がある。実際，地方教育当局や米国で利用された評価チェックリストの多くが，学校やその環境のいろいろな局面をカバーしている。チェックリストを考察すると，そのほとんどは，ステイクの用語を使うと「観察された先行用件の条件」に焦点をあてている。ほとんどの教師は組織としての学校（例えば意思決定，コミュニケーション，民主主義，役割，階層，権力，生徒のサブグループ）について考えるいろいろな概念をもっている。彼女は，「カリキュラムコンテクストの評価に至るとき，これらの概念のいくつかを支える理論を自覚することは重要と感じる」として，学校改善にもカリキュラムおよびアセスメントサイドから一定の理解を示している (James 1988, 1998)。

第2節　カリキュラム評価道具の作成と日英比較による意味の掘り下げ

2．1．　学校研究の診断道具の開発―その方法と経過

(1)　国内での妥当性検証

OECD 諸国ではこのような動きの中で，効果的学校（effective school）の重要性は年々高まってきている。現在，授業の過程とその効果の評価に焦点をあててこそ，最も学校としての効果を判断できることが，ようやく主張されるようになってきた。しかしながら，その標準化というものは，未だ確立しておらず，より総合的，体系的な評価方式の開発が期待され（中留 1988），特に，図表 3 - 8 のように，外国からは日本には弱い点として，もっと診断道具が開発されてよいとしている（Bollen 1987）。

そこで，チェックリストの作成にあたり，筆者が留意してきたことは，わが国の現実の具体的な個別事例から抽出してくることであった。そのため第 1 段階として，「特色ある研究テーマ（学校における教育研究主題）をもつ学校」を抜き出すこと，第 2 段階として，それら研究テーマに直接関係する特徴，授業改善および学校経営のあり方を項目として抽出してくることとした。これについては，米国からも，日本の「学校研究主題」を掲げることに対して，学校経営の立場からユニークさを評価する指摘もある（Aquila 1983b）。

そして，先導校での実際の参与観察とチェック項目の改訂を繰り返した。参与観察からはまた，鍵がリソースであることに気がついていた。もちろん，リスト作成の途中においては，さまざまな現職教師による加除修正をお願いし，信頼性を高めてきた。また，データが集められた方法は次のとおりである。県

図表3－8　R. ボレンによる日本の学校視察の結果（Bollen 1987）

特殊な局面	1　学校改善に概念は達成と能力の改善としてみられている。 2　保守主義との結合と平等主義のための探索 3　システム内部での強力な社会的相互作用 4　教育の道徳的行動的局面への強い強調 5　改善に向けて実際の責任を負っている校長の中心的地位 6　自発的に評価へ費やされる時間とエネルギーの量 7　喜んで評価の過程に参加しようとする人たちの意欲 8　社会的環境との密接な関係
強い点	1　可能な目標への焦点化 2　検討や意図された改善が知覚される具体的なレベル 3　多くの人々の参加，親や場合によっては生徒すら関わりをもつ 4　コンセンサスをめざす意思決定への注意深いアプローチ 5　校長の明確な地位 6　問題解決を促進する基本的組織パターン 7　喜んで評価のためのツールとして道具を用いようとする意欲 8　他の国の教師と比較した場合に高い水準にあると思われる教師のモラール
弱い点	1　学校教育の概念は改善の概念が限定されているという意味でかなり伝統的であるようにみえる 2　学校教育において鍵となる能力の基準としての年功序列は，保守主義への傾向を強化し，学校での変化のための能力を弱めている 3　改善への学校への行政の圧力はどちらかというと弱く曖昧であるようにみえる 4　システムレベルで外部の援助はほとんど利用できない 5　外部の援助は主として教科領域の知識を提供しているようにみえ，教師の力量や態度，教室での相互作用への強調はほとんどされていない 6　さらに診断道具のニーズがあるように思える 7　学校を基盤とした検討，学校改善の過程は，一人のヒトすなわち校長の能力に多くを負っている

教育委員会から，自己学習力，個別化というように，各研究テーマ別に学校を推薦いただいた。研究テーマについては，チェックリストを各学校へ送付し，「できている」「行われている」項目に○をつけてもらうことにした。それらをいくつかの類型にまとめあげることのほかに，複数の人にインタビューを行い，また自らの参与観察を繰り返し，妥当性を高めるように努めた。その中から「学校診断チェックリスト」を生み出してきた（水越・吉田1987，高野1988，福岡県教育センター 1989）。

その後も，項目や見出しを再構成したり，METダイヤグラムというように散布図上に観察した場面をプロットしてみたり，実際にいずれか1つの項目に焦点化して事例を比較してみたり，記録を再分類したりしてきた。お互い類似している2つの事例を並べてみても，他の構成要素を知らず知らずのうちに徐々に浸透して時の動向を吸収していっていることに，事例を分類することの困難さに直面した。過去に，項目のいずれをも満たす事例があることから，項目自体の個々それぞれ妥当性があるかどうかの判断も未解決であった。現実は，どんどん動いていくため，多少の項目の入れ替えはあることも十分考えられた。しかし，アプローチと，作成してきたチェックポイントおよびその相互関係自体には，オリジナルなものをもっていると考え，構成要素の頭文字をとってMETIOと名づけた。

⑵ 海外のチェックリスト収集

これと，併行して，図表3－9のような海外のチェックリストの事例にあたってきた（Hopkins 1987）。

a．特に英国のものを重点的に収集した。例えば，ロンドン教育当局（Inner London Educational Authority 1977）のKSUR（Keeping Schools Under Review）である。その他にも，オックスフォードシャーの例（Oxfordshire County Council Education Department 1979），さらにランカシャー教育委員会（Lancashire Education Committee 1980）の学校評価項目である。ソリヒル郡（Solihull 1979, 1980 Shipman 1983 所収）の例，その他さまざまな学校自己評価の表やスケジュールが作られてきている。その他のチェックリストも収集した（Marjoram 1989, Rodger and Richardson 1985, Rogers and Badham1992）。

b．オーストラリアヴィクトリア州では，英国のハーレンが指導した成果として，まさしく「スクール・ベースト・カリキュラム評価」の例（Harlen 1978）がみられた（図表3－10）。

c．米国では，NSSE：National Society for School Evaluation 1987やNCA

図表3-9　OECD各国で生み出された評価道具の整理（Hopkins 1988）

1．学校を基盤とした検討 Doing School Based Review (Hopkins, 1987)
2．学校での検討と内部開発のガイドライン Guidelines for Review and Internal Development in Schools (GRIDS, 1984)
3．学校レベルでの評価 School Level Evaluation (CDC, Australia, 1986)
4．学校改善プラン School Improvement Plan (Victoria, Australia, 1983)
5．学校改善のための体系的な分析 Systematic Analysis for School Improvement (SAS, Netherlands, 1988)
6．カリキュラム検討と開発 Curriculum Review and Development (Northern Ireland,)
7．機構開発プログラム IMTEC-Institutional Development Programme (IDP) (Norway, NFER-UK, 1983)
8．個人と組織ニードの診断 Diagnosis of Individual and Organizational Needs (DION) (Sheffield by Elliott-Kemp, 1980)
9．学校が変革するのを手助けすること Helping Schools Change (CSCS: The Centre for the Study of Comprehensive Schools, 1985)
10. 学校を検討下におくこと Keeping the School under Review (ILEA, 1977)
11. 自ら開始するグループで管理されたアクション Self Initiated Group Managed Action (SIGMA) (Elliott-Kemp, 1987)
12. 学校を基盤とした検討への非道具的かつ特定のアプローチ Non Instrumental and Specific Approaches to School Based Review
(デンマークの例 Self Formulating Study Circles: A Danish Approach to SBR (1))
(スウェーデンの例 School Leader Education in Sweden (2))
(アメリカ合衆国の例 School Accreditation in the United States of America (1933-))

：North Central Association 1980a, 1980b，ミシガン州ミドルスクールの例などがある。中には高等教育の例もある（Ferguson-Florissant School District 1988, Coles, & Grant, 1985）。

M. ジェームズは米英のチェックポイントについての対比表を掲げている。

図表3-11にみるように，ランカシャー教育委員会が1980年に示した「小学校・学校評価自己評価表」では，大きく3本の柱をたてている。

まず，カリキュラムを前面に掲げる。この中では次のようなものがチェックされる。①学校教育目標—その再考や発展にどういった準備がされているかなど，②研究計画や指針—情報源（指導主事，教育文献，他の先導校，大学やカリキュラム開発センターなど）から何が得られたか。学校の見学や訪問，視聴覚機材や複写機の機能の適切性など，③達成事項と評価—異なった年齢や能

図表 3-10　スクール・ベースト・カリキュラム評価 SBCE（Harlen 1978）

知的な発達
1．幅広い語彙を身につけることができる。
2．基本的な語彙のスペルを正しく身につけることができる。
3．書き言葉（英語）の文法的な基本的規則を知っている。
4．歴史的，地理的，自然的，経済的，そして社会的側面に関する一般的な知識を身につけることができる。
5．身の回りの経験を超えた，時間や場所に関する（科目を踏まえたものでない）一般的な知識を幅広く身につけることができる。
6．ある特定の人物
7．観察の説明とその説明の検証を試みることができる。
8．学校で学んだことを学校外の世界に応用すること，あるいはその逆ができる。
9．特性や，必要性，そして生活に関するさまざまなことについて，基本的な知識を身につけることができる。
10．自分の身の回りにあるなじみの物質や素材に関して，性質や系統を知ることができる。
11．他者に理解されるために，また本，教師，そして他の生徒による書き言葉や話し言葉が理解できるように，口頭あるいは文章で情報を表現することができる。
12．グラフや，図，模型，あるいは図解などを用いて，非言語形式でも部分的あるいは全体的に，情報を理解したり表現したりできる。
13．桁，基数，問題解決における尺度などのような算術的概念，あるいは基本的な数学的概念の4規則を使うことができる。
14．関連する事項の解釈や評価に基づいて，筋の通った判断や選択ができる能力を発達させる。
15．マスメディアなどの自分が見たり聞いたりしたことに対して，批判的で識別力のある考え方をもつよう促す。
身体発育
16．人間の体は均衡のとれた食事や休養，そして運動が必要であることを理解し，そして五感によって与えられる情報を認識することができる。
17．健康，衛生，安全の基本的な原理を応用することができ，また緊急時に何をすればいいのか知っている。
18．個人でも組織化されたゲームやスポーツにおいても，可動範囲（水泳も含む）で自分の体を制御することができる。
19．道具や器具の操作を含めた日常におけるすべての身体活動のために，適当かつ合理的に体を制御することができる。
美的発達
20．絵の具や粘土の使い方，そして自分の考えや気持ちの表現方法など，芸術や工芸の技術を習得することができる。
21．自然的そして芸術的な姿をみて，美を個人的に鑑賞する能力を発達させる。
22．簡単な音楽に触れるための十分な技術や知識を得ることができる；例）歌，パーカッション，自家製の楽器，またはさまざまなジャンルの音楽鑑賞
23．課題をこぎれいで，魅力的，かつ明瞭に提示する方法を知っている。
個人の発達
24．自分の感情が理解でき，それを制御する能力を発達させる。
25．誰かに助けを求める前に，自ら問題を克服しようと試み，自主的かつ責任をもって自分のやるべき仕事を計画し，実行する能力を発達させる。
26．慣習的な思考や態度を否定するようなことになっても，よく考えた意見を述べ，それに従った行動をとる能力を発達させる。
27．課される努力の量や困難さに関わらず目的を貫き，失敗したときには問題に別の方法で取り組むことができる。
28．絵，音楽，機械系のこと，詩，運動など，いくつかの領域で創作力や創造力を発達させる。
29．環境の変化に適応し，物の見方に柔軟性をもつことができる。
30．自分の環境に対して疑問をもつことができる。
社会的・道徳的発達
31．社会構成員の大多数によって共有されているような，人間やプロパティーに関する道徳的価値を知ることができる。
32．さまざまな状況において，他人に対して思慮や敬意をもって行動することができる；例）訪問者，お年寄り，幼児，身体障害者，あるいは幸せでない者に対する態度。
33．他者や，他者の感情，価値観，そして能力を認識し敬意を払うことができる。寛容さを身につけることができる。
34．コミュニティーに対して責任感をもち始めることができる；例）自分がメンバーである学校やクラスでのグループに対して忠誠心をもち，そしてグループの一員であることで，責任を受容するようになる。
35．自分自身や他人のプロパティーに対して注意を払い，敬意を払うことができる。
36．正直さ，誠意，そして個人の責任感など，自分の行いの基礎を形成する道徳的価値観を習得し始める。
37．自分と異なる他人の価値観や意見について，寛大さをもって議論することができる。

図表3-11　英国ランカッシャーの学校自己評価（Barnes 1982）

Ⅰ　カリキュラム
1　目標
1．学校の目標は職員すべてに明らかであるか
2．目標は現実の基盤の上に立って立てられているか
3．職員，管理職，保護者などどのような形で利用可能であるか
4．目標の再考や展開にどのような準備がなされているか
5．学校の日常生活や学習指導は学校教育目標を反映しているか
6．目標達成の際，次学期・次年度・向こう5年に優先順位として何が先か
7．外部の影響（入学児童の減少など）にどのように影響されるか
2　学習指導
1．学校は教科・領域で文書として指針を保管しているか
2．いつ文書は書かれたか
3．誰によって書かれたか
4．最近いつ改訂されたか
5．どのような指針が，指導主事，教育雑誌，上級下級学校園，大学や教育センター，学校を超えた研究会や部会から追求されたか
6．すべての職員は指針の文書コピーをもっているか
7．指針を理解し付き従うのに，内容等に関する討論や管理職や研究主任からの説明などどのような支援がなされたか
8．総合的学習の時間等教科領域がそれぞれ適切な時間配分であるとどのように説明ができるか
9．学習時間の最大限での活用を保証できるか
10．総合的学習で身に付けさす能力や経験の一貫性をどのように保証するか
11．学校のリソース（教材，図書館，視聴覚，複写）は作業を適切に援助し目的を反映したものとなっているか
12．学校での遠足・見学や旅行はカリキュラムの一部をなすものとして考慮され，訪問地や参加者，目標は検討されているか
13．相互の学校訪問は子ども職員ともにお互いの利益となっているか
14．正規のカリキュラム外で子どもが興味や能力を広げる機会や施設があるか
3　目標達成とアセスメント
1．研究主任は子どもの学習経験の質をどのように見取っており，異なった年齢や能力，資質や適性に経験はどのように関わっているか
2．どのような形で子どもたちの身体的認知的社会的そして情緒や美的な面で継続的な記録を取り続けておりそしてどのように使われているか
3．学校はこの記録に対して共通の継続的な手続きをもっているか
4．この情報は校長や責任ある職員によって評価がどれほど頻繁になされているか
5．この評価の結果としてどういうステップが学習プロセスのギャップや重複を検討したり補充するのにとられるか
6．職員や他の学校，保護者のニーズに情報を集めたり記録する現在の方法は適切なものであるか
7．校長はどのような環境のもとで子どもの情報や記録をその学校に機密のものとしてみなすか明確にしているか
4　内部でのスクリーニング
1．重要な学習の進歩や達成事項を見取るために，標準テスト，観点別テスト，観察プロファイル等がどのように使われるか
2．テストの管理における一貫性を保証するのにどういった手続きがとられるか
3．テストの構造，内容，頻度は最近いつ改訂されたか，誰が検討するのか
4．このようなテストの結果はどのように記録され使われるか

Ⅱ　社会的考察　学校選択
1　子どもたち
未就学児童
(a)未就学児童の保護者に学校紹介を行うのにどういった主導権がとられるか。例えばお話，説明会，文書，招待，家庭訪問
(b)子どもの学校への円滑な導入は半日登校や入学時の配慮などどのように保証されるか
(c)どのような接触が保育所や幼稚園となされるか
(d)子どもが学校に通う前に医療機関と連絡はあるか
(e)管理職や職員は学校入学方針に関して相談されるか
(f)保護者に方針を知らせるのにどのようなステップがとられるか
就学児童
個々の子どものニーズや興味を考える際にどのような準備があるか

(a)社会剝奪に対する補償
(b)行動上の問題をもつ子ども
(c)異なったエスニックグループの子ども
(d)有能な子ども
(e)特別な才能をもつ子ども
(f)学習の遅れがちな子ども
(g)学校内での他の年齢グループとの統合
(h)主導権や責任を広げる機会の提供
(i)学校内で子どもと他の大人との関係を発展させること
(j)外部組織の中での利害をもつ子どもたち
(k)子どもたちを自分たちでやる活動に参加させるよう励ますこと
(l)学校集会に子どもや職員を関わらせること
学校を移動する子ども
子どもの転入転出にあたって他の学校と連絡するのに情報の授受，保護者や教師子どもによる訪問，学校間の活動に関する関与などにどういう主導権がとられるか
2　保護者や地域との関わり
1．地域に学校を紹介するのにどのような主導権が取られており，リンクはどのように展開されるか
2．生徒は地域社会を理解するのを助けられ地域に貢献するよう奨励されているか
3．学校目標を地域が理解するのにどのように助けられているか
4．学校がしようと試みていること，子どもの役割の理解を保護者に理解してもらうためにどのような機会があるか
5．保護者は子どもたちが学ぶのを助けることに関心をもつようどのように助けられ励まされているか，例えばカリキュラム領域について話す，学校の日常生活への参加
6．(a)保護者が教員や校長と子どもの発達成長について討論するのにどのような機会があるか
(b)長はこれらの機会を利用しない保護者との接触をどのように確立しているか
7．保護者が考えるための説明や情報のリーフレットが準備されているか
8．公のあるいはインフォーマルな保護者や地域の組織（自治会など）があるか，どのように効果的か
9．学校はどのようにまたどんな目的のために，他の小学校，中高等学校，成人教育機関，高等学校や大学と連携を取っているか
10．職員と建物の他の使用者の間にどんな接触があるか
3　学校管理者
1．職員や保護者は学校管理者のアイデンティティや機能に気がついているか
2．管理者の学校との接触は学校時間内・外でどのようなものか
3．管理者は学校がやろうとしていることをどのように知らされているか
4．職員の指名のための準備に，校長と学校管理者との間に効果的な相談はあるか
5．学校管理者への校長のレポート
a）職員配置－変化，出勤，展開，現職コースへの関わり
b）子ども－出席簿での数と予測
c）カリキュラム，その組織，開発とリソース
d）学校･建物―修繕の状態，管理基準，施設の適切さ
e）学校のカレンダー
f）非公式の学校の財政や基金
g）教育関係の訪問
h）健康と安全
i）家・学校・相互学校連絡
j）地域との関係
Ⅲ　経営と組織
1　入学と変化
1．家庭と学校の間の円滑な移行を保証するためにどういった手続きがとられどういった接触がなされるか
2．他の学校から転校してくる子どもに対してどういった手はずが整えられるか
3．学校から次の学校への子どもの円滑な移行を保証するためにどういった手続きがとられるか，他の小学校，中学校での受け容れ校，特定の学校，独立学校など
4．これらの手続きはどれほどの頻度で検討されるか
2　生徒のグループ編成
1．どういう基準でグループ編成されるか，年齢，異年齢集団，能力別編成，混成能力，生活環境，特別な教育的配慮を必要とする引取り集団，補充グループ

2．こういった取り決めはどれくらいの頻度で再考されるか，それらはどのように柔軟であるか
3　記録
1．長は適切な記録を保管しているか，日誌や記録（公開），処罰記録，ストックブック〔資料〕，セールスブック（購買），カウンティ〔県〕記録カード，非公式の学校基金歳入
2．個々の子どもの発達を記録するのにどういった準備がなされるか，このような記録は校長によってどういった頻度でみられるか
3．これらの記録はどこに保管され，誰に利用可能であるか
4．子どもの成長の記録はワークのサンプルを含んでいるか
5．校長は医療上の記録にアクセスできるか
6．教師たちはワークをどういう形で記録するか，これらの記録がみられる頻度はどれくらいか
7．記録は職員のサービスや資質向上に関して継続されて行われているか
4　しつけや規律
1．良い行動を強化するために職員によってどういうステップがとられるか
2．以下のことを扱うためにどういった方略がとられるか，無断欠席，ズル休み，忘れ物やカンニング，いじめっ子。盗みや窃盗，芸術文化の破壊・野蛮，横柄さ，故意の規則違反・不従順
3．このような方略は子どもや職員，保護者に明確に理解されているか
4．どういった点で外部の機関は関係をもつか
5　内部コミュニケーション
1．職員と校長との間に効果的な双方向コミュニケーションを補償するのにどういったステップがとられるか
2．教職員ハンドブックの価値は省みられたか，何を含んでいるか，誰がその内容を編集するのに関係するか
3．情報のすべての職員への普及はどのように組織化されるか
4．職員会議－会議は規則的にもたれているか・何の目的で開かれているか，誰がそれを始めるか・常勤非常勤の教職員を含んでいるか・非常勤の教員のための会議はあるか・協議事項は前もって生み出されているか・協議事項に貢献するよう奨励されるか・決定の履行はどのように保証されるか・協議ペーパーは今まで会議のために作られているか・一時的に構成された作業〔研究〕部会は1つの特別な問題の諸局面を考慮し始めているか・職員会議の記録はあるか，もしあるなら誰がそれを保管しているか
6　外的コミュニケーション
1．以下の各項目と接触するのにどういう手段があるか－保護者や親戚，診療所や社会サービス，学校心理学上のサービス，警察－中学校連絡公機関，教育更正機関，管理者の議長
2．どういった状況で，家庭からの文書によるコミュニケーションは要求されるか，例えば欠席・退学・医学上の管理の場合など
3．保護者への学校ハンドブックの内容はできうる限り有益で現代的であるか
4．保護者への定期的な時事通信はあるか
5．保護者へのカリキュラム事態を見せるために会合は開かれているか
6．保護者が子どもの発達や問題を討論するためにどういった機会があるか
7．子どもの発達についての保護者の書いたレポートとこういった討論との間にリンクはあるか
8．学校と保護者との間のコミュニケーションは双方向であるか，保護者の主導権や反応はどのように奨励されているか
7　リソースの利用
職員配置
1．教員の技能や興味に関して目録を作られているか
2．組織はこれらの才能の最大限の使用を容易にしているか
3．責任の配置においてどのようにカリキュラムの領域は包含されているか
4．長のものを含めて個々の組織とカリキュラム責任は職員すべてのメンバーに明確に定義されているか
5．職員配置において相互個人の関係についてどういった配慮がなされているか
6．クラス担任でない教員の責任は学校の言明されたニーズと出会っているか，職員配置は最近いつ再考されたか
7．すべての事務職員の仕事の記述内容はスタッフのすべてのメンバーに明らかであるか
8．どんな点で長の個人的な学習指導への関与はスタッフやカリキュラムの開発に貢献しているか，長はどれくらいの頻度で個々の学級を訪問しているか
9．職員の選択の面接のための体系的準備はあるか，そしてすべての必要な情報は適用できるか
10．このプロセスは仕事の記述の準備を含んでいるか，候補者は学校を訪問するよう招待されるか
11．交替教師の補充〔供給〕と展開のためにどういう準備があるか
12．サポートサービス（読みや言語サービス）は十分な利用がなされるか
教員の資質向上
内部
校長
1．校長は自らの専門職性を開発するためにどういうステップをとるか

2．長は公式非公式にどのように利用可能か
3．教員は長が自らの専門の開発，個々人の福利厚生に関心があると感じているか
4．学級で，自発的な活動で，子どもや同僚との生徒指導的役割において個々の教員の重荷についてどのように気づいているか
5．長は事務職員のあらゆるメンバーの仕事について気づいているか，彼らの学校への貢献は増進されうるか
6．長は職員のモラールを保持展開するためにどういうステップを規則的にとるか
代理の見習教師
1．見習い期間にある教員の配置や指導上の負担にどういう配慮が払われているか
2．見習い教師の手落ちや怠慢に対して責任をもつ職員のメンバーはいるか
3．学校内に明確に定義された構造的な手引きや方針はあるか
4．見習い教師の成長はどのように監視記録されているか
個々の教師
1．すべての教員のための採用方針はあるか，補充職員に学校生活の局面について知らせるための方針はあるか

（以下省略）

力・適性にどういう対処がされているか。子どもの記録や情報収集は教職員や他の学校，父母のニーズに適切かどうかなど，④内部での選抜や審査—標準学力テストや目標準拠テスト，観察法はどう組みあわされ，そこに一貫性を保証するのにどういうステップがとられるか。

次に，社会的要件という形で，上記のものを支援する代行者について考慮すべき事柄がおさえられる。児童については，就学前および卒業後というタテの筋を通し，転校児童というヨコの線にも配慮する。保護者や地域との関係や学校の管理者としての行政との関係を確認する。

ついで，管理と組織についてである。子どもが集団形態をとる際の基準，記録の保管と現職教育，しつけや訓練，校内のコミュニケーション，保護者や病院など学校外のコミュニケーションなど。また，リソースの活用については，財政面はもちろんのこと，教師のスキルや興味は一覧表として保管され，最大限利用しているかなど再配置さえも問題にされている。さらに，校長や教育実習生，個人やチームとしての教師，授業をもたない職員を含めた校内での教職員スタッフの開発や校外での現職教育の問題が広範囲にとりあげられる。学校建築設計にまでふれられ，日課がことこまかに再確認されるようになってもいる。

例えば，ILEA（内ロンドン教育当局）(1977) のカリキュラム評価道具としてチェックリスト（McCormick 1982 に採録されている）がどのように利用された

図表 3-12　ステイクの記述マトリックスの読み替え（有本 1993）

表の大枠は Stake (1967)，□の枠内は ILEA (1977) のカテゴリーと項目，網掛けは有本のカテゴリー

		意図されたカリキュラム（記述）	観察されたカリキュラム（記述）	基準（判断）	カリキュラムコンテクスト（判断）
先行要件	MET 教材・メディア・施設・スペース（Media and Equipment）学習活動・カリキュラム・時間割（Timetable and Curriculum）				
	B　学校環境		1．運動場や階段，教室，洗面所など学校の特徴は何か，維持改善を保証するのにどのような調整があるか学校の特徴はどのようなものか，校庭・廊下・教室・便所，どのような準備や手配がされているか		5．ホールや多目的スペース，図書館の外観や使用は満足できるか，どのように改善されうるか 6．教職員や生徒による訪問者，特に急な訪問者の受け入れはどうか，学校の事務室への方向は示されているか職員や生徒による訪問者の受けいれは親しみがもてるか，突然の訪問は，事務室への案内はどうか，
	C　リソース	4．いろんな専門性をもつ教師の数は学校が適切と信じるカリキュラムにマッチしているか	3．職員に欠員があるか，どれくらいの期間，カリキュラムに歪みがあるか	5．どの点で学校の施設は貧弱であるか，その補充はよくなされているか	5．どの点で学校の施設は貧弱であるか，その補充はよくなされているか
			8．学校はリソース委員会をもっているか，そのメンバーは，用語は定義されているか，その勧告は公にされているか	6．設備を改善するのに必要とされる仕事はあるか，どういった優先順位を命令するか	6．設備を改善するのに必要とされる仕事はあるか，どういった優先順位を命令するか
	I　部会自己評価		6．部会のメンバーは，要項／本／教材／施設／生徒の課題／試験の入門を論じているか		8．前の小学校での活動や達成についての何を知っているか，発達に接近し記録するのにどういったステップがとられるか，a）宿題をおく　b）教師が休みの時学級に活動をおく　c）仕事を記録，見守ることについて何をするか
			12．生徒が学校を上がるにつれて生徒の活動にいかに一貫性を保証するか		
			10．学校のリソースセンターからどのような利用法がなされるか		
	H　学習のアレンジ	2．カリキュラムやシラバスはどのように決定されるか，視野にもつ目標とどのように関わっているか	3．時間割はどのようにいつ構成され職員に提示されるか		1(d)一貫性を達成するのにどのような障害があるか，どのように克服されるか
		15．学校は4，5年で調整されたカリキュラムとして何を見なすか，それは共通のコアを包含しているか，その共通コアは反省を必要としているか	4．いろんな能力をもつ生徒にどんな準備があるか，つまずきを診断・補充また，発展課題で深化するのに何がなされるか		9．私たちが提供する範囲を広げるため他の制度組織と協力するよう準備する，あるいはカリキュラムへの他の改善を効果的にする時間に対し職員を開放する必要があるか
			10．学校の言語の方針は何か，それは実践上どのように効果的か，あらゆる諸能力をもつ生徒の言語スキルを改善するためにいかなる準備／手はずがとられるか		13．どういう基礎の上に生徒たちは教室に分配されるか，それに満足しているか
			16．ある生徒が選択システムの結果として調整されたカリキュラムを受け取るということを見るのに誰が責任をもっているか		

A　単純統計				
IO　児童・生徒，教授組織（Instruction）学校組織，保護者・地域の連携（Organization）				
F　生徒		2．生徒への個々の注意の組織は何か，それはどのようにうまく機能しており，私たちがそれを改善することのできる方法はあるか		2．生徒への個々の注意の組織は何か，それはどのようにうまく機能しており，私たちがそれを改善することのできる方法はあるか
D　意思決定コミュニケーション		1．政策決定にたどりつくよう助けるのに用いられる相談機関はなにか		7．研究紀要はあるか，誰が編集し，誰が出版するか，効果的か／教職員の広報／会報はあるか，誰が編集するか，誰が発刊するか，それは効果的であるか
		3．中堅ベテラン教諭は，同僚の見解や希望に接触し続けるため公式的な相談機関以外にどういったステップがとられるか		8．教職員ガイド（指針）はあるか，それはどれほどの頻度で検討されているか，この検討はどのように実施されるか，指針はそれを生み出すにとられる困難に値するか
		8．教職員ガイド（指針）はあるか，それはどれほどの頻度で検討されているか，この検討はどのように実施されるか，指針はそれを生み出すにとられる困難に値するか		
		10．生徒は相談構造で果たす役割をもつべきか，もしそうなら，われわれの調整はうまくいくか？どのようにそれらは改善されるか？生徒は相談構造で果たすべき役目をもつべきであるか？もしそうなら準備はうまくいっているか，それらはどのように改良されるものか		
E　職員	4．指導者間でのスタッフの配置に対する政策（方針）は何か	2．ポストを求める応募者に対してインタビューに先だって学校と彼らを結び付けるためにどういった準備があるか		7．短期間の職員の欠勤に対する学級を穴埋めするために準備はなにか，それらは改善されうるか
		7．保護者は子どもが学ぶよう助けるのにどのように援助／激励されるか		
G　保護者・地域の連携		6．学校が何をしようとしているかについての理解を保護者が得るために何が行われているか		2．保護者協議会の形はあるか，その機能は何か，それは効果的か
		16．地域住民との関係はどうか		18．建物の他の利用者との関係はどうか。
				14．サービスや研究所との連携はどうか
A　単純統計	1．地教委の配布資料，地域カリキュラムはどうか	3．入学する子どもの数推移はどうか		
実施　MET　教材・メディア・施設・スペース（Media and Equipment）学習活動・カリキュラム・時間割（Timetable and Curriculum）				
B　学校環境	学習の室や学校での活動に主だった特徴があるか	業間，運動場での移動方法を記述するとどうか。		
		雑音のレベルや種類はどうか		

	C　リソース				
	I　部会自己評価				
	H　学習のアレンジ	基礎基本の捉え方はどうか			
		抽出児・抽出生徒の視点は			
		学校視察の効果は			
	A　単純統計				
	IO　児童・生徒，教授組織（Instruction）学校組織，保護者・地域の連携(Organization)				
	F　生徒		学級の目標や学校の規則などにどのようなものがあり，それはなぜか。		
			転校生などへの対応はどうか		
	D　意思決定コミュニケーション				
	E　職員		指導主事，教育センターサービスや助言はどうか		
			大学とのつながりはどうか		
			教育実習生の援助はどうか		
	G　保護者・地域の連携		生徒の公共施設サービスとの関わりはどうか		
	A　単純統計				
成果	MET　教材・メディア・施設・スペース（Media and Equipment）学習活動・カリキュラム・時間割（Timetable and Curriculum）				
	B　学校環境		何か興味をそそるものはあるか		子どものワークブック，学習の記録，学校施設設備にどのようなコメントがあるか
	C　リソース				職員欠員の影響充足状況はどうか
	I　部会自己評価	部会での自己評価（基準に関する改善の余地や対象）			子どもの基準の改善の余地はあるか
	H　学習のアレンジ		課業（ワーク）の量と質の評価	スキルの達成事項評価方法への気づきや手ごたえは	
	A　単純統計		長期欠席児童生徒の割合		標準化された試験の結果はどうであったか
			家具や窓ガラス補修のコスト		
			事故の数		
			進学者数		
	IO　児童・生徒，教授組織（Instruction）学校組織，保護者・地域の連携(Organization)				
	F　生徒				
	D　意思決定コミュニケーション				
	E　職員				
	G　保護者・地域の連携				

かについては，元ILEA研究調査部長であったM.シップマン（Shipman 1979）は，その経緯について詳しく解説している。Shipman（1983, 1985）やSimon（1984），Clif（1987），James（1987），Burns（1982）に詳しい。そのILEA（1977）のKSUR（Keeping Schools Under Review）では，中等教育では，次のような観点があげられ（A．単純統計，B．学校環境，C．リソース，D．意思決定・コミュニケーション，E．職員，F．生徒，G．保護者地域の連携，H．学習のアレンジ，I．部会自己評価），これらは，先のステイクのマトリックス12のセルのいずれかに振り分けることができる（図表3-12）。

従来，授業のプロセスと成果の評価の研究（表Ⅰ～ⅣのうちのⅡとⅢに相当する），それに意図としての指導案と実際の授業（狭義のⅠと，Ⅱに相当する）の一致やズレをみることは，授業研究でも行われてきた。しかし，本来授業は学校研究主題と関わっているにもかかわらず，学校の意図する目標と授業との一致やズレ（広義のⅠと，Ⅱ）を，「なぜ」という問いかけをしながら追求してみる努力はおろそかになってきた傾向がある。この背景にはここ数十年カリキュラムの研究というよりも学習指導法の研究が脚光を浴びてきたことにもよるだろう。これと関連して，学校研究主題とカリキュラムのコンテクストとでもいうべきものとの関連（広義のⅠと，Ⅳ）もおろそかになってきたことは否めない。特にカリキュラムのコンテクストとでもいえるものは，総合判断していくに際して抜きにできない要因群（学校環境－建物，学校家具；学校風土；教職員－組織，意思決定，研修，カリキュラムの計画；生徒－内部の関心，特徴；教師生徒の関係；学校と地域－親，地域など）である。できうることなら，制約（constraints）を評価して改善に進んでいく可能性のあるものである。

2．2．日英比較による METIO の意義づけとチェックポイントの意味の掘り下げ

(1)　チェックリストの日英比較

ここで以上の2つ，すなわちロンドン教育委員会 ILEA と学校研究診断 METIO を対比してみると，共通なチェック項目が多いことがわかる（図表3-13)。しかし，違いも浮き彫りになってきた。ILEA のカテゴリーがあくまで学校全体を網羅する形での評価を行っているのに対し，METIO は物的リソースの MET 系列と人的リソースの IO 系列が，分かちがたく他と結び付く形で，お互い支えあいながら，ある一点に集約されることをめざしている。

筆者の考える各構成要素5つの関係を図示してみると（図表3 -14)，他の4つの構成要素は授業システムを中心にカリキュラムにたどりつく。たとえ他の4つのうちどれか1つの要素をキーとして焦点化しても，他の要素と分かちがたく結び付いている。とともに，地域教育行政，地域教育計画に拡張するというアプローチをもねらう。すなわち，メディア・スペースから入って，ミクロ（I ： Instruction)，マクロ（O ： Organization）の両方への広がりを意図している。この図は，プロセス評価である事例研究（後に触れる）をチェックリストにより行い1987年時点において提出したものを，成果を重視する OECD の概念マップ（OECD 1982）のその後修正したもの（2章のまとめ）に重ね作り替えたものである。すなわち，このシステムは，これまでの学校自己点検・評価や学校改善に関する国内の研究者がみてきた学校レベルでの学校経営などというよりは，むしろ1980年代後半からの OECD の動きとは逆にカリキュラム概念を狭く捉えるのではなく拡大して捉え，よりカリキュラム改善（個性化教育やメディア教育，統合カリキュラムなど学校研究主題）に焦点をあてていることになる。その特徴は，チェックポイントのあり方に反映される。

図表 3-13　METIO と ILEA のチェック項目の比較（有本 1993）

【MET】〔Ⅳ〕スペース　Ⅲ　メディア　〔Ⅰ〕時間

METIO からみたチェック項目		ILEA の項目	
D7　同一敷地内に幼小・小中などの学校が隣接しているか。 D1　必要に応じて自由に使える多目的スペースがあるか。 D2　特別教室や空き教室などをオープン・スペースとして活用しているか。 D8　低学年専用のプレイルームなどがあるか。 D9　学年共用のフロアがあるか。 D3　廊下，玄関や校庭などあらゆる空間を子どもの学習の場として活用しているか。 D4　教室空間の活用の仕方を授業内容に合わせて変えているか。 ●　漢字や計算ドリルを行うためのワークシートなどが，用意されているか。 J7　普通の授業で，子どもの多様性に合わせられるように，複数の教材を用意しているか。	Ⅳ	運動場・階段・教室など学校の一般的な特徴にどのようなものがあり，それらはどのように手が打たれているか	（学校環境 B1）
●　同じ教材がすべての子どもに行き渡るように多数用意されているか。 J3　授業に生かせる郷土の素材をリストアップしているか。 J17　各種メディアを学習の道具として子どもたちが自由に使えるようにしているか。 J19　教材作成機器（マイコンやワープロ，ビデオ，コピー機等）が充実され，常時活用されているか。	Ⅲ		
J19　図書室や資料室が子どもの学習資料収集をしやすい形に整備されているか。 J4　子どもの作品や記録が保存され授業に役立つようになっているか。	Ⅲ	教材・施設面での議論はどうか 学年進行一貫性の保証がみられるか 図書館や学習センターの部会についてどのようなものがあるか	（部会自己評価 I6） （部会自己評価 I12） （部会自己評価 I10）
J13　特定教師の特技やスキル，興味を生かしたような機器の導入，利用がなされているか。 J10　教育機器の担当者がいて，管理・整備，保守等がなされているか。 ●　教育機器の操作は特定の教師ではなく誰でもできるように研修されているか。 J14　教師が番組の事前視聴や番組研究をよくしているか。 J16　教師がビデオ教材の自主制作をしているか。	Ⅲ	職員の欠員状況とカリキュラムへの影響はどうか 教師の専門等の数と学校の考えるカリキュラムとのバランスはどうか	（リソース C3） （リソース C4）
J1　学年部会，教科部会などで教材・教具の共同開発をしているか。 J15　学校放送番組を計画的に継続利用しているか。 J2　校外の公的機関や民間企業等から資料提供を得て授業に役立てているか。 J5　授業案，テスト問題，資料，各種視聴覚教材などが 1 つのパッケージ化された形で授業に使われているか。	Ⅲ	視聴覚部会や施設部会の機能，手続・方法はどうか	（リソース C8）
D5　学校外の自然・社会環境の場での学習が積極的に行われているか。 D6　利用可能な校外の施設・スペースをリスト・アップしているか。	Ⅳ		
B1　研究主題がカリキュラムに具体化されているか。 B2　重点単元を年間指導計画の中に位置づけているか。 L2　教師の研究・研修のための時間帯が時間割の中に設定されているか。 ●　学年教師間で合同の授業を組み易い時間割編成をしているか。 J12　教育機器や施設・設備の使用時間割り当てがなされているか。 C8　授業展開によって，時間枠を教師が変更することができるか。 C10　モジュール・システムを取り入れているか。 C11　小学校で低学年等単位時間を区別しているか。	Ⅰ	カリキュラムやシラバスはどのように決められているか，教育目標とどのように関連しているか 時間割はいつどのように決められ職員に諮られているか	（学習のアレンジ H2） （学習のアレンジ H3）
C2深化や補充の個別指導の時間を特別に設けているか。	Ⅰ	能力差や背景・環境への配慮，つまずき診断や補充深化にどのようなことがなされているか	（学習のアレンジ H4）

C3　漢字や計算のドリルを行うための時間が特別に用意されているか。 C1　学校自由裁量の時間を活用した総合学習を行っているか。 C4　１人学び，自由研究の時間を設けているか。 C9　自由裁量時間以外に独自な学習活動の時間帯を設けているか。	Ⅰ	基礎・基本の捉え方はどうか	(学習のアレンジ H10)
F12　何らかの選択学習を導入しているか。	Ⅰ	学校は何をもってバランスあるカリキュラムとして考えているか，共通のコアをもっているか，それは検討の必要があるか 子どもがコースを選択する中でバランスあるものと誰が保証するか	(学習のアレンジ H15) (学習のアレンジ H16)

【IO】〔Ⅱ〕学校組織　〔Ⅴ〕地域との関わり

F8　必要に応じてティーム・ティーチングが組める体制ができているか。 H1　同学年合同の学習集団を組んでいるか。 H2　異学年縦割の学習集団を組んでいるか。 E4　子どもの成長についての多面的なデータをいつでも問い合わせ検索ができるようなシステムがあるか。 E6　個に応じた指導に利用するために，標準化された検査を定期的に行っているか。 B3　カリキュラム評価の観点や手法が明確になっているか。	Ⅱ	個々の生徒への対応組織にどのようなものがありどのように機能しているか	(生徒 H2)
L10　校長・教頭・研究主任等が新しい教育実践研究の動向に関心をもち，教師に働きかけているか。 L16　外部から専門家を呼んできて一定の知識の習得の機会を得ているか。 L6　同じ研究主題の学校と交流し，研究を深めているか。 F1　学校としての共通の授業設計の手順をもっているか。 I7　授業に関する記録や評価結果などを集積し利用しているか。 L8　研究会の記録などが整理されて共同利用できるようになっているか。 F7　授業案を共同で開発する体制ができているか。 L18　職員室の他に特に小人数の部会が構成されるような部屋が設けられているか。 L13　赴任してきた教職員に以前の研究のいきさつが伝達，継続されているか。 ●　研究資料を収集，調査する組織があるか。 L9　他校の紀要などが整理されて共同利用できるようになっているか。 ●　地域の他の学校とも連携して授業研究や教材開発をしているか。	Ⅱ	研究テーマや課題，外部の相談者はどうか	(意思決定とコミュニケーション D1)
●　学習活動や特別活動（委員会活動やクラブ活動，部活動など）の中で学校として子どもの手に委ねるという方針があるか。	Ⅱ	生徒の学校への参加の度合はどうか	(意思決定とコミュニケーション D1)
L19　地域の教育センターなどからすぐれた資料が必要に応じて入手されているか。 ●　地域の教育センターは研究主題に関連した先進校や研究会の斡旋や紹介を積極的に行っているか。 ●地域の教育センターは映像教材を計画的に録画・貸出をしているか。 L20　地教委や地域の学校が相互に協力してパンフレットや資料を作成しているか。	Ⅴ	指針やガイドブックはあるか	(意思決定とコミュニケーション D8)
K2　保護者に社会調査，野外学習，家庭での調べ学習等について積極的に協力依頼しているか。	Ⅴ	学習の援助は見られるか	(親や地域との連携 G7)
K1　学校の方針を保護者に理解してもらうための特別な方策を実施しているか。	Ⅴ	理解を得る方法があるか	(親や地域との連携 G6)
K3　校外の専門家やボランティアの人とティームを組んで授業を実施しているか。	Ⅴ	ボランティアや地教委との連携はどうか	(親や地域との連携 G13)
●　コミュニティーのコアとなる活動を実際に行っているか。	Ⅴ	地域住民との関係はどうか	(親や地域との連携 G16)

図表３-14　チェックリスト METIO の概念（有本 1993）

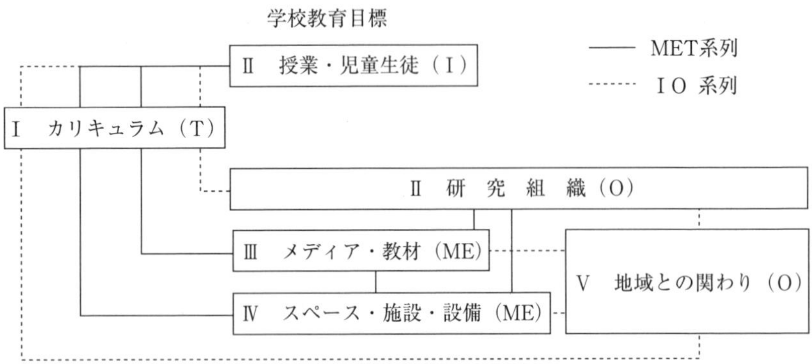

ａ．第１に，メディアと施設・設備（MEDIA AND EQUIPMENT）—まず，メディア・スペースから切り込むことで，主たる診断の対象として，授業を間接的に支えるカリキュラムにしつつも，まずは授業システム（Romiszowski 1981）をその中心に据える。最近では，ICT といったテクノロジーサイドから，学校における授業システム（NSSE 1996）という用語も用いられる。その際，意図を反映させるため，わが国に特有の「学校研究主題」との関連を意識する。指導方法を制御と発見という連続線上に位置づけた場合に学校全体として複数の指導法を採用できるかどうかは，カリキュラム改善の鍵である。児童・生徒への成果に影響するものとして次の２つの項目が考えられる。授業システム，特に量的個人差に対応するメディアに関する項目であり，今１つは，異質な体験，特に質的個人差に対応するメディアに関する項目である。後者には，伝統的情意的行事への参加そして本当の意味での直接経験の機会を含める。

ｂ．第２に，時間割（TIMETABLE）—次に，時間割を押さえることで，意図的に SBCD ないしそれに準ずるモジュールを含むカリキュラムの開発，または子どもの学習活動の工夫をチェックする。時間割を弾力化することが，さまざまな学習活動，ひいては学校全体のカリキュラム改善の鍵である。さらに，これは教員の研修など含め，時間確保とも関わる。そして，上記のリソース，特に教育メディアとスペースの再配分と密接に関わる。

c．第3は，教授組織と記録の取り方（INSTRUCTIONAL ORGANIZATION including INTERNAL ASSESSMENT)―さらに，児童生徒や彼らと直接関わる学習指導上の教授組織を押さえることにより，わが国の伝統的な授業実践研究をベースに，重点教科の教授・学習ストラテジー，評価の視点や方法，記録の取り方など指導と評価のありかたをチェックする。学校・学年・学級の組織を授業や学習に向けて再組織することが鍵である。児童生徒への成果として，内発的な動機づけ（intrinsic motivation）を高める活動と関わる。

d．第4は，学校組織（ORGANIZATION AND INSTITUTION)―最後に，学校組織やサポート機関を押さえることにより，わが国に伝統的な校内研修，内部条件となる特徴と研究の歩みや指導者・地域との連携をチェックする。保護者や地域との連携を含めた学校の研究組織づくりが，鍵である。

(2)　1995年英国滞在調査による英日間の違い

英日間の違いを，1995年英国滞在調査（実際の学校訪問での検証含め），1997年に日本カリキュラム学会で来日したM. ジェームズへの質問紙や聞き取りをもとに，その後の文献も肉づけすると以下のようになる。

文献からみた範囲では，海外，特に米国からみた日本は，以下のとおりである。社会的，経済的，教育的な機会の平等性がある（Cummings 1980)。国による確立されたガイドライン：日本は国の基準，標準化された教科書，網羅されたカリキュラムのガイドラインなど，中心化された教育システムが確立している（Rohlen 1995)。「教育的，および財政的リソースの均等，かつ効率的な分配」「卓越した入学試験のシステム：すなわち学習に対する肯定的な態度は，学校のカリキュラムに準じた入学試験システムによって促進されている」というのである。

a．●英国の場合，教科書は，国レベルで開発された公認のものはなく，自由に選択できる。自作教材が多く，各学校では必ずしも人数分揃えていない。一部の財政的に余裕のある地教委（エセックス州など）では，カリキュラム用にCD-ROMを独自に学校に配布していた。学校の裁量権は多くあり，地域のエージェンシーも多い。ライブラリアンやそのためのメディアサービス等が充実している。内容を読み解き，制作も手掛けるメディア教育が盛んである。

○ところが，日本の場合，国の検定教科書のリストから選択されねばならず，無償配布である（これ以外には，『心のノート』しか中央から児童生徒の手に渡ったものは他にない。日本では，1904年（明治37）から47年（昭和22）まで国定）が，検定教科書システムを取っており，教科書とその学習指導要領がカリキュラムに占める位置は独特のものである。「教科書の発行に関する臨時措置法」によれば，「小学校，中学校，高等学校およびこれらに準ずる学校において，教育課程の構成に応じて組織排列された教科の主たる教材として，教授の用に供せられる児童又は生徒用図書であって，文部科学大臣の検定を経たもの又は文部科学省が著作の名義を有するもの」（2条1項）とされている。このように，教科書システムのもつ意味は大きく，地方で作成した教材は副読本という位置づけである。

b．●英国の場合，施設・設備には，オープンプランスクール，1960年以来のインフォーマル教育や全米のオープンスクールの影響がある。多くはより伝統的な学校建築で，中学校は廊下スタイルの建物になりがちであるが，ただ，約7割が平地であることから，財政的に豊かなところでは，比較的みられる。

○ところが，日本では，約7割が山岳であり，平地が少ないこともあり，伝統的な教室のヨコに廊下がある校舎がほとんどであり，最近急速に建築基準が緩やかになりつつある。

c．●英国の場合，カリキュラムにおいては，初めて新しい法律で国家カリキュラムが制定される。学校が従う程度は学校査察によって決定される。しかし英国では，達成目標（AT：Attainment Target）を規定しているだけで，何時間が教科に配分されるのか，時間がどのように割り当てられるのか，またその組み合わせやモジュールにといった具合にどのように組織されるかに関しては要求していないのである。

○ところが，日本ではゆとりの時間（1977年～小・中学校第4次，高校第5次）というように時間を確保してきた。ここで，この「時間」の問題をとりあげるには理由がある。日本では，国の基準でなされたアセスメントは要求されない。その分，各教科，選択，総合的な学習の時間ごとに年間の配当時間が学習指導要領によって決められている点である。シラバスを並べているだけである学習指導要領のコンテンツ研究はきわめて少ない。したがって，時間を柔軟にすること（flexitime）が学校レベルでのカリキュラム開発に直結するとみたのである。

さらに，基本的に全人教育であり，「学業並びに社会的達成を可能にする whole-child development を重視している」(Lewis 1995, Cummings 1980)。「一回の授業で限られた概念や技術のみを導入している」(Stevenson & Stigler 1992, Perry 2000)。「思考を深める，また集中的なカリキュラムとなっている」(Stevenson & Bartsch 1992）という指摘がある。

d．●英国の場合　授業においては，一斉とグループワークと個別学習とのコンビネーションであり，Bennett (1976）らの教授スタイルや学習スタイルの実証的研究がある。小学校6年間は混合能力によるグループであるが，7年目からは学校間そして学校の中の両方でグルーピングが始まる。1つの小学校の中でも能力によって分けられるかもしれない。生徒が教室を動く中学校以降では，生徒は自分で知覚した能力やこれまでの成績に従って異なった教科の集合の後を追う。安い報酬でのヘルパーやボランティアなどパートナー的に教授組織を組んだ活動が多い。

○ところが，日本では，学習指導は教師中心で，基本的に一斉指導中心の枠組みの中での学習形態の弾力化であり，学習形態や集団は混合能力によるグループでありがちである。学級の位置づけとしては，学級担任の意味づけは大きく（3C's：Connection 人間の関わり，Cooperation 協力的な態度，Content 薄い教科書による深い内容)，基本的な単位として学級文化をもっている（Lewis 1995, 2000, Lewis et al 1998)。学習指導では，学習形態は，「一斉授業：教師はクラス全体に講義をすることが多く，生徒が自分の机の前で一人で作業することはあまりない」(Schaub & Baker 1991&1994）のであり，「肯定的なフィードバック：評価の焦点は過程に置かれ，失敗は生徒を格付けするためのものではなく，学習のためのリソースだと考えられている」とか「個人ではなくグループ活動に基づいた評価：評価は個人にではなく，グループに与えられる。その際，グループがどのように課題目標に到達したのかに着目する」と指摘されている。その中で学習指導は「一貫性のある授業：授業は問題提起に始まり，生徒はその問題について熟考，解決するよう導かれる。このような問題解決型学習では，ある一定の概念や技術のみが提示されるため，授業は一貫性を保ち，生徒はそれらの概念や技術を効果的に習得することができる」(Stevenson & Stigler 1992）というのである。

その背景にある学級経営についても，「教師は生徒のために，目標が明確で整然とした協力的な環境作りを目指している。教師は権威を行使することを控え，生徒が自律的に規律に責任を持つよう促す。教師は生徒に社会や学校での自分の行動をモニターするよう促す」(Lewis 1995）としている。

さらに宿題の重要性と十分な訓練は特筆されている。「宿題は生徒に十分な練習の機会を与える重要な要素であると位置づけられている」(Schumer 1999)。また，「宿題を出すことで，教師は教室内での演習時間を節約することができる」(Rolen 1995)。「学校外での補習や学問的でない活動に参加：生徒達は学校で学習した項目を確実にマスターするため，放課後塾などの補習を受ける」(Schumer 1999) というようにである。また，「児童・生徒達は学問的なスキルを向上させるために，美的，肉体的，倫理的，精神的，そして社会的発達を促す学問的でない活動にも従事する」(Lewis 1995)。

e．●英国の場合　学校組織に関しては，学校査察に対しては，教師たちは，新しい要求によって学校長は同僚というよりもより経営者としての役割を果たすことに関心をもつ。学校効果研究はリーダーシップの能力を強調する。親と教師からなる地方での学校理事会 (School governors) があり，学校のプロセスに幾分かの統制をもっている。学校理事会は中央のカリキュラムの準備や財政管理に責任を負い，その度合いは高まりつつあり，国の法律の実施を保障しなければならない。

○ところが，日本では，ほとんどすべての決定は，教職員全体でなされる。毎日の短い職員会議と毎週の長い会議とがある。職員室の中では，お互いのやり取りを形成している。学校研究主題を決め，その第一次，第二次などの重点課題を絞り，それに沿って，できる学年から年間計画を立てる（この間部会ごとに競争になったりとさまざまな相互作用がある)。それを研究授業に試験的に試みて，微調整をし，解釈・共有する。多面的なデータを取り，そのまま進めるか，変更するか，修正するかのサイクルが積み重ねられる。教師の仕事は，研究授業のデザイン，実施，同僚による観察・分析にまで及ぶ (Shimahara 1997)。学校評議員制度もその後発足するが，また教育委員というシステムがあるが，主要な力は国と県にあり，財政負担は50%を国，25%を県，25%を地方税で支払う。

以下の点についての指摘は一面的のように思われるが，日本の学校を調査している米国からみると，「比較的学校規模が小さく，混乱が起こりにくい」(Rohlen 1995)。「整然とした環境。教師と児童生徒が共に学校の運営に参加する。同僚間の関係と教師間の協同：教師達は協力的かつ整然とした学校の風潮，同僚間の関係，そして教師間の協同に恵まれている」というのである。

f．○そもそも社会経済，歴史文化的にも違いは考えられる。

教師背景も大きいように考えられた。その特徴は，次のようなものがある。日本は，英国と異なり，「給料および保障」「適当な仕事量」「外的なプレッシャーがない」「昇格の機会」「確立された教師研修と継続的な職業的発達」「尊敬されており，また能力が高い点」などの点で特徴的である。

また，保護者の期待も違うという指摘がある。英国からは，「協力的かつ自分の子どもに対する高い期待：両親は教育や学校を支援することに関して肯定的であり，子どもの学業での成功に対して，高い期待を持っている」(Lynn 1988) とか，「子どもの社会性に関するスキルを重視：日本の母親は早い段階での社会生活への適応に高い関心を示している (Lynn 1988)。米国からは，「人口統計学的要素：日本は均一のとれた中流階級社会であり，子どもは比較的，失業，貧困，離婚，そして犯罪などの不安定な要素に対するストレスがない」(Rohlen 1995) とか，母親は自分の子どもと感情の絆で結ばれており，そのことが子どもの社会性の発達を促進している。さらにはそのような社会性の発達が，学業で成功し，努力を惜しまない子どもを育成することにつながる」(White 1987) というものである。

g．○また，児童・生徒のもつ学習や学校に対する肯定的な態度が指摘されている。「日本では，両親は子どもの「甘え」を許し，両親の無条件の愛によって子どもは守られているという感覚を持つ。「甘え」させてもらう代わりに，子どもは自分の両親に恩を返さなければならないという「義理」を感じ，学業や職業的成功を目指す」(Samimy et al 1994) という興味深い指摘すらあるのである。

さらに，背景として「能力よりも努力を重視」(Rohlen 1995; Stevenson and Stigler 1992）がある。「発達した認知的能力：The Michigan Study によると，特に数学に関する認知的能力が他の国に比べて日本の生徒の方が発達していた」という指摘もみられる。

以上のように，英日においてはコンテクストが大幅に異なる。図表3-13でみたように，チェックリストの項目は似ているものと，異なるものがあることがわかった。日本の校内研修における学校研究主題をもとにした授業研究，学習指導に関する項目は非常に膨らんでいる。特に，学習指導では，「基礎・基本」と「自己学習力」というように，バランス感覚がみられる。

海外からみると，「発見学習や課題解決型学習などの構成主義に依拠した学習は，学習過程を重視しており，意義のあるコンテクスト，議論の場，そして深い思考を促す内容を提供する。また，日本における構成主義に依拠した学習は完全習得学習（mastery learning）と融合されており，このことは日本の教育を，独自の，そして効果的なものにしている」ことになる。

⑶　日本の困難点

しかし日本では，教材（備品），施設，人事，それにカネと，行政による規制を伴うといった，カリキュラム開発を進めていく上で，著しい制約を伴ってきた。そして何よりも学校の教室と職員室における配置と動き方に大幅な違いがある（図表3-15）。

児童生徒の学習スタイルを考慮したり，学習形態を多様なものにしていくには制約が大きい。まず，時間割はSBCDの顔である。そこで，規定性が強い分，時間を変えることは，いきおい他の構成要素の再結合をもたらしそれだけインパクトが強いのである。特色ある学校では，ニーズのある子どもに，時間が与えられている。

次に，同じMET系列である物的リソースを診断することの意味は大きい。教材メディアを中心にみていくことは，教師へのアクセス，児童生徒へのアクセスを可能にするものを増大させ，すなわち，英国やオーストラリアでみられ

図表 3-15　学校職員室における構成員の配置と動き方
（中根 1972，もともとは家族構成員のもの）

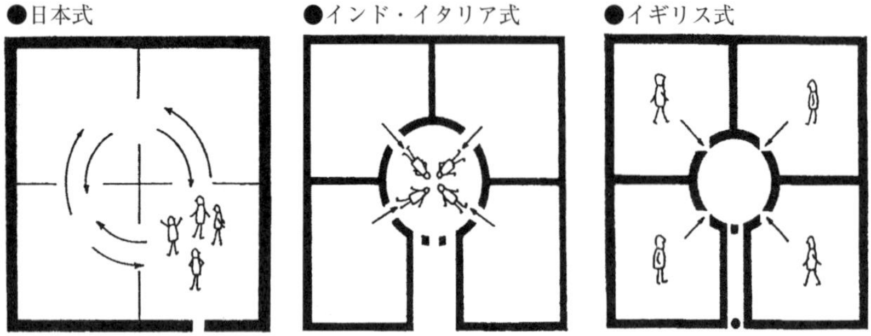

たSBCD活動での教師の役割の変化を促す。それとのかかわりで，IO系列である人的リソースのあり方も見直さざるを得ない。地方の体制整備の誘い水になる。サポート体制が伴ってはじめて，カリキュラム開発に教師が関わりをもつこと，教師の役割の変化を論じることができる。

英国との比較において，学校へのサポート体制（支援事業や活動）は大きく異なる。1つは，教師教育の充実であり，もう1つは他機関との連携による児童・生徒に対する適切な教育機会の提供である。人的・物的リソースに制約のある地域における連携プログラムに高等教育機関の果たす役割は大きい。しかし日本のように，初等・中等教育と高等教育の所管部局が異なり，かつ「大学の自治」を重視されるところでは，行政主導によるプログラムにはし難く，二者の連携は難しい。英国は，他機関との連携によるものとか，部会の果たす役割（予算もつける）など，わが国の今後のあり方に示唆を与えてくれる項目がある。これらの項目を組み込む形をとっている。

第3節　外的サポートの弱い時期における評価道具の適用および意義・特徴

3．1．学校研究の診断道具の適用例

(1)　事例への適用例

以下では，時期的には前後するが，ケーススタディとして，学校研究診断システムMETIOによる診断の実際について触れよう。実際に授業研究に関して，学校研究を通じて地域が支えつつイノベーションを行っている学校へ出かけて，そこで，いかにカリキュラム改善が行われているか，実際にチェック項目を使って書き出した事実があるので，抜粋しておきたい。その際，ステイクのモデルをベースに，事実分析と価値判断を分けてみることに留意した。Ⅰ カリキュラム，Ⅱ 研究組織，Ⅲ 教材やメディア，Ⅳ スペース，Ⅴ 地域社会との連携，というカテゴリーである。なお，記述は1987年3月の時点である。

ａ．岐阜県池田小

●地域の教育センターなどからすぐれた資料や便宜が必要に応じて得られているか。

昭和55年に分離した新設校である本校については，町教育委員会（後に教育センターをもつに至る）について触れないわけにはいかない。当初町内には４小学校と１中学校があったが，児童が1,000名を越える最大規模の学校を分割することでは，隣接の町で完了していたことからも時間の問題であったという（地域の変化）。町議会では町長が用地買収の意志表示をしたのを受けて，議員歴30年と議会や行政に影響力のある人が，当時定年後の教職員がなるのが常識だった教育委員に選任される。こうして51年以降，区長（自

治会会長にあたる）会や議会との緊密な連携が始まり，教育施設の専門家を招聘したり，先進地での研修を教育委員会，議会ともに行った。予算措置についても，オープン校の施設維持費に加えて，研究会や資材印刷費に割高に配当している。隔年で開かれる公開発表会についても予算を計上している。

●地域教育センターは研究主題に関連した先進校や研究会の斡旋や照会を積極的に行っているか。

工事着工の段階では学校教職員の意見はほとんど入っていなかったとはいえ，８年前から現在まで続いている先進校の視察と教職員の先進校への１ヵ月留学の町費全額負担がこの時制度化されている。また人事権は県にあるので任せる他ないが人事異動があってもいずれは町にもどってくるとみて，コンピュータの教育利用のため大学への内地留学制度で研修させている（リアクション）。

●地教委や地域の学校が相互に協力して教材や資料を作成しているか。

開校から２年間は毎学期のように町内の他の学校を会場として外部から講師を招いて新しい学校教育について啓蒙している。町内の学校ではすべてに給食食堂や多目的ホール，グランドの夜間照明はあるが，学校ごとにパソコン24台導入の申請をするなど国から予算を獲得する方法をもっている。その他，山麓地帯を利用した「自然の家」構想，町内児童対象のファミコンアンケートなど一部実施に移された町教育圏の青写真はみられる。とはいうものの，奈良新庄圏のような，複数の学校間での教材の相互開発や流通，普及はみられない（異質体験)。

●地域の教育センターは映像教材を計画的に録画・貸出をしているか。

町役場に新しくできた町教育センターでは，学校教育番組のビデオライブラリー化，貸出業務を行っている。借り出し希望校にはセンター添えつけの用紙に書いてもらっていたが，それだと活用頻度が減ったため，用紙だけ各校へ備えつけるようにしている。ビデオのライブラリーには教科別に整備しラベルがつけてあり，合科というラベルのついたものも充実している。各校とも活用頻度にそう傾りはない。1986年度からパソコン5台レンタルの費用を計上し，貸出品目の1つに加えている（サポート）。

●学校はコミュニテイのコアとなる活動を現実に行っているか。

開校以前から校下民の協力により開放準備委員会が発足する。教職員のニーズに対応できるよう校下一帯に寄付を求める。これは現在も区長（自治会会長）中心に毎年数十万の寄付金を得ている。グランドでは中部電力から古い電柱をもらい受け，大工経験者がフイールドアスレチックを作るなど運動遊具設備がPTAや父母の労力奉仕でなされる。造園師や老人クラブの力で屋外環境も整備される。この他「あいさつ運動」，「自動車免許証制」，夏休み中の「ラジオ体操」，祖父母学級での「わら細工」や「わらべ歌」，絵画や美術工芸品の学校への寄贈などがある。その背景には，学校に隣接している公民館から鍵をもらって夜間体育館それに家庭科室を使用してもらうような工夫が建築上みられる。工務店を営む住民により，理科の教材で必要な設備，「力の広場」（「滑車」「てこ」「りんじく」）が，また科学の教材に役立てばと「精密日時計」が設置されている（内発的環境）（生涯学習）。

●学校の方針を保護者に理解してもらうための特別な方策を実施しているか。

学校としても新しい教育での基礎学力低下という不安に対しては「はげみ学習（基礎的スキル学習）」を導入し説得を図っている。他にも，子どもの姿（通知表）の改訂，あゆみ（はげみ，いずみ（自由裁量の時間を活用した一人学び，自由研究，クラブ活動の毎回ごとの自己記録とその認定），漢字学習の毎日の認印などを行ってきている。PTAへの会報を出し，個人の教師のプロフィールの紹介と名前の浸透の徹底，理解を求めている。本校と同じ志向性をもつ緒川小へ，PTAから研修旅行に出かけることもしている。そして自らも両親学級，年間を通じての町親子読書サークルで研鑽を積むとともに，小中合同のPTA拡大委や県PTA総会に参加するなど積極的な活動のスローガンをめざす姿が定着している（保護者への啓蒙）。

●校外の専門家やボランティアのティームを組んで授業を実施しているか。

当初よりゆとりの時間を使ってはじめた「いずみの学習」では，最初行事と結びつけ本校独自の形でクラブ活動と隔週で行うことになる。外部からボランティアを呼ぶことは２～３年できないでいた。魚つりなど校外へ出てはいけないという既成観念も強く，子どもたちに希望を聞くなどしているうちに，地域から入ってきてもらってもいいのではということになる。子どもからまず希望を出してもらいそれを８教科の中へ入れ，PTA の紹介等によりボランティアに担当願って全体の人数をみて教師をわりあてている。地域の退職教師４名，地域の大工，編物手芸など専門家が５名指導に加わっている。

●校長・教頭・研究主任等が新しい教育実践研究の動向に関心をもち，教師に働きかけているか。

これはおそらく学校研究の決め手といえるほど重要かつ逆にいえばデリケートな問題だろう。いわゆるリーダーシップの問題であるが，公開研究発表会がどのようにもたれるのか（本校では二日間にまたがり行われるが，一年おきとしている）などでその本領が発揮されるといえないこともない。が，それが発揮され具体化されるのは日頃のカリキュラム，研究組織，教材やメディア，スペース，地域との連携といった領域であり，授業の実施とその条件整備に現れる。その例はこの校長の例でいうと各方面にわたる外部との関係で顕著である。

ｂ．富山県福光中部小

①地域社会との連携（Ｖ）で本校はどう動きどう動こうとしているか。

●地域の教育センターなどからすぐれた資料や便宜が得られているか。

この学校も町教育委員会との関係を抜きにして語れない。町では昭和30年代後半よりプログラム学習やシステム化等を中心とした「学習の個別化」の研究に小・中・高あげてその推進に努めてきた。特に小学校では昭和40年代前半は，12小学校の学年部会や教科部会での協業で，自作教材や学習指導資料，実践記録の「学習セット」化を図ってきた。が，小規模校が多く40年代後半から４校に統合し，遂次新校舎の建設を進めてきた。現在，中学校（２

校中の1校）に隣接している旧校舎には町教育センターがおかれている。これはもともと30年代後半に福光小学校に町理科センターが併設されたものを独立設置したものが，40年代前半学習の個別化全国大会の事務局を併設するなどで膨み，かれこれ4半世紀の歴史をもつものとなる。

新校舎建設においては，先に統合した学校の校舎を利用した結果出てきた反省点や欠点を是正する形で進められている。その3番目が，本校である。構想にあたっては，文部省を訪ね，東京都が刊行していた「21世紀の学校建築はどうあればよいか」に応える平面図の事例集を入手，町教委職員をヨーロッパのオープンスクール視察に派遣している。

その町教育センターの概要は，その運営の重点からまとめると，

1）各校の特色ある教育課程編成と，その実践活動を効果的に進めるよう資料・情報提供等，援助活動の推進を図る。これについては，現地学習への移動をバスのチャーターなどにより援助する。子どもの作文資料を編集出版する。学力やスポーツテストの調査研究をするなどである。

2）教職員の指導力の向上をめざして，現職教育の推進を図る。これについても，コンピュータやVTR，OHPの操作・活用について実技研修を行っている。

3）生徒指導充実のため，地区センターの協業に基づく研修体制を確立し，その充実に努める。この他，県や外国との交流を積極的に進める中で，スポーツへの意識の高揚を図る。体育協会，美術協会，音楽協会などの自主的活動の奨励，援助，強化を行う。民間有志の指導者の養成獲得，人材銀行の積極的利用を行うなどである。

4）非常勤研修員が中心となり，教材・資料の開発と活用に資する。町内施設の現況や町文化財の実地調査を行う。郷土資料や日常生活用品の寄贈受け入れや展示などである（リーダーシップ）。

②研究組織（Ⅱ）で本校はどう動きどう動こうとしているか。

●同学年合同や異学年縦割の学習集団のための部会を組んでいるか。

同学年１フロアのオープンスペースにより，３人ないし４人の同学年の担任が学習の組みたてや問題解決のための資料づくりを行っている。特に時間割は各担任で調整して学年合同のコース別学習（中・高学年の「手びき」や「カード」を活用するもの），合科的学習（低学年）が組めるよう調整されている。また，学校全体でも下学年から上学年へと筋の通る研修に力を入れ，子どもの思考や態度の発展的・系統的な育成に断層が生じないようになっている（教授組織）。

ｃ．兵庫県苦楽園小

①地域社会との連携（Ｖ）で本校はどう動きどう動こうとしているか。

●地域の教育センターなどからすぐれた資料や便宜が必要に応して得られているか。

この学校は都市部で大きく動こうとしている例としてとりあげられよう。10年前に分離独立し以後校区変更に伴う児童数の増加により１年前に校舎に多目的教室を新たに盛り込んでの増改築工事が行われる（地域の変化）。これより先，５年前に前校長，市教育長，施設係長で米国へ視察に出かける。そして本校の研究主任もチームへ入って『市多目的教室利用研究による手引き』を作成する。そして市の教育委員会指導課長が本校に赴任してからは，新しい教育方法のあり方を求める市の学校関係者にその試みを公開することになる（リーダーシップ）。

●学校はコミュニティのコアとなる活動を現実に行っているか。

もともと土着の人が少なく閑静な住宅地を求めて移り住んできた裕福な家庭が多く教育熱心である。連帯とか郷土愛への唯一の場を学校に求めている。「苦楽小音頭づくり」などはそのあらわれである（校下との連携）。

●学校の方針を保護者に理解してもらうための特別の方策を実施しているか。

新設された多目的ホールでPTA講演会，学校給食試食会を行っている（保護者への啓蒙）。

●校外の専門家やボランティアの人とティームを組んで授業を実施しているか。

学級会では七夕かざりづくりで母親にチユーターになってもらっている。土着の人は少ないが，地域の古老にクラブでお世話になる予定にしている(教授組織)。

d．岐阜県柳津小

④研究組織（Ⅱ）で本校はどう動きどう動こうとしているのか。

●実践の記録などが整理されて共同利用できるようになっているか。

本校は，昭和40年前半より理科教育に力を入れてきている。その間文部省や県教委の研究指定を受けたり，ソニー理科教育最優秀校を受賞してきた。明治からの地域の伝統校とあって校地を拡張しては増築を重ねてきた。その実践の記録は，校舎の一角にある教師資料室に伝統の重みとしてみることができる（資料検索)。

●同学年合同や異学年縦割の学習集団のための部会を組んでいるか。

本校では，「体づくり委員会」「学習づくり委員会」「仲間づくり委員会」の３つの委員会を組織し，学級担任全員がいずれかに所属して，各学年から構成されたタテ系列とともに学年内でのヨコへの広がりを重視している。各委員会は各月ごとに具体的な活動内容をテーマとして設定している。もちろんこの他にも学年会，研究教科部会，職員会，運営委員会などで運営組織を活用している。特に先のうちの「学習づくり」委員会では，学習センターとして図書館を位置づけ，各教科での調べ学習や発展学習へ展開できるよう多彩なコーナーやラベルが整備・充実されている。教授組織がタテ割りであるために，金曜の朝読書の時間には各クラスへ読みきかせ（寸劇，紙芝居，影絵を工夫）に行くことができる。「はかせ勉強」などノートその他の作品についても３年間図書館にて保管し，借用する際に賞状にその写真をはりつけ借用書とするなど整理や受け入れ体制は充実している（教授組織)。

e．富山県成美小

①地域社会との連携（Ⅴ）で本校はどう動こうとしているか

●学校はコミュニティのコアとなる活動を現実に行っているか

本校ではPTAが中核となって積極的な研修や実践活動が地域ぐるみで行われ，成果をあげている。それに教育振興会も加わって財政面のバックアップをしている。特に地域の他の学校でもみられなくなった学校祭が本校では伝統となり，PTAの役員はそれが成功するかどうかでその真価が問われる。前日からの泊まりこみで，総力をあげてバザー（体育館下ピロティーでの売店や大食堂），セール（手づくり品や商品）を行う。そして学校への資金調達の面でこれは大きな力をもっている。さらにPTAのクラブ紹介や作品展示が各教室でもたれる。日頃からも廃品回収が行われ，これは4年生の「紙と生活」の学習にもつながっている（校下との連携）。

●学校の方針を保護者に理解してもらうための特別な方策を実施しているか。

この学校祭では日頃の学習の成果，絵画や工作，毛筆など作品として各教室で展覧するだけでなく，全学年での総合学習の成果を学芸会としてステージの上で披露する。2年生では「虫と友だち」を歌と合奏で，4年生では「けんとえみの世界旅行」を劇で，といった具合である（保護者への啓蒙）。

②研究組織（Ⅱ）で本校はどう動きどう動こうとしているか。

●校長・教頭・研究主任等が新しい教育実践研究の動向に関心をもち，教師に働きかけているか。

3年前より「学習の総合化」「学習と生活の一本化」に取り組むが，これは以前いた学校での合科的学習の経験をもつ校長の指導性によるところが大きい。もちろん6年前からカルテ・座席表の研究を行い，ようやく軌道に乗りかかっていた。が，指導者の渡米，校長の交代により，新しいテーマをうち出す。以前外部からの研究指定など多く，負担になったこと，また研究の方向をめぐって1年目は立ち遅れる。が，大学への職員内地留学に加えて，教頭が原案からアウトラインに至る討論を引っぱり，ベテランの教務も低・中・高の学年部会と学校とのつながりを全体研修でつけるなど工夫している（リーダーシップ）。

③カリキュラム（Ⅰ）で本校はどう動きどう動こうとしているか。

●学校自由裁量の時間が総合学習・総合活動のために活用されているか。

創意の時間を本校では研究主題と結び付けている。創意の時間は1週2時間程度予定し，そのうち1年（15時間）2年（16時間）…6年（22時間）を総合学習にあて，他を学年，学級の時間としている（時間枠の確保）。

なお，これらの結果は，この時点でのまとめを学校長に情報提供した。

3．2．学校研究の診断的道具の意義とステイクの理論

(1)　意義と特徴

ステイクのいうように，確かに，学校の成果は，何もテストやレポート，質問紙，インタビューだけで測れるものではない。すなわち，学校へ行くと，活動や教室の観察，時に教師や生徒に少したずねてみたりする。それと前後して，指導案，時間割，年間指導計画，授業後の反省会などにより，「決め手は何か」，「なぜこういったことができるのか秘訣を探りたい」と思うのではないだろうか。そこで，こういった経験を踏まえステイクの述べるマトリックスを筆者は次のように読み変えることとした。すなわち，処遇から入って，そこから先行用件との関係をみいだす，そして，他の事例と比較しながらさらに当該学校の先行用件を詳しく掘り下げるという方法である。処遇という授業から入って，先行用件という学校全体にアプローチし，処遇と先行用件の二段構えでそれぞれ授業と学校全体とをみていけるようにした。図表3-16のように，新たにMETIOマトリックスという4つの局面を想定した。

この中で，注目したいのが，表の左下にある［4］B-1カリキュラムや授業の設計（TI＝実施段階での意図されたカリキュラム）である。これは，まさしく授業評価と関わるが，（飛び込み授業のように1人の教師の卓越した授業ではなく）あくまで組織としての学校が生み出している多様な授業を想定する。まず，「意図」とは，「意図された生徒の成果」であるが，ここでは，直接授業

図表 3-16　METIO マトリックス授業とそれに先立つ要件記述の手順（有本 1995）

METIO マトリックス［1］［2］［3］［4］の手順で記述していく

A－1　学校の状況分析
(AI＝先行する段階での意図されたカリキュラム)
［3］　教育に起因する生徒の能力，学業成績，態度，志し）に関係するかもしれない教授学習に先立つあらゆる条件である。まず，「意図」とは，「意図された生徒の成果」，願いやねらいである。これをインタビューで行う。例えば，次のような項目である。子どもの実態などとの関連で，学校，行政の政策等と関わる。
－教師の専門等の数と学校の考えるカリキュラムとのバランスはどうか
－カリキュラムやシラバスはどのうように決められ，子どもの実態，教育目標とどのように関連しているか
－学校は何をもってバランスあるカリキュラムと考えているか，それは検討の必要があるか
－異動，臨時講師等の人事，年齢構成，教職員の配置に関する方針はどうか
－委嘱や指定の他に地教委の配布資料，地域カリキュラムはどうか
チェックリストに沿ってインタビューを行ったり，非構造的な雑談から学校の状況から意図的に関係すると思われる事実を引き出す。

［3］　適用例
学校の状況分析を，次のように行った。学校長，町教育委員会学校教育課長にインタビューを行った。
昭和55年に分離した新設校である本校については，町の主導で多目的ホールを中心にもつオープンスペースの学校が建てられ機器や教材ソフトを利用している。
●異動，臨時講師等の人事，年齢構成，教職員の配置に関する方針はどうか
先進校の視察と教職員の先進校への１ケ月留学の町費全額負担がこの時制度化されている。また人事権は県にあるので任せる他ないが人事移動があってもいずれは町にもどってくるとみて，コンピュータの教育利用のため大学への内地留学制度で研修させている。
●委嘱や指定の他に地教委の配布資料，サービス，地域のカリキュラムはどうか
町役場に新しくできた町教育センターでは，学校教育番組のビデオライブラリー化，貸出業務を行っている。借り出し希望校にはセンター添えつけの用紙に書いてもらっていたが，それだと活用頻度が減ったため，用紙だけ各校へ備えつけるようにしている。ビデオライブラリーには教科別に整備しラベルがつけてあり，合科というラベルのついたものも充実している。各校とも活用頻度にそう傾りはない。86年度からパソコン５台レンタルの費用を計上し，貸出品目の１つに加えていえる。（写真省略）

A－2　学校の自己診断
(AO＝先行する段階での観察されたカリキュラム)
［1］　まず，当初行った自己診断（AO）では，事前郵送により学校管理職による自己評価である。最終的に６つの領域を考えた。これは，A－２学校の自己診断（AO＝先行する段階での観察されたカリキュラム）に相当する。そうした自己評価表による“問診”をもとに，第三者が「身構えた心で」学校訪問し，学校研究の理解を行う。

［1］　適用例
詳細は省略するが，METIO の基本となる次のような７つのカテゴリーからなるチェックリストによって，事前の診断評価を行う。
１．わが国の学校教育が，学習の様々な場や機会を重視するのではなく，子どもを教室へ閉じこめているという問題に，……
２．教材・メディアの開発というよりも，教科書中心になっているという問題に，……
□２．１　理解の速い子や遅い子のためのプログラムをもつようにしている
□－１　漢字や計算ドリルを行うためのワークシート……
３．学習のためのリソース（資源）の管理者としての教師ではなく，教科書を唯一のリソースとしているという問題に，……
７．中央に対して積極的に提言をしていくのではなく，通達の受け身的受容になっているという……

B－1　カリキュラムや授業の設計
(TI＝実施段階での意図されたカリキュラム)
［4］　MET ダイヤグラムへの位置づけを行った上で，上のA－１と関係をチェックする
①教師主導の一斉授業，意欲や動機付け
②完全習得学習，形成的評価の流れから，習熟度別学級編成，個別化教育として，学校研究に取り組む学校である。1970年代前半早くは60年代から旧教育メディア，機器を利用しての学力向上をねらった教師主導の個別化や基礎基本の研究歴をもつ学校である。
③質的なメディア，生徒の要請・リクエストが可能な，一人一人のとらえかたの違いを可能にする授業，合科や総合学習，個性化教育である。自由研究の流れから，自己学習力や自己教育力といった理念的概念に昇華して，現在の学校研究主題を掲げている学校である。50年代古くは20年代にすでに生活経験や地域学習，個を生かす学習活動などのカリキュラム実践に類似した学校である。
④場所の移動，コースやコーナーを自ら進んで選択が可能な，個性化授業，70年代後半80年代の多様な指導方法を取り組むことにより多様化や選択の実践が研究歴にすでにあり，一人一人の学習活動が浮かび上がってくる授業形態を目指す学校
⑤ネットワークや T.T. 等を生徒が直接活用したりしてより一段上からの相互作用，メタ認知が可能な授業　80年代後半から前提となるほどの研究歴はなく，いかに新情報技術，新しいメディア技術であるパソコンを利用して遠隔通信等の組織あげて普及すべきかの経験をしている学校

［4］　適用例
MET ダイヤグラムへの位置づけを次のように④のタイプとして行った。

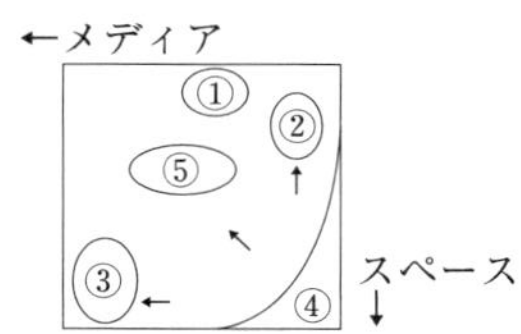

B－2　カリキュラムや授業の実施
(TO＝実施段階での観察されたカリキュラム)
［2］　次に，診断者が実際に学校を訪問し，チェックリストによりよい桁の細かい観察を行う。

［2］　適用例
次のような記録を，ノートに取った。
見つける，見とおす，見つめる，見いだす，見わたすの中に一人学習の基本原型をおさえ，多様な学習活動の中にパソコンが生かされている。子どもたちが社会科などの単元学習や自由課題選択活動の中で見いだした種々の課題を解決するために，パソコンで検索し，順次学習を進めるなどである。
（写真省略）

を支えるスペースやメディアの在り方から想定されるものとした。なぜ，このように考えたかというと，次の3点があげられる。

第1には，いわゆる教育方法（pedagogy）の概念が拡大してきている。目標と学習方法だけでない。狭義の授業システムだけでなく，NSSE（1990）でいうように，学校における授業システム（School's Instructional System）が重要になってくる。そこで，メディアとスペースを診断の中心に置いてみたのである。いうまでもなく，教育方法とは，狭い意味では，どのように学習を進め，それに対応してどう指導するかを明らかにする学習指導ないし教授の問題，および生活行動の障害を除き，一層の充実と向上を図るためにどう指導するかを究明する生活（生徒）指導や訓育の問題であろう。さらには，教育目的を実現するためにどんな教育内容を選択し，いかに配列し，組織するかというカリキュラムの問題を含めることもある。このカリキュラムが学校全体としていろいろな形で組織されだしたのである。

第2には，目標は，表面にはでてこないが，制約（constraints）と裏表の関係でリソースを全面に出すことが実態に即している（Waterhouse 1984）。このリソースという点は，第1章よりキー概念として焦点をあててきているが，「とっておきの手，頼みとなる手段」と考えられる。典型的なものとして，メディア管理，時間の要因をとりあげた。メディアを背景から支えるものとして，メディア経営がある。また，これらの活動を確保したり，円滑に機能させるために，時間のアレンジ（弾力化やリズム）が必要であると考えたからである。学校週5日制との関わりもある。

第3には，どのような目標がそこで期待され，培われてくるかを見定めていくことは，後からいくらでもできる。いわゆるゴールフリーの評価である。また，これまでのように強い中央での規制に基づく事前チェックではなく，事後チェックである。この考え方に馴染むのには，時間がかかるかもしれない。この種の評価は，時間を少しおいてもできるし，また，人によってもその見方は変わるが，第三者が過度の一般化をすることなく，異なった人々から判断を集

図表 3-17　5つの指標の相互関連（有本 2001）

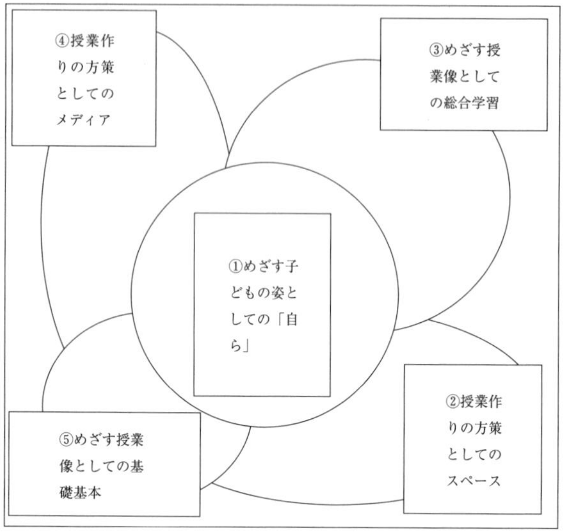

め診断情報を翻訳できたならば，他の教師，親，生徒，行政に価値あるものとなるのではないだろうか。判断を評価したりガイドしたりする信頼できる技法なしには，証拠の価値について推測の域を出ない。このようなときに，チェックリストという確かな技法をもつことにより，診断の助けにすることができる。診断者は，「MET ダイヤグラム」上に活動を位置づける。実際学校全体のどこでどのような活動が行われ，どのようなねらいや願いがあるか，これまでの観察の中で類似した経験を呼び起こす。同様なパターンに圧縮したり類型化を繰り返す。学校の研究主題から帰納された①～⑤のようないくつかのパターンから入り，このことによって学習と授業の質をある程度押さえられる（図表3-17）。

この METIO によって，海外で活発な「スクール・ベースト・マネージメント（School Based Management ： SBM)」は，海外にはない，わが国独特なものとなる。というのは，日本での校内での授業研究があるが，海外では，とかく授業レベルまで見通しをもてない場合が多いのである。日本のウチからソトへという風土の上に，授業プロセスの改善，効果的な授業の条件の改善，ひいては学校レベルでの特徴による授業の改善に目が向けられていくことになるのである。英国を初めとして，学校の効果は学校レベルに留まりがちであり，したがって効果も1次元になりがちであり，さまざまなレベルを考慮に入れていないと批判されるのである。日本では，効果という成果志向ではなくプロセス志向であることから，「魅力のある」（attractive to users, local community），「開かれた・特色ある学校」（promotion of distinctive schools open to society），「開かれた独自性を実現する」（realize the openness and autonomy of school）と，曖昧であり，是正措置（intervention）はなく，授業プロセスで学校の教員の自発性を尊重する部分が大きいのである。

英国では，解明的な問いが中心であるのに対し，METIOはどちらかというと故障診断的なもの「はい」「いいえ」で答えられるものであり，その点は異なっている。

⑵　複合的かつ融合した意図

ここで，第2章でみてきたことであるが，学校研究主題についてみてみよう。主題にはある思潮があって，周期的に変化し周期も短く「融合」してきている。小・中学校ともに，統合教授，生活教育，コアカリキュラム，学習指導法・学習過程，内容の精選と構造化，創造性の開発，認知と情意の統合，形成的評価，個別化・個性化教育，自己学習力・自己教育力といった変化であった。これらの歴史的な変遷は，過去のすべてを捨て去ってその上にというよりも，フィロソフィーの異なるものを少しずつ内に残しながら突き破って螺旋的な変遷を辿りながら，新しい思潮を掲げてきたといってよい。

①自に関しては，自己学習力は，どちらかといえばめざす子どもの姿，願い，向上的な目標を掲げていく。特活・道徳など，生活課程である。「自ら学び自ら考え…」と，自己評価やふり返りが大切になっている。ネットワークやT.T.等を児童生徒が直接活用して，より一段上からの相互作用，メタ認知が

可能な授業も出てきている。現在の思潮は，生きる力（豊かな人間性，問題を解決する力，学び方，自立・たくましさ，ストレス耐性等自己管理能力育成などカウンセリングの複合体）を取り込んだものとなっている。

②個に関しては，授業づくりの方策として，場所の移動，コースやコーナーを自ら進んで選択が可能な授業を作り出してきた。1980年代，学習者一人ひとりの完全習得学習をめざすプログラム学習やCAIなど，多様な指導方法を取り込むことにより多様化や選択の実践が研究歴に既にあり，一人ひとりの学習活動が浮かび上がってくる授業形態をめざす。「個」「選ぶ」「伸ばす」といったことばが主題に用いられ，選択履修幅の拡大，弾力化・多様化につながっている。

③総に関しては，後に生活科等の導入を経て総合的な学習の時間に，古くは1920年代に遡る。大正時代より自学補導主義，自動教育等，自由教育の流れがあった。戦後の自主性といった教育思潮をへて，自由研究の流れから，自己学習力や自己教育力といった理念的概念に昇華してきた。学習意欲や主体的な学習などである。地域素材を活かし，児童生徒の要請やリクエストが可能な，一人ひとりの捉え方の違いを可能にする。生活経験，地域学習，個を生かす学習であり，合科的指導から課題・問題解決，本物志向の体験などであるが，実際のところ「総合的な学習の『時間』」の確保要因が大きい。

④メに関しては，メディア教育も，放送・視聴覚教育，シート学習から，習熟・習得，情報処理・問題解決や測定，表現活動の増幅器，通信コミュニケーションの手段など累積的なものとなっている。教材メディアとしてのリソース中心の学習（RBL：Resource based Learning）は，放送教育とインターネット，携帯電話の多機能性と，新しい教育メディアの活用が行われている。

⑤基に関しては，科学技術をくぐり抜け，教科の精選・構造化を経ている。完全習得学習，形成的評価の流れから，個別化教育，基本的事項の習熟度別学級編成（中学校），教師主導の個別化や基礎・基本の定着をねらう。「繰り返す」「習熟する」といったことばが主題に含まれている。生活態度・習得さす

内容から，表現力・コミュニケーション能力へと，身につけたい複合的な力を取り込む形となっている。小中の学校段階の移行により，基礎から基本へ下記個別化とあいまってシフトしている。

どのように「融合」させるかがその学校の特色となっていたのである。これは，学校全体として，教師の指導性と生徒の自律性との間を目一杯往復するような授業プロセスの改善を示唆している。各「指標」ごとに類似した学校をみても，捉え方・迫り方は決して同じではなく，主たるイメージも異なるが，それでいて共通点や収斂するところは確かにある。一点集中型はむしろ少なく，1つの学校においても実際には主たるものと副次的なものとのバランス，実際は学年を追ってとか「複合的に」意図が考えられ，授業システムの質も変化し，諸要素を関連的に取り込み，多面的・融合的なものとなっている。短期（output）と長期の成果（outcome）を分けることが求められる。

授業作りの方策としてのメディアとスペースをそれぞれタテ軸，ヨコ軸で表されるこの図表3－17は，一見リソースだけの問題のようではあるが，教師にとってのものであるか，生徒にとってのものであるか等確実に授業の目標と関わっている。これを補足するものとしては，ブルームの教育目標のタキソノミーを相対的に位置づけたマルザーノの学習の次元（Marzano 1990, 1992）があるであろう。

(3)　意図と要件の関係

効果の基準は脱・画一的教師主導一斉授業においているが，「バランスのとり方」と焦点化，要素間の必然性や「一貫性のつけ方」，協働して推進していく力，他に広めていこうとする力があげられる。各要素の有効性，機能的な関連性においている。制約の除去次第では複数がバランスよく配置されるカリキュラムが望ましいものと考えた。カリキュラムプロセスでは，ジレンマやトリレンマがつきものであるが，「バランスのとり方」や「一貫性のつけ方」には学校独自のものがあってよいと考えた。実際のデータをパターン化して頻度

図表３-18　METIO システムに関する実践頻度（物的リソース MET 系列と人的リソース IO 系列）と小中学校別パターンからみた実践頻度（有本 2003，但しデータは1985）

METIO の M　教材メディア(flexi-materials/money)に関する項目	小学校 (N=48)	中学校 (N=29)	小学校内望ましい	中学校内望ましい
J10　教育機器の担当者	42	26	1	0
J2　校外機関からの資料の授業活用	42	22	1	0
J4　子どもの作品や記録の授業活用	36	25	2	0
J18　図書室や資料室を資料収集のために整備	35	20	4	3
L19　地域の教育センターからの資料の入手	29	22	6	0
J11　各種の機器施設設備の利用頻度	28	15	1	0
J14　番組の事前視聴や番組研究	15	17	2	2
J15　学校放送番組の計画的継続利用	22	8	2	1
J19　マイコンやワープロの導入利用	11	17	8	1
J13　特定教師の特技やスキル，興味を活用	15	10	1	0
J5　授業案，テスト問題，資料，各種視聴覚教材などのパッケージ化	13	7	8	4

METIO の E　スペース(flexispace)に関する項目	小学校 (N=48)	中学校 (N=29)	小学校内望ましい	中学校内望ましい
D4　教室空間の活用の変化	38	13	2	0
D5　学校外での学習の場	43	2	2	0
D3　廊下，玄関や校庭などの活用	38	3	2	0
D7　同一敷地内に学校隣接	28	12	0	0
D6　校外の施設・スペース	30	9	6	1
D2　空き教室のオープン・スペース活用	29	2	2	1
D1　多目的スペース	24	5	7	3
D8　低学年専用のプレイルーム	16	0	8	0
D9　学年共用のフロア	13	2	7	0

METIO の T　時間の確保(flexitime)に関する項目	小学校 (N=48)	中学校 (N=29)	小学校内望ましい	中学校内望ましい
C8　時間枠を教師が変更	41	4	0	1
C4　一人学び，自由研究の時間	28	11	5	1
J12　教育機器や施設・設備の使用時間割り当て	18	16	0	0
C5　自由に調べることのできる時間	25	8	3	3
C6　週時間割の修正の方法	17	9	1	1
C9　自由裁量時間以外に独自な学習活動の時間帯	23	3	3	3
C7　ノーチャイム制	17	5	0	0
C11　低学年等単位時間の区別	10	0	0	0
C10　モジュール・システム	4	2	6	1

METIO の IO　人的結び付き(flexi-people)に関する項目	小学校 (N=48)	中学校 (N=29)	小学校内望ましい	中学校内望ましい
E2　教師間で子どもの学習状況に関する情報交換	45	29	0	0
J8　印刷やコピーの機器	44	29	1	0
E3　生活指導上の個々の子どもについての学年間伝達	44	28	1	0
F7　授業案を共同で開発する体制	40	27	2	0
B1　研究主題のカリキュラムへの具体化	43	22	4	3
F1　学校としての共通の授業設計の手順	41	24	1	1
K1　学校の方針の保護者への理解特別な方策を実施	37	25	1	0
J1　部会での共同開発	43	18	1	1
I7　授業に関する記録や評価結果などの集積利用	35	23	8	3
I5　授業評価の視点として学校で共通なもの	33	21	4	4
I6　授業記録の方法に学校で共通なもの	29	16	6	4
F8　ティーム・ティーチングが組める体制	27	18	1	3
K2　保護者に調べ学習等について積極的協力依頼	33	7	1	0
B3　カリキュラム評価の観点や手法が明確	22	17	12	4
F5　授業案の様式を教科で区別	20	14	1	1
L20　地教委や地域の学校による協力・資料作成	19	15	1	2
I4　授業を複数の教師で評価する体制	23	9	1	1
E4　子どもの成長についての多面的なデータ問い合わせ検索システム	16	11	10	5
F14　教師用の学習指導の手引き書作成	16	5	4	1
K3　校外の専門家やボランティアの人とティームを組んで授業を実施	12	4	5	1

1985.11 小学校（N=177）

37

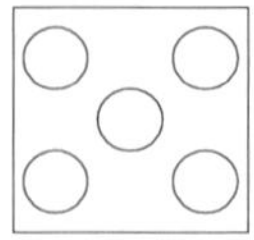

すべてにわたってバランスよく配置されている

18

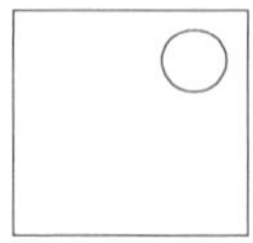

意欲・態度のみにシフトしがちである

14

教育方法に関して際立った特色がない

13

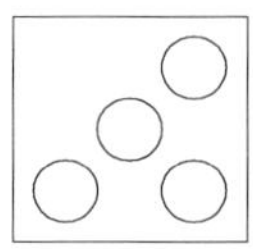

教材メディアが弱く，基礎と自己は揃っている学校が多い

11

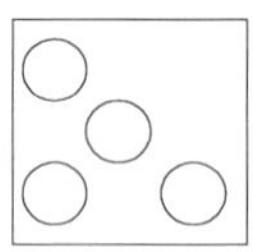

総合のみ欠けている

中学校（N=107）

16

教育方法に関して際立った特色がない

10

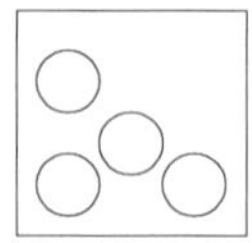

総合のみ欠けている

9

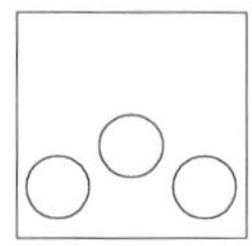

基礎基本・個別化・自己

8

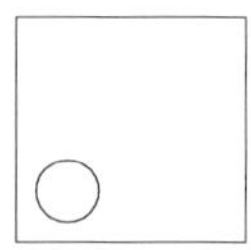

基礎の定着を重視している

7

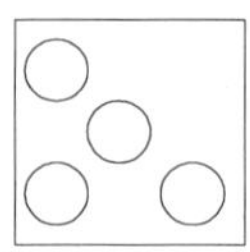

総合のみ欠けている

順に整理してみたのが，図表3-18である。

さらに，表の左上にあるMETダイヤグラムの決め手となる背景にある要因［3］A-1学校の状況分析（AI＝先行する段階での意図されたカリキュラム）にも，注目したい。そして，この2つの意図の間にある論理的な関係（contingency）やその強さをとりあげるのである。確かにこれには，当事者の直観や経験や満足度が関係し，経験的なエビデンス（証拠）に依存する。「これまでの観察の中で類似した経験」に依存する。普段の日常経験からいっても教師は毎日の授業ごとに，流し方を変えたり，活動や題材の在り方を選び直したりしている。年度ごとの教育課程も同様である。この種の評価は，時間を少しおいてもできるし，また，人によってもその見方は変わるが，第三者が過度の一般化をすることなく，異なった人々から判断を集め診断情報を翻訳できたならば，他の教師，保護者，生徒，行政に価値あるものとなるのではないだろうか。

⑷　複数の記述資料による判断

特に，個性を生かした教育の場合には，多様な基準，他の記述資料を集めて，それらをお互いに比較・判断してみることは重要と考える。図表3-19はステイクが提案してきたものであり，卓越の基準（standards of excellence）にも複数が重ねられているところに注目したいのである。

そこで，1984（昭和59）年にオープンスクールで試みたデータがあるが，マトリックスに位置づけてみた（図表3-20）。ここでは，事例データ①を，別の事例データ②と比較相対しながら，別の1つの基準と照合している。

⑸　信頼性と妥当性

ここで一応のまとめとして，診断の際に必ず付きまとう，信頼性（reliability），さらに総合的な考察から析出される判断の特に妥当性（validity）を今後の課題として取り上げたい。

ケーススタディにおいて，診断はどれほど信頼性をもっていたか，というこ

図表3-19　教育プログラムの価値（長短）判断プロセスの一描写（Stake 1967）

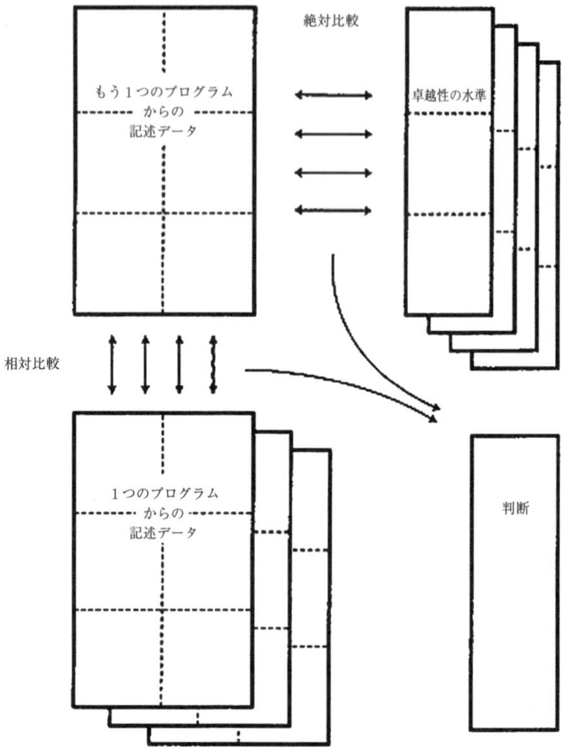

とである。探偵が「私はこの証拠に依存できるか」と自問する。彼の証拠収集の方法がいつも同様な結果を与えるかどうか。リトマス紙は酸性かどうかの信頼のおける指標である。いつ用いても異なった結果が出ないように方法や機会をどうするか。あらゆる評価は，信頼性についてのこのような疑問が伴うことになる。判断を評価したりガイドしたりする信頼できる技法なしには，証拠の価値について推測の域を出ない。このようなときに，今回開発したチェックリストという確かな技法をもつことにより，診断の助けにすることができる。

しかし，より大きな残された課題は，後者，すなわち証拠はどれほど妥当であったかということである。それは集められた手段というよりはむしろその証

図表３-20　1984年個性化データとMETIOマトリックス（有本）

福光町中部小学校基礎データ	児童数　866人　23クラス
要件	【MET系列M】　町教育センターが教材センターの役割を果たす。教材教具の開発，放送番組の録画，TP資料，指導案等一括管理し，町内の４校に配布している。 学校内にも資料室が置かれ，教師の授業計画をたてやすくするための配慮（使用した教材，指導案等の集中管理・図書含め各種学習情報の保管）がみられる。 ワークスペースを中心に児童の学習用の資料は身近に配置してある（学習プログラム，シート類は学年毎に保管棚に利用しやすく置かれている） 各種視聴覚機器（OHP，VTR，スライド等）は各学年のフロアに配置し，いつでも使用できるようになっている。教材管理用の小部屋が各学年毎に設けられ利用しやすい体制が整っている。 【MET系列E－IO系列Ｉ】　集約的なオープンスペースの建築で，１階は低学年，２階は中学年，３階は高学年フロアという考え方で階層的である。１学年３クラスが同一フロアにオープン方式で並び，その横に同面積（３クラス分）のワークスペースをもつ。 【MET系列E－IO系列Ｏ】　全員が連絡打ち合わせをする職員室は一応あるが，通常各学年毎にある教材室を学年教師の部屋として使用する。 【MET系列Ｔ】　学年共通の日課表で同一内容のものを学習する。学級間の進度はほぼ同じである。
実施 （昭和59．９．７）	【IO系列Ｉ】「自啓活動」（仲よし活動，協力活動）を重視している。個人机やグループ机など工夫されているが種類はあまり多くはない。 【IO系列Ｉ】　学年全体，学級全体，グループ，個人といった多様な学習形態をとる。低学年のみ合科的指導を実施する。中高学年に総合学習の考え方はない。
その他の判断データ	特別教室の教材教具類の整備がやや不足しているのではないか。 町教育センターが教材開発を行い管内の学校に配布している。そのため各学校での制作労力が軽減されている。 集団学習を意識してか同種の教材や資料が多数用意されている。
池田町池田小学校基礎データ	児童数　502人　15クラス
要件	【MET系列M】　学年会が中心となって教材の制作にあたる。VTRの録画並びに保管は公民館が担当。学校内にカリキュラム管理室が設けられ，教師の授業計画を立てやすくしている（使用した教材，指導案等の集中管理・各種教育情報の収集，保管）。 各学年の近くにあるオープンスペースに学習用の各種資料（学習プログラム，シンクロ・シート類，TPシート，関係VTR）が配置されている。

	特別教室には，各種教育機器が設置されている。学習センター（アナライザー，シンクロファックス），音楽室（ML システム），理科室（実物投影機）。 日常使用する視聴覚機器（OHP・TP・スライド類）は各学年で管理。低，中，高学年ごとのブロックに１つの教材室が設けられている。特に新しい機器が各学年のオープンスペースに取り入れられている（パソコン中学年に３台，高学年に３台，職員室に１台），シンクロファックス（各学年に多数台）。 【MET 系列Ｅ－IO 系列Ｉ】 折衷的なオープンスペースの建築で，ブロック的で低中高学年毎にあるオープンスペースを中心に教室が取り巻いている。多目的ホールとブロック・スペース中心，大ホールと低中高学年ごとにあるオープンスペースをうまく使用することによって TT が行いやすくなっている。 【MET 系列Ｅ－IO 系列Ｏ】 全員集合できる職員室はあるが，週２回の終礼のみに使用。常時ブロックごとにある教材室を２学年共同で利用している。 【MET 系列Ｔ】 学年共通の日課表で同一内容のものを学習する。学級間の進度はほぼ同じである。 【IO 系列Ｉ】 児童の考えに任せることもあるが，主として教師の計画の下に学習形態を作る。低学年のみ合科的指導を実施，TT で行うことが多い。
実施 (昭和59年 9.25)	【IO 系列Ｉ】 個人学習用，集団学習用の机など一応の配慮はしてある。合科的指導を次第に総合学習の方へ近づけ中高学年にも取り入れていく予定である。
その他の判断データ	教材は学年会で制作するため労力の負担が大きい。が VTR の録画と保管は公民館が協力してくれる。地域との連携が大きい。教育機器が多く導入されているが，そのソフトは市販のものとか地元大学の協力の下に作成されたものなどうまく活用している。２学年合同の TT は可能であるにも関わらずしていない。
東浦町緒川小学校基礎データ	児童数 907人 22クラス
要件	【MET 系列Ｍ】 校内研究グループが中心となって制作する。そのための時間が週計画の中に盛り込まれている。 校内の各所に学習用の資料が配置してある。児童が学習しやすいように情報センターを設け，検索システムが工夫されている。 児童が自ら学習するために教材・教具類は身近に配置してある（VTR テープ，TP シート類は学年ごとに一括管理している）。 【MET 系列Ｅ－IO 系列Ｉ】 分散的なオープンスペースの建築で，平面的で低学年棟，高学年棟分離という考え方。プレイルーム，多目的ホール中心。低学年はプレイルーム，中高学年は大ホールおよび各学年ごとにある学習フロア，中庭といった空間を活用し，個人学習がしやすくなっている。 【MET 系列Ｅ－IO 系列Ｏ】 特に全員のための職員室はない。各学

	年ごとに職員の部屋をもち，VTRの小視聴室も兼ねている。 【MET系列T】 学年共通の日課表で同一内容のものを学習する。学級間の進度はほぼ同じである。 【IO系列I】「おがわっ子独立国」主体的な児童会活動。2園5館8局の自治組織をもつ。「ランチタイム」昼食時間を1時間半設け，好きな場所で誰とでも自由に食事をする。
実施 (昭和59年 9.10)	【IO系列I】 各教室の机，椅子に対する配慮がきわめて行き届いている。学習目的に応じて多種多様なものが用意されている。 子ども自身の問題意識によって学習の形を考えることもある。低学年より総合的な学習を実施し，中高学年まで一貫した総合学習計画をもつ。
その他の判断データ	教材は校内研究グループが中心となって自校で制作するため，教材の量の面で不安があるのではないか。

拠そのものに向けられるからである。それは本当に真実におよそ近いもの，適切な指標であるのかどうか。例えば，テスト結果は，本当に十分な読みの指標になっているのか，あるいはそのレベルの正答は理解の習熟の指標になっているのか。妥当性をチェックするのにしばしば取られる唯一の方法は，異なった人々からの判断を集めることによるものである。チェックリスト利用の欠点を補う方法として，教師が答えることのできるものであること，意見を引き出す教師のサンプルを考えること，教師と生徒というように他者の意見をクロスさせてみること，情報を収集するのに1つ以上の方法を使うといったことがある(Steadman 1976)。他の教師，児童生徒から保護者，行政などさまざまな人々からの判断を集めることは，総合的な考察から析出される判断の妥当性を高める。

チェックリストの効用としては，透明性や客観性の確保に加え，どのような評価項目がどのようにチェックされるかが事前に明らかになることで，データを必要としているヒトのニーズに対応して，審査資料の削減など効率化，あるいは県・市町村の担当者における判断基準の統一化等が図られる。今日からみて追加するのが望ましいチェックリストは，図表3-21である。

⑹ 有 用 性

最後に，これらMETIOであげた要因が他の学校，他の研究への利用にどれほど重要か，ということであるが，まずこれによって授業に深く立ち入ってみていけるということがあげられる。今後のコスト・ベネフィットの重みからアカウンタビリティを強化するきっかけになると考えられる。分権化した地域行政がしっかり学校の授業をサポート（支援事業や活動）をしているその有り様を知ることにより，カリキュラムをスーパバイズ（教育指導権・評価権を伴いながら），開発していく体制を促すことができる。

さらに，今後のアセスメント（School Based Assessment）を発展させることになると考えられる。その後の展開には，東京都教職員研修センターによる研究等が参考にできる。子どもの音声をテープにとるとか，子どものありのままを見極めるアセスメントやその記録（records）を重視したりとか，質的な解明をねらっていける点があげられる。「授業システム設計と形成的アセスメント」（Sadler 1989など）の課題もある。

以上のような方向は，意図された実践と観察された実践との間の不一致を追求し評価を通じて，学校実践と結び付け，学校改善を図っていこうとする動きである。この場合，授業での観察スケールの例など，さまざまな評価用具が用いられる可能性がある。

J. ヒルによれば（Hill 1982），学校改善のためのカリキュラム評価道具として次のような道具を重ねる方法があるという。学習者に対して4種類，授業に対して7種類，教員の資質向上について4種類，教材について1種類をあげている（図表3-22）。

ブルームの教育目標タキソノミーとは違った，新たなSOLOタキソノミーの提案もなされている（Biggs & Collis 1989）。最近の構成的学習環境においては，M. スクリバンの目標にとらわれないゴール・フリーな評価が改めて主張されている（Jonassen 1992）。その中でも，本章では，授業評価から学校改善

図表3-21　METIOへの追加リスト（有本 2003）

学びのすすめからみた追加項目
（学びの機会を充実し，学ぶ習慣を身につけさせているか／学ぶことの楽しさを体験させ，学習意欲を高めているか）

	M－生徒の個性や能力，将来の進路に応じた選択学習の幅を拡大させているか M－発展的な学習で，一人一人の個性等に応じて子どもの力をより伸ばす教師用参考資料を作成し配布しているか M－発展的な学習で用いる教材の開発・作成を進めているか ME－学習空間を，校内LANや情報対応仕様を備え移動間仕切りによる自由な空間構成が可能な新世代のものとし，学校環境の整備を促進しているか ME－博物館，美術館をはじめ地域のさまざまな施設等における学習活動，体験的な学習機会の充実を図っているか T－児童生徒の理解の状況から学習指導の柔軟な時間割を組んでいるか T－読書の習慣を身に付けるよう，朝の読書など始業前学習，図書資料の整備を図っているか T－放課後の時間を活用して，補充的な学習や主体的な学習を支援しているか		○パソコンは算数などで個別学習に利用する他に，定期的な共同学習を行う活動体制が整っている。情報の受信・発信・交流においてメディアの多目的利用がされているか。 ○図書室や特別教室の利用の他に，オープンスペースやワークスペースなど工夫された空間で構成されているか。 ○合科，総合的学習に関しての開発を長年にわたり全校で進めてきた。カリキュラムに独創的な工夫がされているか。	M E T
	I－宿題や課題を適切に与え，家庭における学習の充実を図っているか I－基本的教科（国，算，理：数，理，外）で小人数授業をし，きめ細かな指導を実現しているか I－一定の冊数の読書，英検，数研，漢研，TOEFL，運動会や作品展示会において具体的なわかりやすい目標をたて取り組ませその結果を適切に評価するなどしているか O－学校段階を超えて，教員の得意分野を生かした教科担任制の導入を推進しているか O－社会人のもつ豊富な経験を積極的に学校において活用しているか		○必須においてのクラス内グループ活動の上に，必修，総合などで，多様な（クラス内グループ活動，同一学年でのグループの組み合わせにバリエーション，異学年交流学習など）形態が定着，流動性があるか。 ○教授組織は，教科の専門，学年担任，学級担任を超えてのTT，教育体制の柔軟化，外部の専門家からの指導を定期的に受けているか。 ○研究の経緯や体制は数度の研究指定，研究公開，さらには研究出版物の市販をしているか。	I O

図表 3 -22　米国カリキュラム評価道具併用例（Hill 1982）

学習者	1　情意的領域をモニターするシステムとして，5段階のリッカート尺度70項目をもつ教師による観察チェックリスト（Hughes, Abby and Karen Frommer (1982), A system for monitoring Affective Objectives in Educational Leadership, April, 39(7), pp. 521-523.） 2　自己責任インタビューの一覧表として，小学生が学習についての自己知，学習自己評価能力，自己管理または教師管理型学習に対する好みなどについて情報を得るようデザインされているもので低学年にはインタビューによるもの，高学年には質問紙法によるもの（Wang, M. C. and Billie Stiles (1976), An Investigation of Children's Concept of Self-Responsibility for Their School Learning in American Educational Research Journal 13(3), pp. 159-179.） 3　児童生徒の自己報告チェックリストとして，25項目からなる修正フィードバック，指導上の手がかり，掛かり合いの程度に関係する活動や考えを記述するためのチェックリスト（Levin, Tamar with Ruth Long (1981) Effective instruction/Association for Supervision and Curriculum Development, p. 50.） 4　高校最上級生のすぐ下の学年の学生の動機づけのインデックス（Junior Index of Motivation）として，学校で達成される高い・低い動機づけの80項目からなる測定（Frymier, J. R. (1965) The nature of educational Method. C. E. Merrill.） 5　課題に従事している様子の観察フォームとして，訪問者によるそれぞれ1分の計7分の観察で行動の評定（Hosford, P. L. (1984) The Art of Applying the Science of Education in Using What We Know about Teaching, ASCD, pp. 150-152.）
授業	6　教師の期待を宿題や学びの楽しみそれに協力学習について児童生徒によって近くされるものとしてアセスメントを行う（Hosford, P. L. (1984) The Art of Applying the Science of Education in Using What We Know about Teaching, ASCD, pp. 152-153.） 7　教師による個々の児童生徒の達成事項についての予想（Hosford, P. L. (1984) The Art of Applying the Science of Education in Using What We Know about Teaching, pp. 153-156.） 8　特定の学習経験への児童生徒の反応を診断する（Diagnosing classroom learning environments/Robert Fox, Margaret Barr on Luszki, Richard Schmuck. Science Research Associates, 1966.(Teacher resource booklets on classroom social relations and learning), pp. 17-19.） 9　学習指導や経営など教師の自己評価チェックリスト（Levin, Tamar with Ruth Long (1981) Effective instruction/Association for Supervision and Curriculum Development, p. 47-50.） 10　人間性教育のための創造的教授学習の14のサインをアセスする（Humanistic education : objectives and assessment : a report of the ASCD Working Group on Humanistic Education/Arthur W. Combs, chairperson ; David N. Aspy (et al.) ; foreword by Elizabeth S. Randolph. Association for Supervision and Curriculum Development, 1978, pp. 32-37.） 11　学習スタイルを指導材や方法とマッチングさせる（NASSP bulletin. Vol.

	63(Jan. 1979) Washington, D. C. : National Association of Secondary School Principals, pp. 19–26.) 12　教室観察スケジュールとして独立した観察者により事前に準備された記録シートにより行う（Diagnosing classroom learning environ-ments/Robert Fox, Margaret Barron Luszki, Richard Schmuck. Science Research Associates, 1966. (Teacher resource booklets on classroom social relations and learning), pp. 55–57.)
職員の資質向上	13　校長の自己採点(NASSP bulletin. Vol. 67 (Jan. 1983) Washington, D. C. : National Association of Secondary School Principals, pp. 9–11.) 14　小集団による相互作用によりなされる（Beyond Jencks : the myth of equal schooling/by Wilma S. Longstreet. Asso. for Supervision and Curriculum Development, 1973, p. 21.) 15　教職員，行政，カウンセラーによる学校レベルの調査3つのチェクリストと86項目（Self-concept, self-esteem, and the curriculum/James A. Beane, Richard P. Lipka Allyn and Bacon, 1984, pp. 201–205.) 16　学校と教室の効果を意見聴取による調査（Squires, David A : Huitt, William G. and Segars, John K. Effective Schools and Classrooms : A Research-based Perspective, Alexandria, VA : Association for Supervision and Curriculum Development, 1983, pp. 91–103.)
カリキュラム材	17　指導や学習材を分析するための質問紙調査（Levin, Tamar with Ruth Long (1981) Effective instruction/Association for Supervision and Curriculum Development, p. 50.)

への方法と方向を論じた。その際，ステイクのカリキュラム評価のマトリックスをベースにILEAの観点をつきあわしつつ，チェックリストにより，第三者による観察や面接も併用し事実を書き出したり質的に解明していく手法を考えた。今後の授業改善・カリキュラム改善には，このような評価が不可欠である。

以上，「サポートもアセスメントも弱い」1980年代におけるオープンスペースをもつ学校への適用例をふまえて，予備的作業仮説(1)「授業から学校へ」に対して設定された作業仮説「メディアとスペースが鍵」をもとに開発してきた診断システムをみてきた。図表3-20でみたように，著者の評価道具はその状況によく適い，あてはまることがわかる。

ただ当時は，物的リソースを起点にスタートした80年代であり，特にオープンスペース利用に焦点をあて，校舎建て替えという地域により対応を余儀なくされた学校のモノ中心を起点とする校舎配置等から起こるリソースに規定されつつ，他のリソースの結合や活用を工夫，保護者の不安解消のため補助教材の作成が中心であった。

第4節　外的サポートのみられる移行期における評価道具の適用

4．1．地方分権の先頭にたつ国際理解教育

(1)　英国のSBCDでも軽視されがちだった国際理解教育

1980年代後半－1990年代前半までのSBCDとして，国際理解教育実践校におけるリソース使用とサポートの分析を行ってみたい。生活科や選択学習，週五日制は，きっかけとなりうるが，これを打開するには，筆者は新情報技術や施設設備面でのアクセスに焦点をあてて検討を進めていくことを主張してきた。これに加えて，吟味したいのは，国際化に伴う1980年代からの地域の動きである。1980年代において最も脱中央集権化していたのは，国際理解の分野であった。SBCDにおける英国の分野ですら，国際的な生活のための教育は，本来多様なリソースが伴うにもかかわらず，軽視され粗略に扱われてきた領域であるといわれている（Connell 1984）。

新しい学力観を論ずるにしても，メディアの質が変わってきていることはともかく，理念や概念のみが先行し，その内部条件が論ぜられない。新しい学力観の考え方自体は，大正期からあるプロジェクトメソッド等があり，底流で通ずるものがあると考えられているが，なぜ当時失敗したのか，その教訓をあわせて論じる人は少ない。

1990年代前半では，全国的な基準を指導要領で定め，それによって検定した主たる教材である教科書を教えている学校がほとんどである。それによって水準が維持されているものの，カリキュラムを開発する最適の場を学校にしていくには，わが国ではあまりにも種々さまざまな困難があると思われる。教育の

国際化に関しては，肯定的な報告がなされているとはいいがたい（Kobayashi 1986; Lincicome 1993）。しかしながら，時代や地域社会の激しい変化から，子どもの実態，学校施設やスタッフなどリソースの検討，目標を見直さざるを得ない事態があり，人的物的財政面でも新しい結び付き，ネットワークの可能性が出てきている。一部の地域・学校では，新学習指導要領施行（注：1991（平成３）年）以前に，いち早く時代の変化に対応して，国際理解教育に類する取り組みを行っている。インパクトの強さは，地域と学校でのリストラ（site based restructuring）に現れている[5)]。カリキュラムの編成というよりは，まさしく開発であり，リソースを選択するのは教師であり，子どもである。その意味で，地域がしっかりしたところ，学校だけでなく地域自体がその方向へ大きく動いている様子を把握してみることは，意義があると考えた。

学校で参照されているいくつかの国際理解教育に関する報告書がある（高桑 1992，1994）。これには，国際理解教育への都道府県・政令指定都市の発行した手引きや指針等を詳しく内容分析している（理念・目標を，自文化理解，異文化理解，人権尊重，コミュニケーション能力，グローバル的視野の育成，日本人としての素養，平和，その他の８つのカテゴリーにまとめている）。が，本研究では，日本の国際理解教育が全国的にどのような取り組みをしているか，項目を事前に報告書等から丹念に洗い出した上で，それをもとに診断的に自己評価してもらうことにした。そこで，国際理解教育を研究主題にもつ学校を全国からリストアップした。その際，国立教育研究所「学校研究主題別学校データベース」[6)]1981，83，87年を参考にした。1993（平成５）年11月から12月にかけて，自己診断していただいた。小学校77校，中学校54校である。学期末であったためもあり，回答率は約50%にとどまった。ここでは，きっかけ・期待や要望，次に設定した目標がどのようになっているかをみていく。ついで，重視した条件整備と，成果（副産物）についてみていく。

4．2．きっかけ・期待や要望について

教育課程審議会答申（昭和62（1987）年発表）では，1．豊かな心をもち，たくましく生きる人間の育成を図ること，2．自ら学ぶ意欲と社会の変化に主体的に対応できる能力の育成を重視すること，3. 国民として必要とされる基礎的・基本的な内容を重視し，個性を生かす教育の充実を図ること，4. 国際理解を深め，わが国の文化と伝統を尊重する態度の育成を重視すること，を教育課程の改善のねらいとして掲げ，国際社会に生きる日本人の自覚と責任感を涵養することを答申している。

新学習指導要領（平成元（1989）年3月告示）では，1．日本の文化，風俗，習慣，歴史等について理解し，その発展に貢献できる人間の育成，2．諸外国の文化を理解し世界と日本のかかわりを正しく捉え，国際化社会に生きる自覚と責任をもった人間の育成，3．相互理解を深めるためのコミュニケーションを重視した外国語教育の充実をあげている。

しかしながら，指導要領の記述とは別に，各県や市町村で「指針」が作成されたり，指導資料が配布されたりしている。指定や委嘱を機に行政機構が再編成，再結合されたりしているところ，学校が自主的に地域のリソースを見直したりしている。事務局やヒトをおいたり，カネを投資したりして，地方自治（local autonomy），地方分権（decentralization of power）を推し進めようとしているところがある。

神奈川県国際理解教育のねらい，大和市教育目標今年度の学校教育の努力点，今年度の学校教育主要施策と具体策を踏まえている（神奈川県下和田小学校），東京都教育委員会の教育目標，台東区教育委員会の教育目標（台東区上野中学校），愛知県国際理解教育の目標（愛知県一宮中学校）等である。熊本県国際化のための総合指針（熊本県宇土小学校），岐阜市国際友好学校（岐阜市梅林小学校），北海道教育庁学校教育部小中学校課「小中学校における国際理解教育の

推進のために」(学校教育指導資料)昭和62年３月(旭川市日章小学校，網走小学校)。栃木県教委「国際理解教育の手引き」「国際理解教育資料」を参考に研究を進めることにした(栃木県みなみ小学校)。神奈川県，青森県，栃木県，山口県，群馬県等々でもあいついで指針や手引きを配布している。

中には，教育課程審議会　兵庫県教育委員会「指導の重点」の他に，教育とは従来無関係であったような機構との結合，例えば，「地方自治政策研究会」の地域の活性化に結びつく国際交流の推進を引用し，地域レベルにおける国際交流推進体制の整備の意義，地方公共団体としての役割を踏まえている(兵庫県大河内中学校)ところがある。

また，学校単独で，独自に学校の特性として児童，地域，組織，協力，活動，施設の６つあげて自らの学校風土としているところ(名古屋市高針小学校)がある。

4．3．設定した目標

国際理解教育の目標については，教育課程審議会答申(昭和62年12月発表)，新学習指導要領以外に，『ユネスコ憲章前文』(1946年発足)や1974年11月の第18回ユネスコ総会が採択した「勧告」の中の教育政策の指導原則7項目が大きな指針となる。

スクール・ベースト・カリキュラム開発は，第１章でみたように，1970年代から80年代にかけて，英国を中心に普及した概念である。状況分析がその有効な手段とされる。M.スキルベックのいう状況分析を国際理解教育にあてはめてみるならば，次のようになると考えてはどうだろうか。

-児童生徒の既有知識や経験はどうか

-この領域での児童生徒や職員の興味・関心や態度はどうか

-国際的な出来事を教えたことがあるかといった経験や知識があるかどうか

-これまでの学校での授業が国際理解の学習に関連しているか

-学校や地域社会における人的・物的・財政的リソースはどうか
-学校の中でどのように決定がなされ，その決定がどのように変化に結び付くか

生徒の実態として，例えば，群馬県高崎市第一中学校では，「外国イコール欧米と考える生徒がほとんどである。個人的には素直な生徒であるが，周囲に対する関心が薄い。真面目だが発言などの意欲的態度が不十分である」といった把握をしている。

ここでは，研究主題に国際理解教育を掲げ，学校全体で取り組んでいる学校をとりあげる。特に，小学校と中学校という学校段階の違う場合の取り組みの力点の置き方について，その傾向をみてみることにしたい。

小学校では，異質11．異質な対人体験，異文化接触をねらったり，人権７．人権教育をねらったりすることで，視野12．グローバルな視野の育成をねらった学校が多い。その他，社会２．社会科を中心に国際理解への意欲や態度，見方や考え方，価値観の育成をねらったり，追求６．子どもが追求力や持続力，社会性などを身につけるのをねらうなど，発達段階を考慮している。

中学校では，理解13．思考や生活様式の多様性の理解や異文化理解をねらったり，触合14．直接的な人と人とのふれあいをねらう中で，話す４．話し合いの能力，話す能力の向上，聞く能力の向上をねらった学校が多い。精選１．国際理解教育のための基礎・基本，精選や構造化を考えたり，あるいは，現地15．実際に現地へ出かけてその場で体験させている。そして，発展９．現存の教科への発展や応用学習をねらった学校がある。

4．4．重視した条件整備

特にこれについては，主要なカテゴリーとして４つあげ，その構成要素から名づけられたMETIOという学校研究診断システムを報告している。今回の国際理解教育の取り組みにおいては，以下のような項目として取り出せた（図

表 3 -23)。

これらは，MEの教材・メディアに該当するであろう。

13. 特設コーナーの設置，掲示や展示，情報提供の場と環境づくりを行った

16. 放送や校内新聞，視聴覚教材等教育メデイアの活用を行った

15. 民話など地域の題材や素材の発掘し，郷土学習を実践した

14. 学校のシンボルづくりに努めたり，雰囲気，風土づくりを行った

17. 児童生徒向けに副教材を使用した

さらに，次のものは，Tのカリキュラムや時間割に相当するであろう。

10. 年間指導計画の中にきちんと位置づけた

09. クラブ活動で国際クラブ等を新設した

11. 観点を設けて内容の構成を決めた

07. 週時間割の中に特定の時間帯を設けた

08. 強化週間や強化月間を設けた

次のものは，Iというカテゴリーに入り，内発的な動機づけを含め，学校での教授学習組織に，重要な他者（significant others）をもたらすなど，学習や活動を豊かにする取り組みであろう。

05. 学年や全校集会の活動で場や機会を設定した

01. 姉妹校との交流事業（文通，作品の交換，派遣，交流試合等）を行った

06. 児童の委員会活動や生徒会活動を工夫した

03. 地域の外国人指導者を活用した

12. 意欲的な追求のための教材構成や指導法の工夫を行った

04. 帰国子女，子どもたちを活用した

02. 交流校と合同で運動会やフェステイバル，キャンプ等を開催した

次のものは，Oというカテゴリーに入り，学校組織や機構の新しい結び付きを現す。なかなか目にはつきにくいが，最終的にはこれら組織が，取り組みの決め手であろう。

図表 3 -23　国際理解教育 METIO 項目とデータ（有本 1995）

設定した目標

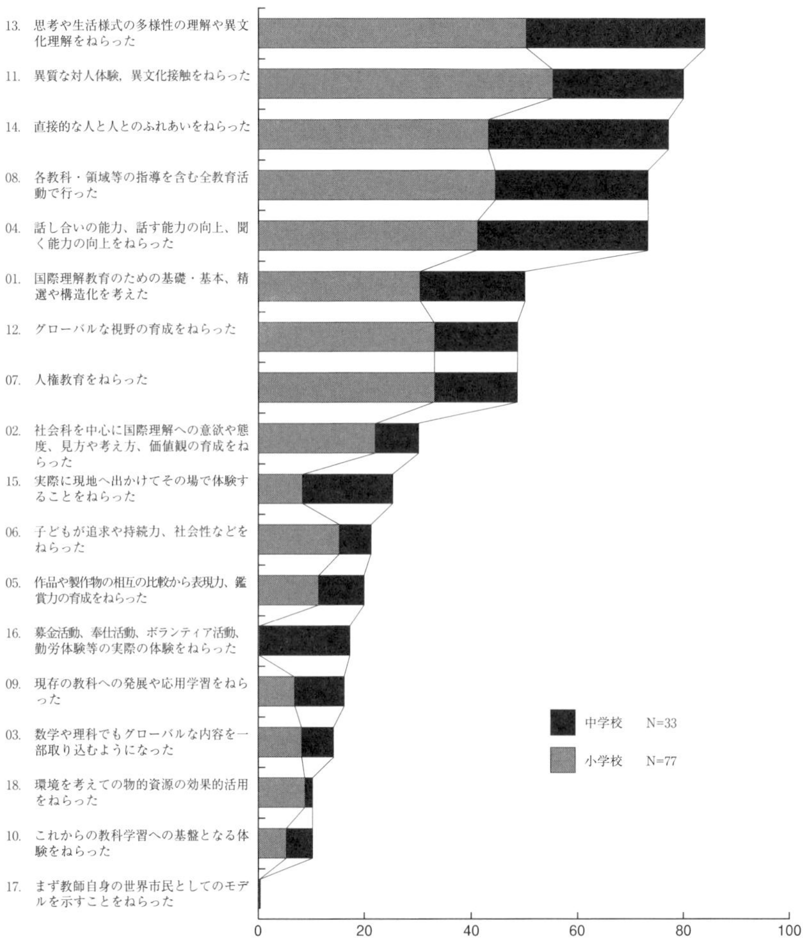

20. 教職員の共通理解をはかった

26. 同様な取り組みをしている学校の見学を行った

25. 校内に委員会を新設した

18. 姉妹校・交流校との交流事業（教職員間の派遣，協議）を行った

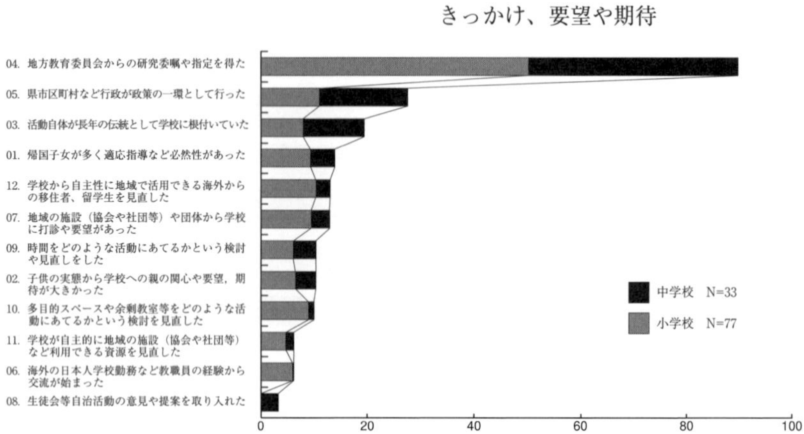
きっかけ、要望や期待
04. 地方教育委員会からの研究委嘱や指定を得た
05. 県市区町村など行政が政策の一環として行った
03. 活動自体が長年の伝統として学校に根付いていた
01. 帰国子女が多く適応指導など必然性があった
12. 学校から自主性に地域で活用できる海外からの移住者、留学生を見直した
07. 地域の施設（協会や社団等）や団体から学校に打診や要望があった
09. 時間をどのような活動にあてるかという検討や見直しをした
02. 子供の実態から学校への親の関心や要望，期待が大きかった
10. 多目的スペースや余剰教室等をどのような活動にあてるかという検討を見直した
11. 学校が自主的に地域の施設（協会や社団等）など利用できる資源を見直した
06. 海外の日本人学校勤務など教職員の経験から交流が始まった
08. 生徒会等自治活動の意見や提案を取り入れた
中学校 N=33
小学校 N=77
0
20
40
60
80
100

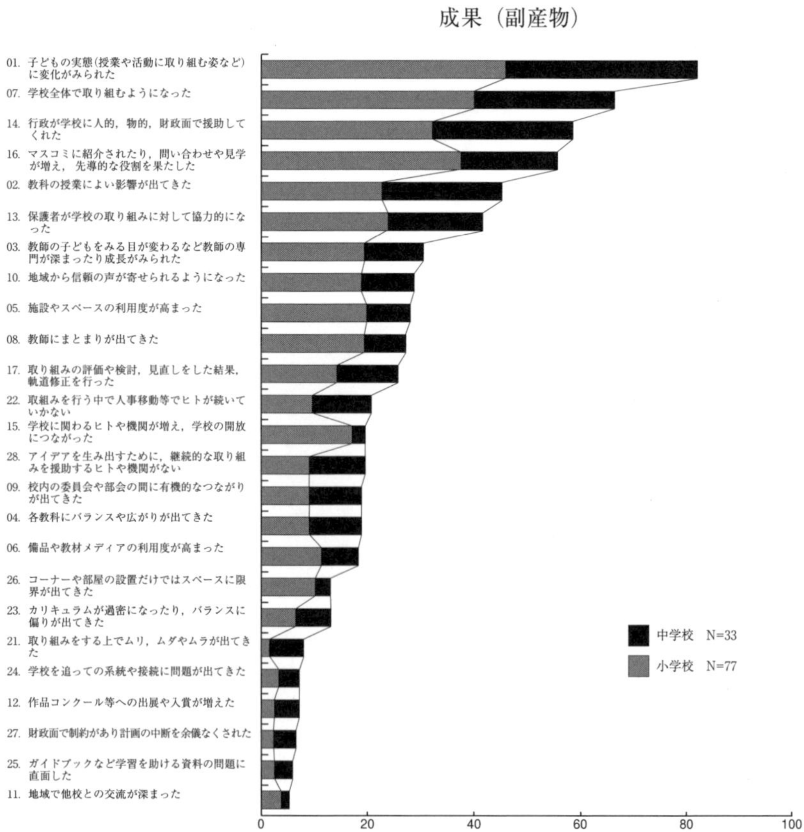
成果（副産物）
01. 子どもの実態(授業や活動に取り組む姿など)に変化がみられた
07. 学校全体で取り組むようになった
14. 行政が学校に人的，物的，財政面で援助してくれた
16. マスコミに紹介されたり，問い合わせや見学が増え，先導的な役割を果たした
02. 教科の授業によい影響が出てきた
13. 保護者が学校の取り組みに対して協力的になった
03. 教師の子どもをみる目が変わるなど教師の専門が深まったり成長がみられた
10. 地域から信頼の声が寄せられるようになった
05. 施設やスペースの利用度が高まった
08. 教師にまとまりが出てきた
17. 取り組みの評価や検討，見直しをした結果，軌道修正を行った
22. 取組みを行う中で人事移動等でヒトが続いていかない
15. 学校に関わるヒトや機関が増え，学校の開放につながった
28. アイデアを生み出すために，継続的な取り組みを援助するヒトや機関がない
09. 校内の委員会や部会の間に有機的なつながりが出てきた
04. 各教科にバランスや広がりが出てきた
06. 備品や教材メディアの利用度が高まった
26. コーナーや部屋の設置だけではスペースに限界が出てきた
23. カリキュラムが過密になったり，バランスに偏りが出てきた
21. 取り組みをする上でムリ，ムダやムラが出てきた
24. 学校を追っての系統や接続に問題が出てきた
12. 作品コンクール等への出展や入賞が増えた
27. 財政面で制約があり計画の中断を余儀なくされた
25. ガイドブックなど学習を助ける資料の問題に直面した
11. 地域で他校との交流が深まった
中学校 N=33
小学校 N=77
0
20
40
60
80
100

19. 教師の特技や経験，持ち味を生かした
24. PTAや後援会から援助を得たり基金などを設けた
21. 手引きやマニュアル，ハンドブック等を作成，整備した
22. 見学，交流を深める関係機関（ユネスコ等）のリストアップや連携を行った
23. 地域での小中連携など学校段階を越えてタイアップした

4．5．成果（副産物）

開発の途上における目標達成度の評価としては，「意識調査による評価」（富山市岩瀬小学校），「変容評価日記，発見カード・班ノート，対話法，4年前と意識調査比較」（目黒区東山小学校），「効果測定を長期・短期で」（千葉市真砂第一小学校），「児童の変容，アンケート集計変容」（兵庫県養父郡南谷小学校），「学年での評価」（高野山小学校）を行っている。

開発の途上における目標達成度の評価の他にも，年度ごとの活動のモニターや修正を行っていくことも困難なことであるが，少なくとも4～5年は継続していくことであろう。愛知県井戸田小学校では，10年間の国際交流として，姉妹校開設期，教師主導期，展覧会の開催を経て，児童主体期に入っており，国際交流に関する行事の企画・運営のほとんどが児童に任されている。千葉市真砂第一小学校では，開発経過として，外国の人との交流活動の方法を模索した第1期，全教育活動に位置づけていくための方法を開発した第2期，新しい研究の方向を模索し，児童の実態に即した研究の方向を打ち出した第3期としている。香川県多度津小学校では，これまで数年間ずっと研究継続してきた学習方式を基盤にして単元全体計画をたてている。指導案の工夫，学級経営案，週案に特色をもたせている。

また，当初の周りからの期待や教職員の意図と，そのため重視した条件整備について，一致度がどうであったかが評価されるべきであろう。さらに，これ

までみてきたような目標と実際の成果，エビデンス，証拠となる事実，エピソードとの一致度が問われる。少なくとも数年間に及ぶ継続的な取り組みをしていくことである。さらに，重要なのは，時間を経ながらの従って予期できない関係（contingency）である。指定の意図と学校の意図との食い違いを指摘する学校もある。行政を説得させていったという報告もある。指定を受けたことで，かえってマイナス面が出てきたという報告がある。これらプロセスから実際に経験した生の声は，目標とカリキュラム開発ということを考えるとき決して過小評価できないものである。

以上，「アセスメントは弱いがサポートはある」1990年代国際理解教育を志向した学校の教材・ヒト・カネへの適用例をふまえて，予備的作業仮説(2)「地域の学校への支援」に対して設定された作業仮説「教材メデイアのデリバリーサポート」と診断システムをもとに練り上げてきた診断システムをみてきた。著者の評価道具はその状況によく適い，あてはまることがわかる。

ただ当時は，人的リソースの交流・結合にシフトした90年代であり，地方分権が最も進んだ国際理解教育の分野で，地域の状況の国際化への変化に影響を受けた経験の交流や環境づくりの探索，情報の流入等，教科中心の目標を総合的に拡大するソフトウェアが中心になりつつある，学校の主体的な取り組みへの第一歩であった。

第5節　外圧によるアセスメントへの移行期における評価道具の適用

5．1．　少人数指導と学校次第の教育効果

英語の文献を紐解くと，日本の学級編成について，米国からは以下のような指摘があった。「生徒を学力で分けない学級編成：生徒が学力やテストの点数でグループ分けされることはない（Benjamin 1995, Rohlen 1995, Stevenson et al 1990, Stevenson & Stigler 1992）。多様な生徒で学級が構成されるよう，協同学習の理念に基づいてグループ分けが行われる。教師と生徒の長期に渡る人間関係：教師と生徒は継続的な関係に置かれる。教師は同じクラスの担任を3年務める（Rohlen 1995）ため，教師と生徒間の関係が近い」と。しかしこれは，1990年代前半の指摘である。

2000年代に入り，義務教育標準法が改正され，都道府県教委は2001（平成13）年度から必要に応じて学級編成の弾力化を図ることが可能になった（毎日新聞の調査02.3.3や朝日新聞の調査02.4.11参照）。このため，「一律に少人数化するよりは学校に応じた柔軟な対応が可能で，効果は学校次第で大きく変わりそうだ」というものである。

少人数学級を実施する自治体では，小学校低学年を中心に１学級の人数の上限を35人とする「35人学級」を実施したり，学級の人数を「30人程度」にするところが多く，中学１年生を対象に実施するところもある（図表３-24）。

埼玉県は，高校で01年度から一部の１年生で学級の人数を25～36人にしていたが，来年度は小学１，２年と中学１年の一部で「38人学級」を実施する。青森県は，小学１，２年は「33人学級」，学年5学級以上の中学校の１年生では「35人学級」を実施する。

図表３-24　2002年少人数指導データとMETIOマトリックス（有本 2003a）

Ａ県Ｋ小学校 基礎データ	児童数　620人　各学年３クラス 実施教科・学年　算数科・３，４，５年生　【文教施設】 伝統校舎
要件	【県行政の意図】 加配の方針は，少人数ときめ細かな指導を行い基礎学力の向上を行う学校で，実施教科や学年は，各学校が決定し，指導形態は，基本的には市町村教育委員会や各学校の判断に委ねる。 •県単独，市単独でそれぞれ６年，１，２年（２名）を配置している。《地教委のサポート》 •児童数は横ばいで，４クラスと部屋も少なくなりつつある。市の中心部は満杯状態。《地域の実情》 •学年で時間割をそろえている。５年生において算数に差ができる。わかると他教科に力が入る。教師の差も少ない。《カリキュラムの方針やバランス》 •通信やたよりで説明。特に親からのクレームはない。《保護者・地域の実情》
実施 （平成14．6.13）	•３学級を解体して，３つのコース（Ａ　先生と，Ｂ　じっくり，Ｃ　自分たちで）を４クラスに分けた。《学習形態・指導形態》
成果・効果	•それぞれの考える力や速さに応じた対応が可能 •単元ごとに希望を取ったことで，子どもの意欲が高まつた。
	（無意図的副作用）　学習進度の調整の打ち合わせの時間の確保が難しくなった（非常勤講師の勤務時間も）。毎時間の指導と評価の両立が難しくなった。個々への対応がなかなかできないでいる。
その他の判断データ	加配がひとりでそれぞれの学年に入るとどの学年とも打ち合わせが必要になり，特に学期の初めは打ち合わせが重なり人数が必要。
Ｂ県Ｎ小学校 基礎データ	児童数　434人　１，３，４，６年２クラス，２，５学年３クラス 実施教科・学年　算数科・２～６年生　【文教施設】 伝統校舎
要件	【県行政の意図】 加配の方針は，１学級当たりの児童生徒が多い学校を優先し，小学校での実施教科は，国語，算数，理科を原則とし，学年は，各学校が決定し，指導形態は，市町村教育委員会や各学校の判断に委ねる。 •高齢者が多くなっている団地の地域である。学年懇談会をもった。《地域の実情》 •５年以上（国）・２年以上（算），平成９(1997)年から加配が得られ，３・４年でTTを，６年学年３つの指導（クラス均等），昨年度総合でTTをした。セミオープンスペースの利用は総合的な学習で利用されている。13年度，２，３人加配があり，いろんな取り組みをした。学級２人，壁くずしたくないという意識もある。今年度TT《経緯や体制整備》 •１学期から３学期にかけてTTから少人数指導へシフトしていくなど，バランスを重視している。《カリキュラムの方針やバランス》
実施 （平成14．6.14）	•指導法に類型を作成しパターンをもっている。学級を２つのコースに分ける（ふつう：今までの学習と同じように進める；ゆっくり：基

	礎的な内容をしっかりと学習する），分け方は，単元ごとに復習プリントを行い，児童の希望を取って。《学習形態・指導形態》 ・6年平均とその利用（グレープフルーツを使って均（なら）すという考えを目に見える形でさせていた。通常2，3人は逸脱する子がいるはずだと思われるが，そのような子はいなかった。《実際の様子》
成果・効果	・進め方をめぐる話し合いを通じて，教師相互の理解が深まった。 ・一人ひとりの子どもに対応した，きめの細かい指導ができる。
	（無意図的副作用）　教室確保の問題がある。評価をどのように進めていくかが難しい。カーペットのある教育相談の部屋（1階）や視聴覚室（2階）など少人数用に変更した。教室で選ばせないよう，教室は交代させている。
その他の判断データ	授業時間内に個別指導や生徒の学習状況の把握がしやすくなったとはいえ，それでも観察のみでは限界がある。一人ひとりのコースワークによって理解度等証拠を収集することも指導の一環として取り入れてはどうか。［データからの考察と判断］特に小学校の場合，6ヵ年責任をもつということが大きいようで，それは一貫性やバランスのつけ方に表れている。特に小学校では，英国のように，大人もよきパートナーというようにして，ペイを少額ながらも払うようにして保護者等に協力いただくこと考えられる。
A県T中学校 基礎データ	生徒数　297人　各学年3クラス 実施教科・学年　算数科・4年生 【文教施設】　セミオープンスペース
要件	【行政の意図】　加配の方針は，少人数などきめ細かな指導を行い基礎学力の向上を行う学校で，実施教科や学年は，各学校が決定し，指導形態は，基本的には市町村教育委員会や各学校の判断に委ねる。 ・13年度から3年の数学2組で実施，1・2年はまだ習熟度はない。《経緯や体制整備》 ・14年度全学年で実施してみたところ，親が喜んだ。巡回に目をかけてくれると。《地域の実情》 ・学習の手引きを作成している。勉強がわかるようになることが生徒には最もためになる。漢字検定や英語検定なども行っている。総合的な学習は，班や個人で新聞作り，スピーチ，課題作文である。《カリキュラムの方針やバランス》
実施 （平成14．6.13）	1学級を2つのグループに分ける（Aグループ　基本的な問題を中心に指導していく；Bグループ　応用的／発展的な問題を含めて指導していく），分け方は，数学は単元ごとに，英語は学期ごとに生徒の希望を取って行う。単元（数）や学期（英）で教師を変えている。《学習形態・指導形態》 ・配慮を要する子（教室に遅れて入る子，教室を飛び出す子）への対応が難しい。《実際の様子》
成果・効果	・ノート，プリントの点検を含め，一人ひとりに目が届く。 ・少人数なので，自分の意見や思いがいいやすい。

	・静かに落ち着きが出てきた。 ・気軽に話ができる，関わってほしいとの声。
	・同じ教育課程を消化するための進度と時間の調整が難しくなった。 ・評価の両立が難しい状態でいる。空き時間が減少した。教師間のコミュニケーションがとりにくい。
その他の判断データ	一番困るのは，国語の読み書きができない子が小学校からあがってくることだ。評価については，毎日話題にしている。県の入試には絶対評価だが，相対評価は分かりやすい。
B県K中学校 基礎データ	生徒数　587人　1学年6クラス，2，3学年5クラス 実施教科・学年　算数科・4年生　【文教施設】伝統校舎
要件	【行政の意図】 加配の方針は，1学級当たりの児童生徒が多い学校を優先し，中学校での実施教科は，英語，数学，理科を原則とし，学年は，各学校が決定し，指導形態は，市町村教育委員会や各学校の判断に委ねる。 ・これまで選択幅の拡大をするなど，選択履修をしてきている。 ・苦手教科の克服，個性の伸長などをねらいとして1年英数，2年英語，1年英は等質集団。6年生の2月に趣旨やねらいの解説。
実施 (平成14．6.14)	1学級を2つのグループに分ける（じっくりコース　時間をかけて基礎基本の定着を図る；充実コース　演習や発展的課題を盛り込み，進度をそろえる)；分け方は，生徒の希望を取って（02年度は編成換えなし)《学習形態・指導形態》 正の数・負の数で教師は机間巡視をよく行い，声かけをおこなっていた。
成果・効果	・小テストなどでの正答率が明らかに向上した。昨年度取り組んだ結果，4月の学力標準テストで，2年生が数学53.2，英語53.6の偏差値となった。成績下位の比率が低くなっている。 ・多人数では黙ってなかなか発言しなかった子どもが少人数では発言するようになった。
	(無意図的副作用) ・生徒の選択が2対38となるなど，意図・想定しないことがあった。 ・(副次的な）効果として，生徒の方から補習を要請してきた。このことは，意欲が増したと解釈されていた。8，9時間の補習を行った。
その他の判断データ	・学校自己評価を求められている（関心意欲態度について児童生徒の変化の項では，参加度はよく，集中して授業に取り組むようになったが，指導技術の向上については，評価を低くしている。 ・コース選択，教師選択にならないようにつぶを揃えるようにしていくべきだろう。夜遅くまで負担となっている。 ・選択履修がクッションとなっており，円滑に実施できている（キャンプでも支障がない)。

学級編成の基準を40人に据え置いた自治体も，多くが教科によって学級を分割して少人数授業をしたり，複数担任制を実施している。少人数学級では国の基準より多くの学級が必要で，各道府県は教員増のため数千万円から数億円を予算に計上している。このほか名古屋市は01年度から小学校１年で少人数学級を導入しており，埼玉県志木市，上尾市も02年度から小学校低学年で実施する。

「ゆとり」の中で「生きる力」を育てる。目標をそう定めた新しい学校教育が始まった。完全週５日制と，学習内容を３割削減した新学習指導要領を柱に，少人数学級などのさまざまな取り組みが重なり合う。内容削減が「学力低下を招く」との不安や批判も出てくるようになった。導入の理由は，「基礎学力の向上ときめ細かな指導」（千葉）「いじめや不登校の防止」（山口）などで，少人数授業で学習効果を上げたり，生活指導の効果を期待している。４月から実施される新学習指導要領や完全学校週５日制で，学力低下の懸念が高まっていることから，基礎学力の向上や学級崩壊の防止をめざす自治体が目立っている。

いずれにしても学校において，学校レベルで，時間，ヒト，それに内容や方法（プロセス含め）をどう組み合わせるかで，効果に違いがあるのである。

５．２．自治体における行政の意図

しかも，行政の意図も大きい。それによって，学校も変わるからである。

⑴　犬山市の場合：

愛知県犬山市は規制緩和の流れに乗り，市費で講師を採用しての少人数授業や，教員による副教本づくりなど次々と独自の施策を打ち出した。2001年４月から非常勤講師28人を市費で任用し少人数授業を実施してきた。今年度は理科教育充実のために新たな教員加配を行った。犬山では各校から選ばれた委員を中心に小学校の全教員が参加して，算数の副教本づくりに取り組んだ。少人数授業で使える教材の開発と，教員自身の研修の活性化が狙いだ。将来は，各校の教員が中心になって，保護者や児童生徒の意見も聞きながら，年間教育計画を立案できるようにしたいという。

⑵　志木市の場合：

埼玉県志木市は2002年度から，小学校１，２年生の学級で25人を目安にした少人数学級を始める。上限は29人。10人台もありうる。各地で広がりつつある少人数は35人前後が多い。そのなかで，志木市の「25人」はもっとも少ない。「25人」には理由がある。市内の幼稚園と保育園で，年長の学級の人数は平均20人だった。小学校は32人。25人は，その中間だ。「急に人数が増えては，「授業中に座っていられない」「人の話を聞かない」小１プロブレム（小学１年生の指導の難しさを指す）も起きやすい。幼・小の段差をなくしたかった」（市教育委員会）

このように，「理科や算数教育の充実」「幼小の段差の是正」と意図が違う中で，同じ少人数指導ということばで効果が論じられようとしている。また，各学校の人的配置の状況も異なる。

５．３．学校レベルでの訪問調査から

文部科学省財務課による国費での教職員加配７次策定（平成13-17年）が進行中であるが，一人ひとりの子どもに目がゆき届くとか，個に応じた指導がやりやすくなったとかいわれている。果たしてそうだろうか，18年度から始まる８次策定作業（その後変更決定）のための基礎資料を得ることを含め，実際に訪問調査をした。戦後の GHQ による資料には，能力発揮の機会均等（equal opportunity of receiving education according to their ability）をうたっており，46答申でも「能力は違うから一斉授業では機会は不平等」という旨のことがいわれていた。その後，文部省編（1984）『個人差に応じる学習指導事例集（小学校教育課程一般指導資料３）』が，1980年代に出された時期がある。

図表3-25　関連内部条件と学習条件との関連（OECD 1982）

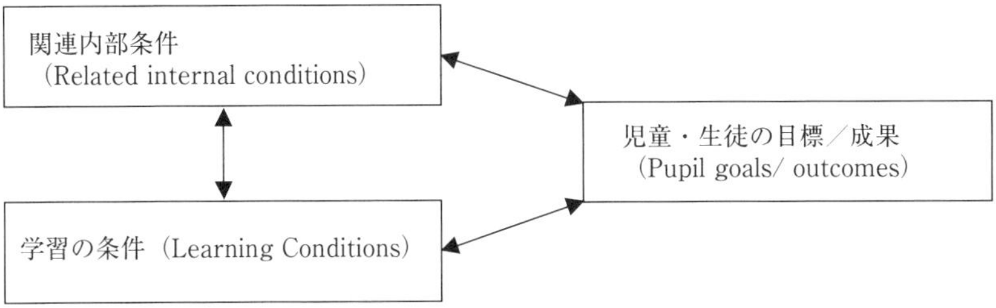

一般的に「習熟度別は義務教育ではタブーですから」（県指導主事談，平成14年6月14日，訪問中のタクシーの中で）というように，意識はなかなか変わらないでいるのが現実であろう。子どもたちのグループ間における優劣意識は，1つの物差しであって，その他の多様な物差しを1つでも多く創ることが求められている。

効果は要件と複雑に絡まっている。要件はOECD（1982）のいう学校改善における関連内部条件と学習条件の間の関連（図表3-25）であるといってよい。

図表3-25に記した資料は，ステイク（R.Stake）のマトリックス（Countenance Model）をベースにおいている。また，ヒトの配置などリソースの配分（resources allocation）をどのようにするかによって，予期せぬ効果や副作用効果が起きる場合がある。別紙にあげたようなデータを1つでも拾い上げ収集しお互いつき合わせよりいいものの水準から判断していくことが求められる。すなわち，可能性のある，不慮の，思わぬ出来事や付随事態，あるいは予期しない出来事，通常はシステムの一要素あるいは，より多くの要素の損失がある場合がある。子どもの体格と机椅子が合わないとか，主に級外教員減に伴う問題として，けが等，何かあったときの対応ができない。教室の不足，空き教室の確保が困難，自由に使用できる教室がなくなった，校時表が固定してしまう，持ち時数の増による「空き時間」の減少，教材研究や学級事務の時間がない，仕事量の増，仕事の持ち帰りが増大などである。研究会参加，年休取得への遠慮とかもある。しかし体制ができている学校もある。このような実施とそれに

先立つ要件を見ながら記述・判断する評価をしていく方が，効果を総合的に見て取れるのである。総じての判断であるが，児童生徒がこれまであまり選択するという経験をしてきていない。その分，コースを選ぶといっても，教室環境（空調施設）を選んだり，教師を選んだりと，別のファクターが入りがちである。習熟度別学級編成といっても最初から区別して，教師が振り分けているようで，児童生徒に実際は選ばせているのが実態のようである。完全習得学習とは違うものである。このように，著者の評価道具は，その状況によく適い，あてはまるものと考えられ，外圧があるこの時代でこそよりふさわしいものとして適合できると判断できる。

ニューミレニアムに入った今日，リソースに関していえば，人的・物的リソースを児童生徒の成果から説明が求められるという，児童生徒の実態に合わせて効果を高めるという評価の外圧がある。説明を説得的に行う指導体制等の質保証が求められており，教科書内容のコンテンツの吟味により，教科のシラバスに関心がもたれ，質の高いアセスメント（学力調査）政策に関して教師の力量や専門性が問われ，知恵を出して力を合わせるというヒトが中心になりつつある。

5．4．理　論

(1)　ステイクのコンテクスト変数等

理論的には，潜在的な観察カテゴリーというものがある（図表3-26)。ステイクに続いて，Jansen (1972) や Dunkin and Biddle (1974) においては，コンテクスト変数を打ち出しているが，CDC (1977) によると，カリキュラムのプロセス評価においては，このコンテクスト変数が，ステイクの先行要件の変数に対応するとしている。そのコンテクスト変数とは，安定した状況上の特徴（例えば，クラスサイズ，座席のアレンジの仕方，授業上の助けとなる用具類

図表３-26　潜在的な観察カテゴリー（CDC 1977）

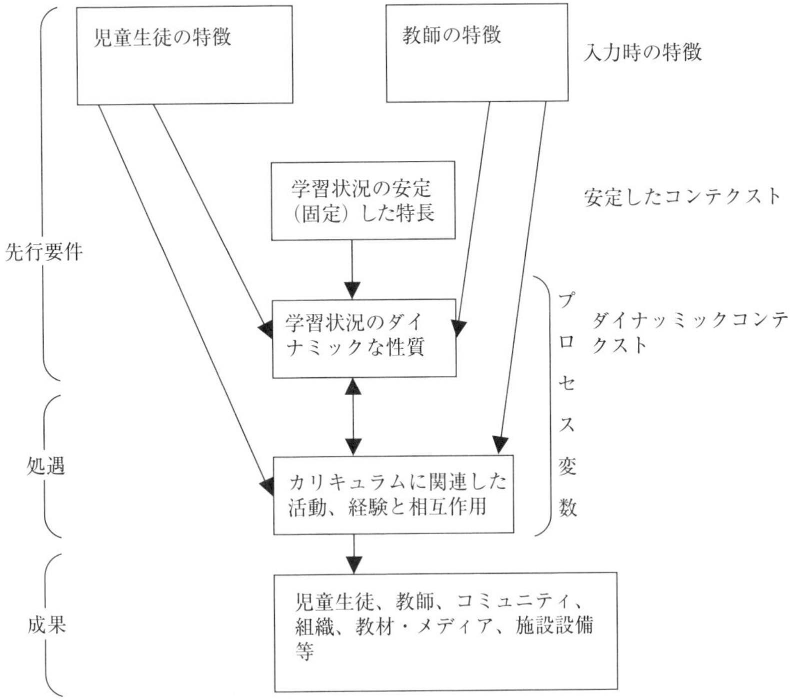

(aids)）と教授学習状況のダイナミックな特徴（例えば，社会・情意的風土，ノイズや雑音のレベル，手続き的ルール，役割期待など）である。児童生徒や教師の重要な特徴もまたこの中において確認される（図表３-27）。また，カリキュラムの処理，取り扱いや活動（transaction）のレベルでは，１．教師と児童生徒との相互作用，教師・保護者の相互作用，教師と教師の相互作用，児童生徒と児童生徒との相互作用，児童生徒と保護者の相互作用，児童生徒の行動（独立した，非相互作用的），教師の行動（独立した，非相互作用的）などについて，下位項目があげられている（CDC 1977）。また，ステイクは，図表３-28のように，12のことを，評価について重要な出来事としてあげている。

図表 3 -27　コンテクスト変数（促進，修正，抑制要因）(CDC 1977)

	安定的な変数	ダイナミックな変数
学校／コミュニティ	学校規模 学校のタイプ（性や年齢） 職員配置のパターン 時間割 グループ分けの方法 コミュニティの社会経済的尺度 エスニックや移民の構成 地理的位置（風土，孤立）	コミュニティ／学校のスピリット リーダーシップ 規律等
教室	クラスサイズ（学級規模） 能力の構成 性・年齢・社会階層などの構成 物理的特徴（ライトなど）	社会・情意的風土 社会的なグループ分けのパターン (排他的な小集団，仲たがい等) ノイズのレベル 慣行，慣例の実行や役割
施設設備／リソース	利用可能性 総合的であるか 指導上の適切性 読みやすさ	刺激（するもの） 関心の水準 知覚された重要性

図表 3 -28　応答的な評価における顕著な出来事（Stake 1987）

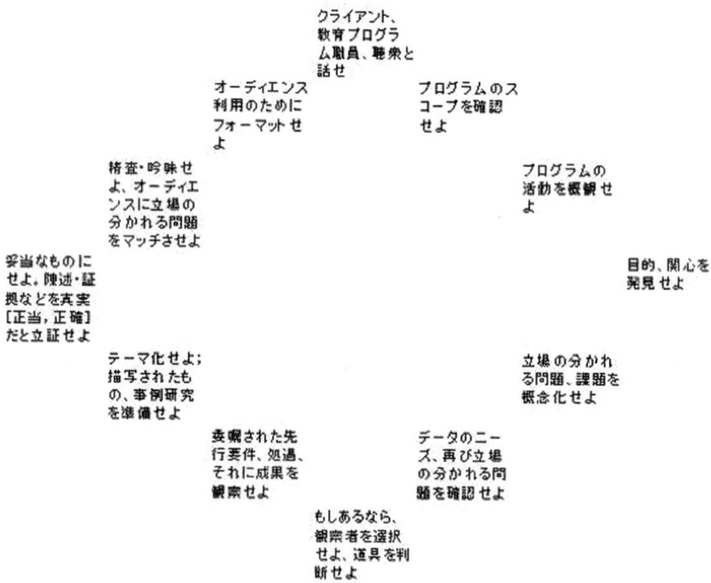
クライアント、教育プログラム職員、聴衆と話せ
プログラムのスコープを確認せよ
プログラムの活動を概観せよ
目的、関心を発見せよ
立場の分かれる問題、課題を概念化せよ
データのニーズ、再び立場の分かれる問題を確認せよ
もしあるなら、観察者を選択せよ、道具を判断せよ
委嘱された先行要件、処遇、それに成果を観察せよ
テーマ化せよ；描写されたもの、事例研究を準備せよ
妥当なものにせよ。陳述・証拠などを真実［正当，正確］だと立証せよ
精査・吟味せよ、オーディエンスに立場の分かれる問題をマッチさせせよ
オーディエンス利用のためにフォーマットせよ

⑵　米国の動向

第1章第2節と第3節でみてきたように，米国では，コールマンレポート（Coleman, James S.（1966）Equality of educational opportunity）以来学校の効果が注目されてきた。『Educational Leadership』2002年2月号では，少人数指導に関する研究の総合的な知見（学校規模含め）を総括している。少人数指導について現在知っていることとして，以下のように結論づけている（Biddle et al 2002）。

■よく計画され適切に資金が提供された時，小学校低学年での少人数指導は，児童にとって実質的な利益を生み出す，そしてその利益は児童が長くそのクラスに留まれば留まるほどさらに利益は大きい。

■低学年での少人数指導からのさらなる利益は，20人よりも少ない時，より大きくなる。

■いろいろな知的教科において起こるし，児童の学業成績（achievement）の伝統的測定とその他の性向に関する指標の両方においてそれは起こる。

■初期において少人数指導を受けた児童は，標準的な学級編成においてそしてより高学年，中学校高校においてその利益を保持する。

■すべてのタイプの子どもが低学年で少人数指導から利益を得ている，しかしその利益は，伝統的に教育に不利益を被ってきた児童にとってより大きい。

■当初の結果は，伝統的に教育に不利益を被ってきた児童は，より高学年に向けたより大きな少人数指導，低学年での利益を持ち運ぶ。

■低学年での少人数指導に関連した利益は，男子女子ともに平等に適用できるようにみえる。

■より高学年そして高校において少人数指導のより可能な利益のための証拠というのは，決定的なものでない。以上から以下のように結論づけている。「小さいことは利点が多い，しかし十分ではない（smallness is a beneficial-but not a sufficient）」といえるのである。

その他，テネシーの例（Hanushek 1999），カリフォルニアの例（Stecher 2000），政策への示唆と将来の研究課題（アジェンダ）（Grissmer 1999），数ヵ年かけての追跡調査（Nye　2001）など。他にも，米国のカリフォルニア州では，全公立学校7,400校を学力指数ランキングで格づけしている。「2001年・学力指数ランキング（The Academic Performance Index ranking = API ランキング）」と題するもので，学校の教育成果を学力標準テストの結果で厳格に10段階に「格づけ」し，ネットで公開している。学校の教育成果を定量的に評価することで，学校の取り組みの「有効性」や「効率性」を，住民を交えて議論する資料に，さらには予算措置の基礎資料として活用している。

5．5．品川区の例

詳細は省略するが，筆者の関わった品川区の学校での外部評価に関する事例研究（2003～）がある。アセスメントと学校自己評価のデータとして，公立小中学校での学校選択制は，2000年４月品川区において始まったのを皮切りに４年たたないうちに，検討中の市区町村を含めると全国で65ある。2000年度，学力テストを行った教育委員会は43ある。2002年に学校自己評価を行った公立学校は，38,300のうち，88.4％で，同じく結果を公表したのは41.4％である。

学校教育の評価は，従来の「学区制」による学校間の競争がまったくない仕組みが，「学校選択制」に移行する可能性のある中で，本格的な動きを支える基盤となることは間違いないと思われる。品川区の学校選択制は，「どの学校を選べばよいのか？」といった情報が決定的に不足している点が課題として指摘され，中１で独自のテストをしている。学校のパンフレットにはさまざまな教育目標や成果が掲げられているが，外部の人間には「お題目」「スローガン」に過ぎず，目に見える成果が全く提示されていない。そのため，「うわさ話」と「歴史・伝統」に頼った学校選びになっている。学校毎の教育成果についての客観的な情報は，ほとんどない状態である。とはいえ，一部ホームページに公開され始めた。わが国でも，米国のように，学校教育の成果を定量的に評価するシステムが求められていることも確かであろう。前提に少子化による学校統廃合という特殊な背景もあるが，明らかに欧米とは違った意味での質保証（quality assurance）の研究が求められてくるであろう。これについては，終章において触れる。

以上，「サポートとアセスメントの動きのある」2000年代少人数指導を志向した学校のアセスメントへの拡張への適用例をふまえて，学校選択と効果のアセスメントをもとに学校自己評価と学校教育の質を求める動きに基づいてアセスメントへの拡張をもとに練り上げてきた診断システムをみてきた。

第6節　カリキュラム評価としての学校診断道具のベトナム国への適用

6．1．なぜ国際協力に学校診断か

近年ベトナムは，アジア太平洋地域での最後発国として捉えられがちである。しかし筆者は日本にとって経済発展の潜在力や地理的・文化的な近さから考えると，アジアの中での最重点地域，最後の未知の領域（フロンティア）として位置づけられると考えている。教育の分野では，東アジアの学校教育を特集した著作（Thomas & Postlethwaite 1983），東南アジアのカリキュラムを特集した著作（Marsh & Morris 1991）にもベトナムの紹介は何もない。さらに，日本のカリキュラムに関する，あるいはそのエッセンスをどう移植するかに関する英文資料による先行研究は非常に数少ないのが現状である。

本節の目的は，カリキュラム・教科書作成支援を中心としたベトナムでの経験をもとに，授業の評価を中心にした学校の診断を含めてより実質的な教育開発の援助のあり方を明らかにすることが目的である。これまでの国際協力の問題点として，背景に，視聴覚機材など機材は提供しても活発には使われないということが多々あり，モノ中心の輸出ではなく，文化・教育などソフト面での援助，協力がさらにいっそう必要となると考えてのことである。そのために，筆者の用意した枠組みを現地の学校訪問に適用し，学習方法，学習指導法を実際にみることにより，教科書作成者に意図とする目標と実際のプロセスのズレに関して，現実に抱えている問題に対する診断情報をフィードバックする。さらにそれにとどまらず，カリキュラムの全体構造の中で，これからの教科の学習目標と指導法に関し，学習指導とそのための要件（物的，人的リソース，教員養成）にまで立ち入った情報を提供する。このことによってさらにより実質的な教育援助に迫ることとなり，さらに日本をソトから見直し，事実や事象を鏡的につき合わせてみることもできるというこれまでにない意味をもちうる。この経験に基づくメモにより，その方向と方法の一部は，アフリカ等他地域へも生かせると考えてのことである。

(2)　要請の内容および協力の背景

ベトナム国からの要請の内容は，初等教育カリキュラム作成支援であり，カリキュラムおよびテキストブック開発のためのワークショップを英語で開くことであった。配属機関の受入体制は，国家教育研究所 National Institute for Education science in Viet Nam（NIES）であった7)。

実は，1995年以後一度依頼があったそうだが，国内で決定に至らず，99年春から夏にかけて著者に依頼がなされた後，文部省側でもう１人の人選が決まらず，ほぼ半年間ベトナムの教育に関する情報と英文資料を収集することにした。まず文部省の調査課による『教育調査』というレポートを集めることができた（文部省調査課 1995)。教科書課からは教科書システムの概要の資料（英文含む）を得た（文部省教科書課 1999)。また，東京にある㈶教科書センターには，各国の教科書が閲覧できるようになっているが，ベトナムのものはないということであった。アジア経済研究所に資料があることもお聞きした。

ユネスコアジア文化センターでは，リテラシーや絵本の関連で現地の文化大臣を日本に呼び，環境の本をアジアで作成することの苦労をお聞きする（ACCU 1991）とともに，英文による古い資料（MOET 1982, 1983）も図書館で収集した。さらに，㈶国際教育情報センター（ISEI）では，歴史認識の違いについて，ベトナムから担当者を招いて議論したこともお聞きした。国立教育研究所でも，アジア各国からスタッフを招いてもった会議の資料や国際協力の資料を入手した（NIER 1970, 1981, 1986, 1991, 1984a-b; 渡辺 1993)。東京学芸大を拠点としたアジア太平洋地域教育工学セミナーのレポートにも当該国の報告がみられた（APEID 1985)。最近ですら年に多くて数名，しかもそのほとんどはトップの人を日本に招くことしか行っていないことがわかった。

ただ，過去に文部省・外務省が調査団を派遣しており（ベトナム共和国教育協力調査団編 1975），JICA から教育全般にわたっての調査が行われていた（JICA 1995, 1999）。ただし，関連資料の中には，帰国後入手したものもある（久保田＆浜田 1994，MOET 1991）。

閲覧した資料の中には，太平洋戦争中従軍しベトナムで終戦を迎えた方の体験記録があった（古川 1969）。その中に，現地の子どもたちに教科書を作らねばならないということを終戦の時に考えたという記述があった。筆者は，50年という時を経て教科書作りの機会に巡りあったことを不思議に感じるとともに，このことによりこの仕事への意欲をかきたてることとなった。

⑶　何を移植するか―英語によるセミナー内容の構想

まず，セミナー内容の構想を以下に概略述べてみる。1980年代には日本的特質にもっと目を向けるべきではないだろうかといった論調は確かにあった（市川 1988）。1980年代の卓越した教育といったものとは違って，海外，特に米国からみた日本の教育は，遅くとも1990年代からは，ネガティブに捉える傾向も出てきた（Bracey 1997, Nordquist 1993）。しかし，はたしてそうであろうか。見方を変えればもっと質的に良くしようとしているのではないだろうか。「脱亜入欧」「追いつき追い越せ」というスローガンにその一端がみられるように，明治以後の教育に対する広範な人々の熱意と意欲が学校教育を支え急激に高等教育の量的拡大をしてきた背景がある。洋学を取り入れ江戸時代からのリテラシーの高さといい，そのベースとなる基礎的な基盤は誰もが疑いをもたないであろう。

日本のカリキュラムについてであるが，英文によって各教科の内容レベルにまで具体的に論じられたものは，学習指導要領（Ministry of Education, Science, and Culture 1983），コバヤシによるもの（Kobayashi 1986）などを除いて探しきれなかった。そこで，最新情報として，日本で発刊されている英字新聞の教育に関する記事（例えば，Memorization, Workload Reduced. New Study courses stress creativity という見出しをもった Japan Times　1998年11月19日）などは，貴重な情報源であり，セミナーでは最近の教科書のない「総合的学習の時間」が設けられたことも解説できた。

教科書に関しては，海外の各教科のジャーナルにおいては，近年欧米と日本の教科や教科書の特徴を相対化してとらえる論文が出てくるようになった。特に，理科は1970年代より行ってきた現代化は注目されてよいはずであろう。日本の科学技術を裏で支えてきたと思われるからである。その他の教科に比べると算数では，英文での解説のレポートは比較的多い。帰国後，その類いのものも収集に努め，算数数学，理科についても国の内外で英文により発信されたものがあることがわかった[8)]。

リストは，ここでは省略するが，英文で書かれた論文は，セミナーを開催した際に，携行機材であった全教科全学年の教科書と教師用指導書とともに，有効に活用できた。まず導入として日本の教科書は，このように海外からみられており，薄い教科書といった点も評価されている。4年「水」の三態変化を例に教科書や指導書の記述の仕方を解説した（2日目)。しかし，これらはカリキュラム作成を進めていくための診断データを提供してくれるわけではない。カリキュラム概念を演繹的にみるのではなく，まず相互作用としてみる必要がある。

6．2．著者の予備的枠組みによる診断情報の収集

(1)　授業観察による証拠蒐集と学校診断

筆者らは，教科書執筆の仕方ももちろん重要であるが，教科書だけでは絵に書いた餅であり，それをどのように使うか，運用していくか，教員の力量も含めて要件そのものを解明していくことが課題であると考えた。診断情報を収集

図表 3 -29　学校研究診断 METIO システムの MET 系列と IO 系列（有本）

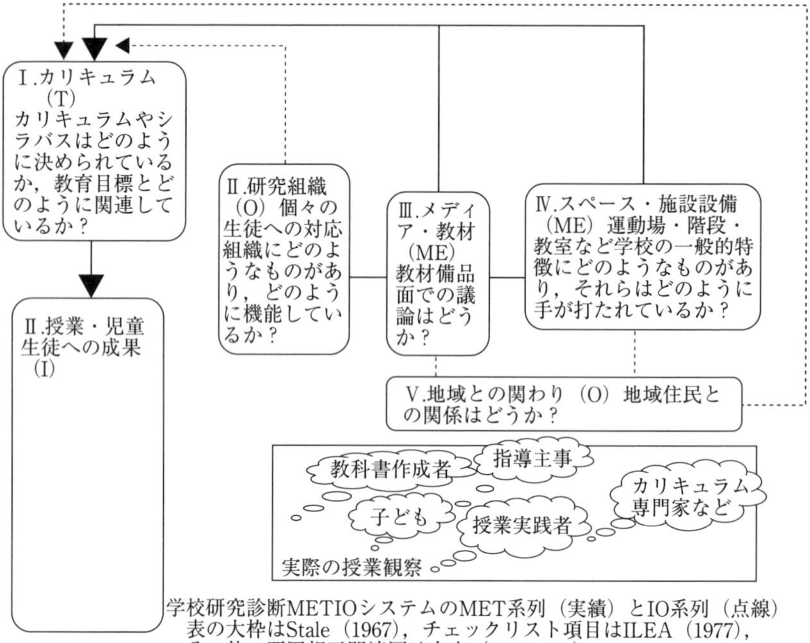
Ⅰ.カリキュラム（T）
カリキュラムやシラバスはどのように決められているか，教育目標とどのように関連しているか？
Ⅱ.授業・児童生徒への成果（I）
Ⅱ.研究組織（O）個々の生徒への対応組織にどのようなものがあり，どのように機能しているか？
Ⅲ.メディア・教材（ME）教材備品面での議論はどうか？
Ⅳ.スペース・施設設備（ME）運動場・階段・教室など学校の一般的特徴にどのようなものがあり，それらはどのように手が打たれているか？
Ⅴ.地域との関わり（O）地域住民との関係はどうか？
教科書作成者
指導主事
カリキュラム専門家など
子ども
授業実践者
実際の授業観察

学校研究診断METIOシステムのMET系列（実績）とIO系列（点線）
表の大枠はStale（1967），チェックリスト項目はILEA（1977），
その他の要因相互関連図は有本（1987,1991）

する評価道具が大切と考えたのである。筆者の用意した基本的な枠組みは，米国の R. ステイクのカリキュラム評価の技術としての記述と判断のためのマトリックスをわが国でアレンジしたもの（有本 1993）を，英国での実際の学校訪問と研究を通じてさらに練り上げて開発したチェックリストの診断道具である(図表 3 -29)。実際に用いたのは単純化した簡略版であり，5つのチェックポイントと代表的なチェックリストである。この意義は，教材・メディア，スペース，時間，研究体制，地域という互いにそれぞれを切り離し，バラバラに，どれか１つをみるのではなく，学習目標と指導法に関する要件を中心としてトータルに５つの要因が絡み合っているという点である。実際に新しいカリキュラムをトライアウトしている学校を訪問し，授業観察をし，その上で「先行する要件」を探ることが重要と考えた。これを予備的枠組みとして，日本に

おける代表的な事例を紹介し，ベトナム側の資料による研究をした上で比較することとした。

この枠組みのおかげで，1ヵ月という短期間で，現地ではさまざまな資料（Hac 1998）から診断的にエビデンス（証拠となる事実）を収集でき，また映像やデジタル画像で記録も行った。以下に順序は逆であるが，そのコンテクストを整理して，授業での様子を記述していきたい。

【Ⅰ．カリキュラム（T）】

カリキュラムやシラバスはどのように決められているか。教育目標とどのように関連しているか？

教育訓練省カリキュラムセンターでいただいた最新の資料によると，中央レベルでは，これまでのカリキュラムは，いくつかの欠点をもっていると分析している（図表略）。そして，小学校カリキュラム2000の基本的な特徴は，文化の継承と開発をうたっている。さらに，その効果の予測として，3つをあげる（図表略）。フランスの影響が強く，フランスの著作（'Des Fins Aux Objectifs' – D'Hainsut, 1977, 1983, Nathan, Paris, France）の "sufficient curriculum" の概念から，カリキュラムの概念を次のものを含むと定義して，それら4つの改革に着手することが，教育の新しい質を達成することであるとしている。

・諸目標（小学校レベルと個々の教科）

・個々の教科の鍵となる概念

・個々の教科の特殊な特徴にあう教授方法

・生徒の結果をアセスメントする方法

かつては，中央カリキュラムや統一教材などが当然視されてきたが，中央政府によるコントロールは緩和される傾向にある。民主化・市場開放化政策により急激な経済優先主義に起因する文化的諸問題をいかに克服するかというジレンマがみられる。そして，中央政府が支出の20%，地方政府が残り80%を負担している。中央政府による教育支出のほとんどは教員給与もしくは奨学金である。

目標分析の背景を探ってみると，ユネスコのレポート（デロアレポート）などを参照し，初等教育の目標·内容の8.5割前後は世界で共通しているという。ベトナム固有の政治的・経済的・文化的要因を伴なっていることは以下のように考えられた。

●政治　ベトナム共産党の指導する社会主義国で1986年「ドイモイ（刷新）」路線を採択する。13世紀のモンゴル，明（15世紀），清（18世紀），フランス（1858年から約100年），アメリカ（1954年から75年），南北統一を果たした後も中国（1979年から85年），カンボジアと戦争の連続であった。ソ連崩壊以後，旧ソ連離れは加速している。92年憲法は，「社会制度の相違に関わらず，世界のすべての国家と関係，協力拡大を強化する」と規定している。1995年にはASEAN加盟を果たす。

●経済　91年以降，年平均８％の成長を続けている。戦争や投資不足による基礎的な社会経済インフラの未整備や老朽化が問題となっている。労働事情からくる雇用問題は，教育訓練省や部門と密接に関わる大きな問題である。95年に制定された労働法では，最低賃金は月12万ドン（約12ドル）と定めた。ソ連東欧諸国への出稼ぎ者の帰国，香港など他国へ逃れた難民の帰国など，背景にある。

しかも，現在日本がベトナム最大の貿易相手国となっている。日本から輸送機器や電気機器の品目が輸入され，逆に原油や天然ガスといった豊富な鉱物が輸出されている。亜鉛，石炭，米などもアジアに向けて輸出されている。78年のカンボジア侵攻以降，日越関係は停滞していたが，91年パリ和平協定署名を受け，円借款を含むODAを再開した。日本の民間投資先として第５位（台湾，香港，シンガポール，韓国に次ぐ）となっている。政府や経済関係者の相互往来，文化・学術の交流が活発化している。逆に，ベトナムが外資を受け入れ始めた88年から95年3月末までの累積投資額を投資国・地域別でみると，台湾が全体の約20%で主役の座にある。以下，香港，シンガポール，韓国で，日本は第５位である。

●文化　多数民族のベトナム人（キン族）の他，人口の14%を占める50以上の少数民族が，国土の8割の地域に住んでいる。固有の言語があり，うち4つは公用語として認められている。識字率は高い。フランスによる植民地時代には，フランス語で教授し，ベトナム語を第二言語とし，地理や歴史も，フランスを中心に暗記による方法で行った。

以上のような背景から，85年より教科書は改訂がなく，教育訓練省は保守的であり，ごてごてに回ってきたが，95年に教育訓練省より日本に協力の依頼があり，97年のアジア不況により政府首脳も教育内容の刷新に踏み切る動きが出てきたという。

【Ⅱ．メディア･教材（ＭＥ)】

教材備品面での議論はどうか？

したがって，教育訓練省のスタッフに，教科書を書いた経験のある人が少ないこともわかった。教科書は無料でなく，児童各自が購入する必要がある（1冊約2,000ドン＝20円)。95%の児童が数学と国語の教科書をもっているが，他の教科は45%しかもっていない（数学と国語が卒業認定試験として出題され他の教科は試験にでない)。かつて，無償にした時があったが，教科書を大切にしなくなったので，またもとに戻したという。

【Ⅲ．スペース･施設設備（ＭＥ)】

運動場・階段・教室など学校の一般的特徴にどのようなものがあり，それらはどのように手が打たれているか？

国家教育研究所の建物は，1945年旧ソ連によって建てられたものであった。日本のODA予算によってかなりの学校が建設されている。それらの学校の中で学校園をもった学校を訪れることができたが，授業での活用はこれからというような印象を受けた。また，せっかく建築物として学校を寄贈してもトイレなどはすぐに汚れてしまうということであった。しかし，台風や洪水等によってこれまでたびたび学校も大きな被害に会っている。都市部でも二交代，三交代の半日制度であり，しかも次のように，教員自体も時に多くはパートであるということがあり，教員の資格要件等々これら制約は，カリキュラムに大きく圧し掛かっていることは，十分に考えられた。

【Ⅳ．研究組織（O）】

個々の生徒への対応組織にどのようなものがあり，どのように機能しているか？

中途退学率や留年率が高く，卒業率が低い。1,000人の小学校入学者のうち，卒業までたどり着くのは448人（45%）で，5年の修学年限に8.1年を要している（タイ64%，インドネシア80%）。女子が多いことは特徴としてみられる。

最低資格要件は，小学校の場合，教員養成カレッジの卒業（後期中等教育プラス3年）である。しかし現実には，この基準を満たしているのは，45%である。2000年に向けての目標は，15～20パーセントを教員養成カレッジ卒業者でしめることである。

2000年までに初等教育の完全普及を達成するために，量的に初等教育の教員不足を解決することとしている（6万人，低く見積もって1万人が不足している）。2010年までの就学者予測によると，教員数は110万人になり，現在必要な教員の2倍になるという。図表は省略するが，他の東南アジア諸国の統計と比べても児童1人あたりの必要教員数は最大である。

教員の社会的地位は高いが，給料は低く，インフレによる物価の上昇についていけない。小学校は圧倒的に女性の教員が多く，時間外労働をし，その半数が教育と全く関連のない職についている。教員養成学校は，47（国立カレッジ9，国立短期カレッジ8，県立短期カレッジ30）あるが，その教育の質や設備には，かなり問題があり，在籍者の大きく下回ることころもあり，比較的裕福な地域とそうでないところとの地域格差も大きい。教員の質の向上をめざして，教師のコンペティションが実施されている県もあり，優秀であると認められた教員は教育訓練省，県，地区によって表彰される場合もある。指導者養成のために，教育訓練省の監督下の元に，校長や指導主事などリーダーとなる人材の再教育訓練を目的に，2週間から4年間までのさまざまなコースが実施される

(ハノイとホーチミン)。

遠隔地や恵まれない地域にまで教員を配置するために，防衛省との間で，高校終了時に（山岳地においては9年次に）ボランティアとして教員をするという取り決めもなされている。

【V．地域との関わり（O)】

地域住民との関係はどうか？

地方の教育支出は，地域住民からの寄付によって支えられている。学校建築や修復は地域の保護者のボランティアが協力するところも多い。かなりの教育費や資本支出を地域住民が負担していると報告されている。89年からは，学費は有料となった。現在は3年までは無料であるが，4年以上は若干の授業料を払う。また，教科書や制服などの費用もかかり，親の経済的負担は少なくない。

【Ⅵ．授業・研究組織（ⅠO)】

個々の生徒への対応組織にどのようなものがあり，どのように機能しているか？

実際の学校訪問による授業観察は，次のとおりであった。

○ハノイ HANOI にある NGOC HA 小学校（1999年3月3日㈬訪問）

校長の説明によると，「この学校の総学級数は37クラス。全生徒数は1,435名。ここに27クラスと別に離れた場所に10クラスがある。過去4年間，優秀学校と評価されている。また，生徒も試験の成績が卓越していると評価されている。さらに，教師も市レベルおよび全国レベルで優秀であると認められている」ということであり，いわば教育訓練省のパイロットスクールである。行政上の地区教育省代表の説明によると，「この学校地区は市においては大きな地区である。39の学校を有し，総生徒数は3万人である。中学校は38で，高等学校は5である。ハノイ郊外に位置し，生徒の親は工業と農業に従事している。現在，小学校では教育省による実験カリキュラムを進めている。算数1・2，ベトナム語，道徳教育がそうである。これら3教科のほかのナショナルスタンダード化への期待をもっている。しかし，実験カリキュラムの試行は2年前に始まって間もない」とのことであった。

ついで，授業参観では，1時間目に行われた1年生40名のクラスである。算数「うちかそとか」という新しい題材である。最初に歌があり，復習から始まる（加法，減法：40－10＝30等…）。教師配布の枠つき用紙に4つの問題を子どもたちは写し，それを解く。その間，教師は机間巡視をし，それぞれの子どもたちのノート上の解答を確認。その後，子どもたちが解答を発表。正解に対し，全員で拍手。

本時の学習（ニューコンセプト：図形の外にある点と，中にある点）では，教師は，本時の学習内容を掲示。教科書と同じ内容の正方形の内と外にある点の図形。それを子どもに読ませる（内に関して3人当てる。外に関して2人)。次に円の外と内にある点の図表。教科書と同じ。内にある点（3人に読ませる。5人に読ませる)。教師は，第1の練習問題を掲示する（教科書の練習問題1と同じ内容)。子どもたちに課題を読ませ，問題の意味を確認させる。2人。1人に黒板で課題1のすべてを解かせる（6問)。その後，教師は解答する。全員で拍手。ドリル1。

第2の練習問題。問題を読ませ，意味の確認。練習問題を解く。机間巡視で個別指導。赤ペンで，正解に印をつける。ドリル2　以上，教科書の44ページ。

ここで，5分間の遊び（ゲーム）を行う。ゲーム1では，教師が前列の一人の子に耳打ちをする。ある意味の言葉を伝える。その子は次の後ろの子に耳打ちで伝える。同じ行為を最後の列の子まで続ける。最後の子は何を聞いたのかを皆の前で発表する。正解の場合は拍手。2回繰り返す。ゲーム2では，全員の歌に合わせてながら，前列の子から人形を渡していく。歌の終わったときに人形を持っていた子が，皆の前に出て一人で歌う。

第3の練習問題。教科書の次の45ページ，再度計算。練習問題3。70プラス20，80マイナス50，30プラス30，90マイナス90，30プラス40，60マイナス50を縦書きで。計算中，教師の個別指導。

練習問題4を，暗算で（silent calculation)。

練習問題5，問題解決学習（文章題）男女それぞれの子が読む。「問題文：…は10枚の切手をもっています。…は20枚の切手をもっています。切手は合計，何枚になるでしょう」。子どもが解答。正解だったので全員で拍手。

練習問題6　位を揃えることを注意…というように続く。

授業2は，国語で，「わたしのいえ/なぜなら今ここにお母さんがいるから(Because now I have mother here)」。時数は3時間の新設単元であり，教科書執筆者も参観した。Story ： A boy cut cake. Unfortunately he cut himself. But he didn't cry until his mother came back. He bursted into tears. His mother was worried. 詩についてかなりの子に発表の機会をもたせ，3時間の配分中の第3次であった。みんなに音読ができるように一斉参加の授業である。

授業3は，道徳で「ともだち」。ビデオを用いて，最後に手にハンディキャップをもった本人（上級生）に教室に登場してもらった。30年か40年前には Nguyen Ngoc Ky というハンディを背負った子どもが教師になったというよき教訓がある。Vietnam Television といった？テレビ局が作成した番組を利用している。アメリカで3ヵ月手術を受けてきた在校生が主たる登場人物である。放送局という外部からの唯一のリソースといえるものであった。ワークブックでしかも態度のアセスメントを行っている。教師は「よいともだちとはどんなものか？」と尋ねている。本人への「どんな教科が好きですか」という質問に，「数学が好きです」と答えていた。

○ハノイ HANOI にある NGOC THUY 小学校（1999年3月5日㈮訪問）(省略)

○ナムディ県にある LE HONG PHONG 小学校（1999年3月9日㈫訪問）(省略)

○ナムディ県にある HO TUNG MAU 小学校（1999年3月10日㈬訪問）(省略)

ナムディ県の2校は日本政府のODA予算によって作られた学校であり，県の教育省の歓待も受けた。

どの教室にも，ホー叔父さんからのアドバイスの額－「1．国を愛し人民を愛せ，2．よく学び懸命に働け，3．友とよい関係を築き，規則に従え，4．

身の回りを衛生的にしておきなさい，５．謙虚に，正直に，勇敢に」があった。南北統一後，特に全国統一しているのだが，この規範は特に南にいくほど，コントロールするのが困難になっているとのことであった。

⑵ 国によるカリキュラムのトライアウト構想

1999年３月までにトライアウトできるのは，１学年のカリキュラムのみである（図表略）。が実際は1年ではベトナム語，算数，道徳しか見せてもらえなかった。2000年９月に教員養成とカリキュラム完全実施を始めるという。しかし，教員養成は2005年までに本格化したいという声も聞かれた。２，３学年，４，５学年をそれぞれ2001年９月，2002年９月と予定されている。ここで目を引くのは，４，５学年では理科と社会を単独教科として分けることにしている点である。タイも同様に最近理科新設のプロジェクトチームを置いたそうである。教科以外には，国旗掲揚と道徳教育，クラスや集団でのグループ活動が週各１コマ必修である。クラブ活動として見学，鍛錬あるいは自己学習を２コマ，さらに，選択教科も，外国語，情報（informatics），家庭，卓越した生徒向けの教科深化学習を各２コマ３学年からは，学校による任意の設置が推奨されている。これら「括弧つきの」任意の設置は，現在のところ国によるコントロールのもとで，県に１つつくるところから始められ，しかし各県の財政にばらつきがみられるところから，リソースへのアクセスが容易であるか否かなど学校の置かれた特徴，立地条件にまかされることになると危惧される。ちなみに，地方での授業試行のための要件については図表を省略する。

６．３．判断についての考察

以上のように診断のための記述は，マクロに国家レベル，ミクロに授業レベル，そしてその中間に地方への普及と，その間のギャップは大きく，収集したデータも混在し，何から手をつけていいのか優先順位はつけがたく思われたが，データ収集の枠組みは概ね有効であった。

しかし，そこから導かれる総合判断は，日本からみた時にコンテクストに大幅に違いがあるため，なかなかまとめることができず，少し時間を置いてやっとレポートが提出できるという状態であった。

(1)　中央と教室

1点目は，中央と教室レベルである。意図された中央でのカリキュラムと実際に観察されたカリキュラムとの関係である。中央では，中途退学者や留年を少なくし，水準をあげることを意図しているが，実際の授業では，認知的に高度なお互いのコミュニケーションが少なく，席にはついているものの，実際には学習活動をしていない子がいることである。そこから考えられたことは，椅子や机の学習環境を差し引いたとして，それでも意図された中央主導の教科書の問題作成において帰納的展開，個に応じた発展問題，自由研究等のない点である。しかしながら，このことは，クラス編成が多人数であることや同じ教室を二交替三交替で使っている悪条件を抱える中，ある意味では，国の教育省ができうる最大の取り組みは何かという認識がなされ努力がなされている。例えば，現状としては一年生の算数「時計の読み方」の単元でのオープンエンドの問題に着手していた。日本のオープンスペースをもつ事例に関してもきちんと教師用雑誌に紹介がなされていた。中央では，意図と実際のずれはわかっているというように考えられた。しかし，選択教科として情報や英語をおいていることは，かなり無理があるように思われた。

(2)　学校レベル

2点目には，学校レベルである。立地条件から外部のリソースの発掘，校舎配置，校庭での学級園，掲示物など施設設備，掛図やOHPなど備品から起こる校内リソースの活用である。日本のODA予算で作り寄贈した学校においても時間がたつにつれて，トイレに関して掃除が行き届かないようである。わが国でみられる教員の学校へのコミットは，例えば職員全体の会議室があり，授業記録ビデオを視聴できるようになっていたりした。女性教員がほとんどであるためか教員全体で着飾った衣装で交流を深める風土はあると認められたものの，しかし，日本で伝統的な校務分掌は教員がパートタイムのためさらに困難になっている。筆者は，まずは子どもの身の回りから学習するということで，地方の学校で毛虫をカメラで撮っていたので，それを画面いっぱいに出して学習の素材に使えるのではないかと主張したのは，非常に効果があったと判断（同行者からのコメントもあった）できる。先の校内物的リソースについての事実の記録とあわせて効果があったと思われる。

経済的基盤の上から副業（免税である）をもたざるを得ない教職の者が多く，専門職としての教師の力量が十分開発されていない。そこで，筆者は確かに文化的に教師の地位は高いが形式にとどまり，専門職としての教師の開発が不可欠であることを主張し訴え，スクール・ベースト・カリキュラムを開発するという考えを紹介した。UNESCO の出版物の中に，開発途上国，例えばスリランカにおいてある種の教材開発を SBCD に位置づけて紹介されており（Lewy 1991），困難は予想されるが決して遠い道のりではないことを共通理解できたと考えている。

⑶ 地方レベル

３点目としては，地方レベルで，４つの公用語があり，山岳地帯のある多民族国家，南北に長い半島文化で伝統的に民が強いとされてきたにもかかわらず，唯一中央の教科書に依存し，郷土教材資料など地方レベルでの総合カリキュラム教材開発がなされていないことである。

日本では，大正・昭和初期に郷土教育・郷土科などの経験もあり，今日も副読本として自主的に作成されている地域がある。山岳地帯が国の７割を占め，したがって急な川も多く，土とか水の取り扱いをめぐって，日本の総合的な学習とはどうあるべきなのか，今後，各地域の実情・実態に応じた展開が待たれ

図表 3-30　中央と地方のバランスからみたカリキュラム（Warwick 1975）

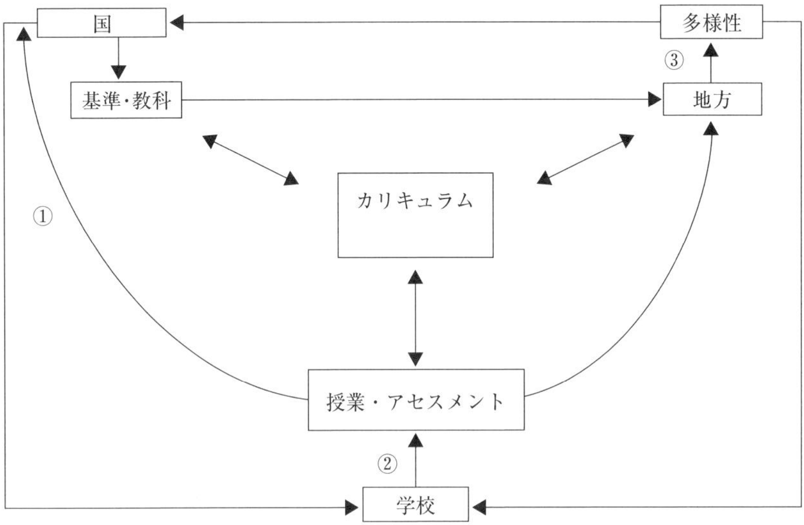

るところであろう。

かの地も同様変化に富む地域である。予算の80% を地方で賄っている中，制約はあるが，中央と地方のバランスにおいて，人権費に消えてしまう中央での教育への予算配分をより多く得，地方により多く予算を重点配分する必要があるのではないかということを述べた。このことについては，日本にもそのような地方化の時代が施設設備の貧弱な1930年代，50年代にもあり，またその動きが最近になって本格的に活発になってきたことも強調した。しかし，困難は予想される。

⑷　レベルを構造化

これを，まとめると次の図表 3-30のような構造図で整理できるのではないかと考えた。その中の①②③がそれぞれ，中央と教室レベル，学校レベル，地方レベルである（この中でインドネシアへの関与から「地方レベルでの改善が重要ではないか」との牟田博光氏のコメントをいただいた）。この制約の中で学習や授業の方法論（teaching methodology）を変えるという「高邁な理想(lofty ideals)」(Walker 1996) を追い求めることは，現象が複雑であるだけに困難を極めるであろう。

振り返って考えてみると，英国での SBCD の背景にある国家的な大規模プロジェクトは，異なる歴史的文化的背景をもつアジアにはなじまないのではないだろうか。そして，テキストをもとに読み書き移す儒教の歴史や伝統をもつ風土のもと，教科書作成，その上で授業研究，観察や記録を行う研究主題を伴う校内研修も求められている（Arimoto 1995)。このことで思い出すのは，オーストラリアが1980年代に国内で SBCD のアイデアを遠隔教育で交流した(ACER 1994) 経験をもとに，中国に，第二言語としての英語教育はもとより学校経営のあり方を遠隔教育により輸出している点である。日本の教育経験を SBCD サイドから各国・各地域に輸出することもさらに考えられる。

以上，図表 3 -29をもとにみてきたが，著者の評価道具は，海外調査においてもその状況によく適い，あてはまると考えられ，有益であることがわかる。

6．4．今後の対応，提言

今後は，カリキュラムの第 3 次までの改訂作業，その後，教員の養成など，2005年をめどにして，課題が山積している。一貫した協力継続はどうしても必要であると考えられる。6 万人，ここ 1 年ですら少なく見積もっても教員が 1 万人不足している点は，教員が余っている日本においてコミットの仕方を真剣に熟考すべき問題である。そして，わが国の一貫した支援が求められる(Arimoto 2002)。ともに派遣された 2 人で議論も重ねたが，わが国のカリキュラム改革と学校変革の時代において，歴史を含め何をどう移殖するか，きわめて困難なものであった。結果として，特に日本では，「現職者の校内研修（研究主題を掲げての研究授業（lesson study）という特質）の中での，子どもをジックリ観察し，『道』として教育技術を磨いてきた」点を，将来の長期にわたる教師教育で具体的に進めていくことが重要であるという結論に至った[9]。今後，教科書作成において核となる若手の執筆者や学校の優れた教師に日本において学校訪問，授業見学を含めた学校でのワークショップへの参加が有効であると思われる。また，教員の養成段階で，柔軟な対応が求められるため，教員養成カレッジの改革（施設やスタッフへの研修）が重要になると考えられる。とりわけともにアジアであり欧米に比べて類似した社会文化的風土をもつ，しかも先行する日本こそが生み出しうる枠組みとは何であるのか，ソフトの面から考えていく必要があると思われる。

日本の教育システムを他の国に移植する方向と方法は新たな動向として注目されていくに違いない。そしてこのような教育開発の作業は，国際協力として今後他の国において確実に増えてくることであろう。日本が模索していく上で必要なのは，従来より，日本が有している途上国側の自助努力，オーナーシップ，文化的センシティビティーへの尊重を踏まえた，日本の教員の内発的な授業実践を支えてきた手法，教員のプライドを尊重し，相手の積極性を喚起する技法と道筋である。

最後に，国際的な動きとして，ユネスコでは学校改善に注目がなされつつある。世界銀行では,「学校効果」に注目し,「ソーシャルキャピタル」の定義がなされている[10]。これが，OECDでは，第1章第5節でみたように，初等中等教育の教授学習と関わりながら，知識転移（knowledge transfer）や知識創造（knowledge creation）といったことへと言及され始めている。

高等教育では，この分野の関連機関・機構はサセックス大学開発学研究所（The Institute of Development Studies, Sussex）をはじめとして急速に伸びてきている。教育分野では，1981年より，北欧諸国が連合して，NASEDAC（The Nordic Association for the study of education in developing Countries）を組織しているのは，際立っている。

ベトナムについては，例えば，参加型カリキュラム開発を通じた山岳地帯の教育改善（Taylor 2000）が成果としてみられる。P.テイラーは農学の分野か

図表３-31　参加型カリキュラム開発サイクル（Taylor 2000）

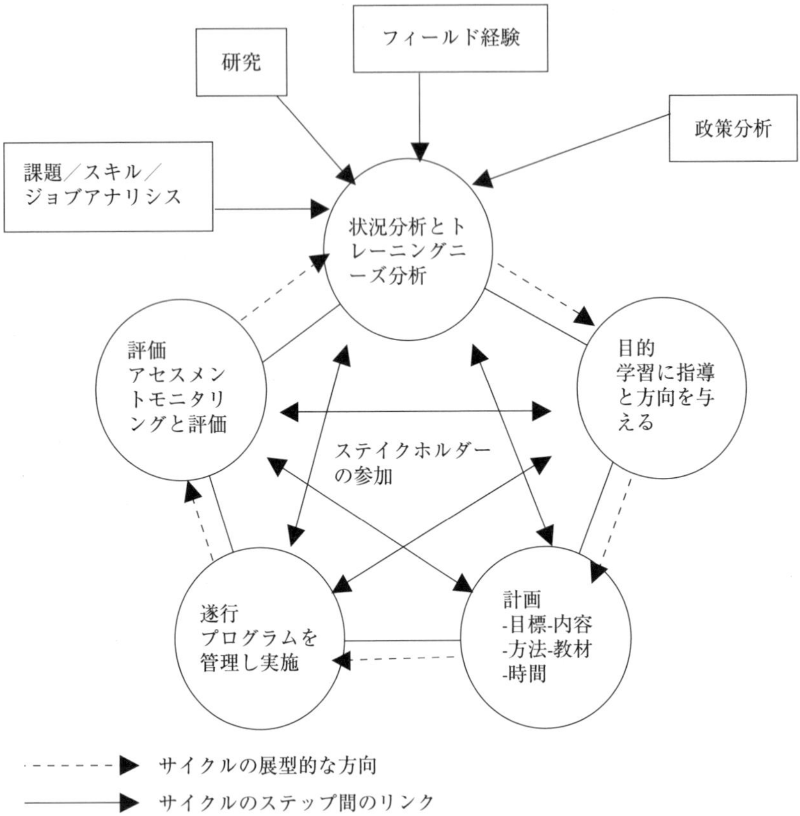

らベトナム山岳地帯の森林教育のため参画的カリキュラム開発（participatory curriculum development）を行ってきているが，その際の理論的支柱に，第１章でみた英国1970年代のSBCDのダイヤグラムを使用しているのである（図表３-31）[11)]。

今後は，さらに教育のみに留まらずに，特に教育行政を論ずる際に，福祉，医療，環境，立法，財政など諸領域と関連し，広い視野から理解し，社会文化や医療福祉（Csapo 1983, Son 1994），政治経済など周辺の情報を収集することは，カリキュラムを構成し，教員養成を進めていくコンテクストを知る上で不可欠である[12]。アニメキャラクター（「ドラえもん」など）やテレビドラマ（「おしん」など）は，子ども・教員の中で良く知られている。地理的文化的に近いこと，教育目標や社会文化，感覚や風土から，欧米よりも，わが国の経験と共有するものは多いのではないだろうか。しかし，中国を初めとするアジア大陸と異なるサムライ精神（samurai spirit）なども日本に存在することが指摘されている（Moeran 1989）。

そして，何をカリキュラムのコアとするか，課題にアプローチするには，先行研究（Gorter 1987）にあたらねばならない。授業観察や学習記録の取り方において，エスノグラフィー，歴史・社会文化や言語を重視したヴィゴツキーや，ナラティヴ（narrative）・語りを重視したブルーナー（Bruner 1991）のいうようなアプローチは具体化してみる必要がある。それに深い理解のためのアセスメントの方法は，カリキュラム作成支援においてつながりをもっている。ある意味で日本以上に，国際的に刺激を受けていると考えられる。その際，このことはあまりにも日本が世界の中ではユニークで，即座に海外の教育経験にあてはまらないことの証左なのであるが，外部によるアセスメントの問題は，わが国でも避けてとおれない課題であろう。中国や台湾，韓国との対話，特に世界銀行やアジア開発銀行などとの連携に積極的な香港の大学との対話は，不可欠であろう。

【注】

1）20年以上連邦政府教育当局によって財政的支援を受け，1996年に終了した。Educational Programs That Work の21版がある。〈http://www.ed.gov/pubs/EPTW/〉[2005年1月11日検索]

2） N. A. Flanders: *Some relationships among teacher influence, pupil attitudes, and achievement.* Holt Rinehart, 1964; J. Hough: *Observational System for Instructional Analysis.* The Ohio State University, 1978

3）〈http://www.ed.uiuc.edu/CIRCE/Robert_Stake.html〉［2005年1月11日検索］

4）例えば，『フィールドワークの技法と実際：マイクロ・エスノグラフィー入門』（箕浦編 1999）などの手法が適用されうる。

5）メディアや情報リテラシーというのは，あくまで手段であり，メディアのパワーと限界の理解，学ぶということは何であるか，知能のとらえ方，思考力という目標，リテラシーという能力が全面に出てくる。これに対して，異文化理解というのは，人権や消費者，コミュニケーション，環境，エネルギー，生命といった内容目標と密接に関わる。社会・文化・歴史的な背景から，とりわけ島国である日本に課せられた社会的な意義をも合わせ持つものである)。

6）報告書に，浅木森による「学校における教育研究主題」の全国的なデータベースがある。

7）カウンターパートは，算数を専門とするホアン氏 Dr./Professor Do Dinh Hoan と理科を専門とするナー女史 Dr. Bui Phuong Nga であった。両氏とも，新設のカリキュラム開発教授方法研究センター（Research Centre for Curriculum Development and Teaching methodology）の所長と小学校部門責任者（the person in charge of Primary school division）であった。

8）例えば，数学教育学会は，学習指導要領を英文に訳しているし，Science Education 70(3): pp. 351–354には日本の理科教育に関して英文文献目録がみられる。

9）わが国において，よりよい授業のあり方を求めて，研究的，実験的に行う授業をいう研究授業には，(1)だれかに授業をみてもらって批判や指導・助言を受け，授業の改善に資しようとして行う授業，(2)集団として共同で授業研究を行う場合，また，その研究の素材提供の意味で行う授業，(3)新しい教育方法を実験的に取り入れてその効果を試すために行う授業，(4)優れた授業者や先輩，あるいは権威者が，後進を指導する目的で演示する授業などがある。(1)を校内において行うことの意味で，授業研究 research lesson(後に lesson study）として全米に紹介されている。ビデオと対応する指導案がともに英訳されている。〈http://lessonresearch.net/〉[2005年1月11日検索]

10）〈http://www.worldbank.org/poverty/scapital/〉[2005年1月11日検索]

11）第1章第1節でみたように，元カウンテスホルプ校教師で1970年代 SBCD の実践を行った M. フィールデイングは，チリに出かけ国際教育協力を行っている。アフガニスタンへは，UNESCO が SBCD や SWOT を持ち込んでいる。これらの専門家との対話や関連機関・機構との分担・連携も他方では求められている。

12）国連社会経済委員会には，アジア太平洋地域の各国の基本統計データが提供されている。〈http://www.unescap.org/stat/data/apif/index.asp〉[2005年1月11日検索]

また，国連開発計画には，ドイモイ路線に関する説明の他に，各プロビンス（省）ごとに，リテラシーや教育に関する統計（小学校・中学校・高等学校や大学ごとの在籍率，公教育支出の年度変化，GDP に占める割合，地方行政における教育関連予算の占める割合が示されている。〈http://www.undp.org.vn/undp/fact/index.htm〉[2005年1月11日検索]

第4章
学習のアセスメントによるカリキュラム評価の再考

第4章では，日本での学力調査によるカリキュラム評価の課題を扱っている。英米における学習とアセスメント，授業とカリキュラムのつながりをレビューした上で，著者は1980年代における2時点での学力調査の追跡データをもとに，学校診断の道具上に「融合化」という概念を導入する。ハイブリッド型（安彦 1996）のモデルを参考に，初等と中等に分けて学校全体の学習状況の類型化を試みる。そこでは1970年代の水越による理科の発見学習の研究における内容・方法マトリックスをカリキュラム・教育方法のマトリックスとして学校全体に拡張する。さらにカリキュラムと教育方法に加えてアセスメントを第3の軸にすることにより，スクール・ベーストでカリキュラムを検討する手法・技法を作成する。

リソースについては，これまで，物的・人的とみてきたが，本章では，追跡により，教師の好み・ひいきや支持，さらに最大かつ究極のリソースは，教師自身の自覚ではないかと結論づける。また，カリキュラム・教育方法やアセスメントへの広がりから，教師だけでなく，児童生徒の学習への参加に関連するチェック項目の作成につないでいる。

第1節　英・米における学習，授業，アセスメントとカリキュラム

1．1．英国にみる学習，アセスメントとカリキュラム

(1)　学習理論の変化と政策

学習プロセスの効果を高めるために知識とアセスメントの再構成が重要である。構成主義は，知識は確立した絶対的なものではなく，学習者によって構成されるとみる（ただし，このことは知識・技能を軽視するものではない)。特にこの10年ほど，構成主義の考え方が世界的な流れとなってきた。

英国・オープンユニバーシティによる『カリキュラムと学習』(1991) には,「カリキュラムを構成し，生徒に提示する全体のポイントは，生徒はそれから学習するということである」として，全く別の分野であるとされてきたカリキュラムと学習の両者がお互い関連をもつことができるよう，ヴィゴツキーの発達の最近接領域（ZPD ： The Zone of Proximal Development）を含め，大要次のように説明している。

第１の「成長としての学習（Learning as Growth)」という考え方は，よりよい理論を開発するのに決定的な役割を果たすことができる。A. S. ニールはサマーヒルの中で，成長としての学習について次のように説明している。

・子どもは善であるという知覚
・人々は生得的な特質において異なっている
・これら特質（学習）の発達は，成長（例えば多かれ少なかれより大きくなる）の過程からなる
・しかしこのことは子どもが多かれ少なかれ自己選択する行為や選択を必要と

する

・これは子どもに完全なる自由を与えることになる

生得説（nativism）というのは，人間には生来先天的にもっている観念すなわち生得観念（innate idea）が備わっているとする説で，合理主義（rationalism）はすべて確実な知識は生得的で明証的な原理に由来するもので，それの必然的帰結であると説く説である。

これに対して，成長としての学習というアイデアは，多くの古典的な理論に見いだされる。例えば，フレーベル，ペスタロッチ，モンテッソリである。同じ考えは，チョムスキーのメンタルな器官という理論にみいだされる。認知構造の成長としてよりよく理解される。ガードナーは，心の器官というアイデアを取り上げ，モジュールあるいは知能と呼んだ。チョムスキーやガードナーの見方は，より知能に焦点をあてており，子どもの感情的情意的特徴を強調しがちなニールやフレーベル，モンテッソリよりもより構成主義者であると考えてよい。学習に対して制約だと捉えられるモノとして，先行する能力や態度をあげている点で学校と共通している。

以上の生得主義もしくは合理主義へは批判がある。それらは失敗にたいして一切合財何でもすべてを説明することになる。

他方で，第2の「連合による学習（Learning by Association）や行動主義（Behaviourism）」がみられる。

(1)　連合主義の一般原理，例えば連合のメカニズム，結果の知識の性質，練習の法則と効果の法則

(2)　行動主義と連合主義

(3)　行動主義理論では，関係；強化（肯定的，否定的）；行動修正というような用語が使われる。

そして，この一般的連合主義と特定の行動主義には，周知のように批判があるのである。

第3の「発達と構成としての学習（Learning as development and construction)」としては，次のように説明している。ピアジェは1920年代に彼のアイデアを公にしはじめた。彼が，教育心理学で有名になったのは1960年代になってからである。「認知発達の性質に焦点をあてて，教育は構造の供応・調整の発達の促進からならなければならない。これは，逆に言えばある発達段階になるまではある物事を学んだり同化したりすることは不可能である「レディネスの概念」ということを常に心がけながら，問題（発見的方法として知られるようになるもの）をもつ子どもの個人の活動によって達成されなければならない」のである。構成主義は発達の過程であり，変化の過程である。構成主義においては，行為の供応・調整と外界の世界とが表象されるようになるものの本質である。構成主義においては，学習と発達は明らかに区別できない。強いて言えば，ある種の樹木として発達する構造が考えられる。局部的変化は学習として，樹木の基本的形や構造を変化しはじめるが，これは発達的変化として認識されるだろう。

ドライバーたちの「子どもたちのアイデアと理科の学習」は，構成主義的見方がいかに学習において予期しない問題かを，明らかにしているが，そしてどのような方法がそれらを克服するのに用いられるか，を示している。

これに対して，構成主義の批判（criticism of constructivism）がある。

ナショナルカリキュラムに関してのワーキンググループは，強い構成主義者的バイアスを表明してきた。よい理論に必要とされるものは，システムの構成要素の詳細とそれらがどのように変化しお互いが変わるかについての詳細である。あいまいだと批判されるが，この点からすれば，構成主義が合理主義理論（進歩主義教育の指針の提供者として役割を果たしてもいた）よりも，より一層よいということはない。しかし，仮説される構造は原理的には生得的構造よりは，よりよい記述や干渉にオープンである。理科の教授学習における子どものモデルは現在特に成果のある領域の１つである。ムレらによると（Mullet and Montcouquiol 1988），アルキメデスの法則が，状況から抽出され総合された方程式が生徒でそれぞれ異なることから，同じ構成物あるいはルールを誰一人としてもたなかった。通常受け入れられる構成物を訂正するために，それぞれの生徒にふつうに提供する経験に対して修正を加えなければならないというのである。

最後に，以上に掲げた，学習の3つの諸理論には，ジレンマが表明されてきた。われわれは，社会の中で生きて活動しているからである。そこで，社会的コンテクストにおける学習（learning in a social context）に関わっての議論となる。それは，次のようなものがある。

ブルーナー（Bruner 1985）によれば，ピアジェのモデルにおいては，孤独な子どもが自分に世界を同化する，あるいは世界に自分を同化することの間にある均衡化を加えようと1人で人の手を借りないで奮闘しているという。これに対してヴィゴツキーは，社会的相互作用を重視した。

ログオフ（Rogoff）による，メタファーを伴った学習は，学習理論を改善する方法，よい理論ほどより実践的なものはないという立場から，「共同を通じた新しい理解」，「学校内と学校外での学習」，「状況に埋め込まれた学習」，「学習へのコンテクストの効果」などを取り上げている。

このうち，「コンテクストに依存した効果」については，母親や自分で発明されるゲームからセサミストリートに至るまで，いろいろな活動に子どもは従事している。サクス（Saxe 1988; Cited in Open University 1991）は，ブラジルのストリートには，学校に通えずにキャンデーを売る子どもたちがいるが，仕入れてきたキャンデーを，損は決してしないように巧みに計算をして路上で売買する実態を明らかにした。そこでは売り買いが巧妙に行われているというのである。

この他に，重さという言語の役割，教師と生徒の対話でどのように知識は構成されるか，という点が紹介されている。発達の最近接領域（ZPD）については，これは「問題解決において，援助なしで子どもが達成できることと，大人の援助があれば達成できることとの差」と定義されている。ZPDと関連して，「子ども同士の話し合いと学習」，「教室対話の社会的コンテクスト」，「リテラ

図表 4－1　カリキュラム開発の評価と改善（Rowntree 1982）

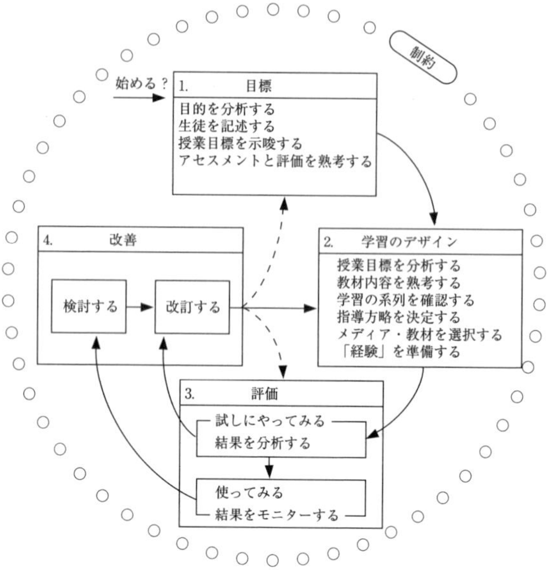

シーと学習」,「社会的実践における言語と学習」,「実際に起こる学習」,「アセスメント」,「伝統的なものへの疑問」,「なぜアセスメント」,「何をいつどのように，誰がアセスメントをすべきか」，といった点が論じられている[1)]。

⑵　評価とカリキュラム・アセスメント

以上のように，カリキュラム開発を進めてきたオーストラリア，英国とも，アセスメントと評価を分けることが，顕著である。

英国では，1980年代前半までに既に豊富な実践や枠組みがみられる（図表 4－1，4－2，4－3）。ローントリーによれば（Rowntree 1977），コースワークからのアイテムコレクションとしてポートフォリオが，アセスメントのために提示されるものとして特にアートの分野で展開された。アセスメントの結果，プロファイル（profile）として個人の学業や人格の記録はまとめられる。このよ

図表４-２　アセスメント（児童生徒の見極め評価）と
授業プロセス効果の評価（Rowntree 1987）

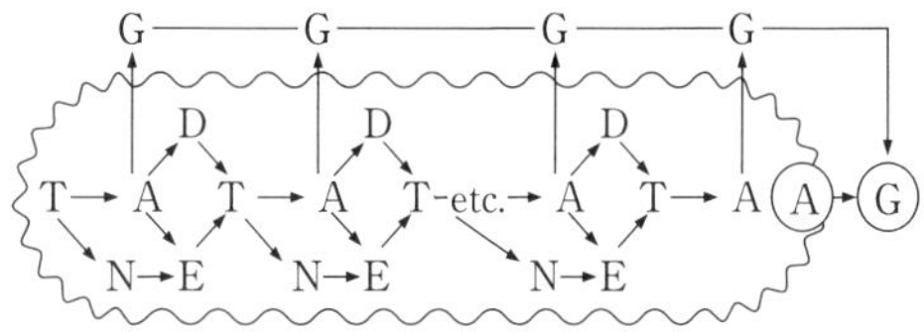

T　指導
A　学んだことの形成的アセスメント
G　評点
D　児童生徒のニーズ診断
N　その他のデータ
E　授業効果の評価
Ⓐ　総括的アセスメント
Ⓖ　総合評価

図表４-３　英国ソリフル県のアセスメントに関するチェックリスト（Black 1982）

B８　生徒のアセスメント，記録維持と報告
1　生徒の進歩は信頼できるテストにより注意深くモニターされる。
2　アセスメントの目的と方法に関する効果的な討論と指導がある。
3　テストは，重要であると賛同を得た知識，技能，応用力に関して設定されたテスト目標にしたがって注意深く設計されている。
4　適切なさまざまなテストや評価方法が使われる：標準達成テストや診断テスト，継続的なアセスメント方法など。
5　アセスメント方法は個々の生徒のニーズや問題を効果的に診断するために用いられる。
6　アセスメント結果は，要求されたら，意味ある比較がなされるよう，正当に標準化される。
7　生徒の課業は注意深くしばしばチェックされる。
8　採点とアセスメントは，生徒を方向づけたり動機づけしたりかつ達成状況を改善するために構成的に用いる
9　特定の問題をもつ生徒は即時に助けられる。
10　報告は，規則に基づき，明確に表現され誤りは少ない。
11　報告は，十分かつ詳細なものである。
12　報告は，親や生徒自身の利益のため生徒の強さや弱さについて吟味を改善するようデザインされている。
13　報告は達成状況を改善する方法を指し示している。
14　報告の記述を討論することへ職員全体が献身的である。ガイダンスも与えられる。
15　記録カード類は明確で体系的で詳細である。
16　生徒の達成状況・成長の記録は，効率的に蓄積され利用可能である。
17　記録カード類は最新の物となっており，正確で，詳細なものである。
18　記録は，学校の諸目標に関連する詳細なものを含む。

うなことから，teacher appraisal といった教員評価も必要となった。W.ハーレンらは理科において小中学生（８才から13才）にかけてみられるその後の発達のためのチェックリストを作成した（図表４-４）。５つの個々のボックスは記述の１つによって指し示されたものであろうと，２つの記述の間での地点で

図表４－４　英国・理科における小中学生（８歳から13歳）にみられるその後の発達のためのチェックリスト（Harlen 1977, Clift et al 1981; Open University 1981g 重引）

子どもの名まえ	２回目の記録
生年月日	記入者
	日付
	コメント
１回目の記録	３回目の記録
記入者	記入者
日付	日付
コメント	コメント
知的好奇心	
－しばしば新しい物事に気づいていないようで，指し示された時でも興味の兆候を示さない。	
－新しい物事に魅了されるが単に皮相的なところで留まっているか短い時間の間だけである；それらが何であるか，どこから来たのかについての質問がほとんどである。どのようにあるいはなぜに関する質問あるいは他の物事に関係づけるというようなものは少ない。	
－新しい新規な事柄に興味を示し，詳細に気づく。原因や関係について見つけたり説明するよう質問や行動によって追求する。	
独創性	
－彼自身のアイデアをもたないようにみえる。何をしたらよいかいわれる必要があり，身近な方向に続く。もしいわれないと，他の人がしたことを真似る。	
－自分に所与のアイデアを広げるか適合させるが，自分自身からスタートすることはできない。めったに活動を始めることはないが，始められると構成的な示唆をする。	
－彼自身の思考から関わる限り新規である物事やアイデアを生み出す。	
協力しようとする。	
－ずっと付き添わなければ教材や活動を他者と分かち合おうとはしない；他者のニーズに気づかないし自分自身の興味にだけ続く。	
－お互いの同意よりもそうすべきルールや主導権・指導のために他者とともに作業をしようとするし，教材を分かち合う。違いを解決するのに外部の権威に拠りかかろうとする。	
－他者が助けや教材を求めてもつニーズに反応し，他者とともにやろうとする。大人の権威に訴えないで違いを解決しようとする。	
忍耐	
－困難だと思ったらあるいはやってみてすぐ成功しなければあきらめる。	
－励ましや助けの形で外部の主導がある限り，課題に取り組む，明らかにうまくいかない場合でも同じアプローチに固執する。	
－困難あるいは求められる努力の量にも関わらず粘る，目標に向けた成長の明らかな機会がある限り。もしうまくいかないときにはアプローチを変えるが，あきらめない。	
開放性	
－矛盾する証拠を無視し，前のアイデアに固執しがちである。	
－他者でなく自分と違った意見やアイデアのいくつかを気づくであろう，証拠や論拠の強さよりも別の見方の後にある権威によって影響される。	
－一般的にすべての見方と適切な証拠に耳を傾けようとし考え抜こうとする，もし証拠が納得のいくものなら新しいアイデアを受け入れる。	
自己批評	
－行ったことがどのようにうまくいくかについて関心をもたないし，最終的に生み出すことを目的としながらも明らかにそれに向かって努力するという基準があることに気づいていない。	

－行ったことに自身のコメントや行動によって批評を示すが，それを変えようとしたり改善される方法を示そうとしたりはしない。					
－自発的に作業やアイデアを評価しようとするし，満足の行く点，いかない点を指し示したりする；それらを実践に移す試みや改善の示唆を行う。					
責任					
－ルーチンであったり掃除あるいは継続的な監督無しに仕事に従事するような活動において自分の役割が何であるか気づいていないようであるか，役割を拒否したりする。					
－ルールや方向に反応して期待される課題を遂行する。しかし，主導権の欠如あるいは外部の制約の中では課題を拒否する。					
－作業に従事する中で役割を完遂させ，継続的な監督のない中でもベストを尽くして期待される課題を実行し，助けを求める前に自分のために問題を克服しようとする。					
思考の独自性					
－他者によっていわれることを問うことなく受け入れがちであり，他者がしたりいったりすることに基づいてのみ決定したりアイデアを形成する。					
－新しい環境では自分のために物事を決定することについて一時的すぎるが，慣れた状況ではより自身をもてる；他者が反対するならそれに抗しようとするよりは自分のアイデアを喜んで変えようとする。					
－利用できる証拠や選択肢を考えた後ですべきこと考えるべきことを心に決める，そして自分の意見やアイデアに抗しようと準備ができ，他者と安易に妥協は図らない。					
(以下略)					
5つの個々のボックスは記述の1つによって指し示されたものであろうと，2つの記述の間の地点であろうと，発達における一地点を表す。それゆえ，もし最初の記述が子どもの行動を述べているなら右端だけが塗りつぶされる。もし子どもが2つめ3つめによって記述される発達のどこかにあるようであれば，それは右4つを塗りつぶすか，4つ目のみを塗りつぶす。徹底した絶対評価なのである。以下，それぞれ3つの大きな記述を左，真中，右の順に示す。					

あろうと，発達における一地点を表す。それゆえ，もし最初の記述が子どもの行動を述べているなら右端だけが塗りつぶされる。もし子どもが2つめ3つめによって記述される発達のどこかにあるようであれば，それは右4つを塗りつぶすか，4つ目のみを塗りつぶす。徹底した絶対評価なのである。それぞれ3つの大きな記述を左，真中，右の順に示す。以上のような手続きを経て，チェックリストを使って小中学校間で申し送りをしていくのである。生徒の授業ニーズを確かなものにするべく，教室カリキュラムに関する生徒の達成の直接的かつ頻繁な測定，主に授業の意思決定のために使われ，そのアプローチはまた特殊教育におけるスクリーニング，プレイスメント（クラス分け）とモニタリングを支援する。その英国のSBCDもナショナルカリキュラムとなったが，教師によるアセスメントとモデレーションのシステムは実践され議論されつづけている（Daugherty 1995）。このように，評価とアセスメントを区別した上で評価にアセスメントが必要に応じて用いられる。オーストラリア同様，

英国では，カリキュラム評価の成果は数多くある。

21世紀に入り，英国では，1980年代までの英国での充実したアセスメントの実践を理論化した，クィーンズランドのR.サドラー（Sadler 1987, 1989, 1998）をもとに，さらに洗練させた，学習のためのアセスメント，形成的なアセスメントを課題視している。すなわち，学習改善のために，(1) 児童生徒はめざされている目標と関わる規準（criteria）とともに，基準（採点指標であるめやす，一定の目標としての目途）（standards）を理解する必要がある，(2) 自身の実際あるいは現在の達成事項（performance）を見極めることができ上記基準と比較できるようにするべきである，(3) そのギャップを埋めるべく実際に行為として従事できるようにするべきである，という3つの棄てがたい条件があるという（Sadler 1989）。そこで，アセスメントの質が学校を改善する（James 1996）とされ，タスクグループ（特別対策専門委員会）が英国教育学会（BERA：British Educational Research Association）内に作られ，その質が，学習と学校の両方からアプローチされ，尺度の妥当性も問われている。

英国の「資格カリキュラム機関当局（QCA：The Qualifications and Curriculum Authority）」[2)]の動きがある。この動きは，ビクトリア州では，2001年3月設置のVCAA（Victoria Curriculum & Assessment Authorities）の動きとなっており，8つのキー領域で生徒が知りできるべきことを記述する（CSF：The Curriculum and Standards Framework）という詳細な基準と，6つの水準でサーティフィケートを出すVCE（VictorianCertificate of Education）を柱としている。その中には，資質能力として学習スタイルの他に，MI（Multiple Intelligences）に基づいたアセスメントが位置づけられている[3)]。

以上のように，英国では，1990年代後半あたりから急速に，「学習のためのアセスメント」に留まらずに，それが「カリキュラム政策」に持ち込まれている点が認められるのである。

香港では，この英国やオーストラリアの経験に基づく，スクール・ベースト・アセスメントの動きを，いち早く取り入れようとしており，それは，

PISA などでの国際比較調査の方法論向上の方向性を打ち出している[4)]。

米国でも，国内では，独自に全米学力調査（NAEP：National Assessment of Educational Progress）と呼ばれている調査があり，議会で1969年にスタートするというのが決まってから，毎年実施されている。ポリシーメーカーのための調査，教育政策を決定する資料，どういう新しい教育政策を打ち立てていくかということのためとしている。そのため，マイノリティとか，地域とか，多様性に対しては，非常に手厚く調査をすることが工夫されている。

１．２．教育目標のタキソノミー改訂の背景(略)

⑴　アンダーソンとクラスウォールによるものの概要

⑵　日本そして東アジアからみた批判的検討

注）本節１．２．は，以下の論文から構成される。「アンダーソンとクラスヴォールの新しいタキソノミー」『教育フォーラム』29，pp.117-127,2002，金子書房（東京）

第2節　アセスメントによる教育研究開発の評価の再検討と単元開発

近年，国内でも学校外部アセスメント（学力調査）が内部アセスメントの拮抗作用を促してきている中で，著者は1980年代に試みた2時点での学力調査の向上率（付加価値率）から，日本におけるアセスメントによるカリキュラム評価を考察する。

2．1．教育研究開発の方式の質的変化と評価の再検討(略)

2．2．一研究開発学校でのカリキュラムの2時点でのアセスメント（学力調査）による評価(略)

⑴　教育研究開発初期における状況―教育の心理学研究とカリキュラム政策との乖離

⑵　当時の教育研究開発と状況分析―活動と取り組みの一端

⑶　研究の手続き

⑷　研究の結果

⑸　追跡調査結果の考察

⑹　当時の外部評価状況の反省

2．3．カリキュラム評価への統制と開発からみた振り返り(略)

⑴　カリキュラム評価の統制からみた日本的特徴―事前チェックによる統制

⑵　カリキュラム評価の開発からみた日本的特徴―伝統的な眼差しから捉え直す

2．4．「開発」から総合的な学習の先導的試行としての当時の環境科を捉え直す

(1)　国のカリキュラムの地方化への移行の重要性

a．ローカルなコンテンツ・スタンダードの重要性（略）

b．その次に来る問題−カリキュラム·アセスメントの事後チェックに向けた準備

ところが，これまで，日本の学習指導要領は，ある意味でシラバスを並べ，教科書ガイドラインとなっている。それは，米国からみると，教育課程（standards based on content）を陳列し，それへの接触の機会を教師に授けているだけで，望ましい方向で努力しているだけだとしている（US Department of Edu. 1998）。

日本でのかつての経験主義的カリキュラムの実践資料[5)]には，学習活動の到達目標の「めやす」を，発達を追って進めているものがみられた時期があるが，それ以降では，スタンダードを学校がもつことの経験をもたない。そこで，学習指導要領については，６・３制の見直しを期に，本来の学習要領（course of study）として見直し，学習をアセスメントすべきコンテンツ・スタンダードとリンクさせ，しかもローカルなものが求められてくる時代は，そう遠くはないのではないだろうか。

第１章の図表１-29のカリキュラム評価と関連するOECDの教育革新の概観でみたように，近年，カリキュラム・アセスメントが注目されつつある（Open University 1990, Madaus et al 1992, Stimpson et al 1998）。1980年代当時には，今日でこそ，思考・判断や関心・意欲・態度を含めた４つの観点での評価がいわれているが，観点別評価や到達度評価も普及していたものの，柔構造の単元まで含めた取り組みにはなかなか至らなかった。

最終的には，クライテリア（評価規準）に低次と高次のものがあるとすれば，高次のものは，学校の教師が記述式問題で観ることになる。そこで，その質の問題も登場する。採点者間で「ぶれ」を少なくするためのモデレーションの問題もみえてくる（Hale 1974）。今後の，日本での知識・理解と技能，思考・判断，意欲等については，前節でみたような，低次の評価規準と高次の評価規準との関係などが論じられている海外のスクール・ベースト・アセスメントの経験と文献に学ぶべきであろう。

まずは，今日の爆発的に増大する知識を意味あるものとして咀嚼し，消化して，身に付けていくには，コンテンツ内容をシラバスといった計画として創ることが望まれている。そこから，評価規準の4つの観点と評価方法のマトリックスなども考えられる。また，集団準拠と目標準拠，その中間にあるスタンダード準拠（以前の集団と比べてどうであったか）の組み合わせを見取るような鳥瞰図の工夫も求められるかもしれない。

日本では，学習体験や向上的な目標（「成長保障」的なもの）というように曖昧さを残しながら，外的な質のメルクマールによる質の向上を図るべきであろう。その際，日本では，外部組織との相互作用を含めた外圧に伴って，カリキュラムに不可欠な外部によるサポートが，求められよう。そして，恒常的なデータをもってきちんとモニターし，スタンダードを公表し，向上がみられない地域や学校には，理由を探り，手厚い予算化や是正措置を図ることが求められる。それ以上に，総合的な学習のカリキュラム開発を通じて，外部によるペーパーで測れる学力とともに，ペーパーで測れない応用力，創造する力がアセスメントされ，スクール・ベーストの評価に役立てられるべきであろう。

ここで，授業研究から学校全体を志向したものへの拡張を提案したい。わが国理科発見学習の指導法で生み出された「内容・方法マトリックス」（水越1975）は，教育の質を支えてきたきめ細かな知見を提供してくれるからである。すなわち，①学習指導法という授業プロセスを考慮に入れた「精密さ」，②各学校のもつ研究経緯，授業研究の特色・よさからくる複数のデュアルなねらいと願いの「融合化」，③教室における学習や授業プロセスに先行する，要件としての学校マネージメントや行政レベルでの特徴を取り込む「重層性」，④発達や学校段階からみた学校全体カリキュラムでの「ハイブリッド」という性格を提供する上で重要である。

と同時に，「内容・方法マトリックス」は，以下のような修正を要する。その内容軸を，横断的・総合的（メディア）へと拡張し，かつ方法軸は，一人ひとりの力（スペース）という形で，特に，「孤独な科学者」がモデルであり幅が狭かった1970年代と異なり，学習者お互いの相互作用（時にサイバーを含むコミュニティを伴う）へと拡張されなければならない。

そこで，図表４－５のように，学校全体を志向したものへと拡張・アレンジされうる。学校研究診断システムMETIOはメディア･スペースを志向してきていた。それらをクロスして，後からでも推測できるように，学習活動を布置できるように，METダイヤグラムを作成してきた。が，第１の軸（カリキュラム（目標・内容）の軸では教科の壁を低くしようとする動き），第２の軸（教育方法の軸では子ども（たち）がイニシアチブを取る動き）は，今日において追加修正し，外圧から来る学校全体のアセスメント方針という第三の軸が付加されなければならない[6)]。

今日，これまで行ってきた学校研究の診断的評価にアセスメントを加えた研究を踏まえつつ前に進むことを期したい。すなわち，日本では６・３制の見直しもある中，初等中等教育において，発達と学習に即して，例えば，ハイブリッド型を提唱するアビコ・モデルなどを踏まえて，「学校全体の学習状況」の類型化を検討していくことになると考える（図表４－６）。

海外においては，OECDの動きとどう呼応しその一員として何が異なるかであるが，アジアとりわけ香港がその一大拠点となることがわかった。そこで，連携しつつ，日本のコンテクストに基づき対話をしていく中で，その中身を吟味しながら，海外に発信していけるであろう。

こうして，日本をSBCDが急展開しているアジアの中でリローカライズ

図表 4 - 5　内容・方法マトリックス（水越 1975）と
その授業システムの学校全体への拡張

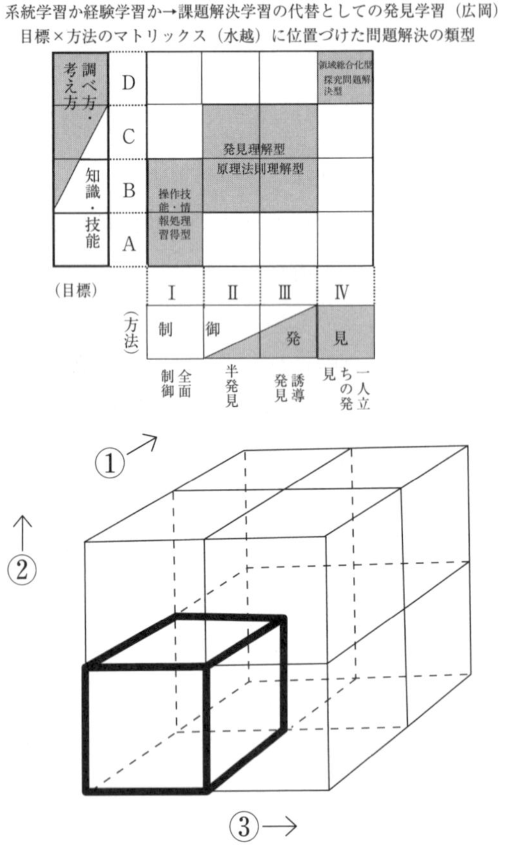

第 I 期
1970-80年代（初期教育工学）
内容・方法マトリックス

第 II 期
1980-90年代（教育工学普及期）
③　教育方法面：一斉授業／教師中心，教科書／指導書志向，強い枠組み→
グループ中心，生徒活動と相互作用，生徒個人差への準備，リソース／課題中心の学習，弱い枠組み

第 III 期2000年代-（教育開発・アカウンタビリティと質保証の時代）
②　目標・内容面：知的合理，教科間の強い境界，教科特殊の目標への焦点化，成果志向→
社会効率，教科間の弱い境界，広い生成的技能（問題解決，推論，探究，コミュニケーション，概念化），プロセス志向
①　アセスメント（継続的見極め評価）面：総括的，集団準拠，確立された知識への焦点化→
進行的目標の確認，形成的・継続的・目標準拠，構成されるものとしての知識への焦点化

(re-localize）し，開発援助の議論の土俵に乗ることが最重要課題である。もちろん，アジアだけでなく，中南米やアフリカに向けても，米国や欧州と違うメッセージを送るなど，これまでの壁を越えて進めてみたい。これは，新しいアジアでのモデルとなる。

図表４-６　アビコ・ハイブリッド･モデル（安彦 1996）の
METダイアグラム（図表３-17）上での具体的表現

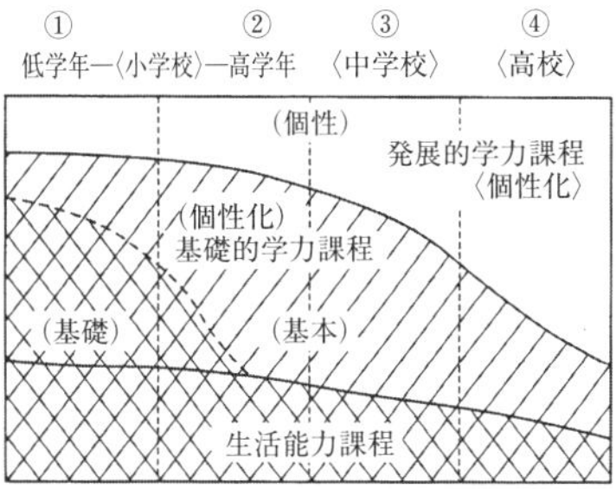

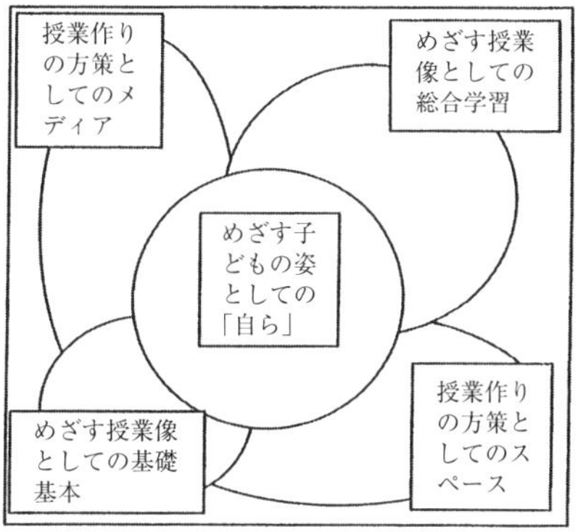

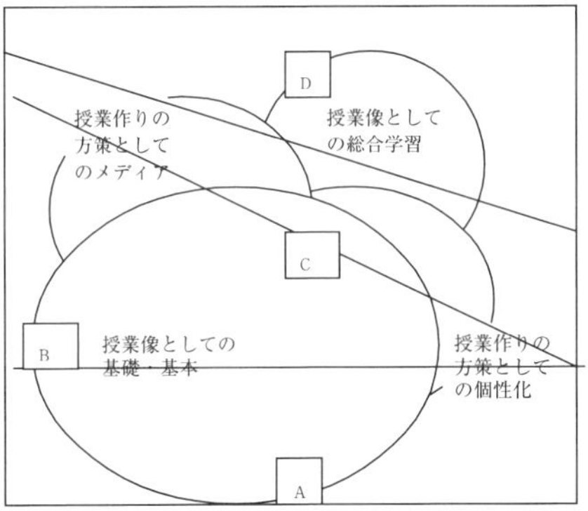

部分A・（約３割）
基礎・基本（生活能力課程）

部分B・（約３割）
基礎・基本（自立の基礎）

部分C・（約２割）
基礎・基本（基本的事項），メディア，個別化

部分D・（約２割）
メディア，個性化，総合

初等教育のMETダイヤグラム上でのハイブリッドとしての解釈（学校全体のカリキュラムの中でのおおよその目安）

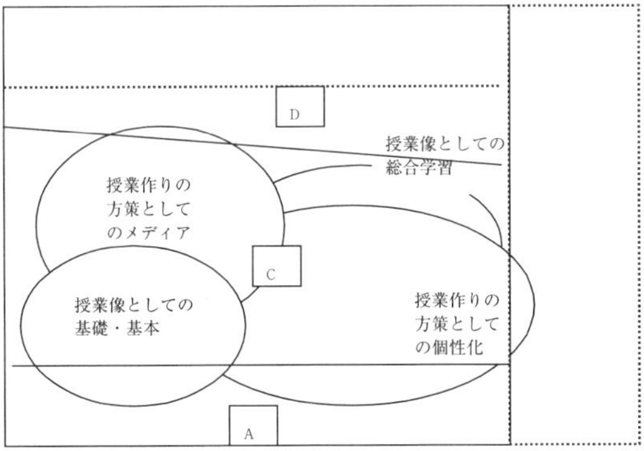

部分A・（約２割）
基礎・基本（生活能力課程）

部分C・（約４割）
基礎・基本（基本的事項），メディア，個別化

部分D・（約２割）
メディア，個性化，総合

（高校の総合学科除く）中等教育のMETダイヤグラム上でのハイブリッドとしての解釈（上記同じ）

⑵ アセスメントとカリキュラムに向けたステイクホルダー（利害関係者）の重要性

次に，あくまで試論であるが，かつての英国の HCP (Humanities Curriculum Project) のような大規模なカリキュラムプロジェクト，それに学力調査室（APU ： Assessment of Performance Unit, 1974-1988)，その後の National Curriculum and Assessment にとって代わるものについての示唆を，今日の英国やユネスコなどから得ることにしたい。なぜなら，文化・教育に絡む政策は，日本という１つの国の枠組みを超えた射程の上で構想されるべきものを有しているからである。

ここでは，ユネスコの ESD や共に生きる価値教育等多数国参加のカリキュラムから見直してみたい。ユネスコでは，デロアレポート（Delors 1996）やその後の展開（Mockus 2002, Sherlock 2002）をもとに，学習の 4 本柱として，「知ることを学ぶ」「為すことを学ぶ」「共に生きることを学ぶ」「人間として生きることを学ぶ」など実践の概念，何をどう教えるか，その評価などが示唆されている[7)]。そして，最近ではカリキュラム変化のマネージメントの能力の樹立（capacity building）が，学校に対して求められている[8)]。

課題も大きいアジア太平洋地域において，日本のカリキュラム研究と実践が，スタートポイントにおいて比較的類似している，東アジアを大きく包み込んでイニシアチィブをとっていけるか，そして世界に投げかけていけるか[9)]，あるいはせめて韓国，中国と北東アジアとして教育改革に向けた積極的な発言がなされることは，今後の大きな課題であろう。そのためアジア太平洋地域教育開発計画 UNESCO-APEID (Asia and the Pacific Programme of Educational Innovation for Development) 事業のプロジェクトに学びつつ， Education for Sustainable Development （ESD）や Value Education を進めてみたい[10)]。

とりわけ，持続可能な開発のための教育（ESD ： Education for Sustainable Education）が求められる（日本ユネスコ国内委員会 2003)。ESD あるいは地球憲章（earth charter）については，国としては，コスタリカなどラテンアメリカで政府が力を入れており，さらに中央アジア（タジキスタン Tajikistan など）やオーストラリア等一部で思い切ったカリキュラム政策に取り入れられているようであるが，コンテンツの試みはこれからであろう。その場合，一見教育と無関係のようにみえるセクターとの関連性がある[11)]。気象情報や熾烈な資源獲得をめぐっての市場取引情報などリアルに時々刻々と変わるデータもある。むしろ現実は，気候変動（climate change）など圧倒的に厄介な（messy）構造が不明確な問題（ill-structured problems）が多いのである。

郷土（地域）と世界との往還作業として，こういった情報も学習リソースとして捉えていかないといけないだろう。これから，異質な文化，学校，価値観に触れる機会をもち，一見遠くかけ離れたアフリカなど含め他国の人を魅了し，影響を及ぼすとともに，その共感や敬意を獲得していくような児童生徒像が課題である。「バイタリティ」,「積極性・主体性」,「語学力」，そして「異質な文化や考え方を受け入れる努力をしてきたことによる人生観や社会観の広がり」の重要性に社会も気がつき始めた。

英国では，英国開発教育協会（DEA : Developmental Education Association）という機関があり，グローバルな知識社会との関連で，一見したところ教育に関連がないようなことでも，世界とのつながりにおいて郷土は縮図であるという考えも認識され，地方教育委員会は，NPO や NGO ともリンクして，地域（郷土）と世界の往還作用を重視したカリキュラムづくりを進める動きがみられる[12)]。

特に2005年当時は，次の10年に向けて日本の京都議定書発効もあり，時代の転換点であったと後世に語り継がれる時がくることを期待したい。

(3) 開発の立場からスクール・ベースで子どもの自尊心を育てるために（略）

2．5．質的向上に向けた単元開発と学習のアセスメント

今後は，さまざまなプログラムをもって学校改善へと高めるために，さらに一段と，実践者と研究者によって，カリキュラムのアクションリサーチにより，学校内外のアセスメントを伴いつつカリキュラム評価を進め，「スクール・ベースト」というアイデアの深い理解に至ることが求められる。

とはいうものの，最近の日本では，カリキュラムを作る経験はきわめて乏しい。この取り組みを進めていく上で，中等教育では，特に，学校レベルでの構造の変革（異教科間の連携や教授組織）が不可欠である。

今日，開発の立場から，草の根的な企画型の教育研究開発，国内はもとよりであるが，さらに持続可能な開発のための教育のように，アジア太平洋地域とも関わる提案型の研究開発が求められているといってよいであろう。

注）本節は，以下の論文から構成される。「教育課程（カリキュラム）評価における統制と開発-1980年代一研究開発学校でのカリキュラムのアセスメントによる評価の再評価を通じて」『国立教育政策研究所紀要』134集， pp.31-58

【注】

1）ところが，この20年間の学習のパラダイムには，行動主義から認知論，さらに情報処理から状況認知などと，構成主義の考え方へシフトしていくなど，急激な変化がみられている。最近では「歴史・社会・文化アプローチ」もみられる。その際，考慮しておきたいことは，海外からみた日本の社会・文化であり，人類学を含めたアプローチである。J. ワーチ（James Wertsch）のいうような「多様な声」の中に児童・生徒を含めるとともに，エスノグラフィーは十分展開の余地がある。活動理論（Activity Theory），文化－歴史研究，社会文化研究など新たな展開がみられ， conference for socio-cultural research も開かれている。対人関係と関わって日本については， Morsbach & Tyler (1986)が，先行研究としてあるが，アジアや日本からの発信がこれからの課題である。

2）〈http://www.qca.org.uk/ca/〉［2005年１月11日検索］ 資格カリキュラム当局とか機構と訳され，教育技能省（DfEF）の外郭団体であり，1997年教育法に基

づいて創設されたNon-Departmental Public Bodyである。基本的にはナショナルカリキュラムおよび全国学力テストの運用全体に責任を有する。対象学年は，第2学年，第6学年，第9学年の全員で，調査頻度は，対象教科，英語，算数・数学，科学について，毎年実施される。

3）〈http://www.vcaa.vic.edu.au/csf/midyears/multintl.htm〉[2005年1月11日検索]

4）日本においても，菅井・松下（2000）のように，学習とアセスメントについてまとめられた論文もみられるが，まさしく教育実践のみならず，英国のようにカリキュラム政策の立案に生かされる必要がある。学校における教育の質の向上－学習到達度調査の役割と影響というテーマでの2005年第10回OECD/Japanセミナーで，D.ホプキンス前英国教育技能大臣主席顧問（教育水準担当）らは，教育スタンダードの確立と生徒の学習成果のモニタリング－国内外の見方と手段に関連して，次のように問題提起した。カリキュラムの縮減，テストのために教える，という状況に陥る危険を避けつつ，教育への熱意を盛り上げ，教育の目的や内容の透明性を確立し，教師が生徒の学習を理解し涵養するための有益な参考例を示すために，「教育スタンダードはどのように役立てるのが最もよいのだろうか？」「評価結果はどのように有効に活用されているのか？」。ある人々は，まず第1に，より協力的で創造的な学習環境を整えられるよう教師と学校を奮い立たせるための最良事例を明らかにし，共通に内在する問題を特定するものであるとみなす。またある人々は，例えば，学校の比較結果が保護者の学校選択の手助けを可能にすることになるとか，生徒をフォローするための財源取得の理由付けになるといった，リソースの再配分の観点から，公共サービスやマーケットメカニズムの競争理論をサポートするものとまで拡大して考える。「どのタイプの到達度評価が保護者，教師や学校を含む様々な関係者に対しフィードバックする場合に最も効果的であろうか。国際比較調査はどのように教育改善に絡むことができるのだろうか？」と問いかけている。

5）日本では，戦後の新教育で，例えば神奈川県福沢小では，学年を追っての活動の基準（系列）が追求されていた。

6）筆者は気づかずに独自に日本の実践からMETダイヤグラムの拡張を考えていたが，この三次元でのカリキュラム・アセスメントの論は，既に香港のP.モリスが述べているもの（Morris 1996）であり，英国の流れに沿うものであるようである。

7）ユネスコのI.バイロン（Isabel Byron）によれば，アセスメントは，1）学ばれる知識の正確さ，2）学んだことを応用する生徒の能力，3）学んだことをコミュニケートし，自らの学習に反映する能力，4）学習プログラムの間に知識，技能，価値や態度の水準で，変化が起こったのかどうか，どういったタイプの変化なのか，を確認することに焦点化される。広い範囲の技法が用いられ，それぞれ利点・不利点を持ち合わせる。これらは，以下のものを含む，観察，インタビュー，クローズドエンドまたはオープンエンドの書くことによる宿題，評定尺度，ジャーナル，ポートフォーリオ，プロジェクトワーク，ロールプレイ，実践的な例示，口頭でのプレゼン，アート上の創作物（詩歌，短作文，ドラマ，歌，絵画），ビデオの分析，事例研究，静止画など。いろいろなアプローチを用いることは，児童生徒の異なった学習スタイルに奉仕し，その経験をより刺激的なものにするであろう。ともに生きる学習の領域におけるアセスメントの目的は，児童生徒を学問的に測定するべきでなく，かつ競争的であるべきでない。それは，基本的に児童生徒が行動変化に従事するよう，奨励と動機づけの形式として，行為するべきであろうという。〈http://www.ibe.unesco.org/International/Databanks/Related/relaassess.htm〉[2005年1月11日検索]。

8）ユネスコによると，EUや米国・イスラエル等を除く，他のアフリカや中南米諸国では，School Based [Community] Developmentという用語の中に，実質的にはlocal contentsが含まれることもある。例えば，ユネスコIBEによるアフリカ・ボツワナの学校組織や構造，運営に関して，スクール・ベーストでの教員の資質の向上プログラムであるとか，スクール・ベースト・カリキュラムの努力といった記述がみられる。〈http://www.ibe.unesco.org/International/ICE/natrap/Botswana.pdf〉[2005年1月11日検索]

9）ジュネーブのユネスコIBEからは，アジア太平洋地域からのよい実践事例が少ないため，提供する旨の要望が寄せられている。東アジアで，韓国の韓国教育課程評価院（KICE：Korean Institute for Curriculum Evaluation）などと情報交換をしながらお互いの経験を共有しつつ，独自の感覚に基づいて「変わろうとしている」というメッセージを送っていきたい。ユネスコの出版物では世界中に100種類程度のカリキュラムの定義がみられるとしている（Lewy 1999）。アジア太平洋地域では，SBCDはまだまだこれからの考え方である。アフガニスタンのカリキュラム開発に関する2003年4月の最終報告では，技法の1つとしてSWOTが用いられ，第1章でみてきたスキルベックの最新文献が参考にされている。〈http://www.ibe.unesco.org/National/Afghan/afghhome.htm〉[2005年1月11日検索]

10）ユネスコ人的資源開発信託基金（The Japanese Funds-in-Trust for the Capacity-building of Human Resources）が用いられている。そこで日本は中国を中心にアジア太平洋諸国と対等にそして謙虚に学び，パートナーシップを重視する必要がある。2004年10月に，著者は中国ユネスコ国内委員会主催でのカリキュラム専門家会合に参加した。年9％を超える経済成長を続ける中国であるが，表立っては出さないが，豊かさの陰で拡がる「格差」が浮かび上がってくる。1人あたりのGDPでみると，沿岸部の豊かな地域と内陸部では，実に50倍以上もの格差がある。上海では，改革開放以降，急激に豊かになった私営企業家などが

「富人区」と呼ばれる高級住宅地に住み，子供たちを最高の教育設備を備えた「貴族学校」に通わせている。一方，内陸部の農村では飲み水にも不足する中，わずかな教科書代さえ払えないために，大勢の子供たちが学校に通えないままである。中国の学者からも，「格差は，いま臨界点に達している」と警告する声が上がっている。「豊かになれるものから，豊かになれ」と驚異的な成長を続けてきた中国ではあるが，そのアキレス腱ともいえる「格差」に対して，中国はデロアレポート（1996）の「ともに生きることを学ぶ教育」を非常に重視していることがわかった。知ることを学ぶ，為すことを学ぶ，他者と共に生きることを学ぶ，人間として生きることを学ぶ，の４つの柱からなる。『学習：秘められた宝』として邦訳されている。

11）例えば，国連アジア太平洋経済社会委員会（UNESCAP）には，環境や持続可能な開発，人口の高齢化・低出生率などグローバルな社会問題の統計データを収めている。〈http://www.unescap.org〉[2005年１月11日検索]。

12）〈http://www.dea.org.uk〉[2005年１月11日検索]。アジア的価値観をもったメッセージの発信が歓迎されている（Ikeda 2005）。

終章　質保証と効果的授業の観察指標のフィードバックによる国際教育協力

本研究では，国際教育協力には，日本の授業評価からみたカリキュラム評価が重要ではないかとの考えから，スクール・ベースト・アプローチを視野に入れつつ，国際的視野からみた「スクール・ベースト・カリキュラム評価」を論じてきた。序章で，研究設問（リサーチ・クエスチョン）として，各章に対応した形で，以下の点を上げた。

・OECDの「スクール・ベースト」動向はどうであるのか（第1章）。これには，欧米と東アジアのスタート地点の違いを明らかにした。

・これに比して，わが国のこの4半世紀の歩みは果たしてどうであるのだろうか（第2章）。これには，日本ではもともとスクール・ベーストであること，にもかかわらず，外部からのサポートは依然不十分であることを明らかにした。

・特に，1970年代から90年代，そしてニューミレニアムに入った今日に至るまで年を追うごとに，とりわけスクール・ベースト・（カリキュラム）評価に関して何が深まったのか。開発途上国に向けてどのようなメッセージを送り，道を切り開いていけるのであろうか（第3章）。これには，評価項目およびデータからは日本の教育実践の特徴を反映した道具である点，国際教育協力に有益な道具である点を明らかにした。

・OECDの動きに日本は最終的にどう呼応でき，その一員として，何が異なり，どのようなことを海外に発信できるか。また国内に対しては，果たして何を提起できるであろうか（第4章）。これには，実際に学力が向上した2時点でのアセスメントのフィードバックデータと当時の反省により，著者の評価道具の課題を明らかにした。

これらの前提に，知識経済化の進む東アジアから日本を欧米と比較し，東アジアにおいて，日本が先頭にたつ従来の「雁行型のJモデル」を論議し，各国が先頭に立ちうる「カエル跳び型モデル」の時代にある国際教育協力をおいた。以上4つの章は，それぞれ別のようであるが，すべて「スクール・ベースト」評価に集約されていく。これまで，上記への問いをもとにその解を得る努力をしてきたつもりであるが，まだ課題も多い。

そこで，終章では，比較のための評価基準であるベンチマークによる質保証に関して論じる。その動きをOECD先進国であるアングロサクソン諸国，北欧諸国そして香港の動向に学ぶ。今日の国際教育協力上，OECDや世界銀行によって，「効果的学校（effective school）」，「質保証（quality assurance）」が，ソフトの面から案件を構築・識別していく有力な手段として提示され，かつてSBCDを提唱していたスキルベックですら，プロジェクトに関わっていることに触れる。最終的に，著者は，カリキュラム評価に効果的授業の指標を組み込む必要性を論じ，今後の展望を総括する。

1．国庫負担の論議による外圧(略)

2．海外の質保証論議の動向

⑴ 質保証論議の背景(略)

⑵ 質保証からの「効果的な学校」の動向へのＪ.エリオットによる批判

第１章第２節でみたように，英国では，D.レイノルドや，P.サモンズら学校の効果研究や効果的学校の研究者と，J.エリオットをはじめとする評価やアカウンタビリティに基づくカリキュラム研究者との間で論争がみられる(Elliott 1996, Sammons & Reynolds 1997)。

アクションリサーチは，英国やオーストラリアで盛んである（Kemmis 1988, Elliott 1993, 1997)。

中でも，J.エリオットはきわめて批判的である（Elliott 1996)。彼は，J.ブルーナーに影響を受けたL．ステンハウスによるHCPという人文主義的カリキュラム開発に関わることから，その後のSBCD，スクール・ベースト・評価やアクションリサーチを主導している（Elliott 1979, 1981a, 1981b, 1985, 1991, 1993)。そして，アクションリサーチにより，３種類のアカウンタビリティ(本来のものに加えて，レスポンシビリティ，アンサービリティ）に分類するなど，精力的にスクール・ベーストの評価を行った経験から，次のように述べている。

J.エリオットは，90年代からの市場を，その競争力，収益性，役に立つかといった知識社会から，performativity（遂行性）というキーワードで論じている（Elliott 1997a)。すなわち「この商品は市場の中で売れるか」ということである。知識経済や知識社会といわれるが，ここまで教育が市場化している。「真」であることに価値を置いてきた科学的な知識や知識一般が「役に立つか」ということに拡大されている。

以下，少々長くなるが，そのまま引用したい。

彼は以下のように論じる－。私の意見では，「権力と論議」の規則という意味では興味深い教育研究者で，前提を受け入れることに難しさを表明しているのはJ．グレイ（1990）である。学校教育の分野における「質」の概念を考慮して彼はこう書いている。

> *教育的集団の質は，潜在的に理解しにくい概念である。それは間違いなく，洗濯機やテレビや電動かきまぜ器に関連して「どれがいいか」という雑誌の中で熱心に調査されたお買い得の特集記事に似ている。しかしほとんどの人はこのような「質」を限定する定義に喜んではいない。彼らは疑いも無くさらなるものを探している。その「さらなる」ものをはっきり言うと，今後5年間かかる大きなチャレンジとなり，今後十年間で学校が自身をどう判断されるかの基盤を形成するようになるだろうと期待する。*

この期待を述べて，しかし，グレイは，自らのそして他による「効果的学校」の研究から「お買い得商品」の観点から学校教育の「質」を特徴づける以上のことはできない一連の「(学業成績など）効力指標（performance indicators)」を抜き出し続けるが，それは商品価値を前提とし，よい洗濯機，テレビ，電動かきまぜ器のように，よい学校は有能で「スムーズに機能するシステム」であることを意味している。彼は「質問の数と，それぞれの関係で集められる証拠の質は反比例する」ので，効果の指標は数が少ないほうがよいと論じている。多すぎる質問は「よい答えを排除してしまう」。彼自身の効果的学校の「シェフィールド研究」の中で彼と共同研究者は「経済の興味，能率(efficiency)，効果（effectiveness)」の3点の質問に絞っている。これは研究方法論に「遂行性（performativity）の規準や原則（criterion)」に適用させる教育研究者のよい例である。グレイは証明（よい回答）の生成は，教育研究の仕事であり，「よい回答」は一番経済的で能率のよい効果的な手段，つまり，利益と支出間で達せられる最高の均衡によって作成されるとみなしていると考える。多すぎる質問をすることは証拠を複雑にしすぎるし，研究の能率と効果を減退させる。「最新の学校教育を作り上げようとする日常の煩雑と訓練」を学校の質を測る３つの指標に減少させながら，グレイはそれについて不満の程度を表明している。「何か欠けている」ものがある。この彼が考える「なにか」を調べる前に，彼が採用する３つの有効性の指標について，スムーズで効果的に機能するシステムとしてのよい学校を代表し，そのような代表が商品価値に裏打ちされているという私の主張に照らして，探究したい。

その指標と彼らが枠組みとした研究課題は，グレイによって下記のように表されている。

学業成績達成上の進歩
児童生徒の何割が当該期間で平均以上のレベルに進歩したか。
児童生徒の満足
学校において児童生徒の何割が自分の受けている教育に満足しているか。
児童生徒と先生の関係
学校において児童生徒の何割が１人か複数の先生とよいまたは「重要な」関係を築いているか。

私にはここで描写されていることは最適に遂行されてスムーズに機能しているシステムの特徴であるように思える。その使用者にとって平均的結果以上のものになり，定義したとおりの欲求を満足させてくれる。さらに，そのシステムは使用者にやさしく，構成要素は共に機能調和し，使用者にとってほとんど「厄介」を伴わない。これらの指標が「写し出す」ことは，結果の価値について質問であり，児童生徒たちがそれに満足しているのか，なぜ満足感を表すのか，そしてよい師弟関係が何からできているのかということである。よい学校が有効なシステムとしてのみみられているなら，質的な種類の質問をする意味はほとんどない。よい結果は教育市場において学校の地位を高めるだけである。児童生徒の満足は「使用者にやさしい」と理解されている師弟関係として商品価値があるというもう１つの証拠である。グレイの３つの有効性指標は学校に「お買い得な」市場性のある商品としての観点を形作る。だから，彼の承認するよい学校の構想に何が欠けているのか，グレイはこう書いている。

何かが欠けていると認めているのは私が初めてであろう。教育は日常的な日々のこと以上のものである。しばしば「短所」があるし，場合によっては「長所」がある。人々が教育経験を思い出すと，彼らが特に強調するのは，これら後者の「瞬間」，なにか有意義なことを学習し経験した時間である。まとめると，有効性指標が到達できない教育経験のこれらの部分を発見するための試み，もしくは４つ目の質問を要求したい。

グレイは「質の瞬間や見せ場（moment of quality）」と呼んでいる２つの例を提示した。それらは若者が「精神の潜在的能力と想像力」を満たす必要がある場と刺激を描いている例である。グレイは次のように結論づけている。

よい教授とよい学習の中にはチェックリストや計算機では捉えられないものがたくさんある。学校と教師たちはその素晴らしい瞬間を認識し祝福するよう励行しなければならない。

その後も，証拠に基づく実践を教育的にすることをめぐって，議論（Elliott 2001）とこれに対する反論（Oakley 2001）がみられるなど，対立がある。J. エリオットは，近年の退官回顧録の中で，SBCD とアクションリサーチの巻き返しを論じている（Elliott 2004）[1]。

これに対して，英国でのスクールカウンシルによる人文科学カリキュラムプロジェクト（HCP）の後，20年間のアクションリサーチとして，SBCDを進めてきた英国のJ.エリオットの回顧録は示唆的である。2004年7月に，J.ラダックとともに，退職するにあたってこれまでを振り返って，次のように述べている。「アクションリサーチを，よりソフトな用語で再定義しようと試みる(学校をテストスコアの改善でよくしようとする現状への）私の抵抗は（R.ローティーがいうには）哲学的にプラグマティックなスタンスという点で一致している。(中略）スペインやオーストリア，ナンビア，そしてより最近では香港のような国でSBCDの機会をみつけることができた。(中略）教室での価値ある教育変化を保証するのに，英国国家は，技術－合理的アプローチの限界を理解しはじめている可能性はある」と[2)]。

この「効果的な学校」の動きは，デンマーク等北欧やオランダ，EU，豪州等にも見られ，世界銀行が取り入れ，M.スキルベックも関わっている(World Bank 2000a, b, c, d)。EUでは，オーストリア，オランダ，ドイツ，ノルウェー，スコットランドの6ヵ国で，カリキュラムと効果的学校の関係は各国で異なるが，情報交換により，School Based Evaluationをキーワードに同一の動きを進め，質保証の政策に追い風となっている。EUにおいて質保証につながるスクールベーストの評価のキーポイントとして以下4つをあげたい。

・教師は，すべてのプロセスにおいて生徒の学習経験を改善するために，反省しながら計画的に自己評価を行う必要がある。
・評価プロセスは厳格で，手段として質向上にはっきりと貢献する正確なものでなければならない。
・評価プロセスの結果は，活動計画の優先事項を見極めるために有効に使われなければならない。
・保護者と児童生徒の目的は一致したものでなければならず，効果的な方法は彼らの声に答えるものでなければならない。

ところで，豪州のP.カッタンスは，スコットランドでの経験を踏まえて，効果的学校とカリキュラムとの関係を，グリム童話の蛙王子，すなわち王女とカエルに例えていた。王女はカエルから結婚してくれと懇願され，王女（効果的学校）にとって困惑する原因でありそれゆえ痛めつける対象であるカエル（カリキュラム）は，魔法が解かれることにより王子となりめでたく結婚できるというのであろう（Cuttance 1987）。

このように，効果的学校もカリキュラムについては課題を残しているのである。

⑶　英国以外の先進国の質保証に関する取り組み(略)

⑷　東アジア，特に香港の質保証(略)

⑸　東アジアの中の日本と欧米との比較

そのような中，別の角度から「学校の教育効果」を，「欧米とは違うアジアから」みようという動きもみられる（Cheng et al 1996, Cheng 1997; Cheng 1999）。豪州のJ. ビッグズは，東アジアにおける学校効果を概念化する上で，典型的な日本を取り上げ，その地域とコミュニティー（人間関係）の強さを特筆している[3)]。その上で弱点を克服するには，記憶に頼る学習から脱却し，問題中心学習（PBL：Problem Based Learning）のようなある種のカリキュラムに関わる理論をとりあげる必要を示唆している（Biggs 1994）。

奇妙なことに，英国での解決策としてみられる標準化や画一性というものは，日本では多大な問題となっている。ところが，英国では逆に，日本を意識し，学校の効果における，極端なアセスメント文化に走る成果主義は知識を数値や文書に狭めてしまうことの危険が認識されだした。一部で，日本企業を研究した野中（1995）の暗黙知の形式知化論に刺激を受けた研究者もいる。英国のD. H. ハーグリーブズは，「ナレッジ・マネージメント」や「ソーシャルキャピタル」などに注目し，その知識共有からの「学校における知識創造」をとりあげている。その中では，一部で，「日本の教師の効果（能力）の改善や授業効果」の証拠を，より適切に組み込むモデルの試案を提案している（Hargreaves

2001，有本 2005)。日本の学校では，「皆で押し上げていく」，「みんなで危機に当たる」というようなカルチャーをもっている。「同じ釜の飯を食う」，「座を取りもつ」などの暗黙の了解がある。そこから，「学校ぐるみ」（school-wide involvement which is very friendly as a family and is systematically practiced with the consent of the school, often like close family friend, and with cooperation of the whole community）で取り組み，「ありのままを見て」，「教育『観』をもって『育てたい子ども像』」を掲げ，「心に残る姿など生き生きと描写し」，「課外での子どもの実態，授業や学校それに地域のあるべき姿について話し合いつつ，学業だけでなく，全人教育を行う」のが，強みであろう。また，中国を中心にアジアで共通する「忍耐」（tolerance）とも違う，「思い遣り」（compassionate consideration for others）が日本には見られる[4)]。

3.「日本的評価」への眼差しからみた今後の質保証に向けて

(1)「質保証」のスタート地点における日本の独自性とジレンマ

a．スクールベーストの理解不足からくる質保証の実施母体の不明確さ（略）

b．スクール・ベースト・アプローチと教育工学の結びつきの再認識の重要性

日本では，特にカリキュラムの面で，評価では年を追うごとに脱中央集中・事後チェックへと動き，サポートの面，アセスメントの面，とりわけ，最終判断としての政策評価にデータを用いる動きになっている。学習のアセスメントによるデータの検討は，国立教育政策研究所教育課程研究センターによる全国的な学力調査として，ニーズは高まる一方である。

1970年代に提唱されたSBCDは，決して古いパラダイムではないし，ここにきてSBRDは再び教育のナレッジ・マネージメントとして脚光を浴びてき

ている。ソーシャルキャピタルなど世界銀行も注目している概念で展開することも十分可能であることがわかった。ナレッジ・マネージメントでは，知識のネットワーク一つとっても，カリキュラム研究だけの領域ではなく，教育工学からのアプローチが必要不可欠である。もちろん，理科や数学，技術，情報といった１つの教科に焦点を当てる科学教育・教科教育の研究もみられる。しかし，本研究は，教育工学の延長線上にあるとあえて考えれば，必然的に，SBCD に不可欠な，学校の状況分析や各地域のコンテクストを重視する視座をもつことになる。この場合，英国のローントリーの言葉を借りれば，教育工学というよりも教育開発というべきであろう。そこでは，単に各地域が作り上げている各地方の多様性に即したものという以上に，学校中心のイノベーションに不可欠な「ステイクホルダーという利害関係者」が，カリキュラムの計画・実施，フィードバックに参加していく原理が認められる。中国・台湾では，教育工学の立場から，マルチメディアや e-learning などの重要な原理の１つに，SBCD を大胆に位置づけた，将来を先取りする動きを見て取ることができるのである[5)]。

ここで，再検討したいことは，イノベーションを重視してきた教育工学と「スクール・ベースト・アプローチ」との，意外な，しかし本来必然的な帰結をみることは可能な接点である。日本の授業分析[6)]は，教育工学的手法が入り込むのに得意とする分野であったし，最近の TIMSS でみられるビデオパブリッシングも然りである。SBRD に関わるナレッジ・マネージメントはいうに及ばず，教育評価，とりわけ，学習者の学力調査といったアセスメントも，学際的な教育工学からのアプローチを展開していくことができる[7)]。

c．日本的評価にある文化的背景を認識する重要性（略）

⑵　外圧到来による質保証―ブレークスルーとしてバネにするか（略）

a．質の公表という外圧に関しての自治体による取り組みの差

b．部組織と学校の相互作用，特に質の公表に向けた診断道具と専門家の必要性

⑶　カリキュラム評価に効果的授業の指標を組み込む必要性（略）

4．最後に得られる示唆と展望

こうして，著者の評価道具の枠組みが，授業を中心に教育実践を尊重し，カリキュラム評価で一貫させている点で独自性をもつこと，さらに，著者の評価道具の枠組みが残す課題克服の方途を明らかにした。最終的に，スキルベックが提唱していた「検討・評価・開発」という欧米流のアプローチと異なり，著者の枠組みが，「教育実践・（アセスメントによる評価を組み込んだ）外部診断的・内部自己評価・開発」となる。

既刊の『教員評価・人事効果のための授業観察国際指標』は，国際的な指標の中で位置づけてみる一試案であり，現在， World Bank をスポンサーに，国際社会に投げかけられるよう，学校が及ぼす影響，学校が生じる効果について，比較のための評価基準であるベンチマークによる質保証をめざしているものの一環である。日本の強みを引き出し，20ヵ国弱との国際共同研究の中で提案をしながら進めているものである。

ここで，開発したチェックリストの簡単な内容を記しておきたい。まず，筆者のカリキュラム評価ツールの大きな枠組みは，物的リソースに着目し，メディアやスペースから入って，ミクロな授業，マクロな学校の両方への広がりを意図している（チェックリストの例として，前者は「生徒に学習ガイドブックを持たせているか」など，後者は，「地域の教育センターなどからすぐれた資料や便宜が必要に応じて得られているか」など）。そして，物的リソースの系列と人的リソースの系列が，分かちがたく他と結び付いている。すなわち，教材，メディアと施設，スペースが，時間割・カリキュラム，教授組織・研究組織と学習記録の取り方，学校組織・地域社会との連携と，お互い支えあいながら，ある1点，すなわち授業システムを中心にカリキュラム改善に集約されることをめざしている。次に，ミクロな授業システムレベルでは，授業観察のための国際指標の内容としては，それは，１）アセスメントと評価，２）指導の明確化，３）学級風土，４）学級経営，５）個別化教育とインクルージョン，６）指導上の技能，７）指導案，８）長期指導計画，９）教師の知識，10）教師の専門職性と振り返り，11）参加的学習とメタ認知能力の発達の推進，の11構成要素からなる。それぞれ，複数の指標（例えば11の場合，「教師は学習内容を児童生徒の現実の日常生活に結び付けているか」などのチェックリスト）と下位項目をもつものとなる。今後は，

１）授業観察の道具の開発を行う。直接の予測変数として，「効果的な授業」の構成要素をとりあげ，「実際の学習状況」から「授業観察の指標」を開発する

2）フィールドテストを行う。外部学力調査については，児童生徒の定点調査を行い，標準学力調査により，「２時点による期待される以上の成果をあげる」学校の質（効果）の内実を明らかにする。その際，基準変数として，標準化された学力調査であるNRT導入による学力向上率を２回行う。基準変数と，上記１）の予測変数との相互関連を追求し，授業プロセスを通じた学校の質（効果）の内実を明らかにする。

３）必要に応じて，間接的な予測変数として，学校経営レベルでの規定因をとりあげ，当該学校の「教育課程の実施状況」を探る。

４）最終的に質保証点検表に仕上げるとともに，質保証の結果について実施母体などに提言を行う。

５）国際教育協力を多国間と協調しながら，日本の強みである授業の指標をその実際の映像とともに進め，ユネスコでいうところの，よい実践（good practices），カリキュラム変革のマネージメント（management of curriculum change），能力の樹立（capacity building）を図る。

こうして，国際社会に投げかけられるよう，比較のための評価基準であるベンチマークによる質保証をめざす[8]。今後は，「教育特に授業の効果に焦点を当てた学校の能力の改善」，しかも「児童生徒の学習にコンデューシブな（よ

い結果をもたらす）学校の組織という意味での学校の能力の改善」をあげたい。このことにより，質保証という課題に対して，国内的に推進していくことはもちろん，国際教育協力そのものを進めていくことができるであろう。

最後に得られる示唆としては，政策課題としての事後チェック評価に役立てるとともに，国際社会に投げかけられるよう，アングロサクソン諸国の「効果的学校」を卓越性の観点から置き換えることがあげられる。すなわち，実践に重きをおく日本のプロセス志向風土を考慮にいれ，「(中央の曖昧な意図を，よりよい地方教育委員会，よりよい学校，よりよい授業というさまざまなレベルで）『変形できる力のある（transformative)』学校」と読み替えることを提案できるかもしれない[9]。それにより，国際教育協力に「スクール・ベースト・アプローチ」という新しい切り口を与え「質保証」をめざす。このようにして，本研究は，国際教育協力に対して教育工学とカリキュラム研究という学問分野の境界領域を掘り下げることを通じてその向上のため具体的方策を提示し，実証したものと考えている。

以上のようなことから，著者は，カリキュラム評価を，英国，特にイングランドのように，教育変化（educational change）に変質させてしまうのではなく，日本に伝統的な授業研究と蓄積のみられる授業評価から出発する。著者は，外から予め定められた目標による評価ではなく，リソースによる外部・内部両方からの評価を通じて，学校レベルのカリキュラムに関して，プロセス評価の道具，いい換えれば，意図され先行する要件と実際の授業観察との間の不一致を追求し，教育実践と結び付け，改善を図っていこうとする評価道具を作成した。そして，今日，それぞれにおいて進められている「学習評価」「教員評価」「学校評価」を統合し，「カリキュラム評価」を中心に，授業と学校を別にしてバラバラにするのではなく，同時にみていくべきだという「スクール・ベースト・アプローチ」の説を提起する。この質保証は，国内はもちろんのこと，国際教育協力にも展望をみいだすものである。すなわち，このような教室から学校全体への志向性は，もっぱら国内における政策立案者－教育研究者－教育実践者（と学校利害関係者）の往復作用に留まるものでない。海外先進国間での質保証比較はもとより，ODAの質的向上として，国際教育協力での質保証への応用にもこれから確実につながっていくものと期待される。今後は，国際教育協力に新しい切り口，つまり，外部指標による比較が可能な「質保証」という概念を広く国際教育協力の政策に反映させることが課題である。

今後の展望であるが，大学の国際競争力を刺激し，強化を図りつつ，国内および海外の教員養成大学との連携をはかることなど，進めていきたい。あるいは，行政にスクール・ベーストの用語の意味理解を促す必要がある。海外においても，House（1973）の学校評価から，スクール・ベースト・評価が主流になっている（Wick 1987; Nevo 1995, 2002）。それにより，わが国の実情に照らした，内輪で取り仕切る「日本型評価」からスタートしながら，これまでみてきたような「日本型の質保証」の原理が，今後の変革の切り札となることを望みたい。これは，いうまでもなく，国内では未だ馴染みが薄く，理解が行き渡っておらず，また役割が期待される割には，可能性が軽視されてきた，内と外に開かれた「スクール・ベーストの評価」への変化である。「スクール・ベースト」の概念は，OECDによる東京セミナー（1974）で提案されてより，30年を過ぎようとしているのである。

さらに今後は，国内では，国際教育協力拠点システムとともに，政策研究大学院大学（GRIPS）や国際開発高等教育機構（FASID），また国連大学などと連携を深め，海外と対等に話を進めるよう働きかける一方で，海外とは，OECDをはじめ，アメリカ国際開発庁（USAID）・カナダ国際開発庁（CIDA）・イギリス国際開発省（DFID）等，あるいは北欧を含め海外の教育行政機関，開発援助機関（UNESCOはもちろんUNICEF，UNDP（国連開発計画）や世界銀行等，NGO，NPOなど）と，指針を吟味検討し，進めていきたい[10)]。

「School makes a difference」は，日本語に置き換えると，学校は，「違いをもたらす」し，「差異を来たす」し，「影響を及ぼす」し，「効果を生じる」し，「重要である」，そして「変わる」のである。

注）本節は，以下の論文から構成される。「わが国義務教育への「質保証」概念導入の意義と課題－海外における質保証（quality assurance）論議から」『国立教育政策研究所紀要』134集， pp.81-104

【注】

1）2002年5月の討論会〈http://edu.uwe.ac.uk/cred/events/020529.asp?printer=1〉［2005年1月11日検索］，2004年7月の退官記念コンファレンス〈http://www.uea.ac.uk/care/Conf_JRJE/Confwelcome.html〉［2005年1月11日検索］

2）〈http://www.uea.ac.uk/care/Conf_JRJE/papers/CONFERENCE_REPORT.pdf〉［2005年1月11日検索］

3）中国を中心にアジアでは，天・地・人（Tian ling di li re he）の考え方が古来より伝統にあり，日本では地人関係というように典型的に突出しているというように考えられ，一種のソーシャル・キャピタルとして指摘されよう。

4）非常に注意深く，細部に気を配るという意味で， meticulous である点は，日本庭園，陶磁器など日本文化全般にみられる。ビジネスの分野では，日本から中国に進出しているスーパーでも，礼儀正しい，新鮮，衛生的，さらにチラシ，イベント・セール，試食といった工夫がある。検定教科書をもたない総合的な学習では，トピック創造（create）を行うという実践のすそ野は広がっている。あるいは，公立ですら，都立国際高等学校の英語などでは，キャンプという実践（いわば外部処方シラバス）と外部の英語検定試験に頼っていたのが，文部科学省のスーパー・イングリッシュランゲージ・ハイスクール指定（2003-2005）を受けたのをきっかけに，自校でディベートのシラバスを書き，自作によりスピーキングのアセスメントをするなどをするようになった。さらに，検定教科書をストップし，生徒に適切なトピック教材（例えば，アフリカの部族同士の結婚問題）を選ぶことになった。

5） Chan, T.W. (2003) *Multimedia and e-learning: A New Direction for Productivity Promotion and Enhancement.* Asian Productivity Organization には，SBCD が，近年のユビキタス社会の中での台湾の急速な変化の影響からか，とりあげられている。〈http://www.apo-tokyo.org〉［2005年1月11日検索］

6）指導案を作り，研究授業を実施することは，明治以来行われ，授業の大略の記録は折々見つけ出される。現在のような授業分析は1954年（昭和29年）頃から現われてきたものという。戦後の新教育がはなやかであった時期に，実践を指導する貫徹性に乏しく，教育実践の記録が現場教師の指針として尊重される気風が生じた。富山県堀川小学校等が授業分析に，静岡県安東小学校がカルテ・座席表づくりに取り組み，これに対して，大学でも授業分析に教育工学的手法がとりあげられた。今後，教師や子どもの意識の流れをもっと精細に観察し記録する方法が，デジタルによるビデオパブリッシングとして，希求されるであろう。UCLA のスティーグラー教授らの手法が参考にできる。

7）SBCD の１つのモデルに向けて作成され観察された学習成果の構造（SOLO）のタキソノミー（Biggs 1989）による学習のアセスメントの新しい試みが英国でみられる。オンラインコースでの深い学習の成果を評価する試みがみられる。〈http://jite.org/documents/Vol2/v2p305-317-29.pdf〉[2005年１月11日検索]。また，オンライン学習環境でのコミュニティの形成とバーチャルなチームワークに用いる試みがある。〈http://csdl.computer.org/comp/proceedings/hicss/2003/1874/01/187410006b.pdf〉[2005年１月11日検索]

8）海外においても，House（1973）の学校評価から，スクール・ベースト・評価が主流になっている（Wick 1987; Nevo 1995, 2002）。

9）この時点で，日本独自の学校研究主題と「学習」観についてその一貫性に焦点をあてリソース配分に注目した評価が求められてくる（Arimoto 1995）。どれか１つの要因だけをとりあげるのではなく，学習（指導）に向けられた学校研究主題を「指標」にした学校全体の変数やファクターの相互関連が重要である。もともと，筆者らが作成してきたチェックリストは，研究紀要という文書等に現れた，学校という組織によって研究授業の試行錯誤を繰り返した体験を通して創造された知識であった。主観的な洞察，直観，勘の他に，理想や教育観，信念というべき学校としての研究主題がその背後にあり，今日からいえばさまざまな学習観（完全習得学習，発見学習，問題解決学習，体験学習等）とそれぞれの自己評価，アセスメント（ポートフォリオ含む）に迫るものであった。これはいわゆる利害関係者の少ないローステイク・アセスメント（low stake assessment）であり，将来は，スクール・ベースト・アセスメント（School Based Assessment）となりうるものであった。日本の学校の教育実践は，オスモーシス（osmosis）という文化をもち，知らないうちに，無意識も含めて外部から少しずつ吸収するものであったといえよう。

10）国際医療協力局のような機関設置の可能性を教育分野で探っていきたい。国際医療協力局は，国際医療協力の拠点として，国立医療センターに設置され，WHO，外務省，JICA および国立病院機構などと連携し，開発途上国から研修生の受け入れなどを行っている。〈http://www.imcj.go.jp/inte/2005‘06’kyoku-panfuPDF/hyoushi/hyoushi2.htm〉[2005年12月11日検索]

引用・参考文献一覧

Abiko, T. (1993). Accountability and control in the Japanese National Curriculum. *The Curriculum Journal*, 4:137-146.

Abiko, T., George, P. S. (1986). Education for Early Adolescents in Japan, U.S :Cross-Cultural Observations. *NASSP Bulletin*, 70 (494): 74-81.

ACCU (1991). *Training Course on Children's Book Publishing in Vietnam*, Asian Cultural Centre for UNESCO: ACCU.

Ackland, J. W. (1992a) School Improvement through Collaborative School-Based Curriculum Evaluation. Draft.

Ackland, J. W. (1992b). Collaborative School-Based Curriculum Evaluation: A Model in Action. Draft.

Adelman C, Jenkins D. & Kemmis S. (1976). Rethinking case study: notes from the second Cambridge conference. *Cambridge Journal of Education*, 6 (3): 139-50. (Adelman, C., Jenkins, D. & Kemmis, S. (1982). Rethinking case study: notes from the second Cambridge conference, *Case Study Methods, Case Study: An Overview*. Deakin University Press, Australia, (pp. 1- 10). ; H. Simons (ed)., *Towards a Science of the Singular*, Norwich, CARE).

Adelman, H. S. (1970). *Evaluating Training Programs in Special Education*, mimeo.

Amagi, I. (1963). *Japan's Growth and Education*. Ministry of Education.

Ambach, G. (1996). Standards for Teachers: Potential for Improving Practice. *Phi Delta Kappan*, 78 (3): 207-10.

Anderson, L. W. (1981). *Assessing affective characteristics in the schools*. Allyn and Bacon.

Anderson, L. W. (1991). *Increasing teacher effectiveness*, Unesco: International Institute for Educational Planning.

Anderson, L. W. and Postlethwaite, T. N. (1989). The IEA studies and reforms in reading, writing, and literacy In Purves A. C. (edt). *International comparisons and educational reform*. Association for Supervision and Curriculum Development.

Anderson, L. W. and Sosniak L.A. (1994). *Bloom's taxonomy: a forty-year retrospective* (Yearbook of the National Society for the Study of Education ; 93rd, pt. 2). National Society for the Study of Education

Anderson, L. W. (1995). *International encyclopedia of teaching and teacher education*. Pergamon.

Anderson, L., Krathwohl, D. (2001). *A taxonomy for learning, teaching, and assessing: a revision of Bloom's taxonomy of educational objectives.* Longman.

Anderson, L. W. Ryan D.W. and Shapiro B.J. (1989).*The IEA classroom environment study* (International studies in educational achievement ; v. 4). Pergamon Press.

Antonoplos, D. P. (1985). *Student Characteristics, Learning and Curriculum in Japan.* Office of Educational Research and Improvement, Washington, D.C.

Aoki, K. M. M. (1984). The Right to Education in Japan. *Journal of Law and Education,* 13 (3): 441-52.

APEID (1985). *The Asian Seminar on Educational Technology* (*4th, Tokyo, Japan, October* 10-19, 1985). Japan Council of Educational Technology Centers/ Japanese National Commission.

Appelhof, Pieter (1984). An Evaluation of Innovation Concerning Differentiated Teaching of Initial Reading Based on Stake's "Countenance Model." *Studies in Educational Evaluation,* 10 (3): 323-27.

Aquila, D. F. (1983a) Japanese Management Practices: Everything You Didn't Want to Know but Should Have Asked. Preliminary Draft.

Aquila, D. F. (1983b). Japanese Management in Schools Boon or Boondoggle? *The Clearing House.* 57: 180-186.

Arai, I. et al. (1989). Strategies for the implementation of schemes: A case study from Japan, In R. Van Den Berg, U. Hameyer & K. Stokking (eds.). *Dissemination Resonsidered: The demands of Implementation* (pp. 215-223), ACCO .

Arai, I., Maki, M., Nakatome, T., Okuda, S., Takahashi, S. (1986). Description and Case Studies Japan, In Clive Hopes (ed.). *the School leader and School Improvement* (pp.209-250). ACCO .

Ariav, Tamar (1985). Collaborative School-Based Curriculum Development: A Case AL, mimeo.

Arno A. Bellack, Herbert M. Kliebard (eds.) (1977). *Curriculum and evaluation.* McCutchan Pub. Corp.

ASCS (Australian Society for Curriculum Studies) (1994). School-Based Curriculum Decision Making Interactive Satellite Television Programs: National Professional Development Project. *Curriculum Perspectives* (Newsletter edition), June: 24-25.

Ball, S. (1990). *Politics and Policy making in Education - Explorations in Policy Sociology,* Routledge.

Barber, M. (2002). The Next Stage for Large Scale Reform in England: From Good to Great. 〈http://www.cybertext.net.au/tct2002/keynote/barber.htm〉.

[2003年 9 月24日検索]
Barnes, D. (1982). *Practical curriculum study*. Routledge & Kegan Paul.
Barr, R. D. (1987). Reform of Teacher Education and the Problem of Quality Assurance. *Journal of Teacher Education*, 38 (5): 45-51.
Bartell, C. A., Willis, D. B. (1987). American and Japanese Principals: A Comparative Analysis of Instructional Leadership. *NASSP Bulletin*, 71 (502): 18-27.
Bayona, E. L. M., Carter, D. S. G. & Punch, K. F. (1990). The Role of Teachers in Curriculum Development. *Curriculum Perspectives*. 10 (4): 9-19.
Beane J. A., Lipka R. P. (1984). *Self-concept, self-esteem, and the curriculum*. Allyn and Bacon.
Beane, J. A. (1995). *Toward a coherent curriculum*. ASCD.
Beasley, W. (2003). Teacher Renewal: Policy Decisions that Lead to Changes in Practice. 〈http://www.dest.gov.au/schools/teachingreview/submissions/RTTE27.pdf〉[2003年 9 月24日検索]
Beasley, B. (1981). School Based Curriculum Development. *Curriculum Perspectives*, 2 (1): 53-56.
Beauchamp, E. R. (1987). The development of Japanese Educational Policy, 1945-85. *History of Education Quartery*, 27 (3): 299-324.
Becker, J. P. (1991). Some Observations of Mathematics Teaching in Japanese Elementary and Junior High Schools. *Arithmetic Teacher*, 38: 12-21.
Bellack, A. A., Kliebard, H. M. (eds.) (1977) *Curriculum and evaluation*. McCutchan Pub. Corp.
Benjamin, G. R. (1997). *Japanese lessons: a year in a Japanese school through the eyes of an American anthropologist and her children*. NY: New York University Press.
Bennett, N. (1976). *Teaching styles and pupil progress*. Open Books Publishing Ltd.
Ben-Peretz, M. & Dor, Ben Zion (1986). *Thirty Years of School Based Curriculum Development: A Case Study. Paper presented at the Annual Meeting of the American Educational Research Association in San Francisco.*
Berg, R. van den (1987). Internal support of schools. In: Vandenberghe, R. & Hall, G. E. (eds.), *Research on internal change facilitation in schools*. (pp. 71- 97). Leuven: ACCO.
Berg, R. van den (1988). Some dissemination approaches in the perspective of implementation. In: Berg, R. van den., Hameijer, U. & Stokking, K. (eds.), *Dissemination reconsidered: the demands of implementation: International School Improvement Project (ISIP)*. Leuven: ACCO. pp. 45-66.
Berg, R. van den (1989). Strategies of external support: Factors, tensions, implica-

tions and messages. In K. Seashore Louis & S. Loucks (eds.), *Supporting school improvement: a comparative perspective: International School Improvement Project* (*ISIP*). (pp. 65–87). Leuven: ACCO.

Berg, R. van den & Wijlick, W. van (1989). Supporting school improvement: the Dutch case. In K. Seashore Louis & S. Loucks (eds.), *Supporting school improvement: a comparative perspective: International School Improvement Project* (*ISIP*): (pp. 185–198) Leuven: ACCO.

Berg, R. van den & Hameijer, U. (1988). Introductory remarks and seminar issues. In: Berg, R. van den., Hameijer, U. & Stokking, K. (eds.), *Dissemination reconsidered: the demands of implementation. International School Improvement Project* (*ISIP*). (pp. 19–30). Leuven: ACCO.

Berg, R. van den & Vandenberghe, R. (1986). *Strategies for large-scale change in education: dilemmas and solutions. International School Improvement Project* (*ISIP*). Leuven: ACCO. p. 139.

Berg, R. van den, Hameijer, U. & Stokking, K. (eds.) (1988). *Dissemination reconsidered: the demands of implementation: International School Improvement Project* (*ISIP*). Leuven: ACCO. p. 295.

Bernard, D. C. & Can, L. T. (1994). Vietnam: System of Education. In: T. Husen. & T.N. Postlethwaite (eds.), The International Encyclopedia of Education (Second Edition). (pp. 6608–6614).. Pergamon.

Beswick, Norman (1975). *Organizing resources: six case studies: the final report of the Schools Council Resource Centre Project.* Heinemann Educational.

Bezzina, M. & Chesterton, P. (1989). Teaching About School Based Curriculum Development: What Teacher See as Relevant. *Curriculum Perspectives*, 9 (1): 26–33.

Bezzina, M. (1989a). *Teachers' perceptions and their participation in School Based Curriculum Development.* Unpublished Ph.D. Dissertation. Macquarie University.

Bezzina, M. (1989b). Does Our Reach Exceed Our Grasp? A Case Study of School Based Curriculum Development. mimeo.

Biddle, B. J. & Berliner, D. C. (2002). Small Class Size and Its Effects. *Educational Leadership*, 59 (5): 12–23.

Biggs, J. (1994). What are Effective Schools? Lessons from East and West, *Australian Educational Researcher*, 21 (1): 19–39.

Biggs, J. & Collis, K. (1989). Towards a Model of School-based Curriculum Development and Assessment Using the SOLO Taxonomy. *Australian Journal of Education*, 33 (2): 151–163.

Black, H. and Broadfoot, P. (eds.) (1982) *Keeping track of teaching: assessment in the modern classroom.* London: Routledge & Kegan Paul.

Blackman, Sandra, Chodorow, Stanley, Ohmann, Richard, Okura, Sandra, Purrington, Sandra Sanchez, Stein, Robert. (1994) *Perspectives on the humanities and school-based curriculum development* (ACLS occasional paper; No. 24). American Council of Learned Societies.

Blenkin, Geva M. Edwards, Gwyn and Kelly, A.V. (1992). *Change and the curriculum.* P. Chapman.

Block, J. H. Anderson, L. W. (1975). *Mastery learning in classroom instruction.* Macmillan,

Block, J. H. et al. (1995) *School Improvement Programs.* The Scholastic.

Bloom, B. S., Engelhart, M. D., Furst, E. J., Hill, W. H. & Krathwohl, D. R. (1956). *Taxonomy of educational objectives handbook I: The cognitive domain.* NY: David McKay Co.

Bloom, B. S. (1977). Affective Outcomes of School Learning, *Phi Delta Kappan,* 59: 193-198.

Bollen, R. & Hopkins, D. (1988). *School-based review: toward a praxis.* Leuven: ACCO.

Bollen, R. (1987). School Based Review in Japan - Four Field Visits. In Bollen, R. & Hopkins, D (eds.), *School Based Review: Towards a Praxis* (*ISIP Book No.* 3). ACCO. 149-161.

Bolstad, R. (2004) *School based curriculuum development: Principles, processes, and practices.* New Zealand Council for Educational Research.

Booth, M. (1994). Cognition in History - A British Perspective. *Educational Psychology,* 29: 61-69.

Borich, Gary D. (1980). A State of the Art Assessment of Educational Evaluation, mimeo.

Boud, David J., Donovan, William F. (1982). The Facilitation of School-Based Evaluation: A Case Study. *Journal of Curriculum Studies,* 14 (4): 359-62.

Bracey, G. W. (1997). The Japanese Education System is a Failure, Say Some Japanese. *Phi Delta Kappan,* 79: 328-330.

Bradley, H. (1991) *Staff development.* Falmer Press.

Brady, L. (1983). *Curriculum development.* Sydney: Prentice Hall.

Brady, L. (1985a). The Supportiveness of the Principal in School-Based Curriculum Development. *Journal of Curriculum Studies,* 17 (1): 95-97.

Brady, L. (1985b). Status in School Based Curriculum Development. *Journal of Educational Administration,* 23 (2): 219-28.

Brady, L. (1986). Models for Curriculum Development: The Theory and Practice. *Curriculum and Teaching*, 1 (1&2) : 25-32.

Brady, L. (1987). Explaining School-Based Curriculum Satisfaction: A Case Study. *Journal of Curriculum Studies*, 19 (4) : 375-78.

Brandou, J. R. (1970). Science Education in Two Countries of the Far East-A Firsthand View. *Science Teacher*, 37: 26-31.

Brehony, K. (1997). An 'undeniable' and 'disastrous' influence? Dewey and English education (1895-1939). *Oxford Review of Education*, 23: 427-445.

Brookover, W. B., C. Beady, et al. (1979). *School systems and student achievement: schools make a difference*. New York, Praeger.

Brophy, J. E. (1982). How Teachers Influence What is Taught and Learned in Classrooms. *Elementary School Journal* : 83 (1): 1-13.

Brouillet, J. M. (1990). West Meets East: A Study of Japan. *Social Studies Journal*, 19: 18-21.

Brown, J. & Brown, A. (1994). Implications of Technology for the Enhancement of Decisions in School-Based Management Schools. *International Journal of Instructional Media*, 21 (2): 87-95.

Bruner, J. (1991). The Narrative Construction of Reality. *Critical Inquiry*, 18: 1-21.

Bunday, M. C. & Kelly, J. A. (1996). National Board Certification and the Teaching Profession's Commitment to Quality Assurance. *Phi Delta Kappan*. 78 (3): 215-19.

Burstein, L. and Hawkings, J. (1986). An Analysis of Cognitive, Non-Cognitive, and Behavioral Characteristics of Students in Japan, mimeo.

Butler, J. and Bartlett, L. (1989). School Based Criterion referenced Assessment and Curriculum Design: Some Comments on the Queensland Scheme. *Studies in Educational Evaluation*, 15: 91-107.

Buxton, A. P. (1976). Teacher Centers in Japan. *Educational Leadership*, 34: 183-189.

Calfee, R. (1984). Cognitive Psychology and Educational Practice. *Review of Research in Education*, 9: 57.

Cameron, D. (1996). The Role of Teachers in Establishing a Quality-Assurance System. *Phi Delta Kappan*.78 (3): 225-27.

Carlin, P., Purchall, K. and Robinson, I. (1976). The School-Based Curriculum, *Curriculum & Research Bulletin* XI (1), March: 9-15.

CDC (1977). *Curriculum evaluation: a CDC study group report*. Australia Curriculum Development Centre.

CDC (1980). *Leadership roles and responsibilities: the report of the* 1978 *CDC*

Standing Conference on 'The scope and limits of school-based curriculum development: leadership roles and responsibilities' (SBCD series 1). prepared by Ed Davis Dickson, A.C.T.: Curriculum Development Centre.

CDC (1983a). *Curriculum evaluation: how it can be done.* Australia Curriculum Development Centre.

CDC (1983b). *Curriculum evaluation: case studies.* Australia Curriculum Development Centre.

CDC (1981a). *Core curriculum: descriptions of practice in nineteen Australian schools* (SBCD series 2). by J. Fifield.. [et al] Canberra: Curriculum Development Centre.

CDC (1981b). *Core curriculum in Australian schools: case studies of relationships between values and core curriculum* (SBCD series 3). by Ron Toomey & Donald R. Chipley with Cliff Fowler Canberra: Curriculum Development Centre.

CDC (1981c). *Processes and involvement of tertiary institutions* (SBCD series 4). by Walton, J. Hunt, J. Maxwell T. Canberra : Curriculum Development Centre.

CDC (1981d). *Support services: the report of the CDC study group on support systems for school based curriculum development* (SBCD series 5). by Alexander Mackie College of Advanced Education, Ralf [i.e. Ralph] Rawlinson, Geoffrey Spring. Canberra: Curriculum Development Centre.

CDC (1981e). *Survey of teachers perceptions: the report of a survey* (SBCD series 6). by Nettle, E. B Canberra: Curriculum Development Centre.

CDC (1981f). *A Model for school based curriculum planning* (SBCD series 7). by I. Soliman (ed.). Canberra: Curriculum Development Centre.

CDC (1981g). *Core curriculum and values education: a literature review* (SBCD series 8). by the Centre for the Study of Innovation in Education, School of Education, La Trobe University. Canberra: CDC.

CDC (1982). *Curriculum development styles and structures for Australian needs: an edited report of two conferences* (SBCD series 9). prepared by Ralph Rawlinson and Noel Donnan. Canberra: Curriculum Development Centre.

Chadsey-Rusch, J. & Levy, M. (1986). *Project Directors' Annual Meeting.* Conference Proceedings (2nd, Washington, D.C., October 9-10, 1986).

Chan, D & Mok, K. (2001). Educational Reforms and Coping Strategies under the Tidal Wave of Marketisation: A Comparative Study of Hong Kong and the Mainland. *Comparative Education.*37 (1): 21-41.

Chen, Hsiao-Lan Sharon; Chung, Jing. (2000). The Implementation of School-Based Curriculum Development. School Improvement in Taiwan: Problems and Possibilities. mimeo.

Cheng, K. M. (1990). The culture of schooling in East Asia. In N. Entwistle, (ed.) *Handbook of educational ideas and practices.* (pp.163-73). London: Routledge.

Cheng, K. M. (1997a). Engineering values: Education policies and values transmission. In J.D. Montgomery (ed.) *Values in education: Social capital formation in Asia and the Pacific.* (pp.173-186) . Soka University of America.

Cheng, K. M. (1997b). Quality assurance in education: The East Asian perspective. In K. Watson, S. Modgil & C. Modgil (eds.) *Educational dilemmas: Debate and diversity, Vol 4: Quality in Education.* (pp. 399-412). London: Cassell.

Cheng, K. M. (1998). Can education values be borrowed? Looking into cultural differences. *Peabody Journal of Education*, 73 (2), 11-30.

Cheng, K. M. and Wong, K. C. (1996). School Effectiveness in East Asia: Concepts, Origins and Implications. *Journal of Educational Administration*, 34 (5): 32-49.

Cheng, Y. C., Ng, K. H. & Tam, W. M. (1995). The theory of staff development for effective school-based change. In F. Lopez-Real (ed.). *Teacher education in the Asian region* (pp. 65-74). Hong Kong: University of Hong Kong, Department of Curriculum Studies.

Cheng, Y. C. (2000). A Paradigm Shift in Science Learning and Teaching. *Asia-Pacific Forum Science Learning and Teaching*, 1 (2). (On-line Journal).

Cheng, Y. C. (2000). Educational Change and Development in Hong Kong: Effectiveness, Quality, and Relevance, In T. Townsend, & Y. C. Cheng (eds.). *Educational Change and Development in the Asia-Pacific Region: Challenges for the Future* (pp.17-56). The Netherlands: Swets and Zeitlinger Publisher.

Chertow, D. S. (1970). *Evaluation as a Non-Sacred Cow: A "Practical" and "Feasible" Adult Education Improvement Method.* mimeo.

Christensen, M. J. (1998) Japanese Public Sector: Accounting and Managerialism, mimeo.

Cipani, E. (1985). The Three Phases of Behavioral Consultation: Objectives, Intervention, and Quality Assurance. *Teacher Education and Special Education.* 8 (3): 144-52.

Clark, J. (1982). *Resource-Based Learning for Higher and Continuing Education.* Croom Helm.

Clark, J. M. & Sgan, A. D. (1996). Effective Supervisory Leadership in a Time of Educational Change. *Illinois School Research and Development.* 22 (3): 106-11.

Clarke, S. C. T. & Nyberg, V. R. (1985). Identifying the Gifted and Providing for Their Education: An Evaluation of School Based Procedures in the Edmonton Catholic School System. Part II: An Evaluation of the Honors Program in Archbishop MacDonald High School, mimeo.

Clift, P. S. et al (eds.) (1981). *Record Keeping in Primary Schools,* Macmillan.

Clift, P. S. Nuttall, D. L. & McCormick, R. (1987). *Studies in school self-evaluation,* Falmer Press.

Cogan, J. J. & Weber, R. E. (1983). The Japanese History Textbook Controversy... and What We Can Learn from It. *Social Education,* 47: 253-257.

Cohen, D. (1985). School based curriculum decision making. In Husen, T. & Postlethwaite, N.T. (eds.). *The International encyclopedia of education* : *research and studies*; v. 1 - Supplementary v. 2. Pergamon Press.

Cohen, D., Harrison, Marelle (1982). *Curriculum Action Project. A Report of Curriculum Decision-Making in Australian Secondary Schools, mimeo.*

Coleman, J. S., E. Q. Campbell, et al. (1966). *Equality of educational opportunity.* Washington D.C., U.S. Government Printing Office.

Coleman, P. (1992). Quality Assurance: A Case Study of the Work of Local Education Authority Inspectors and Advisers in England. *School Organisation,* 12 (2): 201-35.

Coles, C. R., Grant, J. G.(1985). *Curriculum evaluation in medical and health-care education* (Medical Education Research Booklet No.1), Association for the Study of Medical Education, mimeo.

Collins, K. A. (1989). The development of Teacher Education in Japan 1868-1980s. *Teaching and Teacher Education,* 5 (3): 217-228.

Combe, C. (ed.) (1986). *The evaluation of school based curriculum: some case studies* Milperra NSW: Macarthur Institute of Higher Education.

Committee on Professional Standards (1984). Casebook for Providers of Psychological Services. *American Psychologist.* 39 (6): 663-68.

Common, D. L. (1985). Curriculum Innovation, School Improvement, and School-Based Evaluation. *Clearing House.* 58 (7): 298-304.

Connell, H. (1984). Education for International Life: A Neglected Area. In Skilbeck, M (ed.). *school-based curriculum development,* Harper & Row, pp. 81-92.

Coulby, D. & Ward, S. (1990). T*he primary core national curriculum: policy into practice,* Cassell,

Cox, C. B. (1971). A Design for Evaluation: A Case Example. *Indiana Social Studies Quarterly,* 24 (2): 5-12.

Crapo, R. (1982) T, D and Z. *Training and Development Journal.* 36 (5): 102-04, 106-08, 110.

Crawford, A. C. (1966). *Vietnam Customs and Culture.* Charles E. Tuttle.

Creemers, B. and Tillema, H. (1988). The classroom as a social/emotional environment. *Journal of classroom Interaction,* 23 (2): 1-7.

Creemers, B. Scheerens, J. (1994). Developments in the Educational Effectiveness Research Programme, *International Journal of Educational Research*, 21 (2): 125-140.

Crift, P. S., Nuttall, D. L., McCormick, R. (1987). *Studies in school self-evaluation.* Falmer Press.

Cronbach, L. J. (1964). Evaluation for Course Improvement. In Heath, R.W. (Ed.). *New Curricula* .NY: Harper and Row.（東洋訳 1965『新カリキュラム』国土社）.

Cronbach, L. J. (1963). Course improvement through evaluation. *Teachers College Record*, 64: 672-683.

Csapo, M. (1983). Education and Special Education in Vietnam. *B. C. Journal of Special Education*, 7: 279-289.

Cummings, W. K. (1997). Human Resource Development? The J Model. In Cummings, W. K. & Altbach, P. G. (eds.). *The Challenge of Eastern Asian Education? Implications for America.* (pp.275-291). Albany: State University of New York.

Cummings, W. K. (1980). *Education and equality in Japan.* New Jersey: Princeton University Press.

Cuttance, P. (1980a). Do Schools Consistently Influence the Performance of Their Students? *Educational Review*, 32 (3): 267-80.

Cuttance, P. (1980b). Social Background, Aspirations and Academic Achievement: An Analysis Based on Longitudinal Data for Australia. *Alberta Journal of Educational Research*, 26 (2): 85-95.

Cuttance, P. (1980c). Affective Factors in the Mediation of Background Effects on Cognitive Performance. *Studies in Educational Evaluation*, 6 (1): 65-72.

Cuttance, P. (1987). Curriculum: The Frog-Prince of School Effectiveness Research. *Journal of Curriculum Studies*, 19 (1): 77-85.

Cuttance, P. (1994a). Quality Assurance in Education Systems. *Studies in Educational Evaluation*, 20 (1): 99-112.

Cuttance, P. (1994d). Monitoring Educational Quality through Performance Indicators for School Practice. *School Effectiveness and School Improvement*, 5 (2): 101-26.

Cuttance, P. & F. Coleman, (1980). Plowden, Jencks, and Now, Rutter: An Assessment of a Recent Contribution to the Debate on School Effects. *Scandinavian Journal of Educational Research*, 24 (4): 191-205.

Danielson, C. (2001). New Trends in Teacher Evaluation. *Educational Leadership*, 58 (5): 12-15.

Darling-Hammond, L. (1996). What Matters Most: A Competent Teacher for Every Child. *Phi Delta Kappan*, 78 (3): 193-200.

Davis, Ed. (1981). *Teachers as curriculum evaluators* (*Classroom and curriculum in Australia* 4). Allen & Unwin.

Davis, Rita. (1998). *Proceedings of the Stake Symposium on Educational Evaluation* (*Champaign, Illinois, May* 8-9, 1998).

Day, C. (1988). The Relevance and Use of Classroom Research Literature to the Appraisal of Teachers in Classrooms: issues of teacher learning and change. *Cambridge Journal of Education* 18: 333-346.

De Jong, R. & Prins, J. (1995). No Silence after the Storm. From Quality Assessment to Quality Improvement. *European Journal of Teacher Education*, 18 (1): 37-45.

Deakin University (1978a). *Curriculum design and development. Part 2A. The school-based curriculum, the whole curriculum/* prepared by Marita Fitzpatrick. [et al] for the course team, Open Campus Program, School of Education, Deakin University Published Waurn Ponds, Vic.: Open Campus Program, School of Education, Deakin University.

Deakin University (1985). *Core Curriculum* (*ECT*431). *Curriculum Design and development II*, Deakin University

Deakin University (1978a). *Curriculum design and development. Part 2A. The school-based curriculum, the whole curriculum/* prepared by Marita Fitzpatrick .. [et al] for the course team, Open Campus Program, School of Education, Deakin University Published Waurn Ponds, Vic.: Open Campus Program, School of Education, Deakin University.

Deakin University (1978b). *Curriculum design and development. Part 2B. The school-based curriculum design and evaluation issues/* Deakin University, Open Campus Program, School of Education Published Waurn Ponds, Vic.: Open Campus Program, School of Education, Deakin University.

Debert, Robert. (1979). Reversionary Tactics. *NSPI Journal*, 18 (7): 18-21.

DeCoker, G. (2002). *National standards and school reform in Japan and the United States*. Teachers College Press.

Delors, J. et al. (1996) *Learning: the treasure within: Report to UNESCO of the International Commission on Education for the Twenty-First Century*. Paris, UNESCO.（天城勲監訳 1997『学習：秘められた宝』（ユネスコ「21世紀教育国際委員会」報告書）ぎょうせい）.

Denton, JJ. & Sexton, MJ. (1978). Photography: an unconventional technique for the formative evaluation of a curriculum. *Educational Technology*, 18: 26-29.

Dodder, R. A. & Foster, L. H. & Bolin, B. L. (1999). Measures To Monitor Developmental Disabilities Quality Assurance: A Study of Reliability. *Education and Training in Mental Retardation and Developmental Disabilities*. 34 (1): 66–76.

Doi, T. (1985). *The Anatomy of Self – The Individual Versus Society*. Kodansha.

Duignan, P. (1988). School based curriculum development: Myth or reality. *Australian Education Researcher*. 15 (4): 9–21.

EAEA (1974). Speaking Out: Law, Education and Politics. Proceedings of the Invitational Conference on Educational Assessment and Educational Policy (Princeton, New Jersey, March 4–5, 1974).

Edmonds, R. R. (1979). Effective schools for the urban poor. *Educational Leadership*, 37 (1): 15–27.

Education and Manpower Bureau Education (2004) Commission Report No.7 Quality School Education. Hong Kong. 〈http://www.emb.gov.hk/index.aspx?langno=1&nodeid=572〉[22 Feb 2004検索]

Education Department (1999) An Investigation into the Development and Implementation of the TOC Initiative with Special Reference to Professional Competencies, Professional Development and Resources, The Hong Kong Institute of Education, mimeo.

Edwards, R. (1995). Quality Assurance of Teacher Assessment at Key Stage 3. *Education in Science*; 164: 14–15.

Eells, W. C. (1951). Curriculum Improvement in Japan. *Educational Administration and Supervision*, 37 (7): 423–430.

Eggleston J (ed.) (1980). *School-based curriculum development in Britain : a collection of case studies*. Routledge & Kegan Paul.

Eisner, E. W. (1979). *The educational imagination: On the design and evaluation of school programs*. NY: Macmillan.

Elbaz, F. (1989). School Based Curriculum Development: Opportunities for Critical Discourse. *Curriculum Perspectives*, 9 (1): 149–152.

Ellington, L. (1990). Dominant Values in Japanese Education. *Comparative Education Review*, 34 (3): 405–410.

Elliott, J. (1979). The Case for School Self-Evaluation. *Forum*, 22: 23–25.

Elliott, J. (1981a). Educational accountability & Evaluation of Teaching. In Lewy, A. & Nevo, D. (eds.), *Evaluation roles in education* (pp. 223–246). Gordon and Breach.

Elliott, J. (1981b). *School accountability: the SSRC Cambridge accountability project*. G. McIntyre.

Elliott, J. (1985). Implications of classroom research for professional development.

In Nisbet, J. (ed.), *Research, Policy & Practice* (*World Yearbook of Education* 1985). (pp. 308–324). Kogan Page, London.

Elliott, J. (1991). Changing Contexts for Educational Evaluation: The Challenge for Methodology. *Studies in Educational Evaluation*. 17 (2–3): 215–38.

Elliott, J. (1993). What have we learned from Action Research in School Based Evaluation? *Educational Action Research*, 1 (1): 175–186.

Elliott, J. (1996). School effectiveness research and its critics: alternative visions of schooling. *Cambridge Journal of Education*, 26 (2): 199–223.

Elliott, J. (1997a). Quality assurance, the educational standards debate, and the commodification of educational research. *The Curriculum Journal*, 8 (1): 63–83.

Elliott, J. (1997b). School-based Curriculum Development and Action Research in the United Kingdom. In Hollingsworth, S. (ed.), *International Action Research A Casebook for Educational Reform*, Falmer Press, UK.

Elliott, J. (2001). Making Evidence-based Practice Educational. *British Educational Research Journal*. 27 (5): 555–74.

English, K. R. (1978). *A Study of School-based Curriculum Development in ACT Primary Schools* 1975–1976. A.C.T. Schools Authority, mimeo.

Enloe, W., Lewin P. (1987). The Cooperative Spirit in Japanese Primary Education. *The Educational Forum*, 51 (3): 233–247.

Ensuring Excellence Project Team (1999) *Ensuring Excellence through Self Evaluation: A key Strategy for School Improvement*, Quality Education Fund, Hong Kong, mimeo.

Eraut, M. (1991). Intrinsic Evaluation, In Arieh Lewy (ed.). *The International Encyclopedia of Curriculum* (pp. 452–453). Pergamon.

Eraut, M. (1995). Schön Shock: a case for reframing reflection-in-action? *Teachers and Teching: theory and practice*, 1: 9–22.

Eraut, M. (2000). Non-formal learning and tacit knowledge in professional work *The British journal of educational psychology*, 70: 113–136.

European Commission, Directorate-General for Education and Culture (2001) *European report on the quality of school education: sixteen quality indicators: report based on the work of the Working Committee on Quality Indicators*. Office for Official Publications of the European Communities.

Evans, T. (1984). Providing time for school-based curriculum development. *School Organisation*, 4 (2): 109–116.

Fereshteh, M. H. (1992) The U.S. and Japanese Education: Should They Be Compared?, mimeo.

Ferguson-Florissant School District (1988). *Evaluating an early education prog-*

ram, mimeo.

Fertig, M. (2000). Old wine in new bottles? Researching effective schools in developing countries. *School Effectiveness and School Improvement*, 11: 385-403.

Fielding, M. (1997). Beyond school effectiveness and school improvement: lighting the slow fuse of possibility. *The Curriculum Journal*, 8 (1): 7-27.

Finn, J. & Achilles, C. (1999). Tennessee's class size study: Findings, implications, misconceptions. *Educational Evaluation and Policy Analysis*, 21 (2): 97-109.

Fischer, K. W. Wang, L. Kennedy, B. Chen, C. L. (1998) Culture and Biology in Emotional Development. *New Directions for Child and Adolescent Development*. 81: 21-43.

Fogarty, R. (1997). *Problem-based learning and other curriculum models for the multiple intelligences classroom*. IRI/Skylight Training and Publishing.

Foster, M. S. (1990). Art Education in Japan: A Textbook-based Curriculum. *School Art*s, 89: 12-15.

Fraser, B. J. & Edwards, J. F. (1982). *Guide to evaluation of school based projects*. Cheltenham NSW: Northern Districts Education Centre.

Fraser, B. J. (1984). Directions in Curriculum Evaluation. *Studies in Educational Evaluation*, 10: 125-134.

Fraser, B. J. (1985). *Case Studies in Curriculum Evaluation*. West Australian Social Science Education Consortium.

Fraser, B. J. (1989). *Annotated Bibliography of Curriculum Evaluation Literature*. Western Australian Institute of Technology.

Fraser, B. J. (1989a). Instructional Effectiveness: Process on the Micro Level, In Creemers, B., Peters, T., Reynolds, D. (ed.). *School Effectiveness and School Improvement* (Proceedings of the Second International Congress, Rotterdam 1989, pp.23-37), Swets & Zeitlinger.

Freedman, S. W. (1995). Crossing the Bridge to Practice - Rethinking the theories of Vygotsky and Bakhtin. *Written Communication*, 12: 74-92.

Fukuyama, Francis (1995). *Trust: the social virtues and the creation of prosperity*. Free Press（加藤寛訳 1996『「信」無くば立たず』三笠書房）.

Fullan, M. (1982). *The meaning of educational change*. New York: Teachers College Press, Columbia University.

Furumark, Ann-Marie (1981). Institutional Self-Evaluation in Sweden. *International Journal of Institutional Management in Higher Education*, 5 (3): 207-16

Fuson, K. C. (1988). Brief Report: Grade Placement of Addition and Subtraction Topics in Japan, Mainland China, the Soviet Union, Taiwan, and the United States. *Journal for Research in Mathematics Education*, 19: 449-456.

Gallagher, Richard E. (1976). Responsive Evaluation: A Personal Reaction. *Studies in Educational Evaluation*, 2 (1): 33-34.

Gallagher, Shelagh A. (1997). Problem-Based Learning: Where Did It Come From, What Does It Do, and Where Is It Going? *Journal for the Education of the Gifted*, 20 (4): 332-62.

Gammage, P. (1984). The curriculum and its Participants: Perspectives of Interaction. In Skilbeck, M (ed.). *Readings in school-based curriculum development*.Harper & Row.

Garvin, D. (2000). *A Learning in action: a guide to putting the learning organization to work*. Harvard business school press (沢崎冬日訳 2002『アクション・ラーニング』ダイヤモンド社).

George P. S. (1990). Staff Development ? Japanese Style. *Journal of Staff Development* 11 (3): 42-47.

George, P. (1995).*The Japanese Secondary School: A Closer Look*, Natl Middle School Assn.

George, P. S. (1984) Theory Z and Schools: What Can We Learn from Toyota? *NASSP Bulletin*, 68 (472): 76-81.

Gephart, W. J. & Ingle, R. B. (1977). The Introductory Evaluation Course. *NSPER*: 77.

Gerbert, E. (1993). Lessons from the "Kokugo" (National Language). Readers. *Comparative Education Review*, 37: 152-180.

Gill, A. & McPike, L. (1995). What We Can Learn from Japanese Teachers' Manuals. *American Educator*, 19: 14-15.

Glaser, R. (1978) *Research and development and school change: a symposium of the Learning Research and Development Center, University of Pittsburgh*, Robert Glaser and William Cooley, chairmen/contributors, Benjamin S. Bloom ... [et al.]. Lawrence Erlbaum Associates.

Godfrey, J. & Frazer B. J. (1981). Case Studies Some Issues Emerging from A School-Based Curriculum Project. *Curriculum Perspectives*, 2 (1): 27-29.

Goodman, G. K. (1983). The Japan/United States Textbook Study Project: Perceptions in the Textbooks of Each Country about the History of the Other. *History Teacher*, 16: 541-567.

Gorter, J. R. (1987). International Collaboration in Curriculum Development. *Educational Leadership*, Jan: 4-7.

Gorter, Ruud J. (1986). *Views on Core Curriculum: Contributions to an International Seminar*. National Institute for Curriculum Development (SLO), The Netherlands.

Gough, N. (1981). School-Based Curriculum development: W(h).ither curriculum theory. *Curriculum Perspectives*, 2 (1): 41-45.

Green, E. L. (1980). The Independent Learning in Science model of School- Based curriculum develoepment In Eggleston (1980):14-40.

Griffin, W. R. (1998). Tips for Cleaning Floors and Carpets. *School Planning and Management*, 37 (10): 53-54.

Grissmer, D. (1999). Class Size Effects: Assessing the Evidence, Its Policy Implications, and Future Research Agenda. Conclusion. *Educational Evaluation and Policy Analysis*, 21 (2): 231-48.

Gross, N. et al. (1971). Implementing Organizational Innovation: A Sociological Analysis of Planned Change (河野重男他訳 1973『学校革新への道：教育イノベーションの普及過程』第一法規出版).

Guskey, Thomas R. & Huberman, Michael (eds.) (1995) *Professional development in education: new paradigms and practices*; foreword by Matthew B. Miles Teachers College Press.

Hac, P. M. (1998). *Vietnam's Education*. Hanoi: THE GIOI Publishers.

Hale, D. E. (1974) Moderation In H.G. Macintosh (ed.) *Techniques and Problems of Assessment*, (pp. 186-196) Edward Arnold.

Hallet, C. E. (1997). Pragmatism and Project 2000: the relevance of Dewey's theory of experimentalism to nursing education. *Journal of advanced nursing*, 26: 1229-1234.

Hamaguchi, E. (1985) A Contexutual Model of the Japanese: Toward a Methodological Innovation in Japan studies. *Journal of Japanese Studies*. 11 (2): 289-321.

Hameyer, U. & Loucks-Horsley S. (1989). *New Technologies and School Improvement - Support Policies and Plactices* ACCO, Leuven.

Hamilton, D. (1976). *Curriculum evaluation*. London: Open Books Publishing Ltd.

Hamilton, D. et al. (eds.) (1977). *Beyond the numbers game* (pp. 143-164). Exeter: Macmillan Education Ltd.

Hannum, Wallace (2001). Knowledge Management in Education: Helping Teachers To Work Better. *Educational Technology*, 41 (3): 47-49.

Hanushek, E. A. (1999). Some Findings from an Independent Investigation of the Tennessee STAR Experiment and from Other Investigations of Class Size Effects. *Educational Evaluation and Policy Analysis*, 21 (2): 143-63.

Hargreaves, A. (1982). The Rhetoric of School-centered Innovation. *Journal of Curriculum Studies*, 14 (3): 251-66.

Hargreaves, A. (1989). *Curriculum and Assessment Reform*. Open University Press.

Hargreaves, D. (1995). School culture, school effectiveness and school improvement. *School Effectiveness and School Improvement*, 6 (1): 23–46.

Hargreaves, D. (1999). The Knowledge-Creating School, *British Journal of Educational Studies*, 17 (2): 122–141.

Hargreaves, D. (2001). A Capital Theory of School Effectiveness and Improvement (I), *British Educational Research Journal*, 27 (4): 487–503.

Hargreaves, D. (2003). From Improvement to transformation Keynote lecture International Congress for School Effectiveness and Improvement 'Schooling the Knowledge Society' Sydney 5 Jan.

Hargreaves, D. H. & Hopkins, D. (1994). *Development Planning for School Improvement*. Cassell.

Harlen, W. (1973). *Evaluation in Curriculum Development: twelve case studies: papers from the Schools Council's project evaluators on aspects of their work*. Macmillan.

Harlen, W. (1978). *Evaluation and the teacher's role* (Schools Council research studies). Macmillan Education.

Harlen, W. (1978). *School Based Curriculum Evaluation*. Victoria: State College of Victoria. Toorak, Australia.

Harrison, C. (1984). *Criteria for Evaluating Microcomputer Software for Reading Development: Observations Based on Three British Case Studies*. mimeo.

Harrison, M. (1981). School Based Curriculum Decision Making: A personal Viewpoint. *Curriculum Perspectives*, 2 (1): 47–52.

Hausman, J. J. (1995). Evaluation in Art Education. *Australian Art Education*,18 (3): 25–29.

Havelock, R. G. (1971). The Utilization of Educational Research and Development *British Journal of Educational Technology*, 2(2): 84–97 (Horton & Raggatt 1982 *challenge and change in the curriculum*, pp. 137–151).

Havelock, R. G. (1973). *The Change Agent Guide to Innovation in Education*. New York: Educational Technology Publications Inc.

Hebein, J. M. & Dawson, R. G. (1981). Evaluation for Revision: A Case Study of a Training Programme. In Percival, F. & Ellington, H. (eds.). *Distance learning and evaluation Distance learning and evaluation* (*Aspects of educational technology* ; *v*. 15) . Kogan Page.

Hicks & Usher (1981). Keeping Schools Under Review by London Inner Education Authorities. In Carol Donoughue with Sue Ball, Bob Glaister, and Geoffrey Hand , *In-service: the teacher and the school*. the Open University Centre for Continuing Education (INSET). Kogan Page in association with the Open Uni-

versity Press.
Hiebert, J. et al. (1999). Problem Solving as a Basis for Reform in Curriculum and Instruction: the Case of Mathematics. In Murphy, P. (1999) *Learners, learning and assessment* (pp. 151-170). Paul Chapman.
Hill, J. C. (1986). *Curriculum Evaluation for School Improvement*. C.C . Thomas.
Holder, M. and Hewton, E. (1973). A School Resource Center. *British Journal of Educational Technology*, 4 (1): 41-53.
Hopkin, A. G. (1999). Quality Control and Quality Assurance in Teacher Training Institutions: Messages from Botswana. *Teaching and Teacher Education*.15 (6): 697-713.
Hopkins, D. (1987). *Improving the quality of schooling: lessons from the OECD International School Improvement Project* (*Education policy perspectives*). Falmer Press.
Hopkins, D. (1988). *Doing School Based Review: Instruments and Guidelines*. Leuven (Belgium): ACCO/OECD.
Hopkins, D. (1990). The international school improvement project (ISIP). and effective schooling: Towards a synthesis. *School Organization*, 10 (3): 195-202.
Hopkins, D. et al. (1994). *Mapping Change in Schools? The Cambridge Manual of Research Techniques*, Univeristy of Cambridge, mimeo.
Hopkins, D. (1995). Towards effective school improvement. *School Effectiveness and School Improvement*, 6 (3): 265-274.
Hopkins, D. (1996). Towards a theory for school improvement. In Gray, J., Reynolds, D., Fitz-Gibbon, C. & Jesson, D. (eds.), *Merging traditions: The future of research on school effectiveness and school improvement* (pp. 30-50). London: Cassell.
Hopkins, D. & Lagerweij, N. (1996). The school improvement knowledge base. In Reynolds, D., Bollen, R., Creemers, B., Hopkins, D., Stoll, L. & Lagerweij, N. (eds.)., *Making good schools: Linking school effectiveness and school improvement* (pp. 59-93). London: Routledge.
Hopkins, D., Ainscow, M. & West, M. (1994). *School improvement in an era of change*. London: Cassell.
House, E. R. (1973) *School evaluation: the politics & process*. McCutchan Pub. Corp.
Howe, C. Z. (1978). A Responsive Evaluation of a Graduate Seminar. *Studies in Educational Evaluation*, 4 (1): 19-2.
Huberman A. M. (1973). *Understanding change in education: an introduction* Unesco, IBE.

Huberman, A. Michael and Miles, Matthew B. (1984). *Innovation up close: how school improvement works* Plenum Press.

Huberman, M. (1992). Teacher Development and Instructional Mastery. In A. Hargreaves & M. Fullan (eds.). *Understanding Teacher Development* (pp. 122–142). London: Cassell.

Hughes, P. W., Russell, N. A., McConachy, D. (1980). *Curriculum evaluation in the 1980's: a review of current school level evaluation initiatives Canberra: Australia.* Curriculum Development Centre.

Humble, S. & Simons, H. (1978). *From Council to classroom: an evaluation of the diffusion of the Humanities Curriculum Project* (*Research studies*). Macmillan Education.

Hymes, R. W. Akiyama. M. M. (1991) Depression and Self-Enhancement among Japanese and American Students. *Journal of Social Psychology*. 131(3): 321–334.

Ikeda, D. (2005) Thoughts on education for sustainable development: toward a life of value-creation. *The development Education Journal*. 11 (2): 6–8.

ILEA (1977). Keeping Education under Review. Inner London Education Authority In McCormick, R et al. (eds.) (1982). *Calling education to account: a reader.* Heinemann Educational Books in association with the Open University Press.

Inagaki, K. & Hatano, G. (1983). Collective Scientific Discovery by Young Children. *The Quarterly Newsletter of the Laboratory of Comparative Human Cognition*, 5: 13–18.

Irvine, J. D. (1979). Factors Associated with School Effectiveness. *Educational Technology*, May: 53–55.

ISEI (1986). *The Modernization of Japanese Education Vol.1 Thought and System.* Tokyo: International Society for Educational Information.

ISEI (1986). *The Modernization of Japanese Education Vol.2 Content and Method.* Tokyo: International Society for Educational Information.

Jackson, D. (2003). Knowledge Management in Networked Learning Communities. papers prepared for a symposium for the American Educational Research Association (AERA) Conference 2003, Chicago, April 21–25. 〈http://www.ncsl.org.uk〉

Jackson, R. & Hayter, J. (1978). The evaluation of the school as a whole. In Harlen, W. (ed.). *Evaluation and the teacher's role*. Macmillan Education.

Jacobs, Heidi Hayes (1997). *Mapping the Big Pictures.* ASCD.

James M. (1997). Aims should come first, methods second *Times Education Supplement*, Sep 5, p. 23.

James, M. (1998) *Using assessment for school improvement.* Heinemann Educational.

James, M. In Peter Woods (ed.) (1996) *Contemporary issues in teaching and learning* (Exploring educational issues 1). Routledge in association with the Open University.

Jansen, J. (1995). Effective Schools?. *Comparative Education*, 31 (2): 181–200

Japanese National Commission for UNESCO (2003) A Proposal to the UNESCO's International Implementation Scheme on the Decade of Education for Sustainable Development (日本ユネスコ国内委員会「『国連持続可能な開発のための教育の10年』に関してユネスコが策定する国際実施計画への提言」). 〈http://www.mext.go.jp/english/topics/unesco/〉

Jenkins, D., Simons, H. & Walker, R. (1979). Thou nature art my goddess': Naturalistic Inquiry in Educational Evaluation. *Cambridge Journal of Education*, 9: 169–189.

JICA (1995). *Country study for Japan's Official development assistance to the Socialist Republic of Viet Nam*, mimeo.

Johnston, J. (1992). Quality Assurance, School Self-Management and the Contradictions of Control. *European Journal of Education*, 27 (1–2): 165–75.

Jonnassen, D. H. (1992). Evaluating constructistic learning. In Jonassen, D.H. & Duffy, T.M. (eds.) *Constructivism and the technology of instruction: A conversation. Erlbaum.*

Jonnassen, D. H. (1997). Instructional Design Models for Well-Structured and Ill-Structured Problem-Solving Learning Outcomes. *Educational Technology Research and Development*, 45 (1): 65–94.

Joyce, B. (1983). *The Structure of School Improvement* Longman.

Joyce, B. (ed.) (1990). *Changing school culture through staff development: 1990 yearbook of the Association for Supervision and Curriculum Development.* ASCD, 1990.

Joyce, B., Calhoun, E. & Hopkins, D. (1997). *Models of Learning – Tools for Teaching* The Open University, London.

Jung, B. (1997). Understanding Interests at Work in Site-Based Curriculum Decision Making. *International Journal of Educational Reform*, 6 (3): 297–307.

Kajita, E. (1975) Achievement of Personal Growth in School Children. In *Development of Criteria and Procedures for the evaluation of School Curricula in the perspective of Lifelong Education*. International Research Project of UNESCO Institute for Education Hamburg, Report of Japanese Study Team (pp. 84–103). NIER.

Kajita, E. (1976) Development of Self Growth Attitudes and Habits in School Children. *Research Bulletin of the National Institute for Educational Research.* 14: 27-43.

Kajita, E. (1982) Development of Self-Growth Orientation and Habits. *Research Bulletin of the National Institute for Educational Research.* 21: 50-66.

Kajita, E. (1985). In Defense of Formative Evaluation -Proposal for a Conceptual Framework for Educational Evaluation. *Educational Technology Research*, 8: 1-9.

Kalman, M. (1976). Use of Responsive Evaluation in Statewide Program Evaluation. *Studies in Educational Evaluation*, 2(1): 9-18.

Karasawa, T. (1955). Change in Japanese Education as Revealed in Textbooks. *Japan Quarterly*, 2: 365-383.

Karr, Jo Ann. (1994). An Introspective Approach to School-Based Curriculum Planning. mimeo.

Kato, Y. (1985) Recent Development in Teaching-Learning Activities in Japan *Research Bulletin of the National Institute for Educational Research*, 23: 45-62.

Kazemek, F. E. (1994). "Two Handfuls of Bone and Ash": Teaching Our Children about Hiroshima. *Phi Delta Kappan*, 75: 531-534.

Keast, David (1981). Supporting school-initiated INSET: school-based INSET in Devon In Carol Donoughue with Sue Ball, Bob Glaister, and Geoffrey Hand for the Open University Centre for Continuing Education (INSET). (eds.). *In-service: the teacher and the school Kogan Page* (pp. 92-102), in association with the Open University Press.

Keiny, S., Weiss, T. (1986). A Case Study of a School-Based Curriculum Development as a Model for INSET. *Journal of Education for Teaching*, 12 (2): 155-62.

Keiny, S. (1993). School-based curriculum Development as a Process of Teachers' Professional Development. *Educational Action Researcher*. 1 (1): 65-93.

Kelly, A.V. (1989). *The curriculum: theory and practice* (pp. 114-143) Paul Chapman.

Kemmis, S. & McTaggart, R. (1988). *The action research planner*. Deakin University.

Kemmis S. and Stake R. (1988). *Evaluating Curriculum*. Deakin University.

Kemp, B. (1977). *Contemporary Issues? What is school-based curriculum Development*? N. S. W. Department of Educaion, mimeo.

Kendall, J. S. & Marzarno, R. J. (1996) Content knowledge: a compendium of standards and benchmarks for K-12 education. NCREL. 651p. 〈http://www.mcrel.org/standards-benchmarks〉[22 Feb 2004検索]

Kennedy, K., Kennedy, J. (1992). School-Based Curriculum Development as a

Policy Option for the 1990s: An Australian Perspective. *Journal of Curriculum and Supervision*, 7 (2): 180–95.

Kennedy, M. F. & Kettle, B. W. (1995). Using a Transactionist Model in Evaluating Distance Education Programs. *Canadian Journal of Educational Communication*, 24 (2): 159–70.

Kesten, C. & Burgess, J. O. (1985). *A System Evaluation of the University of Regina Television Project*, 1984. mimeo.

Khan, Y. (1999). *Japanese Moral Education Past and Present*. Madison: Associated University Press.

Kiester, G. J. (1993). A Look at Japanese Music Education. *Music Educators Journal*, 79: 42–48.

Kimonen, Eija. Nevalainen, Raimo. (1996).Teachers Facing the Challenges of Curriculum Change in the Small Rural School in Finland, In Kimonen, E. (ed.) (2001) *Curriculum Aproaches*. University of Jyvaskyla.

Kimura, T, Yonezawa, A. Ohmori, F. (2003) Quality Assurance in higher/Post-secondary Education from Japan's Viewpoint. Paper prepared for OECD/Norway Forum on Trade in Educational Services Managing the internationalization of post-secondary education. 〈http://www.flyspesialisten.no/vfs_trd/ufd/6QAJapan.pdf〉[22 Feb 2004検索]

Kinney, C. (1998). Teachers and the Teaching Profession in Japan. In National Institute on Student Achievement, Curriculum , and Assessment (ed.) *The Educational System in Japan: Case Study Findings*(pp. 183–253). U. S. Department of Education.

Kirk, D. (1986). Structure and agency as two problematics in school-based curriculum development: A case study. *Australian Journal of Education*, 30 (3): 285–299.

Kirk, D. (1988). Ideology and school-centered innovation: A case study and a critique. *Journal of Curriculum Studies*, 20 (5): 449–464.

Knight, K. H., Elfenbein, M. H., and Martin, M.B. (1997). Relationship of Connected and Separate Knowing to the learning styles of Kolb, formal reasoning, and intelligence. *Sex Roles*, 37: 401–414.

Knight, P. (1985). The Practice of School-Based Curriculum Development. *Journal of Curriculum Studies*, 17 (1): 37–48.

Knippruth, H. (2003). Lessons for the west: Japanese studies on educational effectiveness reviewed. Paper presented at 17th International Congress of School Effectiveness and School Improvement, Rotterdam: The Netherlands.

Kobayashi, T. (1986). The Internationalisation of Japanese Education. *Comparative*

Education, 22 (1): 65–71.

Kobayashi, V. N. (1986). Japanese and U.S. Curricula Compared. In: W. K. Cummings (ed.) *Educational Policies in Crisis Japanese and American Perspectives.* (pp. 61–95). New York: Praeger.

Krathwohl, D. R. Bloom, B. S. Masia. Bertram B. (1964). *Affective domain* (*Taxonomy of educational objectives: the classification of educational goals; handbook 2*). Longman.

Kroll, D. L. & Yabe, T. (1987). A Japanese Educator's Perspective on Teaching Mathematics in the Elementary School. *Arithmetic Teacher*, 35: 36–43.

Kuroda, K. (1995). Effective School Research from Japanese Perspective. Paper delivered at the Comparative and International Education Society North-East/Mid-West Regional Conference Buffalo.

Kwan, C. H. (2002) The Rise of China and Asia's Flying-Geese Pattern of Economic Development: An Empirical Analysis Based on US Import Statistics. *NRI Papers*. 52: 1–11.

Lankester, H. Deschamp, P. (1981). *Support for SBCD: an evaluation of the grants for school-based curriculum development programme*. Research Branch, Education Dept. of Western Australia.

Lave, Jean & Wenger, Etienne (1991). *Situated learning: legitimate peripheral participation* (*Learning in doing: social, cognitive, and computational perspectives*). Cambridge University Press（佐伯胖訳 1993『状況に埋め込まれた学習：正統的周辺参加』産業図書）.

Law, E., Galton, M. (2004) Impact of a school-based curriculum project on teachers and students: a Hong Kong case study. *Curriculum Perspectives*, 24 (3): 43–58.

Lawton, D. (1983). *Curriculum studies and educational planning* (pp. 98–112). Hodder & Stoughton.

Lear, J. G. et al. (1996). Key Issues Affecting School-Based Health Centers and Medicaid. *Journal of School Health*, 66 (3): 83–88.

Lebra, S. T. (1969) Reciprocity and the Asymmetric Principle: An Analytical Reappraisal of he Japanese Concept of On. *Psychologia*, 12: 129–138.

Ledgar, J. (1996). Overview of the Australian Education System. *Higher Education in Europe*.21 (4): 102–15.

Lee, J. C. K., Lam, W. P., and Li, Y. Y. (2003) Teacher evaluation and effectiveness in Hong Kong: Issues and challenges. *Journal of Personnel Evaluation in Education*, 17 (1): 41–65.

Lee, Lung-Sheng Steven, Hwang, Jenq-Jye (1996). Curriculum Standards of

Technological and Vocational Education in Taiwan, R. O. C., mimeo.
Lee, Lung-Sheng, Chou, David (1997). New Trends in Curriculum Development in Technological and Vocational Education in Taiwan = Tai Wan Ji Zhi Jiao Yu Ke Cheng Fa Zhan De Xin Qu Shi, mimeo.
Lemish, P. (1988). Power-control and the praxis orientation to school-based program development. *Studies in Educational Evaluation*. 14: 341-359.
Leonard, O. Pellicer, Lorin W. Anderson (1995). *A handbook for teacher leaders* Corwin Press.
LeTendre, G. (1998). The Role of School in Japanese Adolescents' Lives. In *National Institute on Student Achievement, Curriculum, and Assessment* (ed.). *The Educational System in Japan: Case Study Findings*. (pp. 137-182). U. S. Department of Education .
Levacic, R. (1993). Local Management of Schools as an Organizational Form: Theory and Application. *Journal of Education Policy*, 8 (2): 123-41.
Levine, D. and Lezotte, L. (1990). *Unusually Effective Schools*, The national center for effective schools R&D.
Lewis, C. (1995). *Educating hearts and minds: reflections on Japanese preschool and elementary education*. Cambridge University Press（ルーイス・C.キャサリン「日本の初等教育に学ぶ―仲よしと反省の成果」『子ども学』18,1998.1に一部翻訳）.
Lewis, C. (2000). *Lesson Study: the Core of Japanese Professional Development*. Paper presented at AERA meeting, New Orleans, 28 April.
Lewis, C. (2002). Does lesson study have a future in the United States? *Nagoya Journal of Education and Human Development*, 1: 1-23.
Lewis, C. & Tsuchida, I. (1998a). The Basics in Japan: The Three C's. *Educational Leadership*, 55 (6): 32-37.
Lewis C. and Tsuchida I. (1998b). A Lesson in Like a Swifty Flowing River - How Research Lessons Improve Japanese Education. *American Educator* Winter: 12-52（ルーイス・C.キャサリン・土田稲子「授業は早く流れる川のように―研究授業と日本の教育の向上」小林修典編 1999『人間発達と教育 民俗誌学的観点』大学教育出版， pp. 65-93に翻訳）.
Lewy, Arieh (1977). *Handbook of curriculum evaluation*. International Institute for Educational Planning. Unesco ; New York : Longman.
Lewy, A. (1991). *National and School-based Curriculum Development* (*Fundamentals of educational planning* (40)). UNESCO: International Institute for Educational Planning.
Lewy, A. & Nevo, D. (1981). *Evaluation roles in education*. Gordon and Breach.

Li, O-Young (1982) *The compact culture: the Japanese tradition of "smaller is better"* Kodansha International.

Ligthart, Fred; van der Ree, Ben (1981). *In-Service Training for the Integrated Basic School. Team-oriented In-Service Training and School-Based Curriculum Development in the Netherlands for the* 1980's., mimeo.

Lincicome, M. (1993). Focus on Internationalization of Japanese Education - Nationalism, Internationalization, and the Dilemma of Educational Reform in Japan. *Comparative Education Review*, 37 (2): 123-151.

Lindblad, Sverker (1984).The Practice of School-Centered Innovation: A Swedish Case. *Journal of Curriculum Studies*, 16 (2): 165-72.

Lo, Y. C. (1995). A Study of the implementation of the School Based Curriculum Project Scheme in Hong Kong. Unpublished Ph.D. thesis. The University of Hong Kong.

Lo, Y. C. (1998). The Impact of Disseminated School-Based Curriculum Materials on Hong Kong Schools. *New Horizons in Education*; 39 Nov.

Lo, Y. C. (1999).School-based curriculum development: the Hong Kong experience. *The Curriculum Journal*, 10 (3): 419-442.

Lynn, R. (1988). *Educational achievement in Japan*. London: MacMillan Press.

Macdonald, B. & Parlett, M. (1973). Rethinking Evaluation: Notes from the Cambridge Conference. *Cambridge Journal of Education*, 3 (2): 74-82.

Macintosh H. G. (1974). *Techniques and Problems of Assessment*. London: Edward Arnold.

Macquarie University. Centre for Advancement of Teaching (1978). *School-based curriculum development*/Centre for Advancement of Teaching, Macquarie University North Ryde, N.S.W. : Centre for Advancement of Teaching, Macquarie University.

Madaus, G. F. (1992). An Independent Auditing Mechanism for Testing. *Educational Measurement: Issues and Practice*. 11 (1): 26-29, 31.

Madaus, G. F. Airasian, P. W. Kellaghan. T. (1980). *School effectiveness: a reassessment of the evidence*. McGraw-Hill.

Madaus, G. F. & Kellaghan, T. (1992). Curriculum Evaluation and Assessment. In Jackson, Philip W. (ed.) (1992). *Handbook of research on curriculum: a project of the American Educational Research Association*. (pp. 119-154). Macmillan.

Madaus, G. F. & Stufflebeam, D. L. (1984). Educational Evaluation and Accountability: A Review of Quality Assurance Efforts. *American Behavioral Scientist*, 27 (5): 649-72.

Madaus, G. F. & Kellaghan, T. (1992) Curriculum Evaluation and Assessment In

Jackson, Philip W. (ed.) *Handbook of research on curriculum: a project of the American Educational Research Association* (pp. 119-154). Macmillan.

Mahler, I. (1976) What is the self concept in Japan? *Psychologia.* 19: 127-133.

Mail, P. D. (1994). Quality Assurance in Health Education. *Journal of Health Education.* 25 (6): 333-37.

Makiguchi, T. (1989). Teaching Materials. In: D.M. Bethel (ed.). *Education for Creative Living* (*translated by Birnbaum Alfred*). (pp. 187-201). Ames: Iowa State University Press.

Mandl, H. Lesgold, A. (1988). *Learning issues for intelligent tutoring systems.* Springer-Verlag（菅井勝雄・野嶋栄一郎監訳 1992『知的教育システムと学習』共立出版）.

March, M. E. E. (1976). A School-Based Curriculum. *Australian Mathematics Teacher,* 32 (3/4): 91-101.

March, R. (1996) *Reading the Japanese mind: the realities behind their thoughts and ac*

Marian La Verne Morgan Gamble (1990) Teachers' participation in school-based curriculum decision-making and their perceptions of school climate: an investigation of identified and nonidentified schools in the Georgia Schools of Excellence Recognition Program UMI Disertation Information Service.

Marsh, C. J. J. (1977). Increasing Staff Participation in Curriculum Development. *Unicorn,* 3 (1): 57-6.

Marsh, C. & Morris, P. (1991). *Curriculum development in East Asia.* Falmer.

Marsh, C. & Stafford, K. (1984). *Curriculum: Australian practices and issues.* Sydney: McGraw-Hill.

Marsh, C. et al. (1990) *Reconceptualizing school-based curriculum development.* Falmer Press.

Marsh, C. (1992). *School-based curriculum development. Key concepts for understanding curriculum* (pp. 128-133). Falmer.

Martin, J. & Others. (1997).Parents As Partners in Assuring the Quality of Schools. *Scottish Educational Review,* 29 (1): 39-55.

Martin, M. O. & Mullis, I. V. S. (eds.) (1996). Third International Mathematics and Science Study: Quality Assurance in Data Collection.

Marzano, R. J. Pickering, D. J. Brandt, R. S. (1990). Integrating Instructional Programs Through Dimensions of learning *Educational Leadership,* 47 (5): 17-24.

Marzano, Robert J. (1992). *A different kind of classroom: teaching with dimensions of learning.* Association for Supervision and Curriculum Development.

Mason, J. M. (1989). Learning to Read in Japan. *Journal of Curriculum Studies,* 21:

389–407.

Mason, R. (1994). Artistic Achievement in Japanese Junior High Schools. *Art Education*, 47 (1): 8–19.

Matsumoto, M. (1988). *The unspoken way: Haragei: silence in Japanese business and society*. Kodansha International.

McAdams, R. P. (1993). *Lessons from abroad: how other countries educate their children* (pp. 193–228). Technomic.

McConney, A. A. & Schalock, M. D. & Schalock, H. (1998). Focusing Improvement and Quality Assurance: Work Samples as Authentic Performance Measures of Prospective Teachers' Effectiveness. *Journal of Personnel Evaluation in Education*, 11 (4): 343–63.

McCormick Robert & James Mary (1988). *Curriculum evaluation in schools* (2nd ed). London : Routledge.

McCormick, R et al. (eds.) (1982). *Calling education to account: a reader*. Heinemann Educational Books in association with the Open University Press.

McIntire, R. G. & Wong, M. J. (1983). *QIE Coordinators Quality Assurance Program* [Manual].

McKenzie, J. (2004) *Beyond Technology: Questioning, Research and the Information Literate School*. FNO Press.

McKernan, Jim (1983). *Classic and Romantic in Irish Curriculum Development*, mimeo.

McClelland, J. A. G. (ed.) (1988) School based curriculum development: proceedings of a symposium held on June 4, 1988.

McLeean, M. (1995) *Educational Traditions Compared*. David Fulton Publishers.

McTaggart, R. (1983). The development of curriculum evaluation as a field of inquiry. mimeo.

Miles, M. B., Ekholm, M., Vandenberghe, R. (eds.) (1987). *Lasting School Improvement: Exploring the Process of Institutionalization* (ISIP Book, No. 5), Leuven/Amersfoort: Acco.

Miller, W. C., Sparks, D. (1984) Theory Z: The Promise for U.S. Schools. *Educational Forum*, 49 (1): 48–54

Ministry of Education and Training (1997). *Primary School Curricula for the Year* 2000(*Draft*). Hanoi: Ministry of Education and Training.

Ministry of Education, Science, and Culture (1983). *Course of Study for Elementary Schools in Japan*. Tokyo (Japan): Ministry of Education, Science, and Culture.

Minnesota Department of Education (1991). Model Learner Outcomes for International Education. Minnesota Curriculum Services Center (MCSC).

Mizukoshi, T. (1984). Educational broadcasting in Japan –its retrospect and prospect, mimeo.

Mizukoshi, T. (1986). Recent Trends of Classroom Instruction in Japan. mimeo.

Mockus, A. (2002) Coexistence as harmonization of law, morality and culture in Prospects, Vol. XXXII, No. 1, March.

Moeran, B. (1989). *Language and popular culture in Japan*. (Japanese studies). Manchester University Press.

MOET (1982). *Education in Vietnam*. Vietnam: Ministry of Education and Training.

MOET (1983). *Education – The Infant School –Teaching How to Read in the First Form*. Vietnam: Ministry of Education and Training.

MOET (1991). *Education in Vietnam* 1945–1991. Vietnam: Ministry of Education and Training.

Moon, B. (1990). *New curriculum–national curriculum* (*Curriculum and learning*). *Hodder & Stoughton in association with the Open University*,

Moore, Charlene; Earl, Lorna. (1992). *Elementary CRDI Needs Assessment–Focused Interviews with School–Based Curriculum Management Teams* (90/91). mimeo.

Morant, R.W. (1981). *In–Service Education within the School* George. Allen & Unwin (中留武昭編著(1984)『校内研修を創る：日本の校内研修経営の総合的研究』エイデル研究所 p. 250. に引用).

Morgan, Gareth (1986). *Images of Organization*, Sage.

Morley, L. and Rassool, N. (2000). School effectiveness: new managerialism, quality and the Japanization of education. *Journal of Education Policy*, 15 (2): 169–183.

Morris P. and Stimpson P.G. (eds.) (1998). *Curriculum and Assessment for Hong Kong: Two components, one system*. Hong Kong, The Open University of Hong Kong Press.

Morris, P. (1996) *The Hong Kong school curriculum: development, issues, and policies*. Hong Kong University Press.

Morsbach, H. and Tyler, W. J. (1986) A Japanese Emotion: Amae. In Harre, Rom (ed.) *The Social construction of emotions*. Basil Blackwell.

Mortimore, P. (1993). School Effectiveness and the Management of Effective Learning and Teaching, *School Effectiveness and School Improvement*, 4 (4): 290–310.

Munn, P. (1985). Teachers' Perceptions of School–Based Curriculum Development: Some Evidence from Multi–Disciplinary Courses. *Scottish Educational*

Review, 17 (2): 82-91.

Nagakura, Y. et al. (1986). How the Architectural Research Is Used in Educational Facilities and Design in Japan. Phase ll, mimeo.

National Institute on Student Achievement, Curriculum, and Assessment (ed.) (1998). *The Educational System in Japan: Case Study Findings*. U.S. Department of Education.

National Study of School Evaluation (NSSE) (1987). *Evaluative Criteria for the evaluation of secondary schools*. NSSE.

National Study of School Evaluation (NSSE) (1994). *K-12 School Improvement: Focusing On student performance (revised edition)*. NSSE.

Neale, D. C. Bailey, W. J. Ross, B. E. (1981). *Strategies For School Improvement*. Allyn and Bacon.

Nentwig, P. (1999). Evaluation of INSET and Quality Assurance. European Journal of Teacher Education, 22 (2-3): 223-29.

Nevo, D. (1995) *School-based evaluation: a dialogue for school improvement*. Pergamon.

Nevo, D. (2002) *School-based evaluation: an international perspective*. (*Advances in program evaluation : a research annual ; v*. 8). JAI.

Newby, M. (2003). Getting in Step: Accountability, Accreditation and the Standardization of Teacher Education in the United States: A Comment from England. *Journal of education for teaching*, 29 (1): 53-54

NIER (1970). In: UNESCO-NIER regional programme in Asia (ed.). *Asian Study on Curriculum* (pp. 166-202). Tokyo: National Institute for Educational Research.

NIER (1981). *Educational Research and Training in Asia and the Pacific (Report of a Regional Seminar)*. Tokyo: National Institute for Educational Research.

NIER (1984a). *Instructional Materials for Elementary Mathematics, Final Report of the Regional Training Workshop for the Development of Materials for Mathematics Education in Asia and the Pacific*. National Inst. for Educational Research.

NIER (1984b). The Teaching Materials System in Japan. In: Section for Educational Co-operation in Asia (ed.), *NIER Occasional Paper* 02/84 (pp. 166-202). Tokyo: National Institute for Educational Research.

NIER (1984c). *Educational Developments in Asia and the Pacific-A Graphic Presentation*. United Nations Educational, Scientific, and Cultural Organization, Bangkok.

NIER (1986). *Elementary/Primary School Curriculum in Asia and the Pacific* -

National Reports: *Volume* 2. National Institute for Educational Research Section for Educational.

NIER (1990). *Basic Facts and Figures about the Educational System in Japan.* Tokyo (Japan): National Inst. for Educational Research.

NIER (1991). *Education for Humanistic, Ethical/Moral and Cultural Values*: *Final Report of a Regional Meeting* (*Final report of the Regional Meeting on the Promotion of Humanistic, Ethical and Cultural Values in Education*). (*Tokyo, Japan, June* 12-27, 1991). Tokyo: NIER.

Nisbet, J. (1984) Curriculum Evaluation in Context In M. Skilbeck (Edt) *Evaluating the curriculum in the eighties* (pp. 165-171). Hodder and Stoughton.

Nixon, J. (1992). *Evaluating the whole curriculum.* Open University Press.

Nonaka, Ikujiro and Takeuchi, Hirotaka (1995). *The knowledge-creating company : how Japanese companies create the dynamics of innovation* Oxford University Press (野中郁次郎・竹内弘高 1996『知識創造企業』東洋経済新報社).

Nordquist, G. (1993). Japanese Education: No Recipe for Authentic Learning. *Educational Leadership*, 50: 64-67.

Norris, N. (1990) *Understanding educational evaluation.* London: Kogan Page [in association with CARE].

NORTH CENTRAL ASSOCIATION (NCA) (1980a). Policies and Standards for the Approval of Elementary Schools 1980-81, Boulder Colorado, NCA Commission on Schools.

NORTH CENTRAL ASSOCIATION (NCA) (1980b). Policies and Standards for the Approval of Secondary Schools 1980-81. Boulder,Colorado, NCA Commission on Schools.

Northwest Regional Educational Laboratory (NREL) (1990). *Effective Schooling Practices*: *A research Systhesis Update*, Portland, Oregon.

NSSE (1996). *Technology - Indicators of Quality Information Technology Systems in K-12 Schools. NSSE.*

Nyberg, V. R. (1984). *Evaluation of the Academic Occupational Program of the County of Leduc, From September*, 1981 *to June*, 1984. *Executive Summary.* mimeo.

Nye, B., Hedges, L. V. & Konstantopoulos, S. (2001). The Long-Term Effects of Small Classes in Early Grades: Lasting Benefits in Mathematics Achievement at Grade 9. *Journal of Experimental Education*, 69 (3): 245-57.

Oakley, A. (2001). Making Evidence-based Practice Educational: A Rejoinder to John Elliott. *British Educational Research Journal*, 27 (5): 575-76.

OECD/CERI (1973). *Case studies of educational innovation* (v.1-4). Organisation for Economic Co-operation and Development.

OECD (1976a). *Teachers as Innovators* (New patterns of teacher education and tasks). OECD pp. 71-86.

OECD/CERI (1976b). *Evaluating educational programmes: the need and the response : a collection of resource materials*/prepared by Robert E. Stake. Organisation for Economic Co-operation and Development.

OECD/CERI (1976c). *Case Studies in the Evaluation of Educational Programmes* collected and edited by Robert E. Stake. Organisation for Economic Co-operation and Development.

OECD/CERI (1978). *Creativity of the school: conclusions of a programme of enquiry*. OECD.

OECD-CERI (1979). *School-Based Curriculum Development* (pp.81-101). OECD,

OECD/CERI (1982). *Strategies for School Improvement*, Paris: OECD.

OECD (1984). *Framework for School Improvement*, Restricted, mimeo.

OECD/CERI (1986). *New information technologies: a challenge for education* Centre for Educational Research and Innovation (CERI). Paris: OECD.

OECD (1993). *Curriculum reform: assessment in question = La reforme des programmes scolaires: l'evaluation en question. - (OECD documents = Documents OCDE). OECD.*

OECD/CERI (1994a). *School: a matter of choice*. Paris: OECD.

OECD (1994b). *Education* 1960-1990 *The OECD Perspective. OECD.*

OECD (1994c). *Quality of Teaching. OECD.*

OECD/CERI (1995a). *Educational research and development: trends, issues and challenges*. Paris: OECD.

OECD/CERI (1995b). *Schools under scrutiny*. Paris: OECD.

OECD/CERI (2000a). *Overcoming failure at school*（嶺井正也訳 2000『学力低下と教育改革：学校での失敗と闘う』アドバンテージサーバー）.

OECD (2001b). *Staying ahead: in-service training and teacher professional development*（奥田かんな訳 2001『教師の現職教育と職能開発：OECD 諸国の事例比較』ミネルヴァ書房）.

OECD (2000c). *Knowledge Management in the Learning Society*, Paris, OECD.

OECD/CERI (2001). *Making the curriculum work*（稲川英嗣訳 2001『カリキュラム改革と教員の職能成長：教育のアカウンタビリティーのために』アドバンテージサーバー）.

OECD (2002) Evaluation and Aid Effectiveness No. 6 —Glossary of Key Terms in Evaluation and Results Based Management/L'évaluation et l'efficacité de l'aide n° 6 —Glossaire des principaux termesà l'evaluation et la gestion axée sur les resultants. OECD（日本語版(c) 2003 OECD の許諾により外務省）. http://www.mofa.go.jp/mofaj/gaiko/oda/seisaku/jikou/hyoka/dac_yogo.html ; http://www.jica.go.jp/evaluation/00.pdf .

Office for Standards in Education (1994). *Handbook for the Inspection of Schools.* London: HMSO OFSTED.

O'Hanlon, J. (1983) Theory Z in School Administration? *Educational Leadership.* 40 (5): 16-18.

Okamoto, Toshio; Kayama, Mizue; Inoue, Hisayoshi; Seki, Kazuya (2001). *A Distance Ecological Model for Individual and Collaborative-Learning Support,* mimeo.

Okuda, S. (1983). *Improvement of Curriculum Standards in Japan - Revision and Enforcement of the Course of Study.* Tokyo (Japan): National Inst. for Educational Research.

Okuda S. (1986). Curriculum and contents in secondary education in Japan, *International Journal of Educational Reseach,* 12: 103-226.

Open University (1976). *Curriculum design and development* (Educational studies/a second level course E203) (p. 21). Open University.

Open University (1976a). Supporting curriculum development (Educational studies, a second level course; E203. *Curriculum design and development;* units 24-26). prepared by William Prescott and Ray Bolam for the Course Team, Open University.

Open University (1976b). Innovation at the national level; Innovation at the local level; School-based curriculum development the Open University. Milton Keynes: Open University Press, 1976 (The Open University; Educational studies: a second level course; E203. *Curriculum design and development;* III . Curriculum innovation: supporting curriculum development; unit 24-26).

Open University (1981-82). *Curriculum Evaluation and Assessment in Educational Institutions* (E364). The Open University Press.

Open University (1991). *Curriculum and Learning* (*E271*). Open University Press, London.

Ouchi, W. G. (1982) *Theory Z.* Avon Books（徳山二郎監訳 1982『セオリーＺ』ソニー出版）.

Owen, J. G. (1973) *The Management of Curriculum Development.* Cambridge University Press.

Oxfordshire County Council Education Department (1979). *Starting Points in Self Evaluation,* mimeo.

Page, R. (1978). School Based Curriculum Decisions in South Australia. *The Au-*

stralian Science Teachers Journal, 24 (2): 27–30.

Page, R. C. & Berkow, D. N. (1991) Concepts of the Self: Western and Eastern Pespectives. *Journal of Multicultural Counseling and Development*, 19: 83–93.

Pang, N. S. K. (2000). Performance Indicators and Quality Assurance. *Education Journal*, 28 (2): 137–55.

Parlett, M. & Hamilton, D. (eds.) (1977). *Beyond the numbers game*. London: Macmillan Education.

Payne, A. D. (ed.) (1973). *Curriculum evaluation; commentaries on purpose, process, product*. Heath.

Pennycuick, D. (1993). *School efectiveness in developing countries – A summary of the research evidence*. Department for International Development.

Pepper, S. Kaye & Hare, R. D. (1999b). *Establishing Research-Based Knowledge in Teacher Education*. mimeo.

Pepper, K. & Hare, D. (1999a). Development of an Evaluation Model To Establish Research-based Knowledge about Teacher Education. *Studies in Educational Evaluation*, 25 (4): 353–77.

Percival, F. & Ellington, H. (1984). *Handbook of Educational Technology*. London: Kogan Page.

Perkins, David (1995). *Smart Schools: Better Thinking and Learning for Every Child*, Free Press.

Perrone, V. (1989). *Working Papers: Reflections on Teachers, Schools and Community*, Teachers College Press (See especially 'Effective schools, teaching and learning': pp. 37–49).

Perry, M. (2000). Explanations of mathematical concepts in Japanese, Chinese, and U.S. first- and fifth-grade classrooms. *Cognition and Instruction*, 18 (2): 181–207.

Pilcher, D. (1984). Taxpayers and the Schools. *National Forum: Phi Kappa Phi Journal*, 64 (3): 41.

Popham, J. W. (1972). *An evaluation guidebook: a set of practical guidelines for the educational evaluator*. Instructional Objectives Exchange.

Powell, R. (1991). *Resources for Flexible Learning*. Network Educational Press, Stafford.

Price, D. & Stradley, A. (1981). The grassroots level of caring: an evaluation on School Based Curriculum Development. *Curriculum Perspectives*, 2 (1): 47–52.

Prideaux, D. (1985). School-Based Curriculum Decision-Making in South Australia. *Curriculum Perspective*, 5 (2): 7–10.

Prideaux, D. (1993). School-based curriculum development: partial, paradoxical and piecemeal, *Journal of Curriculum Studies*, 25 (2): 169-178.

Pring, R. (1971). Bloom's Taxonomy: A philosophical critique (2). *Cambridge Journal of Education*, 2: 83-91.

Print, M. (1993) *Curriculum development and design*. Allen & Unwin.

Purkey, S. C. and M. S. Smith (1983). Effective schools: a review. *Elementary School Journal* 83 (4): 427-452.

Purkey, W. W. & Novak, J. M. (1984) *Inviting school success: a self-concept approach to teaching and learning* Wadsworth Pub. Co.

Purkey, W. W. (1970). *Self concept and school achievement*. Prentice-Hall.

Ralph, J. H. and J. Fennessey (1983). Science or reform: some questions about the effective schools model. *Phi Delta Kappan*, 64 (10): 689-694.

Rawlingson and Spring (1981). The Concept and Process of SBCD. In CDC (1981d). *Support services: the report of the CDC study group on support systems for school based curriculum development* (SBCD series, 5), pp. 17-23.

Reagan, B. R. And Others (1983). Staff Quality Assurance Program: The Houston Plan. *Journal of Classroom Interaction*. 18 (2): 28-33.

Reynolds, D. (ed.) (1985). *Studying school effectiveness*. London, Falmer.

Reynolds, D. (1991). School Effectiveness and School Improvement in Great Britain. Paper given at the International Symposium on School Effectiveness, Raohsiung University, Taiwan.

Reynolds, D. (1995). *World class schools: A Preliminary Analysis from the International School Effectiveness Research Project* (*ISERP*), mimeograph.

Reynold, D. & Cuttance, P. (1992). *School effectiveness: research, policy, and practice*. Cassell.

Reynolds, D. Creemers, S. Stringfiled, C. Teddlie & G. Schaffer (eds.) (2002). *World Class Schools: The final report of International School Effectiveness Research Projects* (*ISERP*). London: Routledge Falmer.

Reys, B. J., Reys, R. E. & Koyama, M. (1996). The Development of Computation in Three Japanese Primary-Grade Textbooks. *The Elementary School Journal*, 96: 422-437.

Rhodes, L. N. (1994). Homeroom Teachers in Japan. *National Forum: Phi Kappa Phi Journal*, 74: 37-40, 359-66.

Richmond, K. (ed.) (1970). *The concept of educational technology: a dialogue with yourself*. Weidenfeld & Nicolson.

Ridsdale, A. (1978). Anatomy of a School-Based Reading/Language Program. *Australian Journal of Reading* 1 (1-2): 4-9.

Rippey, R. M. (1977). Transactional Evaluation and the Improvement of Instruction. *Educational Technology*, Feb, 7-11.

Robinson, V. (1984). School Review: A New Zealand experiences. In Hopkins, D. & Wideen, M. (1994). *Alternative perspectives on school improvement* (pp. 141-159). Falmer Press.

Robinson, Glen E. (1990). Synthesis of Research on the Effects of Class Size. *Educational Leadership*, 47 (7): 80-90.

Rodger, I. A. & Richardson, J. A. S. (1985). *Self-evaluation for primary schools*. Hodder and Stoughton.

Rogers, G. & Badham, L. (1992). *Evaluation in schools: getting started on training and implementation*. Routledge.

Rohlen, T. P. (1995). Differences that make a difference: explaining Japan's success. *Educational Policy*, 9 (2): 103-128.

Romiszowski, A. J. (1981). *Designing Instructional Systems*. Kogan Page.

Rose, Clare, Nyre, Glenn F. (1977). The Practice of Evaluation. ERIC/TM Report 65. mimeo.

Rosenberg, N. S. (1983). Education in Japan: A Study in Contrasts. *Independent School*, 42: 47-53.

Rosenberger, N. R. (1992). *Japanese sense of self* (Publications of the Society for Psychological Anthropology). Cambridge University Press.

Rowntree, D. (1988). *Educational technology in curriculum development*. Paul Chapman Publishing.

Rowntree, D. (1977). *Assessing students: how shall we know them*? Harper & Row.

Rudduck, J., Chaplain, R. and Wallace, G. (1996) *School improvement: what can pupils tell us?* D. Fulton Publishers.

Russell, N., Hughes, P., McConachy, D. (eds.) (1983). *Curriculum evaluation: selected readings. Canberra: Australi*a. Curriculum Development Centre.

Rutter, M. et al. (1979). *Fifteen thousand hours: secondary schools and their effects on children*, Open Books.

Ryan, D. W. & Anderson, L. W. (1984). Rethinking Research on Teaching: Lessons Learned from an International Study. *Evaluation in Education: An International Review Series*, 8 (2): 83-178.

Ryan, D. W. (1984). Improving the Content and Process of Pre- and In-Service Teacher Training. *Evaluation of Education: An International Review Series*, 8 (2): 113-131.

Ryback, D. (1993) Eastern Sources of Invitational Education. *Journal of Invitational Theory and Practice*. 2 (2): 79-86.

Sabar, N. (1983a). Towards School-Based Curriculum Development: Training

School Curriculum Co-ordinators. *Journal of Curriculum Studies*, 15 (4): 431-34.

Sabar, N. (1983b). School-based science curriculum development: Myth or reality?. *European Journal of Science education*, 5 (4): 457-462.

Sabar, N. (1985). School-based curriculum development: reflections from an international seminar. *Journal of Curriculum Studies*, 17 (4): 452-454.

Sabar, N., Rudduck, J., Reid, W. (eds.) (1987). *Partnership and autonomy in school-based curriculum development: policies and practices in Israel and England* (USDE papers in education; 10), USDE.

Sabar, N. (1994). School Based Curriculum Development. In Husen, T. & Postlethwaite, N. T. (eds.). *The International encyclopedia of education* (2nd ed.) (pp. 201-205). Pergamon.

Sadler, D. R. (1985). 'The Origins and Functions of Evaluative Criteria' *Educational Theory*, 35 (3): 285-297.

Sadler, D. R. (1987). Specifying and Promulgating Achievement Standards. *the Oxford Review of Education*, 13 (2): 191-209

Sadler, D. R. (1989). Formative Assessment and the Design of Instructional Systems. *Instructional* Science, 18 (2): 119-44.

Sadler, D. R. (1998). Formative assessment: Revisiting the territory. *Assessment in Education: Principles, Policy & Practice*, 5: 77-84.

Saettler, P. (1990). *The evolution of American Educational Technology*. Library Unlimited.

Saisi, R. (1976). 'Factors perceived to aid or impede the process of self-study' *North Central Association Quarterly*, 50 Spring: 374-8.

Samimy, K., Liu, J. and Matsuta, K. (1994). Gambare, amae, and giri: a cultural explanation for Japanese children's success in mathematics. *Journal of Mathematical Behavior*, 13: 261-271.

Saminy, K. K. & Liu, J. (1997). A Comparative Study of Selected United States and Japanese First-grade Mathematics Textbooks. *Focus on Learning Problems in Mathematics*, 19: 1-13.

Sammons, P. & Reynolds, D. A. (1997). Partisan Evaluation? John Elliott on school effectiveness, *Cambridge Journal of Education*, 27 (1): 123-136.

Sanders J. R. (1985). Curriculum Evaluation. In Husen,T. & Postlethwaite (eds.). *The International Encyclopedia Of Education Research and Studies* (pp. 1185-1188), Pergamon Press.

Saphier, J., King, M. (1985). Good Seeds Grow in Strong Cultures. *Educational Leadership*. 42: 67-74.

Sato, K. (1958) The concept of 'ON' in Ruth Benedict and D.T.Suzuki. *Psychologia*.

2: 243-245.

Sato, M. (1991). Case Method in Japanese Teacher Education: Traditions and Our Experiments. Paper presented at the 4th Annual Meeting of the Japan-United States Teacher Education Consortium.

Saylor, J. G., Alexander, W. M., Lewis, A. J. (eds.) (1981). *Curriculum planning for better teaching and learning*. Holt, Rinehart and Winston.

Scannell, M. & Wain, J. (1996). New Models for State Licensing of Professional Educators. *Phi Delta Kappan*, 78 (3): 211-14.

Schaub, M. & Baker, D.P. (1991). Solving the math problem: exploring mathematics achievement in Japanese and American middle grades. *American Journal of Education*, 99 (4): 623-642.

Schaub, M. and Baker, D. P. (1994). What makes for effective mathematics instruction? Japanese and American classrooms compared. In I. Westbury, C.A. Ethington, L.A. *In Search of More Effective Mathematics Education: Examining Data from the IEA Second International Mathematics Study*. Ablex Publishing

Scheerens, J. (1999). *School Effectiveness in Developed and Developing Countries: a Review of the Research Evidence*. Unpublished report for the World Bank.

Schmoker, M., Wilson, R. B. (1993) Transforming Schools through Total Quality Education. *Phi Delta Kappan*, 74 (5): 389-94.

Schmuck, R. (1984). Characteristics of the Autonomous School In Hopkins, D. & Wideen, M. (1994). *Alternative perspectives on school improvement* (pp. 21-32). Falmer Press.

Schön, Donald A. (1983). *The reflective practitioner: how professionals think in action* Basic Books（佐藤学・秋田喜代美訳 2001『専門家の知恵：反省的実践家は行為しながら考える』ゆみる出版）.

Schools Council (1977). *Geography* 14-18: *a handbook for school-based curriculum development* by H. Tolley and J. B. Reynolds. Basingstoke: Macmillan Education.

Schumer, G. (1999). Mathematics education in Japan. *Journal of Curriculum Studies*, 31 (4): 399-427.

Schwartz, D. (1989). Facing the Ugly Past: A Need for Glasnost in the West. *Social Education*, 53: 33, 60.

Scriven, M. (1991). *Evaluation thesaurus*. Newbury Park, Calif.: Sage Publications.

Scriven, M. (1973). Goal-free evaluation. In House, E.R (ed.) *School Evaluation: the Politics and Process* (pp. 319-328). CA: McCutchan.

Sears, J. E. (1998). Decision Making Tools for Custodial Operations. *Facilities Manager*, 41 (4): 45-48.

Sears, J. E. (1999). Defining Quality in Your Cleaning Operation. *Facilities Manager,* 15 (4): 39–40.

Seddon, T. (1981). Intention and Reality of School-Based Curriculum Development. *Curriculum Perspectives,* 2 (1): 9–16.

Senge, Peter M. (1990). *The fifth discipline: the art and practice of the learning organization* Doubleday/Currency（守部信之ほか訳 1995『最強組織の法則：新時代のチームワークとは何か』徳間書店）.

Shanker, A. (1996). Quality Assurance: What Must Be Done to Strengthen the Teaching Profess*ion. Phi Delta Kappan,* 78 (3): 220–24.

Shapiro, J. Z. (1985). Evaluation of a Worksite Program in Health Science and Medicine: An Application of Stake's Model of Contingency and Congruence. *Educational Evaluation and Policy Analysis,* 7 (1): 47–56.

Shepard, L. A. (1977). A Checklist for Evaluating Large-Scale Assessment Programs. *Paper #9 in Occasional Paper Series.* mimeo.

Sherlock, P. (2002) Emotional intelligence in the international curriculum. *Journal of research in international education,* 1 (2): 139–158.

Shimahara N. K. (1986). The cultural basis of student achievement in Japan, *Comparative Education* , 22 (1): 19–26.

Shimahara N. K. (1988). Teacher education in Japan, paper presented at the Annual Meeting of the Comparative and International Education Society.

Shimahara, K. (1997). Japanese lessons for educational reform. In Hargreaves, A. & Evans, R. (eds.) *Beyond educational reform. Buckingham.* UK: Open University Press.

Shimizu, H. (1998). Individual Differences and the Japanese Education System. In National Institute on Student Achievement, Curriculum, and Assessment (ed.) *The Educational System in Japan: Case Study Findings.* (pp 79–136) U.S. Department of Education.

Shimizu, K. & Baba, M. & Shimada, K. (2000). The New Role of the JUAA in Japanese University Evaluation. *Assessment & Evaluation in Higher Education.* 25 (1): 51–60.

Shipman, M. D. Bolam, D. and Jenkins, D. R. (1974). *Inside a curriculum project: a case study in the process of curriculum change* Methuen.

Shipman, M. (1983a). Styles of School-based Evaluations. In Galton M and Mon B (Edt). *Changing Schools. Changing Curriculum.* (pp 248–254), London.

Shipman, M. (1983b). *Assessment in primary and middle schools* (Croom Helm teaching 5–13 series). Croom Helm.

Shipow, E. (1970). *A Comparative Study of the Integration of Theatre and Drama into Education: Moscow, London, and Los Angeles.* mimeo.

Shoham, E. (1995). Teacher Autonomy in School-Based Curricula in Israel: Its Significance for Teacher Education. *Westminster Studies in Education*, 18: 35-45.

Short, E. C. (1983). The forms and use of alternative curriculum development strategies: Policy implications. *Curriculum Inquiry*, 13 (1), 43-64.

Shultz, E. L. & Pavlak, S. & Berho, B. & Grejda, G. & Hertzog, J. & Easter, L. (2002). Sharing Responsibility for a State System Teacher Quality Assistance Program.

Simon, H. (1984). Issues in Curriculum Evaluation at the Local Level, In Skilbeck, M (ed.) *Evaluating the curriculum in the eighties.* (pp. 45-53) Hodder and Stoughton.

Simon, H. (1987). *Getting to know Schools in a Democracy: the politics and process of evaluation.* Falmer Press.

Simpson, M. (1986). School-Based and Centrally Directed Curriculum Development -The Uneasy Middle Ground. *Scottish Educational Review*, 18 (2): 76-85

Sinisi, R. V. & Bellamy, G. T. (1997). Balancing School Quality Assurances: A Three Legged Stool. *NCA Quarterly*.71 (3): 435-39.

Skilbeck, M. (1972a). Administrative Decisions and Cultural Values. *The Journal of Educational Administration*, 10: 128-141.

Skilbeck, M. (1972b). School-based Curriculum Development (New University of Ulster 1972). In Walton, J. & Welton, J. (eds.) (1976). *Rational Curriculum Planning Four Case Studies.* (pp. 154-165). London: Ward Lock Educational.

Skilbeck, M. (1975a). School-based Curriculum Development and Teacher Education, mimeo In Lee, Victor and Zeldin, David (1982). *Planning in the curriculum* (pp. 18-34). Hodder and Stoughton in association with the Open University.

Skilbeck, M. (1975b). School-based Curriculum Development and the Task of In-service Education In Adams, E. (ed.) *In-service education and teachers' centres.* (pp.95-113) . Pergamon Press.

Skilbeck, M. (1976).School-based curriculum development. In J. Walton & J. Welton (eds.) *Rational curriculum planning: Four case studies* (pp. 154-166). Ward Lock Educational.

Skilbeck, M. (1982). The Role of Evaluation in Curriculum Development at the School Level. In CDC (ed.) *Selected Readings in Curriculum Evaluation.* 13-22.

Skilbeck, M. (ed.) (1984). *Evaluating the curriculum in the eighties* (*Studies in teaching and learning*). Hodder and Stoughton.

Skilbeck, M. (1984a). School-based curriculum development. Harper & Row.

Skilbeck, M. (ed.) (1984b). *Readings in school-based curriculum development.* Harper & Row.

Skilbeck, M. (1984c). *Evaluating the curriculum in the eighties* (*Studies in teaching and learning*). Hodder and Stoughton.

Skilbeck, M. (1985). Curriculum development from RDD to RED: review, evaluate, develop. In Nisbet, J., J. Megarry & S. Nisbet (eds.) *World Yearbook of Education* 1985 *Research, Policy and Practice.* (pp. 251- 275) Kogan Page, London/Nichols Publishing Company.

Skilbeck, M. (1985a). *A core curriculum for the common school.* University of London Institute of Education.

Skilbeck, M. (1986). Education - Art or Science? *Scottish Educational Review,* 18 (1): 15-21.

Skilbeck, M. (1988). The school and curriculum decisions. In Glatter, R. (ed.) *Understanding school management* (pp. 179-194). Milton Keynes [England]; Philadelphia : Open University Press.

Skilbeck, M. (1989). Revitalizing the Core Curriculum. *Journal of Curriculum and Supervision,* 4 (3): 197-210.

Skilbeck, M. (1992). The Role of Research in Teacher Education. *European Journal of Teacher Education.* 15 (1-2): 23-31.

Skilbeck, M. (1994). The core curriculum An international perspective. In Moon, B. & Mayes, A. S. (eds.) *Teaching and Learning in the secondary school* (pp. 222-231). London: Open University Press.

Skilbeck, Malcom (1998). School-based curriculum development. In A. Hargreaves et al. (eds.) *International handbook of educational change,* (pp. 121-44). Dordrecht/London, Kluwer Academic Publishers.

Smith, N. L. & Hauer, D. M. (1990). The Applicability of Selected Evaluation Models to Evolving Investigative Designs. *Studies in Educational Evaluation,*16 (3): 489-500.

Smith, W. J. & Ngoma-Maema, W. Y. (2003). Education for All in South Africa: Developing a National System for Quality Assurance. *Comparative Education,* 39 (3): 345-65.

Sockett, H. (1971). Bloom's Taxonomy: A philosophical critique(1). *Cambridge Journal of Education,* 1: 16-82.

Somekh, B. (1995). The Contribution of Action Research to Development in Social Endeavours: A Position Paper on Action Research Methodology. *British Educational Research Journal,* 21 (3): 339-55.

Son, N.Q. (1994). Child Protection, Care and Education in Vietnam from Now up to the Year 2000. *International Journal of Early Childhood*, 26 (2): 61-65.

Sosniak and D.P. Baker (eds.) (1994) In search of more effective mathematics education(pp. 151-167). NJ: Ablex Publishing Corporation.

Stake, R. E. (1967a). Toward a technology for the evaluation of educational programs. In Tyler, R. W., Gagne, R. M. & Scriven, M. (eds.) *Perspectives of curriculum evaluation* (*Monograph series on curriculum evaluation* 1: 1-102). Chicago: Rand McNally.

Stake, R. (1967b). The Countenance of Educational Evaluation. *Teachers College Record*, 68 (7): 523-540.

Stake, R. (1972). Analysis and Portrayal Paper originally written for the AERA. Annual Meeting presentation 1972. Revised at the Institute of Education, University of Goteborg, 1975.

Stake, R. (1973a). Evaluation Design, Instrumentation, Data Collection, and Analysis of Data In Worthen, J. R. & Sanders, J. R. (eds.) *Educational evaluation: theory and practice* (pp. 303-136). C.A. Jones.

Stake, R.E. (1973b). Program evaluation, particularly responsive evaluation. Paper presented at conference on New Trends in Evaluation, Goteburg, Sweden, Oct, mimeo (Also 1975 Occasional Paper 5. Kalamazoo. The Evaluation Center, Western Michigan University. Also in Dockrell, W. B.).

Stake, R. (1975a). *Case studies in the evaluation of educational programmes*. OECD.

Stake R. (1975b). *To evaluate an arts program. In Stake R* (ed.). *Evaluating the Arts in Education* (pp. 25-31)., Columbus, Ohio. Charles E. Merrill.

Stake, R. E. (1976).The methods of teaching, In Lee, Victor and Zeldin, David (1982). *Planning in the curriculum* (pp. 79-88). Hodder and Stoughton in association with the Open University.

Stake, R. E. (1980). Recommendations for those considering the support of naturalistic case-study research. Champaign, IL: University of Illinois, Center for Instructional Research and Curriculum Evaluation, mimeo.

Stake, R. (1981). Interview with Robert E. Stake. *Educational Evaluation and Policy Analysis*, 3 (3): 91-94.

Stake, R. (1985a). A personal interpretation. *Educational Evaluation and Policy Analysis*, 3 : 243-244.

Stake R. (1985b). Case study. In Nisbet J (edt.) R*esearch, Policy & Practice* (*World Yearbook of Education* 1985, pp. 277-285), *London. Kogan Page.*

Stake, R. E. (1987). Evaluation of Staff Development Programs. In Wideen, M. F. & Andrews, I. (eds.) *Staff Development for School Improvement* (pp. 196-212). Falmer Press.

Stake R. (1989). The evaluation of Teaching, In Simon, H. and Elliott, J. *Rethinking Appraisal and Assessment* (pp. 13-19). Open University Press.

Stake, R. E. (1991). Retrospective on the countenance of educational evaluation. In McLaughlin M. W. & Phillips, D. C. (eds.) *Evaluation and education: At quarter century* (*Ninetieth Yearbook of the National Society for the Study of Education*, pp. 67-88). Chicago: National Society for the Study of Education.

Stake, R. E. & Gooler, D. (1973a). *Evaluation of Education* (*Educational Technology reviews series* 11). Educational Technology Publication, Englewood Cliffs, N. J.

Stake, R. and Gooler, D. (1973b). Measuring Educational Priolities In *Evaluation of Education* (educational Technology reviews series, 11: pp. 126-138). Englewood Cliffs, N. J. Educational Technology Publication.

Stanley, Sarah J. (1987). *A Convergence or Divergence? The Evolving Evaluation Advice of Scriven, Stake, and Patton*, mimeo.

Staver, J. R. & Small, L. (1990). Toward a Clearer Representation of the Crisis in Science Education. *Journal of Research in Science Teaching*, 27: 79-89.

Steadman, S. (1976). Techniques of evaluation. In Tawney, D. (ed.) *Curriculum evaluation today: trends and implications: a second collection of papers from members of the Schools Council project evaluators' group on aspects of their work* (pp. 55-83). Macmillan.

Stecher, B. M. & Borhnstedt, G. W. (eds.) (2000). Class size reduction in California: The 1998-99 evaluation findings [Online]. Sacramento: California Department of Education. http//:www.classize.org/techreport/index-00.htm

N. E. Stegö, K. Gielen, R. Glatter, & Hord, S. M. (eds.) (1987). *The role of school leaders in school improvement.* (pp. 49-70), Leuven, Belguim: ACCO.

Stein, M. K & Wang, M. C. (1988). Teacher Development and School Improvement: The Process of Teacher Change. *Teaching & Teacher Education*, 4: 171-187.

Steinaker, N. W. & Bell, M. B. (1979). *The Experiential Taxonomy - A new approach to teaching and learning*, Academic Press.

Stenhouse, L. (1975). *An Introduction to Curriculum Research and Development.* London: Heinemann.

Stepien, William J., Pyke, Sharon L. (1997). Designing Problem-Based Learning Units. *Journal for the Education of the Gifted*, 20 (4): 380-400

Stevenson, H. W. (1994). Extracurricular Programs in East Asian Schools. *Teachers College Record*, 95 (3): 389-407.

Stevenson, H. W. & Bartsch, K. (1992). An Analysis of Japanese and American Textbooks in Mathmatics. In: R. Leestma. & H.J. Walberg (eds.) *Japanese Edu-*

cational Productivity. (pp. 103-133). Ann Arbor: The University of Michigan.

Stevenson, H. W. (1987). America's Math Problems. *Educational Leadership*, 45: 4-10.

Stevenson, H. W. (1991). Japanese Elementary School Education. *The Elementary School Journal*, 92: 109-120.

Stevenson, H. W. & Stigler, J. (1992). *The learning gap: why our schools are failing and what we can learn from Japanese and Chinese education.* NY: Touchstore.

Stevenson, H. W., Lee, S.-Y., Chen, C., Stigler, J.W., Hsu, C.-C. and Kitamura, S. (1990). Contexts of achievement: a study of American, Chinese, and Japanese children. *Monographs of the Society for Research in Child Development Serial* 221, 55 (1-2).

Stigler, James W. and Hiebert, James (1999). *The teaching gap: best ideas from the world's teachers for improving education in the classroom.* Free Press.

Stimpson, P, Morris, P. (1998) *Curriculum and Assessment for Hong Kong - Two Components, one system.* Open University of Hong Kong Press.

Straton, R G. (1985). *Curriculum Evaluation* (ECT431 curriculum design and development ; 2). Waurn Ponds Vic: Deakin University.

Sturman, A. (1985). School, Further Education and Work: The Experience of Ethnic Groups in Australia. *Youth Studies Bulletin*, 4 (1): 35-39

Takahashi, S. (1988). An Overview of Reform and Tradition in Japanese Moral Education Since 1868. *Moral Education Forum*, 13: 10-16.

Tamir, P. (1985). *The Role of Evaluators in Curriculum Development.* Croom Helm.

Tanabe, S. (2000) Education Reform in Japan: Way toward quality: 123-132, mimeo.

Tani, M. (1993). Textbook Development and Selection in Japan and the United States. *Social Education*, 57: 70-75.

Tawney, D. (1976). *Curriculum evaluation today: trends and implications: a second collection of papers from members of the Schools Council project evaluators' group on aspects of their work* (*Schools Council research studies*). Macmillan.

Taylor, P. and Cowley, D. (1972). *Readings in curriculum evaluation.* W. C. Brown Co.

Taylor, C. A. (1984). *Planning Gifted Education: Opportunity for School-Based Curriculum Development*, mimeo.

Taylor, D. (1976). 'Eeny, Meeny, Miney, Meaux: Alternative Evaluation Models', *North Central Association Quarterly*, 50 (4): 353-358.

Taylor, P. (2000). Improving forestry education through participatory curriculum development. A case study from Vietnam. *Journal of Agricultural Extension and Education*, 7 (2): 93-104.

Teacher-Training Institute (1972). Final Project Report, mimeo.

Teddlie, C., Stringfield, S., Burdett, J. (2004) *International Comparisons of the Relationships among Educational Effectiveness, Evaluation and movement Variables: An Overview*. mimeo.

Teddlie, C., Stringfield, S. (1993) *Schools make a difference: lessons learned from a 10-year study of school effects*. New York: Teachers College Press.

Tennyson, R. D. & Anderson, R. O. (1990). *Evaluation and educational technology: a selected bibliography* (*Educational Technology selected bibliography series*). Educational Technology Publications, Englewood Cliffs, N. J.

Thakur, Y. H. (1995). History Textbook Reform in Allied Occupation Japan, 1945-52. *History of Education Quarterly*, 35: 261-278.

The Tokyo University of Literature & Science (1937). *The Tokyo University of Literature & Science and the Tokyo Higher Normal School? A Brief Account of Their History, Educational Policy, Organization and Equipment*, The Tokyo University of Literature & Science, Tokyo.

Thomas, H. (2003). The Arguments for and the Meaning of Quality. *ELT Journal*. 57 (3): 234-41.

Thomas, M. & Postlethwaite, N. (1983). *Schooling in East Asia*. Pergamon Press.

Tinker, R. (2001). E-Learning Quality: The Concord Model for Learning from a Distance. *NASSP Bulletin*, 85 (628): 36-46.

Tolley H. Reynolds, J. B. (1977). *Geography* 14-18: *A Handbook for School-Based Curriculum Development, Schools Council Geography* 14-18 *Project*, London: Macmillan.

Torrance, H. (1982). *School-based Examining in England: a focus for school-based curriculum development and accountability*. Norwich Centre for Applied Research in Education; University of East Anglia; mimeo.

Torrance, H. (1987). GCSE and school-based curriculum development In Horton, Tim. (edt). *GCSE: examining the new system* (pp. 133-142). London : Harper & Row.

Torrance, H. (1986). School-based Assessment in GCSE: aspirations, problems, and possibilities In Gipps, C. V. (ed.) *The GCSE: an uncommon examination* (pp. 30-42) London: Institute of Education, University of London.

Treagust, D. F. & Rennie, L. J. (1993). Implementing Technology in the School Curriculum: A Case Study Involving Six Secondary Schools. *Journal of Tech-*

nology Education, 5 (1): 38–53.

Trelfa, D. (1998). *The Development and Implementation of Education Standards in Japan. In National Institute on Student Achievement, Curriculum, and Assessment* (ed.). *The Educational System in Japan: Case Study Findings* (pp. 23–78). *U.S. Department of Education.*

Tucker, S. A. (1993). *Evaluating Interactive Instructional Technologies: A Cognitive Model*. mimeo.

Tucker, S. A. & Dempsey, J. V. (1990). *An Evaluation Semiotic*, mimeo.

Tyler, R. W., Gagne, R. and Scriven, M. (1967). *Perspectives of Curriculum Evaluation*. Rand McNally, Chicago.

U.S.Department of Education (1987). *Japanese Education Today*. U.S. Department Printing Office.

Ulla, Madsen, A. (2000) Grounded Theory and School Development. Paper presented at International Congress for School Effectiveness and School Improvement 2000 in Hong Kong.

UNESCO (1972). Education in the Republic of Viet Nam. Bulletin of the Unesco Regional Office for Education in Asia, 6, 209–218.

Van Velzen, W.G., Miles, M.B., Ekholm, M., Hameyer, U. & Robin, D. (1985). *Making school improvement work*. Leuven: ACCO.

Van Velzen, W. G. (ed.) (1982). *Conceptual Mapping of school improvement? An inventory of key issues and tasks.* 's–Hertogenbosch: International School Improvement Project, Katholiek Pedagogisch Centrum, OECD/CERI, mimeo.

Vann, B. J. & Vann, B. J. (1998). An Urban School Network's Resistance to a Competition Policy: Defending Communitarian Accountability in England. *Education and Urban Society*, 30 (4): 516–30.

Vaughan, J. C. (1984). Knowledge Resources for Improving the Content of Pre–service Teacher Education *Journal of Teacher Education*, 35 (4): 3–8.

Virginia State Dept. of Education (1990). *Framework for Education in the Middle School Grades in Virginia*, Virginia State Dept. of Education, Richmond.

Wachtman, E. L. (1978). *Evaluation as Story: The Narrative Quality of Educational Evaluation*. mimeo.

Walberg, H. J. (1990). Productive Teaching and Instruction: Assessing the Knowledge Base. *Phi Delta Kappan*, 71 (6): 470–478.

Walker, A. A. O. (1996). Education Renovation in Vietnam. *International Journal of Educational Reform*, 5: 140–145.

Wallace, R. C. Jr. & Shavelson, R. J. (1970). *A Systems Analytic Approach to Evaluation: A Heuristic Model and Its Application*. mimeo.

Walton, J. & Morgan, R. (eds.) (1978). *Some Perspectives on School Based Curriculum Development.* The University of New England.

Warner, A. R. (1993). Reforming National Accreditation in Teacher Education. *International Journal of Educational Reform.* 2 (2): 149-53.

Warwick, D. (1975). *Curriculum structure and design.* University of London Press.

Warwick, D. (1987). *The modular curriculum.* Basil Blackwell.

Warwick, D. (1988). *Teaching and learning through modules.* Basil Blackwell.

Waterhouse, P. (1984). The Design, Selection and Use of Resources in Curriculum Development. In Skilbeck, M. (edt.) *Readings in School-Based Curriculum Development* (pp. 190-205). Harper and Row.

Watt, M. (1984). *A Guide for Selecting Bilingual Bicultural Resource Materials.* [*Volume I*]. mimeo.

Weiss, J., Edwards, J. & Dimitri, O. (1981). *Formative Curriculum Evaluation? A Manual of Procedures.* Department of Curriculum and the Educational Evaluation Centre, Ontario Institute for Studies in Education.

Welch, W. W. (1981). *Case Study Methodology in Educational Evaluation.* Proceedings of the Minnesota Evaluation Conference (May 1981). mimeo.

Wenger, Etienne. (1998). *Communities of practice: learning, meaning, and identity (Learning in doing: social, cognitive, and computational perspectives).* Cambridge University Press. (櫻井祐子・野中郁次郎・野村恭彦訳 2002『コミュニティ・オブ・プラクティス—ナレッジ社会の新たな知識形態の実践』ハーバード・ビジネス・セレクション 翔泳社).

Westphal, W. W. (1972). *Formative Evaluation of Lectures; An Application of Stake's Evaluation Framework.* mimeo.

White, M. (1987). *The Japanese educational challenge: a commitment to children.* NY: The Free Press.

Wick, John W. (1987). *School-based evaluation: a guide for board members, superintendents, principals, department heads, and teachers.* Kluwer-Nijhoff.

Wierzbicka, A. (1991). Japanese key words and core cultural values. *Language in Society*, 20: 333-385.

Winget, Patricia L. (1987). *Integrating the Core Curriculum through Cooperative Learning. Lesson Plans for Teachers.* California State Dept. of Education, Sacramento. Div. of Special Education.

Wise, A. E. (1996). Building a System of Quality Assurance for the Teaching Profession: Moving into the 21st Century. *Phi Delta Kappan,* 78 (3): 190-92.

Wise, A. E. (2001). Creating a High-Quality Teaching Force. *Educational Leadership,* 58 (4): 18-21.

Wise, A. E. & Leibrand, J. (1996). Profession-Based Accreditation: A Foundation for High-Quality Teaching. *Phi Delta Kappan*, 78 (3): 202-06.

Wise, P. S. Yoder. & Cox, H. (1984). Evaluating a Continuing Nursing Education Program. *Journal of Continuing Education in Nursing*, 15 (4): 117-21.

Wiseman, S. & Pidgeon, D. (1970). *Curriculum evaluation*. Slough Berkshire UK: National Foundation for Educational Research in England and Wales (NFER).

Wojtan, L. S. (1981). Japan in Our Textbooks: The Need for Alternative Resources. *Georgia Social Science Journal*, 12: 7-11.

Wolferen, K. V. (1994). The false realities of a politicized society（カレル・ヴァン・ウォルフレン著；鈴木主税訳『人間を幸福にしない日本というシステム』新潮社，2000).

Wood, Barbara Bonsall (2001). Stake's Countenance Model: Evaluating an Environmental Education Professional Development Course. *Journal of Environmental Education*, 32 (2): 18-27.

World Bank (2000a). Effective Schooling in Rural Africa Project Report 1: Review of Phase I of the Program, March-August. World Bank, Washington, DC. Human Development Network.

World Bank (2000b). Effective Schooling in Rural Africa Report 2: Key Issues Concerning School Effectiveness and Improvement. World Bank, Washington, DC. Human Development Network.

World Bank (2000c). Effective Schooling in Rural Africa Report 3: Case Study Briefs on Rural Schooling. World Bank, Washington, DC. Human Development Network.

World Bank (2000d). Effective Schooling in Rural Africa Report 4: Frequently Asked Questions about Effective Schooling in Rural Communities. World Bank, Washington, DC. Human Development Network.

Wronski, T. (1992). *Explaining Our Dreams: The Artist's Role in the Evaluation of Educational Arts Programs*. mimeo.

Wu, Robert T. Y. (2000). *Integrative Curriculum Planning in Technological and Vocational Education in Taiwan*, Republic of China, mimeo.

Wu, Robert T. Y. (2001). School-Based Curriculum Development in Career and Technical Education in Taiwan, Republic of China, mimeo.

Yamagiwa, T. (1994). Curriculum reform and its implementation: new trends in the revised curricula in Japan. In: OECD, *The curriculum redefined: schooling for the twenty-first century* (pp. 70-88). Paris, OECD.

Yonezawa, A. (2002) The New Quality Assurance System for Japanese Higher Education: Its social background, tasks and future. *Research on University Eva-*

luation, 2: 23-33. 〈http://svrrd2.niad.ac.jp/rue/n002/a00202.pdf〉[22 Feb 2004 検索]

Zuckerman, A. (2000). Quality Assurance through ISO 9000. *School Administrator*. 57 (6): 12-16.

浅木森利昭（1985）『初等中等教育諸学校における教育研究主題』（科学研究費報告書）

浅沼茂（1999）「緒川小の卒業生の追跡調査より」『指導と評価』（特集総合的な学習と評価(1)） 3月号：34-38

浅沼茂（2004）「生きる力の形成に向けての総合的な学習の充実と発展」，長尾彰夫編著『総合的な学習を充実させる』（特色ある学校づくりのための新しいカリキュラム開発；第3巻），pp. 92-104，ぎょうせい

アジア・アフリカ研究所編（1977）『1．自然・歴史・文化』（ベトナム／アジア・アフリカ研究所編；上巻）水曜社

安彦忠彦（1974）「授業評価とカリキュラム評価」日本教育方法学会編『授業研究の課題と方法』（教育方法6）明治図書

安彦忠彦（1983）「日本における教育課程評価の研究」岡津守彦監修『教育課程事典総論編』（p. 363）小学館

安彦忠彦（2002）『教育課程編成論：学校で何を学ぶか』放送大学教育振興会。

安彦忠彦（1990）「カリキュラムの評価」田浦武雄・潮木守一・日比裕編『現代教育の原理』名古屋：名古屋大学出版会

五十嵐俊子他（2004）「教師の自己評価に基づく理科の授業改善」（平成15年度教育研究員研究報告書　小学校理科）東京都教職員研修センター

磯田文雄（2003）「研究開発学校制度の変遷とカリキュラム研究―量的拡大と質的変化がもたらす影響について」日本カリキュラム学会第14回大会発表資料

市川昭午（1988）『教育システムの日本的特質　外国人がみた日本の教育』教育開発研究所

伊那小学校百年史編集委員会編（1971）『伊那小学校百年史』伊那小学校百年史刊行委員会

ヴィエトナム共和国教育協力調査団編（1975）『ヴィエトナム共和国の教育』文部省・外務省両省派遣アジア教育協力調査団報告書。文部省大臣官房調査統計課

内海成治（2001）『国際教育協力論』世界思想社

梅根悟・丸木政臣・海老原治善（1977）『総合学習の探究』勁草書房

梅根悟（1952）。「日本の新教育運動―大正期新学校についての若干のノート」東京教育大学内教育学研究室編『日本教育史』（教育大学講座第3巻）金子書房，pp. 161-291

海老原治善（1956）「日本における教育課程研究」海後勝雄編著『教育課程論』，誠文堂新光社，p. 294
海老原邦雄（1926）「国語力の分析的評価と其のベエリエーション」『帝国教育』5263：22-25
扇谷尚（1953）『教育課程　初等』岩崎書店
尾高豊作（1930）「対象「郷土」と生活「郷土」」志摩陽伍編（1970）『教育内容論Ⅰ』（近代日本教育論集第３巻）国土社，p. 191
お茶の水女子大学文教育学部附属小学校開校百周年記念事業委員会出版委員会編（1978）『附属小学校百年史』お茶の水女子大学文教育学部附属小学校開校百周年記念事業委員会
大串正樹（2003）「知識創造としてのカリキュラム開発―金沢市小学校英語活動の事例研究―」『カリキュラム研究』12：43-56
大谷義元（1932）「教科課程の社会学的基礎(1)」『教育評論』1710号（12.15）開発社：8-12
大谷義元（1933）「教科課程の諸原則について」『教育評論』1733号（8.5）開発社：25-26
梶田叡一（1975a）「青少年の内面的成熟過程に関する検討―自己成長性発達状況をめぐって」『青年の内面的成熟に関する研究』（文部省教育研究開発委嘱調査報告書），pp. 7-37
梶田叡一（1975b）『教育における評価の理論』金子書房
梶田叡一（1980a）「学校における研究開発活動と評価」『教授・学習・評価』（教育学講座５）学研
梶田叡一（1980b）『現代教育評価論』金子書房
梶田叡一（1981）「成果を踏まえて教育課程を問い直す意義」『学校運営研究』245，明治図書：14-18
梶田叡一（1981a）『新しい教育評価の考え方』第一法規出版
梶田叡一（1985）『子どもの自己概念と教育』東大出版会
学校改善研究委員会（1984）『学校改善関係文献目録：ISIP 研究資料』学校改善研究委員会
金子孫市（1951a）「カリキュラム評価の研究――米国中等学校規準の共同研究を手がかりとして」『カリキュラム』29：43-45
金子孫市（1951b）「教育課程の構成・展開と評価」東京教育大学教育学研究室編『教育課程』（教育大學講座14）金子書房
苅谷剛彦（2002）『「学力低下」の実態：調査報告』岩波書店
北村和夫（1983）「大正・昭和初期における教育課程論の探究」岡津守彦監修『教育課程総論編』小学館，p. 210
城戸幡太郎（1979）「学習能力としての学力の評価について」『能力・学力・人格』

（講座日本の学力３）日本標準，pp. 407-422
木宮乾峰（1950）『教育課程の改善』東洋館出版社
教育思潮研究會編（1940）『統合教育』（教育思潮研究第14巻第１輯）目黒書店。
教育論叢編集部（1919）『学習経済論』文教書院
教師養成研究会（1949）『教育課程：カリキュラムの構成と展開』（教師養成研究会叢書第５輯）学芸図書
久保田賢一ほか（1994）「転換期を迎えるヴェトナムの教育現状と課題」『国際協力研究』，10：87-100
倉成英敏（1951）「４領域３層の基本構造について」『カリキュラム』35：38-39
倉成英敏（1954）「子どもの学習のあり方を探究」読売新聞社教育部編『伸びゆく学校』読売新聞社
古賀節子（1984）「メディアの多様化と学校図書館」『メディアの多様化と図書館』（論集図書館学研究の歩み第４集），p. 33
古川　原（1969）『ヴィエトナム民族・文化・教育』（明治図書新書；43）東京：明治図書出版
崔（Cui, Yun-kuo）（2000）*School based curriculum development: theory and practice*（校本課程開発：理論＆実践）北京：教育科学出版社
財務課（2002a）「資料　平成14年度に公立小中学校で指導方法の工夫改善に取り組む学校に教員を配置する都道府県の方針について（総括）」『教育委員会月報』（特集少人数指導）６，平成14年６月：10-25
財務課（2002b）「教職員定数の改善について」『教育委員会月報』２，平成14年２月：48-54
佐賀啓男（1982）教材供給と教師・教材センター『視聴覚教育』３月：65-66
佐藤学（1987）「カリキュラムを開発する」『子どもと授業』（岩波　教育の方法３），pp. 98-110
佐藤学（1993）「SBCD」奥田真丈，河野重男監修；安彦忠彦[ほか]編『現代学校教育大事典』ぎょうせい
佐藤三郎（1979）「アメリカとイギリスにおけるカリキュラムの研究・開発」今野・柴田編『教育課程の理論と構造』学研，pp. 111-129
佐藤静一（1999）「学校・学級規模とP-M指導類型の関係及びその効果性（Ⅰ）『熊本大学教育実践研究』16：67-78
佐藤静一他（1998）「ティーム・ティーチング（TT）の形態と複数（担任・加配）教師のP-M指導類型が学校モラール及び学力成就値に及ぼす効果」『熊本大学教育学部紀要（人文科学）』47：245-260
志水宏吉（2003）『公立小学校の挑戦：「力のある学校」とはなにか』岩波書店
信州大学教育学部附属長野小学校百年史編集委員会編（1986）『信州大学教育学部附属長野小学校百年史』信州大学教育学部附属長野小学校百周年記念事業実行委

員会
新庄小学校創立百周年記念誌編集委員会編（1976）『新庄町立新庄小学校創立百周年記念誌』新庄町立新庄小学校百周年記念事業推進委員会
菅井勝雄・松下幸司（2000）「教育工学における質的評価法の動向と課題」『日本教育工学雑誌』24（1）：25-34
諏訪春雄（1932）「カリキュラムの再構成」『教育評論』1686号（4.15）開発社：11-13
成城小学校（1930）『カリキュラム改造』成城小学校
高浦勝義（2001）「児童生徒の学習状況及び学力形成とクラスでの生活意識に及ぼす学級規模の影響に関する調査結果」（特別研究促進費　学級編成及び教職員配置に関する調査研究）（研究代表者　高浦勝義）2001年６月
高浦勝義（2002）「少人数指導と学力向上」『教育委員会月報』（特集少人数指導）６，平成14年６月：2-9
高桑康雄他（1992）『国際理解教育への都道府県・政令指定都市の取り組みに関する調査・研究』（研究報告 No.42）財団法人中央教育研究所
高桑康雄他（1994）『異文化理解教育実践研究校の資料分析』（研究報告 No.46）財団法人中央教育研究所
高野桂一（1988）『学校改革・改善と経営診断』（実践学校経営診断１）ぎょうせい，pp. 92-94
高山潔（1932）『學校教科課程構造學概論』（師範大學講座第８巻）建文館
立田慶裕（2002）「生涯学習社会における知識創造型学習法に関する総合的研究」（科学研究費基盤研究Ｂ⑵報告書）
玉田樹（2002）「雁行型」から「カエル跳び型」への挑戦「IT ソリューションフロンティア」2002年７月号：4-5
津田左右吉・宇井伯壽・務台理作編（1951）『諸民族における人間概念』国連出版社
続有恒（1969）『教育評価』東京：第一法規出版
寺嶋浩介・水越敏行（2000）「学校研究の診断的評価―総合的学習や情報教育に取り組む小学校を対象に―」『教育メディア研究』7（1）：19-38
東京教育大学附属小学校創立百周年記念事業委員会編（1973）『東京教育大学附属小学校教育百年史：沿革と業績』東京教育大学附属小学校創立百周年記念事業委員会
東洋（1976）「教育的評価と決定」『現代学校経営講座』第一法規，pp. 288-303
中根千枝（1972）『適応の条件：日本的連続の思考』講談社
中留武昭（1984）『校内研修を創る』エイデル研究所，p. 250
中留武昭（1984a）「アメリカをゆさぶる教育改革の波」『高校教育展望』１月号
中留武昭（1984b）「教育の質の吟味を志向した「学校」の改善」『学校運営研究』６月臨増号

中留武昭（1988）「外国における学校経営診断方式の動向」高野桂一，中留武昭編著『学校改革・改善と経営診断』（実践学校経営診断１）ぎょうせい
中留武昭（1997）「学校改善を規定する学校文化の構成要因に関する実証的研究」『教育経営学研究紀要』4：51-76
鍋島祥郎（2003）『効果のある学校：学力不平等を乗り越える教育』部落解放・人権研究所
奈良女子大学文学部附属小学校編（1962）『わが校五十年の教育』奈良女子大学文学部附属小学校
成瀬正行（1979）「教師参加のカリキュラム開発を」『日本教育新聞』第4335号
日本ベトナム研究者会議編（1993）海のシルクロードとベトナムホイアン国際シンポジウム（アジア文化叢書10）穂高書店
野村総合研究所（2002）『知識経済化するアジアと中国の躍進――日本企業の戦略』野村総合研究所
橋本重治（1979）「教育課程（カリキュラム）の評価」奥田真丈他編『教育課程編成・実施の実際』（学校経営実践講座　第２巻）第一法規出版
橋本重治（1979）「教育課程の評価・改善」奥田真丈・熱海則夫編『教育課程の編成』（現代学校教育全集４）東京：ぎょうせい
馬場四郎（1950）「教育課程の評価―岐阜県小中学校教育課程調査における一つの試み」『国立教育研究所報』8（1）：19-37
馬場四郎（1954）「教育課程―Ｉ　教育課程の構成」石山脩平編『教育研究事典』金子書房，p. 290
浜野保樹・中野照海（1978）「教育イノベーションを規定する要因の概観」『日本教育工学雑誌』3：79-92
広岡亮蔵（1954）「教育課程－Ⅱ　コア・カリキュラム」石山脩平編『教育研究事典』金子書房，p. 298
福岡県教育センター（1989）『自己教育力の育成をめざす教育課程の運用に関する研究―学校環境の個性化・弾力化を踏まえて』（研究紀要第92集）
渕上克義（1997）「学校改善プロセスにおける校長と教師の相互作用分析」『鹿児島大学教育学部附属教育実践研究紀要』7：101-113
ベトナム民主共和国外国語出版社編　日本ベトナム友好協会（1974）『ベトナムその文化と歴史と経済』日本ベトナム友好協会事業部
堀川小学校（刊行年不明）『堀川小学校百年史』堀川小学校
牧口常三郎（1912）『教授の統合中心としての郷土科研究』（波多野完治監修『牧口常三郎全集』第５巻，第三文明社，1983）
牧口常三郎（1934）『創価教育学体系』第４巻（波多野完治監修『牧口常三郎全集』第６巻，第三文明社，1983，所収，p. 367，471）
益井重夫（1975）学校教育の目標に関する研究（教育研究開発に関する調査研究報

告書）国立教育研究所
松原静郎・猿田祐嗣（2000）「長期追跡研究にみる理科の学力の経年変化」『国立教育研究所紀要』第129号：79-104
丸山純一・佐藤寛之・高良美樹・弓削洋子・吉原智恵子・下斗米淳・室山晴美・飛田操・藤森立男・永田良昭（1993）「学校組織の制度化に関する研究―中学校校則の内容分析に基づいて―」『実験社会心理学研究』33：89-100
水越敏行（1975）『発見学習の研究』明治図書出版
水越敏行（1981）「カリキュラム評価の視点と方法」扇谷尚他編『現代教育課程論』有斐閣
水越敏行（1982）『授業評価研究入門』明治図書
水越敏行（1983）「教師教育と教育工学の接点」『大阪大学人間科学部創立十周年記念論文集』 pp. 365-394
水越敏行（1985）『授業改造と学校研究の方法』明治図書
水越敏行（1987）『授業研究の方法論』明治図書
水越敏行・吉田貞介編（1986）『個別化教育の動向と課題』（授業研究情報 No. 2）明治図書
水越敏行・吉田貞介編集（1987a）『学校が取組む新しい研究主題』（授業研究情報 No. 3）明治図書
水越敏行・吉田貞介編（1987b）『メディア教育の動向と課題』（授業研究情報 No. 4）明治図書
水越敏行他（1980）「小学校高学年における心身発達状況と学校教育への適応について」（文部省初等中等教育局教育研究開発委嘱研究報告書）『教育工学研究』 6，金沢大学教育学部付属教育工学センター
水越敏行編（1989）『新教育課程の課題：先進校の実践分析から探る』図書文化社
箕浦康子編（1999）『フィールドワークの技法と実際：マイクロ・エスノグラフィー入門』ミネルヴァ書房
室伏武（1983）「学校図書館の評価と改善：付評価表」『新学校図書館事典』第一法規， pp. 401-407
持留英世（1992）「自己概念と学力」『福岡教育大学紀要』41(4)：335-349
文部省内学校評価基準作成協議会編（1951）『中学校・高等学校　学校評価の基準と手引（試案）』実教出版
文部省（1952）『教育課程文庫のしおり』文部省教育課程文庫
文部省大臣官房調査統計課編（1975）『カリキュラム開発の課題：カリキュラム開発に関する国際セミナー報告書』
文部省（1982）『研究開発学校の手引』文部省初等中等教育局高等学校教育課
文部省編（1984）個人差に応じる学習指導事例集（小学校教育課程一般指導資料３）東洋館出版社

文部省（1991）『生活科の創造的展開』（初等教育資料 No.564 平成3年6月臨時増刊）東洋館出版社

文部省調査課（1995）『諸外国の学校教育アジア編』（教育調査第123集）文部省

文部省教科書課（1999）『教科書制度の概要』（Outline of the current textbook system in Japan）文部省教科書課

文部科学省（2004）『コミュニティ・スクール設置の手引き』教育制度改革室

安田豊作，北条教育を語る会（1986）『未来への年輪：北条教育六十年を語る』東洋館出版社

渡辺良（1993）民主化・市場経済化の進む途上国に対する日本の教育協力・援助に関する研究（開発援助研究報告書）㈶国際開発高等教育機構

〈本文中で引用した主な関係論文〉

有本昌弘（1985）「学校を基盤とした研究開発動向の背景と小学校事例研究を通じての課題」『教育方法学研究』10：45-53。

有本昌弘・菅井勝雄（1986）「学校研究の診断的評価」水越敏行，吉田貞介編（1987）『学校が取り組む新しい学校研究主題』（授業研究情報 No. 3）（pp. 17-26），明治図書

有本昌弘（1992）「経験カリキュラムと現代―春日町プランを受け止め乗り超える―」『カリキュラム研究』1：75-87

有本昌弘（1993）「学校研究診断システム―カリキュラム改善のために」『カリキュラム研究』2：37-50

有本昌弘（1995）「授業評価からの学校改善の方向と方法」梶田叡一編『授業研究の新しい展望』明治図書，pp. 108-118

Arimoto, M. (1995). Japanese Educational System Improving Ongoing Practice In Schools. *School Effectiveness and School Improvement* (An International Journal of Research, Policy and Practice. Official Journal of the International Congress for School Effectiveness and Improvement) 6: 380-388, Swet & Zeitlinger (The Netherlands).

有本昌弘（1999）「体験学習」「問題解決学習」『教育工学事典』（p. 355，499）実教出版

Arimoto, M. (2000) School centered innovation and curriculum evaluation in Japan. Proceedings of International Conference on Teacher Education 1999 Hong Kong: Hong Kong Institute of Education. 〈http://www.library.unisa.edu.au/adt-root/uploads/approved/adt-SUSA03022004-75032/public/08references.pdf〉

有本昌弘（2001）「ヤギを飼う附属小学校―知識創造のプロセスを中心として」『大

分大学教育福祉科学部附属教育実践研究指導センター紀要』18：67-78
有本昌弘（2003）『学校を基盤としたカリキュラム開発の東アジアにおける展開と概念枠組みに関する研究』（科学研究費補助金報告書，研究代表者：有本昌弘）
有本昌弘（2003a）「少人数学習の効果と課題」『少人数学習，習熟度，ティームティーチング実践事例集』ぎょうせい，pp. 208-217
有本昌弘（2003b）日本校本課程開発個案研究『学校課程領導的発展』(Case Study of School Based Curriculum Development in Japan) Law, Hau Fai Edmond et al. (eds.) *Developing curriculum leadership in schools for the 21st century Hong Kong* (translated into Chinese version).
有本昌弘（2005）「ナレッジ・マネージメント」立田慶裕編『教育研究法ハンドブック』世界思想社
有本昌弘（2005a）「オーストラリアのポートフォリオ評価プログラム—クィーンズランド州・ビクトリア州を中心に」『ポートフォリオ評価を活用した指導と評価の改善に関する開発的研究』（科学研究費補助金報告書，研究代表者：高浦勝義）

〈その後参照してほしい文献〉

CIDREE (2005). *Cross-curricular themes in secondary education—Report of a CIDREE collaborative project.* Consortium of Institutions for Development and Research in Education in Europe.
SLO (2006). *Curriculum development re-Invented.* Netherlands Institute for Curriculum Development.

あとがき

著者のために，時間を割いてお骨折り頂き，ご指導いただいた，内海成治先生，菅井勝雄先生，前迫孝憲先生に，心よりお礼申し上げる。とりわけ，内海先生には，細部にわたり心を砕いていただき，記して謝辞を表す。

もともと，水越敏行先生からは，学位論文は2冊単著を書くようにとのことで，ハードルはかなり高いものであった。1982-83年度の2年間は，梶田叡一先生とのペアで小講座制のもと，大学院修士課程で，お2人に2年間まるまるお仕えした，数少ないというか唯一の院生だった。教育実践と政策方面に多大な影響を与える重要な地位にあるお2人とは知らずに。その後，90年代のゆとり教育の流れもあり，遠回りはしたが，最終的に国研に職場を移し，何とか，学位論文にこぎつけた。当時の言葉で「一石を投じる」段階に来ていると感じ入るこの頃である。

内海先生からは，もともとご専攻のカリキュラムとその後の教育メディアから，世界的な視野とご経験による最先端の動向をもとに，リソースの重要性と政策論議をご示唆いただき，論文要旨の首尾一貫性について構成を吟味していただくと同時に分かりやすく書く旨，ご指導いただいた。特に，国際協力における教育学の不毛性を指摘いただいた上で，海外から見た日本の学校は「家族みたいだ」という例話を出されつつ，日本では学校生活を快適に過ごす工夫をしていること，また，世界銀行における効果的学校では学校長のリーダーシップしかいわないことを主張され，わが国の国際協力においても，教室と学校，学習とカリキュラムを切り離さないでみていくことの重要性を大所高所からご指摘していただいた。

30年以上前のOECD東京セミナー以来，現在に至る学習指導要領の下でこの間の日本の動きに対して，菅井先生に問いかけられた今日的SBCDの可能性に対しては，確かに，日本の学習指導要領は平成10年改訂14年全面実施以降，最低基準であることが明確になり，歯止め規定もなくなった。検定教科書もある意味で一旦ストップして，よりよいコンテンツを選択する高校も出てきており，特に小中高を通じて，総合的な学習の時間で工夫する学校がある。小中学校では，個に応じた教育，特別支援教育などでも，コンテンツを改作修正していく余地が出てきている。また，特に小学校では年間指導計画でも斜め線を入れて関連的指導をし，学校全体の取り組みを行っている。日本でも近年の市区町村への権限委譲によってスクール・ベースト・アプローチを打ち出していく余地はこれからも増えてくると説明した。確かに，公教育としての学校とは別に，子どもの居場所等ノンフォーマルなスクールがある点を認めざるを得ない。

前迫先生からは，教師への信頼の話を投げかけられ，台湾のようなSBCDに置き換わるデジタルコンテンツのオルターナティブな代替性を問われ，また韓国EBS，中国の公刊される雑誌の様子，シンガポールにおける教師の資格の話など知識経済化するアジアと中国の躍進，脳科学のコンテンツと学習科学の重要性についての問題意識を述べられた。これに対しては，確かに，80年代までのスクールベーストとは別個に，そのオルターナティブな余地が脳科学や遠隔教育等にある点は，近未来からのアプローチとして考慮する余地を考えたい。

中村安秀教授からは，評価ツールのレビューに比べての論文のオリジナリティと日本を東アジアの中でリローカライズする具体的な手立てを尋ねられた。これに対して，台湾の道具もレビューしている点，教育情報ネットワークEURYDICEのアジア版のようなものをめざしていく可能性を探りたいとお答えした。このことについてはまだ始まったばかりであり，より具体的には同じ漢字圏でもdevelopmentを日本では（カリキュラム）開発と，中国では（課程）発展としているとか，資質・能力と素質といったそれぞれの定義の違い等，事実に基づく意見交換から始めたい。

欧州では今世紀になってから，ESD（持続可能な開発のための教育）の動きが確実に強まり，そういった単元でのカリキュラム評価や目標内容へと学校自己評価を焦点化し（英国），あるいはまた，スペシャルニーズとの二本立てで学校改善そのものを焦点化している（スウェーデン）その背後に，従来の環境教育とも異なる，ある重要な動向（国際教育協力含め）を垣間見るのである。そういった動向は，アジアの中で日本のスクール・ベースト・アプローチを進めていく上で見逃せない。これについては，是非本書をベースに，OECDによる近年のシナリオ手法も駆使しながら，これから発展させていきたいと考える。

学位論文本体とは別に，もう1冊「教員評価・人事考課のための授業観察国際指標―教員へのフィードバックによる学校の活性化」は，最後の箇所を膨らまして，既にパイロット版として出版している。研究所と同じ目黒区にある学文社の田中千津子社長の薦めがなければ，出版は困難であったかもしれない。

また，本研究は，旧文部省在外研究（1995年）によるところが大きい。とりわけ，カリキュラム評価を教授学習プロセス含めさまざまなレベルで行うことの重要性をご指摘いただいたメアリー・ジェームズ先生（ケンブリッジ大学，現ロンドン大学教授），90年代初めより論文をお送りいただき，当時ロンドンでの会議でお目にかかったボブ・ステイク先生，ハーバードで著者の話に耳を傾けて下さったヴィト・ペローン先生，手紙によるやりとりをしていただいたマルコム・スキルベック先生に感謝申し上げたい。

最後に，私の仕事を深く理解し，常に支えてくれた妻，息子，娘，そして人間学としての学問への道を開いてくれた私の両親に，感謝の念を込めて，本書を捧げたい。

事項索引

人名索引

アトキン　J. Atkin　31
ヴィゴツキー　L. S. Vygotsuky　100, 143, 185
ウォータハウス　P. Waterhouse　68, 177, 231
ウォルトン　J. Walton　45
エグレストン　J. Eggleston　24
エリオット　J. Elliott　82, 185, 323
カミングス　W. Cummings　iv, 8
グレイ　J. Grey　321
クロンバック　L. Cronbach　188, 193
ケイニ　S. Keiny　47
ケミス　S. Kemmis　145
コーヘン　D. Cohen4　35, 175
サドラー　R. Sadler　304
サバー　N. Sabar　46
ジェームズ　M. James　82, 196
スキルベック　M. Skilbeck　25, 145, 174, 324
スクリバン　M. Scriven　189, 247
ステイク　R. Stake　181-195, 231, 266
ステンハウス　L. Stenhouse　28, 186
タイラー　R. Tyler　183
デューイ　J. Dewey　146, 152, 185
ハーグリーブズ　A. Hargreaves　85
ハーグリーブズ　D. H. Hargreaves　93, 95, 325
ハーレン　W. Harlen　186, 198, 299
ピアジェ　J. Piaget　185, 298
ブラッディ　L. Brady　49
ブルーナー　J. Bruner　29, 185, 299
フルマーク　A. M. Furumark　33, 34
ペローン　V. Perrone　82, 147
ホプキンス　D. Hopkins　80, 315
ホワイトヘッド　J. Whitehead　88
マーシュ　C. Marsh　35, 50
マッムレン　I. McMullen　34
モルチモア　P. Mortimore　83
レイノルド　D. Reynolds　78, 320
レューイ　A. Lewey　35, 46

安彦忠彦　10, 177, 309
内海成治　8, 391
梅根悟　129, 133
尾高豊作　129
梶田叡一　i, 391
佐藤三郎　10
佐藤学　10
沢柳政太郎　128
菅井勝雄　315, 391
高山潔　130
棚橋源太郎　129
成瀬正行　176
広岡亮蔵　135, 142
牧口常三郎　128
水越敏行　i, 177, 308, 391

著者略歴

有本　昌弘（ありもと　まさひろ）

昭和34年，京都府舞鶴市生まれ
兵庫県西宮市，大阪府堺市にて小・中・高校を終え，昭和62年，大阪大学大学院人間科学研究科単位取得退学
福井県立短期大学講師，大分大学助教授（教育福祉科学部附属教育実践総合センター），ケンブリッジ大学客員研究員，ハーバード教育学大学院客員研究員を経て，現職は国立教育政策研究所初等中等教育研究部総括研究官
博士（人間科学）
著書に，『教員評価・人事考課のための授業観察国際指標—教員へのフィードバックによる学校の活性化』（学文社），『教育のシナリオ—未来思考による新たな学校像』（OECD 教育研究革新センター著 共翻訳）など

スクール・ベースト・アプローチによるカリキュラム評価の研究

2007年2月10日　第一版第一刷発行

著　者　有本　昌弘
発行者　田中千津子

発行所　株式会社　学文社

〒153-0064　東京都目黒区下目黒3-6-1
電話（3715）1501代・振替00130-9-98842

（落丁・乱丁の場合は本社でお取替します）　・検印省略
（定価はカバーに表示してあります）　印刷／東光整版印刷株式会社

ISBN978-4-7620-1621-9